UDO ULFKOTTE

Grenzenlos kriminell

Buch

Nach Angaben der Vereinten Nationen steigt die Zahl der Straftaten weltweit jährlich um etwa fünf Prozent. Das international organisierte Verbrechen streicht dabei weltweit Jahr für Jahr rund 7000 Milliarden Euro Profite ein. Seit Auflösung der Binnengrenzen entwickelt sich die Europäische Union immer mehr zum beliebtesten Standort der Organisierten Kriminalität: Drogenhandel, Geldwäsche, Waffenschmuggel, Prostitution, Menschenhandel, illegale Einwanderung und Terrorismus machen vor den Schlagbäumen der EU schon lange nicht mehr Halt. Während Politiker die unbestreitbaren Vorteile einer ökonomischen und politischen Öffnung begrüßen und Skeptiker sie geflissentlich ignorieren, haben kriminelle Vereinigungen schon längst einen Fuß in der Tür. Gestützt auf brisantes Exklusivmaterial gibt der Autor die unzensierte Einschätzung der Sicherheitsbehörden wieder. Bestsellerautor Udo Ulfkotte analysiert das Bedrohungspotenzial, benennt Hintermänner und beschreibt die drohende Einschränkung der staatlichen Handlungsfähigkeit.

Autor

Udo Ulfkotte, Jahrgang 1960, hat Rechtswissenschaften, Politik und Islamkunde studiert. Er hat lange Jahre als Redakteur bei der FAZ gearbeitet; seine Spezialgebiete sind Afrika und Naher Osten sowie die Politik der Geheimdienste. Der Autor war Fellow des Marshall Memorial Fund der Vereinigten Staaten, lehrt an der Universität Lüneburg Spionageabwehr und bereiste mehr als sechzig vorwiegend nahöstliche und afrikanische Staaten, in denen er auch auf die Hintermänner der islamistischen Terrorgruppen traf. Mit engagierten Büchern wie »Krisenherd Nahost«, »Verschlusssache BND«, »Marktplatz der Diebe«, »So lügen Journalisten«, »Propheten des Terrors« sowie zuletzt »Krieg in unseren Städten« hat er sich als Bestsellerautor einen Namen gemacht. 2003 erhielt er den Annette-Barthelt-Preis für seine jahrelangen Recherchen über Terror und Islamisten.

Von Udo Ulkotte ist bei Goldmann außerdem erschienen:

Propheten des Terrors (15196)
Wirtschaftsspionage (15125)
So lügen Journalisten (15187)

Udo Ulfkotte

Grenzenlos kriminell

Die Risiken der EU-Osterweiterung

Was Politiker verschweigen

GOLDMANN

Der Wilhelm Goldmann Verlag, München, ist ein Unternehmen
der Verlagsgruppe Random House GmbH.

1. Auflage
Vollständige Taschenbuchausgabe August 2005
Wilhelm Goldmann Verlag, München,
in der Verlagsgruppe Random House GmbH

Umschlaggestaltung: Design Team München
Umschlagfoto: Corbis/Bock (CSM001288)
Druck: GGP Media GmbH, Pößneck
Verlagsnummer: 15345
KF · Herstellung: Sebastian Strohmaier
Made in Germany
ISBN 3-442-15345-X
www.goldmann-verlag.de

Inhalt

Teil II: Fallstudien

Teil III: Fahnder

Teil IV: Grenzenlos kriminell

Teil V: Was tun?

Anhang

Vorwort

Wer in diesem Buch Argumente für grenzenlosen Ausländerhass zu finden hofft, der sollte es getrost beiseite legen. Denn auch unter Deutschen und den Bürgern der anderen, alten EU-Staaten gibt es zahlreiche Kriminelle. So gingen in Österreich im Jahr 2002 zwar 1900 Polen, 2000 Tschechen und 3100 Rumänen als Tatverdächtige in die Kriminalstatistik ein – im selben Jahr waren aber 6000 Deutsche Tatverdächtige bei Straftaten in Österreich.

Die hier geschilderten Fälle importierter osteuropäischer Kriminalität betreffen zumeist aus ärmsten Verhältnissen stammende, oftmals mit Schulden belastete Menschen ohne berufliche Perspektiven, die einen letzten Ausweg darin sehen, als »Touristen« nach Deutschland zu reisen, um dort straffällig werden. So mag dieses Buch zwar in gewissen Kreisen für Aufregung und Entrüstung sorgen, weil es ein Tabu bricht. Immerhin beschreibt es jene neuen EU-Bürger, die sich grenzenlos über die neuen Freiheiten freuen: estnische Bankräuber, polnische Autoschieber und Hammerbanden, litauische Hehler und Wanderdealer, rumänische Gullydeckelbanden und Klaukinder, bulgarische Euro-Fälscher, zypriotische Geldwäscher, tschechische Menschenschmuggler und viele andere gut organisierte Banden. Doch die geschilderten Fälle sind sicherlich nicht repräsentativ für *alle* Bürger der neuen EU-Staaten.

Auch sollte dieses Buch nicht von den Gegnern eines geeinten Europa als Argumentationshilfe missbraucht werden, da der Autor überzeugter (Kern-)Europäer ist. Wer die folgenden Seiten aufmerksam liest, düfte dem Autor darin zustimmen, dass die EU-Osterweiterung auf absehbare Zeit auch viele Arbeitsplätze in Deutschland sichern wird: bei Wachunternehmen, Sicherheitsberatern, Tresorbauern, Herstellern von Alarmanlagen, Richtern, Staatsanwälten, Strafverteidigern, Polizei und verdeckten Ermittlern, Gefängniswärtern, Bewährungshelfern, Kriminologen…

Feiern Sie, liebe Leser, die EU-Osterweiterung also möglichst lange mit und genießen Sie es – die Rechnung dafür müssen Sie ja in jedem Fall mitbezahlen. Ungefragt. Wie hoch diese Rechnung ausfallen wird, kann derzeit noch niemand verlässlich sagen. Die EU-Kommission hat jedenfalls am 4. Februar 2004 die Aufstockung des Haushalts für die anstehende Erweiterung formell beschlossen. Danach werden zum 1. Mai zusätzliche 11,8 Milliarden Euro in den Brüsseler Etat eingespeist, wie die Haushaltskommissarin Michaele Schreyer mitteilte. Der EU-Etat für 2004 steigt damit auf 112 Milliarden Euro, und Deutschland zahlt im laufenden Jahr brutto rund eine halbe Milliarde Euro zusätzlich (21,9 Milliarden statt 21,4 Milliarden Euro), hieß es in einer von der *Frankfurter Rundschau* am 5. Februar 2004 zitierten ap/dpa-Meldung. Für Wunder sei er »nicht zuständig«, zitierte die *»Süddeutsche Zeitung«* dann am 12. Februar 2004 Romano Prodi, den Präsidenten der EU-Kommission, der nach demselben Bericht alle Maßhalteappelle ins Reich des Unmöglichen verwies – schließlich seien es die Regierungschefs selbst, die durch immer neue Beschlüsse eine Ausweitung des Brüsseler Haushalts geradezu erzwingen würden. Bereits für die nächste Finanzperiode plant Prodi eine Aufstockung des Etats um rund fünfzig Prozent auf 150 Milliarden Euro im Jahr. So scheint derzeit wohl nur eines sicher zu sein: dass sich auf unserer Rechnung für die EU-Osterweiterung auch einige Posten finden werden, die wir uns so ganz sicher nicht gewünscht haben.

Udo Ulfkotte
Wiesbaden, im Februar 2004

Teil I

Bestandsaufnahme

Verbrechen lohnt sich

Das war schon immer so: Verbrechen lohnt sich. Nicht für den Mann auf der Straße oder für Amateure. Wenn aber Kriminelle in Gruppen auftreten oder Mafia-Bosse als Hintermänner haben, dann drohen Gefahren, von deren Ausmaß die meisten von uns kaum Kenntnis haben.

Als am 1. Januar 1993 die Grenzen zwischen den alten Mitgliedsstaaten Europas fielen, sagten Skeptiker eine ungeheure Zunahme der Kriminalität voraus. Andere sprachen dagegen von der »Festung Europa«, deren Außengrenzen fortan streng überwacht und so vor dem Verbrechen abgeschirmt werden sollten.

Keine der beiden Seiten hat damals Recht behalten. Denn die Verbrecherbanden der ärmeren Welt waren lange vor der Öffnung der Binnengrenzen wahre Europäer geworden. Schon vor dem Wegfall der Schlagbäume hatten sie in Europa Fuß gefasst und Absprachen mit Kriminellen getroffen, die ihnen beim Aufbau ihrer Verbrechernetzwerke helfen sollten.

Ein Jahrzehnt später sorgen sich nun vor dem Hintergrund der EU-Osterweiterung im Mai 2004 abermals Millionen Europäer um jene innere Sicherheit, die es in Wahrheit längst nur noch als historische Erinnerung gibt. Mit dem 1. Mai 2004 sind auch Polen, die Tschechische Republik, Slowenien, die Slowakei, Estland, Lettland, Litauen, Ungarn, Zypern und Malta EU-Staaten. Drei Jahre später, 2007, sollen auch noch Bulgarien und Rumänien hinzukommen.

Werden wir vielleicht bald Zustände bekommen, wie sie uns bislang nur aus amerikanischen Städten vertraut sind?

Tod eines Pizzaboten

In den Vereinigten Staaten von Amerika hat man sich längst daran gewöhnt, dass Kriminelle in der Wahl ihrer Methoden nicht zimperlich sind. Aufmerksamkeit erregen Verbrecherbanden dort nur noch, wenn sie sich außergewöhnlicher Methoden bedienen. Im September 2003 etwa wurde einem Pizzalieferanten eine Bombe umgeschnallt, um ihn für einen Bankraub gefügig zu machen und als lebendes Tatwerkzeug einzusetzen. Die Bombe war echt, der Mann ist jetzt tot: Brian Douglas Wells starb vor den Augen der Polizei. Zuvor war bei dem Pizzadienst, für den er arbeitete, eine Bestellung eingegangen. Ein Unbekannter lotste ihn in eine abgelegene Gegend der Stadt Erie. Eine Stunde später tauchte der Pizzabote in einer Bank auf und überfiel diese. Kurze Zeit später wurde er von Polizisten in seinem Auto gestellt. Die Polizei legte ihm Handschellen an und wartete auf einen Spezialtrupp, der die Bombe entschärfen sollte. Wells bat die Polizei, sich zu beeilen, und behauptete, seine Zeit laufe ab: Immer wieder rief er: »Warum kommt keiner und hilft mir?« Niemand glaubte ihm so recht, als er sagte, er trage eine Bombe am Körper, die bald zünden werde. Dann explodierte die Bombe.

Drei Tage im Dezember 2003

Spektakuläre Kriminalfälle, in den USA fast schon alltäglich, scheinen in Deutschland auf den ersten Blick noch eher selten zu sein. Gerade bei den ungewöhnlichen Fällen sind aber bestimmte Tätergruppen in Deutschland auf dem Vormarsch. Begleiten wir zur Bestandsaufnahme zunächst einmal über drei Tage die Arbeit deutscher Kripobeamter im Dezember 2003, vier Monate vor der EU-Osterweiterung. Die an diesen Tagen bundesweit gesammelten Ereignisse bieten einen ersten Hinweis darauf, dass manch einer der nach Deutschland eingereisten »Touristen« aus den neuen und künftigen EU-Staaten zwar mit allen Wassern gewaschen sein mag, gleichwohl aber dennoch keine weiße Weste hat.

15. Dezember 2003

- Essen-Rüttenscheid: Zwei Bulgaren bezahlen mit einem falschen Fünfziger in einer Apotheke auf der Rüttenscheider Straße Medikamente. Als die Angestellte den »Geldschein« überprüfen will, flüchten die 26 und 28 Jahre alten Männer in Richtung Essen-Bredeney. Eine Polizeistreife nimmt bald darauf die als »Touristen« nach Deutschland gereisten Bulgaren fest. Bei ihrer Durchsuchung finden sich acht weitere 50-Euro-Blüten.
- Wanne-Eickel: In der Wilhelmstraße will ein 38 Jahre alter Angestellter gerade die Ladentür abschließen, als zwei Männer ihn mit einer Pistole und einem Elektroschocker bedrohen. Der Angestellte greift zu einer Kleiderstange und schlägt auf die beiden Männer ein. Die flüchten nun zu Fuß in Richtung Emscherstraße. Hier steigen sie im Bereich der Eisenbahnunterführung zusammen mit vier weiteren Männern in einen VW Golf und flüchten über die Schlachthofstraße. Bei den beiden Tätern soll es sich laut Polizeiprotokoll um Polen oder Russen gehandelt haben.

16. Dezember 2003

- Hamburg: Im Altenfelder Weg betritt ein Mann eine Tankstelle, bedroht den 37 Jahre alten Angestellten mit einer Maschinenpistole und fordert die Herausgabe von Bargeld. Der Räuber erhält 300 Euro und einen Stapel Telefonkarten. Anschließend flüchtet der Unbekannte zusammen mit seinem Mittäter, der vor der Tankstelle »Schmiere« gestanden hat, mit einem als gestohlen gemeldeten Fahrzeug durch den Karl-Arnold-Ring. Später betritt der erneut mit einer Maschinenpistole bewaffnete Mann den Verkaufsraum einer Tankstelle in der Hamburger Ostfrieslandstraße. Wieder verlangt er Bargeld und Telefonkarten. Auch hier gibt der Kassierer dem Täter 300 Euro und Telefonkarten. Danach flüchtet der Räuber mit seinem Komplizen in Richtung Autobahn. Inzwischen weiß man, dass es sich um eine polnisch-türkische Tätergruppe handelt.
- Rüsselsheim: Mit einem in Offenbach gestohlenen blauen Audi

fahren unbekannte Täter rückwärts in die Schaufensterscheibe eines Juweliergeschäftes in der Innenstadt. Zuvor haben sie das Schutzrollo hochgeschoben. In wenigen Sekunden klauen sie aus der Auslage etwa 120 Markenuhren im Wert von rund 200 000 Euro. Den Audi lassen sie stehen und flüchten in einem schwarzen Honda. Aufgrund der Vorgehensweise vermutet die Kripo Rüsselsheim Osteuropäer als Täter.
- Kassel: Der 38 Jahre alte Fahrer eines Linienbusses fährt von der Haltestelle »Unterneustädter Bahnhof« in Richtung Hünfelder Straße. Sein Bus ist zu dieser Zeit leer. An einer Haltestelle stehen zwei Männer, die er für Fahrgäste hält. Als er die Tür öffnet, drängen sie herein und halten ihm eine Pistole unter die Nase. Der Polizei sagt er später, einer der Männer habe mit »osteuropäischem Akzent gerufen: »Kohle her!« Als der Busfahrer eine Geldbörse aus seiner Aktentasche holt, ruft ihm der zweite Täter zu: »Wechsel leer machen!« Daraufhin betätigt der Fahrer die Auswurftaste des Wechslers. Das Münzgeld, etwa 70 Euro, steckt sich der Täter in die rechte Jackentasche. Dann flüchten die Männer.
- Frankfurt: Drei bewaffnete und maskierte Räuber erbeuten beim Frankfurter Juwelier Rene Kern in der Kaiserstraße 1 Armbanduhren im Wert von 390 000 Euro. Die Täter, nach Angaben der Polizei Osteuropäer, sollen zwischen 30 und 45 Jahre alt sein. Sie erbeuten 18 Uhren der Marken Breguet, Breitling und Vacheron-Constantin.

17. Dezember 2003

- Gelsenkirchen: Beamte vom Einsatztrupp Süd überprüfen auf der Hohenzollernstraße einen Kastenwagen mit polnischem Kennzeichen. Im Fahrzeug sitzen zwei 24 und 30 Jahre alte Polen, deren Kleidung mit Lehm verdreckt ist. Vorne im Fahrzeug sehen die Polizisten Werkzeug, CS-Gas, Handfunkgeräte, verdreckte Handschuhe und eine Taschenlampe. Misstrauisch geworden, durchsuchen sie das Fahrzeug und finden in der Seitenverkleidung des Transporters versteckt 38 Autoradios (teilweise mit Navigationssystem), einen CD-Wechsler und einen Laptop, zudem einen Hochdruckreiniger, eine Hydraulikpumpe und Einbruchswerkzeug. Die Beamten nehmen die beiden schon früher bei ähnlichen Delikten in Erscheinung getretenen Polen fest. Spätere Ermittlungen ergeben, dass die Beute aus Pkw-Aufbrüchen in Bochum und Alpen am Niederrhein stammt.

- Hamburg: Bei einem Überfall auf den Juwelier Becker am Ida-Ehre-Platz in der Hamburger Innenstadt erbeuten zwei bewaffnete Männer Uhren im Wert von mehr als 500 000 Euro. Ein 45 Jahre alter Mitarbeiter des Juweliers hat gerade die Schaufenster mit teuren Zeitmessern der Marken Patek Philippe, Rolex und Breguet bestücken wollen, als die Täter zuschlagen. Ein 30 Jahre alter Räuber (schwarze Hose, blauer Kapuzenanorak) bedroht den Angestellten und brüllt mit osteuropäischem Akzent: »Open the door!« Der etwa 1,70 Meter große, untersetzte Pistolenmann drängt ihn zurück, sammelt die besten Stücke aus der Auslage und räumt auch zwei Tabletts voller Uhren ab, die für die Vitrine bestimmt sind. Sein etwa gleichaltriger Komplize trägt eine braune Stoffjacke und hält die anderen Angestellten derweilen mit einer Pistole in Schach. Anschließend flüchten beide zu Fuß mit der Beute. Die Polizei leitet eine Großfahndung ein – ergebnislos. Lediglich Teile der Kleidung, die die Räuber beim Überfall trugen, können im Eingangsbereich eines Ärztehauses sichergestellt werden. Vieles deutet darauf hin, dass es sich um Mitglieder der aus Polen stammenden »Koszaliner Gruppe« handelt, die vor fast genau zwei Jahren bereits eine andere Filiale des Juweliers überfallen hat. Auch damals sprachen die Täter Englisch mit osteuropäischem Akzent und wurden bislang nicht gefasst.
- Berlin: Beamte des Landeskriminalamtes (LKA) nehmen eine Bande von Autoschiebern fest. In den Wochen zuvor waren diese Autoknacker regelmäßig nachts in Berlin unterwegs. Zielgerichtet durchsuchten sie vor allem Parkplätze und Tiefgaragen der Nobelhotels nach lohnender Beute. Wenige Tage vor der Festnahme hatten sie in der Tiefgarage des »Adlon« am Brandenburger Tor eine Luxuslimousine zu knacken versucht, was ihnen aber misslang. Die Fahrzeuge sollten nach Osteuropa verschoben werden.
- Pegnitz: Einbrecher erbeuten in einem Drogeriegeschäft am Schwei-

nemarkt in Pegnitz Parfüm im Wert von 35 000 bis 40 000 Euro. Gezielt klauten sie nur hochwertige Düfte bekannter Firmen. Im Visier der Fahnder auch hier: osteuropäische Diebesbanden. Auf der A 9 bei Himmelkron nimmt die Polizei unterdessen drei Polen fest, die wegen Eigentumsdelikten vorbestraft sind. Hinter den Seitenverkleidungen der Fahrzeugtüren finden sie 188 hochwertige Kosmetika im Wert von 1600 Euro, die in Kaufhäusern im Raum Stuttgart gestohlen worden waren.

- Reutlingen: Der Polizei geht eine polnische Verbrecherbande ins Netz. Insgesamt 18 Polen hatten bundesweit neun Überfälle auf Juweliere verübt und dabei vor allem Luxusuhren im Wert von weit mehr als einer Million Euro gestohlen. Die aus dem polnischen Koszalin und aus Danzig stammenden Täter waren stets nach der gleichen Methode vorgegangen: Sie hatten zu dritt den Juwelierladen betreten, eine Vitrine eingeschlagen und die darin ausgestellten Uhren geraubt, während vor dem Laden Komplizen warteten, denen die Beute übergeben wurde. Nach ihrer Festnahme und der Aufklärung der anderen Überfälle kann die Polizei nur noch zehn Luxusuhren sicherstellen.

Das waren Momentaufnahmen von drei Tagen in deutschen Polizeidienststellen, die man noch fortführen könnte – immerhin hat ein Jahr 365 Tage. Die geschilderten Beispiele sind weder repräsentativ noch vollständig, da sich an diesen drei Tagen weitaus mehr Fälle dieser Art ereignet haben. Allein die mehrfach erwähnte Gruppe aus dem polnischen Ort Koszalin, die so genannte »Hammerbande«, hat seit Anfang 2001 mehr als 300 (dreihundert!) deutsche Juweliere ausgeraubt. Dabei haben die Täter Markenuhren und Schmuck im Wert von 24,5 Millionen Euro erbeutet. Von Januar bis Dezember 2003 schlug die polnische Bande mehr als hundert Mal in Deutschland zu. Hundertsechzig Kilometer von der deutschen Grenze entfernt werden die Täter – meist arbeitslose junge Männer – in Koszalin angeworben und müssen den Großteil der Beute an ihre Auftraggeber abliefern. Schmuck und Uhren gehen dann in Autos versteckt über die Grenze Richtung Osten. Werden die Täter in Deutschland geschnappt, drohen ihnen nur niedrige Strafen, weil sie in Deutschland nicht vorbestraft sind. Ihre Hintermänner in Koszalin haben Komplizen in Deutschland: nach Erkenntnissen des Bundeskriminalamtes meist Spätaussiedler mit deutschem Pass.

Auch in Belgien, den Niederlanden, Österreich und Skandinavien sind solche osteuropäischen Banden zu einer verbreiteten Plage geworden. Wenn sie zuschlagen, ist guter Rat für die Betroffenen teuer. Meist verdoppeln die Versicherungen nach solchen Überfällen die Beiträge der betroffenen Geschäfte, und nicht selten verlangen sie gerade von Juwelieren die Einstellung eines Wachmannes. Bezahlen muss das letztlich der Verbraucher – also wir alle –, denn diese Versicherungssummen werden auf den Preis aufgeschlagen.

Vor diesem Hintergrund hat der Autor Informationen über die möglicherweise negativen Folgen der Grenzöffnungen, die ein Millionenheer von am Rande des Existenzminimums lebenden Menschen zu neuen EU-Bürgern macht, zusammengetragen. Das Ergebnis ist eindeutig: In den neuen EU-Staaten wurden Hoffnungen geweckt – Hoffnungen auf eine rosige Zukunft, auf Arbeitsplätze und Stabilität –, die wir nur dann erfüllen können, wenn wir bereit sind, wesentliche Teile unseres Wohlstandes abzugeben. Und mit jeder neuen EU-Osterweiterung (Bulgaren und Rumänen sollen im Jahr 2007 EU-Mitbürger werden, andere Staaten wie beispielsweise die Türkei sollen folgen) müssen wir weiter teilen. Wenn wir zum Teilen nicht bereit sind, ziehen wir verstärkt Menschen aus den armen Oststaaten an, die aus ihrer Not heraus und zur Sicherung ihres Lebensunterhaltes Straftaten verüben.

Dabei sind es nicht immer die intelligentesten Kriminellen, die der Weg aus dem armen Osten auch nach Deutschland führt: In einem Ostseebad etwa klaute ein Autodieb einen roten Golf, Baujahr 1976. Schon nach wenigen Kilometern gab das Gefährt seinen Geist auf. Enttäuscht klemmte der Dieb einen Zettel hinter den Scheibenwischer, auf den er in polnischer Sprache geschrieben hatte: »Scheißauto. Hat keine 15 Minuten gehalten.« In einem anderen Fall setzten mutmaßlich aus Rumänien stammende Diebe mit einem gestohlenen Lastwagen rückwärts durch die Glastür einer Bank, schlangen ein dickes Tau um Anhängerkupplung und Geldautomaten, gaben Gas und rissen das Gerät aus der Verankerung – allerdings handelte es sich nur um den Kontoauszugsdrucker, die Mühe war also vergeblich.

Viele werden aber nicht isoliert als Einzeltäter kommen, sondern sich in die Fänge jener Kraken begeben, die man gemeinhin Organisierte Kriminalität (OK) nennt: Banden, die die Armut der Osteuropäer ausnutzen und als kriminelle Vereinigung gewerbsmäßig wie ein Wirtschaftsunternehmen handeln. Mit dem einzigen Ziel, Profit zu machen.

Tabuthema Kriminalitätsimport

Kriminalität aus den neuen EU-Staaten des Ostens betrifft jeden von uns. Aber sie gehört zu einem Tabuthema, über das kaum berichtet wird. Wer im Internet unter www.polizeipresse.de die Berichte liest, muss oftmals erst bei den jeweiligen Polizeidienststellen nachfragen, um die Nationalität oder Herkunft der Tatverdächtigen zu erfahren. Vor diesem Hintergrund verwundert es kaum, dass weder das Bundeskriminalamt noch die europäische Polizeibehörde Europol einen auch nur annähernd genauen Überblick über jene Fälle haben, in denen Tatverdächtige mutmaßlich aus osteuropäischen Staaten stammen. Sie sind vielmehr angewiesen auf die Zuarbeit der einzelnen Kripodienststellen, auf deren Schreibtischen sich ohnehin die Arbeit stapelt. Formblätter mit statistischen Angaben sind das letzte, was die unter Druck stehenden Beamten für andere Behörden ausfüllen werden: Deshalb mag es zwar offizielle Angaben über importierte Kriminalität geben; verlässlich dürften sie jedoch kaum sein.

Das Tabuthema der Täter aus den armen Ländern des Ostens, die aus materieller Not gezielt in die alten, reichen EU-Staaten reisen, um hier Straftaten zu verüben, ist heikel, weil es vielen Interessen zuwider läuft: Vor allem Politiker sehen sich in die Enge getrieben, wenn die Realität mit dem Wunschdenken nicht in Einklang zu bringen ist. Europa ist aber längst auch zu einem einheitlichen kriminalgeografischen Großraum geworden, mit Brücken zum Nahen und Mittleren Osten, zu Afrika, zum karibischen und pazifischen Raum.

Kriminelle orientierten sich schon immer an unterschiedlichen Strömungen – Ströme von Gütern, Dienstleistungen, Personen, Geld/Kapital und Zahlungen. Mit der EU-Erweiterung wird ein solcher bestehender Strom vergrößert: unter dem Zeichen der Freiheit des

Waren- wie des Dienstleistungs-, Personen-, Geld-/Kapital- und Zahlungsverkehrs.

Um die Komplexität der grenzüberschreitenden Kriminalität in der EU darzulegen, werden in diesem Buch aber nicht nur Fälle aus den östlichen Nachbarstaaten Europas geschildert, sondern auch teilweise höchst unterschiedliche Gruppierungen aus anderen Weltregionen: unter ihnen etwa die asiatische OK am Beispiel der chinesischen Triaden und der japanischen Yakuza, die Vietnamesen-Mafia und kolumbianische Kartelle. Solche Organisationen weisen untereinander zum Teil weit verzweigte Verflechtungen insbesondere im Rauschgift- und Waffengeschäft sowie bei der Geldwäsche auf, andererseits wirken sie in zuweilen äußerst brutalen Machtkämpfen auch gegeneinander. So sind gerade im Drogenbereich internationale Gruppenstrukturen nicht selten: Das Führungspersonal bilden beispielsweise Deutsche, Polen, Esten, Russen oder Kolumbianer, die mittlere Managementebene stellen Italiener oder Tschechen, und für die Arbeitsebene werden Albaner, Bulgaren, Türken oder Afrikaner rekrutiert. Die Umbrüche in Osteuropa, wo eine noch im Neuaufbau begriffene legale Wirtschaft auf eine schnell wachsende Schattenwirtschaft trifft, begünstigt solche Verflechtungen. Dabei gehen grenzüberschreitende – importierte – Kriminalität und Organisierte Kriminalität ineinander über, die Grenzen sind fließend.

Angesichts leerer Kassen in den alten EU-Staaten und erwünschter – nur noch durch Schulden zu finanzierender – hoher Transferzahlungen an die neuen EU-Staaten wird die Schattenseite der EU-Erweiterung derzeit von der Politik noch bewusst ausgeklammert. Nachrichtendienste, Polizeien und Innenminister wissen aber um die Bedrohung der offenen EU-Gesellschaften durch importierte Kriminalität. Dieses Buch schöpft aus solchen (teils geheimen) Berichten, nennt Einzelfälle und legt die Ursachen dieser Entwicklungen dar.

Eldorado für Verbrecher

Schon am 24. September 2001 hatte die Polizeigewerkschaft Bedenken gegen die Osterweiterung der Europäischen Union angemeldet. Der Vorsitzende der Gewerkschaft der Polizei (GdP), Konrad Freiberg, befürchtete ein »Fiasko«. Europa sei längst zu einer Drehscheibe der internationalen Organisierten Kriminalität geworden, sagte Freiberg – ein Eldorado für grenzenlos operierende Verbrecherkartelle. Das Defizit in der internationalen Zusammenarbeit sei eklatant. Unterschiedliche Rechtssysteme sowie ein überholtes Amts- und Rechtshilferecht zeigten, dass die Politik auf europäischer Ebene versagt habe. Organisierte Kriminalität werde von den Regierungen teilweise »nur halbherzig« bekämpft. Der Gewerkschafter beklagte das mangelnde Interesse der Politik und fehlende rechtliche Kompetenzen bei der Ermittlungsarbeit der Polizei. Die Fachleute beobachten nach Worten des GdP-Chefs mit Sorge, dass sich die in Europa expandierende grenzüberschreitende Kriminalität längst nicht mehr nur auf ihren klassischen Geschäftsfeldern, wie Menschenhandel, Prostitution und Rauschgift, bewege, sondern sich um eine Verankerung im europäischen Wirtschaftsleben bemühe, von der Energie bis zur Abfallbeseitigung.

An dieser Stelle noch ein Wort zur Begriffserklärung: Ein zentrales Problem bei der Bekämpfung der Organisierten Kriminalität ist die Schwierigkeit, neue oder sich verfestigende Netzstrukturen zu erkennen und zu verhindern. Dazu müsste man Täterverbindungen, Hintermänner sowie Finanz- und juristische Berater schon im Vorfeld kennen und dann auch ständig beobachten. Da die traditionellen Bekämpfungsstrategien reaktiv und auf die Repression bekannter Straftaten ausgerichtet sind, muss es beim Themenbereich Organisierte Kriminalität Defizite der Aufklärung geben. Grenzüberschreitend im Aufbau befindliche neu organisiert zusammenarbeitende Täter und Tätergruppen kann man so nicht verhindern: Wenn drei Georgier, Bulgaren oder Rumänen bei einer Reise durch Deutschland in vielen Städten jeweils nur geringwertige Waren klauen, dann haben sie zwar insgesamt einen größeren Schaden angerichtet, werden von den Ermittlern der Organisierten Kriminalität aber erst dann zu dieser gerechnet, wenn sie Hintermänner haben, die mit einem internationalen Netzwerk zusammenarbeiten. Im Normalfall wird man das aber kaum nachweisen können, die Delikte erscheinen vielmehr als isolierte Einzelereignisse. Vor diesem Hintergrund werden in diesem Buch die wissenschaftlich sicher eher unscharfen Begriff »grenzüberschreitende« und »grenzüberschreitende Organisierte« Kriminalität gebraucht.

Zu den möglichen Risiken der EU-Erweiterung ließ auch der Deutsche Industrie- und Handelskammertag seine Mitglieder wissen: »Ob eine höhere Kriminalitätsbelastung der deutschen Wirtschaft eintreten wird, lässt sich wegen der diversen Einflussfaktoren zum derzeitigen Zeitpunkt nicht mit Bestimmtheit vorhersagen. Dass eine dauerhafte Verschlechterung der Sicherheitslage nach dem Abbau der Grenzkontrollen bei der EU-Erweiterung in Westeuropa nicht eingetreten ist, kann nicht ohne weiteres auf die EU-Osterweiterung übertragen werden.«

Meinhard Miegel, einer der profiliertesten deutschen Sozialforscher, schreibt zu diesem Thema: »In der erweiterten EU wie in Europa insgesamt würde sich riesenhaft vergrößert wiederholen, was die neuen Bundesländer seit einiger Zeit schmerzhaft erfahren: Die wirtschaftliche Entwicklung würde nicht zuletzt gebremst, weil die Unternehmerischsten abwanderten. Die deutsche Antwort auf diese Herausforderung ist Geld und noch einmal Geld. Die Menschen in den neuen Bundesländern sollen keinen wirtschaftlichen Grund mehr haben, in den Westen überzusiedeln. Das Gleiche müsste sich im europäischen Maßstab wiederholen. Die Völker des Westens, allen voran die Deutschen, müssten viel Geld in die durch Abwanderung geschwächten Regionen Mittel- und Osteuropas pumpen, um sie über Wasser zu halten. […] Was aber passiert, wenn es die Löcher nicht stopft? Dann wird es keine funktionierende Europäische Union und kein stabiles, offenes Europa geben. Denn ein Land, ein Kontinent ist nur dann stabil, wenn die regionalen, wirtschaftlichen und sozialen Unterschiede nicht zu krass sind.«

Big Bang 2004

Experten aus Politik und Wirtschaft erwarten, dass die Ausdehnung der Europäischen Union viele neue Probleme aufwerfen wird. Schon ein Blick auf die Zahlen verrät, was da in der Mitte Europas heranwächst und sich unaufhaltsam in Richtung Osten wälzt: ein politischer, vor allem aber ökonomischer Koloss, der den Grenzverlauf zwischen denen, die »drin« sind und denen, die »draußen« bleiben, vor sich her schiebt.

Die Dimensionen des neuen Europa sind gewaltig: Mit der Erweiterung der Europäischen Union um die auserwählten zehn mittel- und osteuropäischen Staaten von Estland bis Ungarn sowie Malta und Zypern steigt die Zahl der EU-Bürger von jetzt 376 Millionen auf rund 455 Millionen. Nach ersten Bevölkerungsschätzungen lebten in der EU am 1. Januar 2004 380,8 Millionen Personen, in den beitretenden Ländern 74,1 Millionen. Die Fläche des Territoriums vergrößert sich damit um beinahe ein Viertel. Europa hat dann direkte Grenzen mit der Ukraine und Weißrussland. Moldawien wird EU-Nachbar, wenn Brüssel drei Jahre später noch einmal die Tore öffnet, um Rumänien und Bulgarien hereinzulassen.

In Polen, Estland, Lettland, Litauen, Ungarn, der Tschechischen Republik, Slowenien, Slowakei, Zypern und auf Malta freuen sich jedenfalls auch Einbrecher, Autoschieber, Bankräuber, Zuhälter, Rauschgift- und Menschenhändler, Zigaretten- und Alkoholschmuggler über die neuen Verhältnisse in der erweiterten Europäischen Union, die ihnen die Zusammenarbeit über die Grenzen hinweg erleichtern wird. Zu ihnen gesellen sich noch auf Einbruch spezialisierte Gruppen aus Rumänien, straff organisierte Banden von Kosovo-Albanern, vietnamesische Zigarettenschmuggler, ukrainische Menschenhändler, asiatische und lateinamerikanische Drogenkartelle, russische Zuhälterbanden und andere. All diese Gruppen zeichnen sich durch ein extrem hohes Gewaltpotenzial aus, das in der neueren europäischen Kriminalgeschichte ohne Beispiel ist.

»Big Bang« heißt das Szenario ab Mai 2004 etwa bei den Fachleuten des britischen Auslandsgeheimdienstes MI6. Wirtschaftlich, sportlich und künstlerisch mögen die neuen Staaten und ihre Bewohner eine große Bereicherung für Europa sein. Doch seit dem Zusammenbruch des Kommunismus haben europäische Sicherheitsbehörden aus diesen Ländern auch Kriminelle kennen gelernt, die oftmals mit ungeheurer Brutalität vorgehen.

Lange vor der EU-Erweiterung hatten sich aus dem Osten stammende gewaltbereite Banden in den alten EU-Staaten formiert: lettische und estnische Bankräuber, rumänische Tresorknacker, Rauschgift transportierende Kosovo-Albaner, bulgarische Euro-Fälscher, litauische Wanderdealer, georgische Diebesbanden und polnische Kriminelle, die allein bis September 2003 mehr als 700 Diagnosegeräte aus KFZ-Werkstätten in Deutschland stahlen (mit ihnen kann man halt auch die Wegfahrsperren außer Kraft setzen; Näheres dazu im Kapitel über Polen).

Was den Fahrzeugdiebstahl angeht, so hat man in Deutschland anscheinend die Hoffnung auf sinkende Fallzahlen aufgegeben. Aber derzeit erprobt man in vielen Bundesländern Lesegeräte, mit denen Autokennzeichen registriert werden können. Immerhin dienen gestohlene Fahrzeuge häufig auch Einbrechern und Räubern als Hilfsmittel. Fährt ein als gestohlen registrierter Wagen durch ein solches unmerklich am Straßenrand angebrachtes Lesegerät, wird Alarm ausgelöst, und die Verfolgung kann beginnen.

Was bei Ermittlern und Versicherungen willkommen ist, stößt bei Datenschützern allerdings auf Ablehnung. Sie sehen einen »Schritt in den Überwachungsstaat«, weil niemand kontrollieren könne, ob die Daten unbescholtener Bürger tatsächlich nach dem Passieren eines solchen Kontrollpunktes gelöscht würden. Bis dieser innenpolitische Streit ausgefochten ist, dürften Autodiebe in vielen Bundesländern wohl noch »freie Fahrt« haben. Die Zukunft wird zeigen, ob die Autokennzeichen-Lesegeräte zu Fahndungserfolgen Beiträge leisten können. Und erst dann, wenn die EU-Erweiterung längst Geschichte ist, wird man rückwirkend verlässlich über solche Schritte urteilen können.

Geschichte aber lebt von Symbolen. Als am 14. Juli 1789 der Pariser Mob die Bastille stürmte, da war das eher ein Randgeschehen. In dem alten Gefängnis saßen gerade einmal sieben Gefangene, und die Besatzung bestand aus einer kleinen, zum Teil aus Invaliden zusammengesetzten Truppe. Die Eroberung und Schleifung dieser verhassten Bastion des Absolutismus wurde aber zum Symbol der bedeutendsten Revolution der europäischen Neuzeit. Noch heute tanzt man in Frankreich an jedem 14. Juli auf den Straßen und Plätzen. In diesem Sinn wird zweifellos auch der 1. Mai 2004 – der Tag, an dem die Europäische Union sich nach Osten hin erweiterte – in die künftigen Geschichtsbücher eingehen. Doch ob die Menschen deshalb noch in späteren Jahren vor Freude auf den Straßen tanzen werden, ist ungewiss. Denn Grund zum Feiern haben nicht nur rechtschaffene Bürger, sondern vor allem auch Kriminelle. Für sie wird die Zukunft in einem Europa der immer weiter nach Osten geöffneten Grenzen zumindest einfacher.

Wo die Römer die Welt nicht mehr verstanden, da orteten sie »gewalttätige Barbaren«. Diese römische Selbstherrlichkeit hat sich bis in unsere Tage erhalten. Nur sprechen wir nicht mehr von »Zivilisationsgrenzen«, sondern wittern in den östlichen Banden eine neue Form von Barbaren.

Sind solche Sorgen berechtigt?

Der langjährige Präsident des Grenzschutzpräsidiums Ost, Bernd Walter, sieht die Gefahren nüchtern. In seinem Beitrag für das im Jahr 1998 veröffentlichte Buch *»Kriminalitätsimport«* heißt es: »Die Freizügigkeit innerhalb Europas und die mit dem Umbruch und der Öffnung der Staaten Mittel- und Osteuropas verbundene Liberalisierung haben zu einer für die innere Sicherheit Deutschlands und Gesamteuropas zunehmend bedrohlicher werdenden Dimension grenzüberschreitender Kriminalität geführt.«

Auch die kriminalistisch-kriminologische Forschungsgruppe des Bundeskriminalamtes befand schon in einer 1996 intern veröffentlichten Studie: »Die mit der Realisierung des EU-Binnenmarkts veränderten bzw. neu geschaffenen Bedingungen üben Einfluss auf die Kriminalität und deren Bekämpfung aus. Die betroffenen Staaten und ihre Sicherheitsbehörden können bereits feststellen und müssen auch zukünftig davon ausgehen, dass die durch diesen offenen Markt entstandenen freien Personen-, Waren-, Dienstleistungs- und Kapital- bzw. Zahlungsströme intensiv auch für kriminelle Zwecke genutzt werden.«

Aus der Politik hat man zu den diffusen Ängsten der Bürger vor dieser Entwicklung kaum etwas gehört. Bevor Gerhard Schröder 1998 zum ersten Mal zum Bundeskanzler gewählt wurde, hatte er noch eine deutliche Meinung zur drohenden Kriminalität aus den östlichen Staaten. *Bild am Sonntag* zitierte ihn am 20. Juli 1997 mit den Worten: »Beim organisierten Autodiebstahl sind Polen nun einmal besonders aktiv, das Geschäft mit der Prostitution wird beherrscht von der Russenmafia …« Damals hob er hervor, dass man die gesetzestreuen Ausländer nicht schütze, wenn man Ausländerkriminalität totschweige. Wer das Gastrecht missbraucht, meinte er, »für den gibt es nur eins: raus, und zwar schnell«. Wenn er das tatsächlich ernst gemeint hätte, dann hätte Schröder nach seinem Amtsantritt viel Zeit dazu gehabt, den Worten auch Taten folgen zu lassen. Vielleicht hängt es ja damit zusammen, dass Politiker sich nur jener Themen annehmen, die ihnen Erfolge versprechen. Und in der Politik haben Erfolge für gewöhnlich viele Väter. Der Misserfolg aber ist ein Waisenkind. Kein Politiker will dafür verantwortlich sein, wenn die Dinge nicht so laufen, wie sie sollen. Im Falle der EU-Osterweiterung klopfen sich viele Politiker gegenseitig auf die Schultern, stoßen mit Champagnerschalen an und zollen in mit Eigenlob gespickten Reden vor allem sich selbst Respekt. Hatten sie nicht tausende Studien zu Milchquoten und Handelshemmnissen in Auftrag gegeben, tausende Themen wissenschaftlich beleuchten lassen? Nur das, was die Staatsbürger in diesem Zusammenhang wirklich interessiert, etwa die möglicherweise steigende Kriminalität, das hatte man wohlweislich ausgeklammert. Vor dem Hintergrund hoher Arbeitslosenzahlen, nicht enden wollenden Pleiten und einer gigantischen Staatsverschuldung wäre es ja auch unangenehm gewesen, sich als Politiker mit den unschönen Begleiterscheinungen der Grenzöffnungen nach Osten auseinander zu setzen.

Dabei steht die Angst vor mehr Kriminalität als Folge der EU-Osterweiterung bei den Bürgern ganz weit oben. Das zeigt etwa ein Blick in das ARD-Internet-Forum zu diesem Thema (www.mdr.de/eu/658668-txt-0.html). Und die Berichterstattung in den Boulevardmedien ist nicht ganz unschuldig daran, dass manch einer den Untergang des westlichen Abendlandes fürchten mag, wenn die Grenzen durchlässiger werden.

Innere Sicherheit: »Eine echte Herausforderung«

Wenn der Berliner Oberstaatsanwalt Hans-Jürgen Fätkinhäuer über seinen Beruf spricht, dann würden ihm viele Politiker wohl gern den Mund verbieten. Während Volksvertreter uns Bürgern pausenlos erzählen, Europa müsse »zusammenwachsen« und »ein Haus werden«, klärt der frühere Vorsitzende der Berliner Staatsanwälte einen Sumpf nach dem anderen auf. Damit macht er sich bei Verbrechern wie Politikern gleichermaßen unbeliebt.

Fätkinhäuer hat sein Leben ganz dem Kampf gegen jene Schwerstkriminellen der grenzüberschreitenden Organisierten Kriminalität verschrieben, die in Deutschland erstaunlicherweise kaum zur Kenntnis genommen werden. Seit Jahren schon warnt der bekannte Oberstaatsanwalt, der auch gegen den ehemaligen Vizepräsidenten des Zentralrats der Juden in Deutschland, Michel Friedman, ermittelte, vor den Gefahren der Kriminalität im zusammenwachsenden Europa. Kritikern in der Politik hält er vor: »Die Leute, die heute von Panikmache reden, werden schneller eines Besseren belehrt werden, als ihnen lieb ist. Die werden dann aber voraussichtlich nicht mehr in der Politik sein. Und damit müssen sie die Suppe auch nicht mehr auslöffeln, die sie uns mit ihrer Hinhaltetaktik einbrocken.«

Anders als in Deutschland hat der österreichische Innenminister Ernst Strasser die Öffentlichkeit schon lange vor der Erweiterung auch über die möglichen Gefahren aufgeklärt. Bei den »Österreichischen Sicherheitstagen 2003« in Leogang sagte Strasser etwa: »Wir haben heute eine ähnliche Situation wie zu Beginn der Neunzigerjahre. Nach der Öffnung des Eisernen Vorhangs hat es eine echte Herausforderung für die Sicherheit in Österreich gegeben: Die grenzüberschreitende Kriminalität ist damals angestiegen. Die Situation ist heute genauso, allerdings um eine Zone weiter weg.« Die stellvertretende Direktorin des Wiener Bundeskriminalamts, Andrea Raninger, fügte den Worten des Ministers hinzu: »Die Polizei kennt Grenzen, die Verbrecher nicht. Wir haben es heute auch bei der Kleinkriminalität mit Tätern aus Osteuropa zu tun, die es vorher bei uns nicht gegeben hat.«

Demgegenüber widersprach bei derselben Veranstaltung Bernhard Falk, Vizepräsident des deutschen Bundeskriminalamtes in Wiesbaden, den mahnenden Worten der Österreicher und meinte: »Es gibt keinen Grund, Panik zu machen.« Auch die Vertretung der Europäischen Kommission in der Bundesrepublik mit Sitz in Berlin konnte Sicherheitsrisiken für die Bürger der alten EU-Staaten nicht erkennen, weil »die neuen Mitgliedsstaaten bessere Standards, Prozesse und eine bessere Zusammenarbeit zur Kriminalitätsbekämpfung einführen werden – und bereits vor dem Beitritt damit begonnen haben.«

Polnische Autoschieber, rumänische Tresorknacker, bulgarische Geldfälscher, estnische Bankräuber, ungarische Schlepperbanden, zypriotische und maltesische Geldwäscher werden also demnach bald arbeitslos. Hoffen wir, dass die EU-Kommission Recht behält.

Ausgetrickst: Märchenstunde Euro-Sicherheit

Winston Churchill hat einmal gesagt, Politiker seien Menschen, die die Fähigkeit haben, vorauszusehen, was morgen, im nächsten Monat und im nächsten Jahr geschehen wird – und hinterher zu erklären, warum alles anders gekommen ist.

Erinnern wir uns: Als viele Bürger in Deutschland sich bei der Euro-Einführung nur ungern von der D-Mark verabschiedeten, da gab es aus den Reihen der Politik das Versprechen: Der neue Euro werde dank vieler Sicherheitsmerkmale »fälschungssicher« sein. Aber längst hat die Bundesbank eingestehen müssen, dass in Deutschland mittlerweile so viele Euro-Schein-Fälschungen in Umlauf sind wie zu D-Mark-Zeiten: Fälschungen, gegen die selbst die herkömmlichen UV-Prüfgeräte machtlos sind. Kaum ein Jahr war seit der Euro-Einführung vergangen, da überschwemmten mehr Blüten denn je die Bundesrepublik.

Schon ein Jahr nach der Euro-Einführung wurde in Polen Euro-Falschgeld im Nennwert von einer Million Euro sichergestellt. Es waren fast perfekte Fälschungen – mit dem bloßen Auge als solche nicht zu erkennen. Gedruckt wurden sie in einer 40-Quadratmeter-Garage in der polnischen Provinz. Zur Festnahme der Euro-Fälscher kam es dank der guten Zusammenarbeit mit deutschen Ermittlern, und auch die polnische Staatsanwaltschaft prophezeite damals, dass dies sicher nicht der letzte Fall von Euro-Fälschung sein werde.

Die *Lippische Landeszeitung* berichtete am 26. Januar 2003 über eine Aktion gegen polnische Euro-Fälscher, bei der Spezialeinheiten der Polizei, SEK und MEK, in einem Hochhaus in Detmold zwei polnische Staatsangehörige festnahmen. Die 30 und 31 Jahre alten Männer sollten Falschgeld in Umlauf gebracht haben. Tatsächlich wurden während der Festnahme falsche Banknoten in der Größenordnung von 10 000 Euro beschlagnahmt. Auch konnten etwa 6000 Euro echtes Geld, für den Ankauf von Falschgeld gedacht, sichergestellt werden. Die Festgenommenen waren nach Angaben der Polizei erst kurz vorher aus der Haft entlassen worden. Einer von ihnen hielt sich illegal in Deutschland auf. Von dem sich anbahnenden Falschgeldgeschäft hatte die Polizei schon Anfang Dezember Kenntnis erhalten. In einem Bielefelder Café machte ein 25 Jahre alter Pole ein Angebot für den Verkauf von einem Kilogramm Kokain. Bei diesem Treffen legte der Mann Falschgeldproben aus Polen vor – 100-Euro-Noten von guter Qualität. Aber zu weiteren Beschaffungsfahrten wird es nun – vorerst – nicht mehr kommen.

Allein im Bundesland Sachsen tauchten im Jahr 2003 insgesamt 1867 falsche Euro-Scheine auf. Dort sind nicht nur in Grenznähe gefälschte Euro-Banknoten aus Osteuropa auf dem Vormarsch. Fachleute des Dresdner Landeskriminalamtes empfehlen vor allem Einzelhändlern immer wieder, stärker auf die Sicherheitsmerkmale der 100-Euro-Noten zu achten. Und LKA-Sprecher Lothar Hofner hebt hervor, dass die Qualität der Fälschungen stetig besser wird. Vorbei seien die ersten Monate des Euro-Zeitalters, als ein paar Jugendliche aus Chemnitz auf ihrem PC 50-Euro-Scheine kopierten, die Kopien mit Silberpapier bekleben und in den Umlauf brachten. Die Chemnitzer waren die ersten Euro-Fälscher im sächsischen Freistaat und wurden schnell gefasst. Mittlerweile überschwemmen aufwändig gefälschte, in Druckereien hergestellte 100-Euro-Scheine nicht nur Sachsen. Nach Erkenntnissen der Landeskriminalämter kommen diese vor allem mit kleineren »Touristengruppen« aus Osteuropa (Näheres dazu im Kapitel über Bulgarien) nach Deutschland, wo die zweifelhaften »Touristen« dann im Einzelhandel mit druckfrischen 100-Euro-Scheinen so genannte Pfennigartikel kaufen. So konnte die Polizei zum Beispiel in Dresden Ende 2003 einen Mann aus Litauen festnehmen, der in einer Drogerie Ware für 3,50 Euro mit einem gefälschten 100-Euro-Schein bezahlen wollte. Einen erheblichen Teil des echten Wechselgeldes müssen die »Touristen« später wieder bei ihrem Auftraggeber abliefern.

Kaum eine Tankstelle mag heute noch 200- oder gar 500-Euro-Noten annehmen. Aus Furcht vor den so genannten »Geldwäschern«, die falsche Noten gegen echtes Wechselgeld »tauschen«, werden in jedem Supermarkt schon 50-Euro-Scheine an der Kasse misstrauisch beäugt. Doch im März 2003 glaubte man die ultimative Waffe gegen Geldwäscher gefunden zu haben. In einer Pressemitteilung des Zolls war schier Unglaubliches zu lesen: »Geld stinkt doch. Deshalb gibt es in der Bundeszollverwaltung seit kurzem neben dem Drogen-, Waffen-, Sprengstoff- oder Tabakspürhund einen weiteren vierbeinigen Schnüffelspezialisten: den Bargeldspürhund.« Nachdem mit großem Erfolg Rauschgift-, Sprengstoff- und Tabakspürhunde in den beiden Zollhundeschulen Bleckede und Neuendettelsau ausgebildet worden seien, würden nun erstmals vier Bargeldspürhunde in der Zollhundeschule Bleckede das in der Bundesrepublik Deutschland bislang einmalige Ausbildungsprogramm zur Suche nach Banknoten absolvieren, hieß es in der Pressemitteilung. Das Ergebnis sei beeindruckend. Der ausgebildete Bargeldspürhund sei in der Lage, sowohl druckfrische als auch im Geldumlauf befindliche Scheine in den raffiniertesten Verstecken sicher und gezielt aufzuspüren. Nun mögen Geldwäscher schon gezittert haben, doch bei näherem Hinsehen entpuppte sich die Meldung als Aprilscherz der Behörde, war das Datum der Veröffentlichung doch der 31. März 2003. Vor Bargeldspürhunden müssen Geldwäscher vorerst also keine Angst haben.

Vom »Sackgreifer« zum Autodieb

Sieben europäische Richter veröffentlichten schon im Herbst 1996 in Genf einen höchst besorgten Aufruf, in dem sie die Regierungen zu gemeinsamen Anstrengungen aufforderten, eine für die Demokratie tödliche Bedrohung abzuwenden. Die grenzüberschreitende Organisierte Kriminalität sei im Begriff, über ein gigantisches Netz von Partnerschaften und mit Unterstützung von Politikern und multinationalen Finanz- und Geschäftskreisen in alle Bereiche der Weltwirtschaft vorzudringen. Sie treibe dabei ihr Spiel mit der rechtsstaatlichen Ordnung, die durch das weit verzweigte System korrupter Machenschaften nach und nach vergiftet werde.

Nach Auffassung von Sam Poppe, einem britischen Sicherheitsfachmann, ist die grenzüberschreitende Organisierte Kriminalität im Kern nichts anderes als die Fortsetzung des Marktes mit ungebändigten Mitteln. Sie verknüpft aber legale Interessen mit illegalen. Im Zeitalter von Globalisierung, Internationalisierung und Technologisierung können nationale Grenzen und Kontrollmechanismen die Souveränität des Staates nicht länger sichern, denn das die Grenzen sprengende Netz der Wirtschaftsstrukturen sei von staatlicher Seite kaum mehr einsehbar.

Dabei ist die Organisierte Kriminalität kein neues Phänomen. Berichte über umherziehende Räuberbanden reichen bis in das frühe Mittelalter zurück. Oft schlossen sich Menschen, die nicht verwandt waren, zu Gruppen zusammen, die ihren Anführern gegenüber einen »Bluteid« abgelegt hatten und hierarchisch aufgebaut waren. Fremde hatten keine Chance, in diese Gruppen mit ihren eigenen Regeln, eigenen Sanktionen und ihrer eigenen Gerichtsbarkeit einzudringen. Hohe Mitgliederzahlen machten Erkennungszeichen notwendig, die sich zum Teil bis in die Mitte des letzten Jahrhunderts erhalten haben. Die meisten dieser Gruppen entstanden aus Not und gaben zumindest als Ziel die Herstellung sozialer Gerechtigkeit an.

Zu den besonders gut dokumentierten Bandenführern, die man getrost der grenzüberschreitenden Organisierten Kriminalität bezichtigen darf, gehört zum Beispiel die am 17. August 1732 in Salem am Bodensee im Alter von etwa vierzig Jahren gehenkte Elisabetha Frommerin, genannt »die schwäbische Sackgreiferin«. Sie hatte den Frauen beim Überlebenskampf ihrer Räuberbande eindeutig die Hauptrolle zugewiesen. Dank Fingerfertigkeit und krimineller Routine konnte sie mit ihren Bandenmitgliedern auf Märkten und während der Gottesdienste das Nötigste zusammenstehlen. Mit Landfahrern und Gaunern tat sie sich zusammen und bildete eine immer größere Bande. So zog man von Markt zu Markt, von Stadt zu Stadt, nahm Quartier in Wirtshäusern, die zumeist von Sympathisanten oder Hehlern der Gaunerszene geführt wurden, und griff dort in die Warensäcke, was ihnen den Beinamen »Sackgreifer« einbrachte. Andere Mitglieder der Gruppe betätigten sich als »Beutelschneider« – schnitten also ihren Opfern den am Gürtel befestigten Geldbeutel unmerklich ab und entwendeten ihn. Und ähnlich wie heute wären viele dieser Diebe den Banden wohl lieber fern geblieben. Doch sie waren arm und kämpften ums Überleben: »Sackgreiferinnen« wie die Elisabetha Frommerin wurden nicht durch freie Berufswahl zum Kirchendieb, Trickbetrüger oder Straßenräuber, sondern durch ihre heute kaum noch vorstellbare wirtschaftliche Not.

Die Zeiten haben sich zwar geändert, doch die Furcht vor Räuberbanden ist geblieben. Wenn viele Bürger sich in Deutschland immer unsicherer fühlen, denken sie vor allem an Vorfälle in ihrer unmittelbaren Umgebung: an die zunehmende Zahl von Einbrüchen, an sich häufende Raubüberfälle, Taschendiebstähle, Autoaufbrüche und vieles mehr. Den staatlichen Sicherheitsorganen bereitet indes vor allem die grenzüberschreitende Organisierte Kriminalität Probleme. Sie bedroht die staatliche Sicherheit Deutschlands ungleich stärker als die zwar für den Einzelnen häufig traumatische, aber den Staat als Ganzes nicht gefährdende »Kleinkriminalität«. Allein die Produktpiraterie – also der Handel mit gefälschten Markenartikeln durch Mitglieder der Organisierten Kriminalität – soll die betroffenen Wirtschaftsunternehmen schon im Jahr 1996 weltweit geschätzte 260 Milliarden Euro gekostet haben. Für das Jahr 2002 vermutete die IHK in Stuttgart einen Schaden in ähnlicher Größenordnung. Und der durch Produktpiraterie verursachte wirtschaftliche Schaden dürfte auch für den Verlust zigtausender Arbeitsplätze verantwortlich sein.

Hintergründe: Not und Arbeitslosigkeit

Ob das erweiterte Europa der 25 Mitgliedsstaaten ein Erfolg werden wird, entscheidet sich nicht in der politischen Vision, sondern allein in der Realität des europäischen Alltags. Und zu dem gehört eben auch die Kriminalität. Deren Ursachen lassen sich nicht mit einer einzigen simplen Theorie erklären. Dafür ist das Kriminalitätsbild zu vielschichtig. Denn unter Kriminalität fallen sowohl das Fahren ohne Fahrerlaubnis, die Trunkenheit im Straßenverkehr, die Verkehrsunfallflucht, die Sachbeschädigung, der Diebstahl in unterschiedlichsten Formen, die Steuerhinterziehung als auch der Raub, die Vergewaltigung oder der Mord. Und Straftaten werden sowohl von 14 Jahre alten Jugendlichen als auch von 80 Jahre alten Greisen verübt. Demnach kann es nicht eine allen Umständen gerecht werdende Erklärung für Kriminalität geben.

Kriminalität ist potenziell in allen Menschen veranlagt, auch wenn schwere Delikte nur von einer Minderheit verübt werden. Und die Menschen sind heute nicht besser oder schlechter, als sie es früher waren. Aber es gibt mehr Gelegenheiten zur Kriminalität. Wenn feste Sozialgefüge auseinander brechen und Menschen mobiler werden, dann kann das als eine mögliche Erklärung für die von vielen subjektiv als steigend angesehene Kriminalitätsrate gesehen werden. Wer sich mit der Gesellschaft identifiziert, wird schwerer Straftaten gegen die Gesellschaft begehen. Wer weiß, wem ein bestimmtes Fahrzeug gehört, der tut sich schwerer mit dem Diebstahl als derjenige, dem der Eigentümer völlig fremd ist.

Schon der Strafrechtsreformer Franz von Liszt (1851–1919) vertrat die Auffassung, die beste Kriminalpolitik sei eine gute Sozialpolitik. Davon aber sind die neuen EU-Staaten noch meilenweit entfernt. Sie werden Schwierigkeiten haben, ihre Sozialpolitik dem durchschnittlichen EU-Standard anzupassen. Dafür ist das Wohlstandsgefälle in der nach Osten hin erweiterten EU einfach zu groß. Selbst drakonische Strafen halten unter bestimmten Umständen Menschen nicht davon ab, kriminell zu werden. Bei einer Hungersnot würde selbst eine Gefängnisstrafe wohl niemanden vom -Lebensmitteldiebstahl abhalten. Damit Menschen aber nicht zum Brotstehlen gezwungen werden, muss die Not beseitigt werden. Um Kriminalität wirkungsvoll zu verhindern, müssen somit ihre Ursachen bekämpft werden. Und die liegen im Falle der neuen EU-Länder des Ostens vor allem im gewaltigen Unterschied der Lebensverhältnisse.

Es kann also nicht das Ziel dieses Buches sein, Osteuropäer grundsätzlich als »kriminell« zu brandmarken. Vielmehr geht es darum, in den alten EU-Staaten ein Bewusstsein dafür zu schaffen, dass die Osterweiterung ohne Angleichung der Lebensverhältnisse bislang nicht bedachte Folgen haben kann: Folgen, die wir nur abwenden können, wenn wir alle gemeinsam zum Teilen mit unseren neuen und vor allem armen EU-Mitbürgern bereit sein werden.

Derzeit liegt das jährliche Pro-Kopf-Einkommen in Polen nur bei etwa 40 Prozent des EU-Durchschnittes, in Tschechien bei 57 und in Ungarn bei 51 Prozent, während Deutschland ungefähr den Durchschnittswert erreicht. Das ist ein erhebliches Gefälle. Mit der Aufnahme der zehn neuen EU-Staaten erhöht sich die Zahl der armen EU-Staaten dramatisch. Armut ist aber ganz sicher eine der Ursachen, die in einem Gemeinwesen kriminalitätsfördernd wirkt.

Ein anderer Faktor ist die Arbeitslosigkeit. Sie ist zwar nicht die Hauptursache für Kriminalität, aber dennoch eine ihrer Ursachen. Sowohl britische als auch deutsche Studien der vergangenen Jahre belegen eine überproportionale Beteiligung von Arbeitslosen an Straftaten. Wer auf der Suche nach Lohn und Brot über weite Entfernungen reist, stammt meist aus dem Umfeld von Armut und sozialer Desintegration. Diese Arbeitssuchenden werden nun mit einer Gesellschaft konfrontiert, die zunehmend weniger Arbeitskräfte benötigt. Selbst nach den offenkundig geschönten Statistiken ist schon jetzt mindestens jeder zehnte Osteuropäer auf der Suche nach besseren Lebensumständen. Auf die daraus resultierenden Probleme hat die EU bislang noch keine schlüssige Antwort. Sie wird sie jedoch früher oder später finden müssen.

Wenn durch steigenden Wettbewerb auch in den neuen EU-Staaten Arbeitskräfte freigesetzt werden, die dann weder in ihren eigenen Ländern Arbeit finden noch in der Lage sind, an anderen Orten innerhalb der Union beschäftigt zu werden, dann könnte diese neue Situation als soziale Härte und als eine Einschränkung ihrer eigenen Zukunftsperspektiven empfunden werden, die erst durch den Beitritt zur Union entstanden wären: innenpolitisch ein Sprengstoff. Von der mit der EU-Erweiterung angestrebten »Stabilitätszone« würde dann ganz sicher nicht mehr gesprochen. Somit werden die Stabilität und die innere Sicherheit der EU wesentlich von der Sicherung und Schaffung neuer Arbeitsplätze für die nach Wohlstand dürstenden Bewohner der östlichen neuen Mitgliedsstaaten abhängen.

Überkapazitäten und Bauernsterben

Optimisten weisen gern auf die zahlreichen Arbeitsplätze hin, die von Konzernen aus den alten EU-Staaten in den neuen EU-Staaten geschaffen worden sind. Das ist in der Tat nicht zu leugnen: In Polen, Tschechien und Ungarn sind 350 000 Beschäftigte in deutschen Unternehmen tätig. Allein der Siemens-Konzern verfügt über 95 Tochtergesellschaften mit 25 000 Beschäftigten. Volkswagen hat im Jahr 1991 den tschechischen Autohersteller Škoda übernommen und den Ausstoß seither verdreifacht – inzwischen werden eine halbe Million

Wagen jährlich für den gesamten europäischen Markt produziert. Dem gegenüber steht jedoch eine oftmals verschwiegene Schattenseite: Während an manchen Orten Zentren des Wohlstandes entstehen, versinken andere Gebiete in Elend und Hoffnungslosigkeit. Deutlich wird das im Falle Polens, das mit knapp 39 Millionen mehr Einwohner zählt als die übrigen neun Beitrittsländer zusammen. Dort gibt es heute rund zwei Millionen Bauernhöfe, von denen nach der EU-Osterweiterung – vorsichtig geschätzt – kaum 100 000 überleben werden. In der Studie »Auswirkungen der EU-Osterweiterung auf den Agrarsektor«, die im April 2000 im Auftrag des bayerischen Landwirtschaftsministeriums erstellt wurde, heißt es dazu: »Viele Betriebe werden bei der Anpassung ihrer Produktion an die Qualitätsstandards der EU Probleme haben. Die Fleisch und Milch verarbeitende Industrie leidet erheblich unter dem veralteten Ausrüstungsstand, der bestehenden Überkapazität und der mangelhaften Transport-, Verteilungs- und Vermarktungsinfrastruktur. Ohne ausländische Investitionen wird es schwierig sein, hier strukturelle Verbesserungen voranzutreiben.«

Polnischen Bauern stehen nach dem Beitritt zwar Agrarhilfen aus Brüssel zu, doch bekommen werden diese in erster Linie konkurrenzfähige Großbetriebe. Schwierigkeiten könnten viele Bauern auch mit den Antragsformularen zum Erhalt der ihnen zustehenden Direktbeihilfen haben, auf denen die genaue Größe des Hofes angegeben werden muss. Denn der Umfang des Besitzes ist selten genau geklärt – und lässt sich oft nicht nachweisen. Ein massenhaftes Bauernsterben in der rückständigen polnischen Landwirtschaft ist also abzusehen, und der polnische Agrarsektor beschäftigt immerhin ein Fünftel der Erwerbstätigen – rund 3,7 Millionen Menschen. Dabei beträgt die Arbeitslosenrate in Polen schon heute – offiziell – 18,4 Prozent.

Auch in der polnischen Schwerindustrie sieht es schlimm aus. Die Stahlindustrie beschäftigt heute noch hunderttausende Arbeiter, aber im vereinten Europa wird sie nicht mehr konkurrenzfähig sein. Kohlebergbau- und Energiesektor haben ähnliche Probleme. Die EU will, dass viele der maroden Betriebe stillgelegt werden.

In Ungarn sieht es derweilen nicht viel anders aus. Christian Schmidt-Häuer bereiste im Dezember 2003 den Osten Ungarns und berichtete über die Sorgen der dort lebenden Landwirte in der *ZEIT*: »Ahnungen aber gehen längst um, Verlustängste wachsen hinter dem Rücken Gottes. So nennen die Ungarn die Abgeschiedenheit. ›Wir haben 1600 Hektar Weideland und hatten 600 Kühe, pro Kopf eine‹, bedauert Bertalan Lukovics, Bürgermeister des tausendjährigen Csaroda mit seinen heute 640 Einwohnern. ›Wir bekamen immer gesagt: Es gibt zu viel Milch! Jetzt trinken wir Milch aus holländischem Trockenpulver.‹ Auch der Jonathan wird verschwinden, fürchten die Bauern, der wunderbare Apfel, der die Region um die Theiß so berühmt machte. Die Bäume wachsen zehn Meter hoch und brauchen sechs Jahre, bevor sie Früchte tragen. ›Die Holländer‹, fügen die Bauern an, ›können eben monatelang gelagert werden und sehen von Gottes Licht nur wenig. Aber die Bäume tragen schon nach drei Jahren.‹«

Nicht anders wird es den ungarischen Schweinehirten ergehen. Die Tiere, in Ungarn *mangalica* genannt, die auch im Winter rausgetrieben werden dürfen mit ihren langen Borsten und dem dicken, hormonfreien Speck, sie haben wohl keine Chance mehr gegen die schnell hochgemästeten Yorkshire-Schweine. Viele kleine Bauern in Ungarn wissen, dass die EU ihnen ganz gewiss nicht eine rosige Zukunft bringen wird. Was aber sollen sie machen? Und wovon sollen ihre Kinder leben? Immerhin liegt die Sozialhilfe bei nur knapp über 60 Euro im Monat. Als Tagelöhner kann man hier fünf Euro am Tag verdienen. In Bozen gibt es dagegen fürs Apfelpflücken 50 Euro am Tag sowie dreimal Essen und freie Unterkunft. Nur: Wie viele ungarische Tagelöhner kann die nach Osten erweiterte EU zukünftig gebrauchen?

Hannes Hofbauer nennt in seinem 2003 erschienen Buch »*Ost-Erweiterung*« hohe Zahlen an zu erwartenden Arbeitslosen in den neuen EU-Staaten. Zwischen 1990 und 2000 seien in den Beitrittsländern schon rund 10,5 Millionen Arbeitsplätze verloren gegangen. Und am Vorabend des Beitritts stünden dort noch immer knapp über sechs Millionen Arbeitsuchende ohne Erwerbsmöglichkeiten da. Den offiziellen Arbeitslosenraten dieser Länder »können je nach Land ohne große Bedenken fünf bis zehn Prozent dazu geschlagen werden, um beschönigende statistische Tricks auszugleichen«, schreibt Hofbauer. Eine Chance auf einen neuen Arbeitsplatz haben sie nicht. Und die sozialen Sicherungssysteme sind alles andere als üppig ausgestattet.

Bei jedem neuen östlichen EU-Mitglied das gleiche Bild: Die Arbeitslosigkeit ist hoch, die Produktivität gering, der Lebensstandard entsprechend niedrig. Das Bruttoinlandsprodukt (BIP) aller Beitrittsstaaten entspricht zusammengenommen etwa jenem der Niederlande. Während die Bevölkerung der EU mit der Erweiterung um rund zwanzig Prozent wächst, nimmt die Wirtschaftskraft gemessen am BIP nur um kaum fünf Prozent zu – ein idealer Nährboden für soziale Unruhen und für ein Ansteigen der Kriminalitätsrate.

Sowohl bei der Abkehr von der Planwirtschaft als auch beim EU-Beitritt ging es den Menschen vor allem um mehr Wohlstand, um eine Annäherung ihres Lebensstandards an den Westeuropas. Schon die Erfahrungen mit dem Übergang zur Marktwirtschaft und der außenwirtschaftlichen Öffnung waren für diese Länder eher traumatisch: tiefe Einbrüche bei Wachstum und Beschäftigung, Zunahme von Korruption und Kriminalität, Ungleichheit. So hat die Krise nach dem Zusammenbruch des Sozialismus auch viele Menschen in den neuen östlichen EU-Ländern ärmer gemacht. Der Transformationsprozess von der Planwirtschaft hin zu marktwirtschaftlichen Strukturen wurde von einem Großteil der Bevölkerung als Schock empfunden. Er ließ Arme, Alte und sozial Schwache als Verlierer zurück. Dazu gesellten sich im Rahmen der Annäherung an die EU die zahlreichen Beamten und Angestellten im öffentlichen Dienst, die – sofern nicht gekündigt – gehaltsmäßig radikal zurückgestuft wurden. Jene in östlichen Staaten lebenden Beamten, die das Recht der EU künftig in ihren Ländern umsetzen sollen, zählen mittlerweile zu den größten Verlierern der politischen Wende. Hinzu kommen immer mehr Jugendliche, die noch in der Planwirtschaft aufwuchsen, nun in der Marktwirtschaft aber kaum einen Arbeitsplatz finden werden. Sie bilden das Reservoir an Billiglöhnern, auf das die alten EU-Staaten ihre wirtschaftlichen Hoffnungen setzen: billige Arbeitskräfte, die für den gemeinsamen Markt der EU kostengünstig produzieren werden. So meldete das Magazin *Focus* im Januar 2004, dass ein Drittel von knapp 200 Unternehmen, die sich an einer Umfrage beteiligten, »die Wettbewerbsfähigkeit durch Stilllegungen und Verlagerungen einzelner Produktionsbereiche nach Mittelosteuropa verbessern« will.

Und 62 Prozent der Unternehmen Berlin-Brandenburgs, die bereits in Mittel- und Osteuropa engagiert sind, wollen nach der siebenjährigen Schonfrist billige Arbeitskräfte auch an ihren inländischen Standorten einsetzen. Ob diese die großen Einkommensunterschiede dauerhaft hinnehmen werden, ist indes fraglich. Und weitere Schocks kommen hinzu: der »Produktivitätsschock«, weil von denen, die Arbeit haben, künftig höhere Effektivität und Leistung erwartet werden (höhere Effektivität aber führt zu verringerter Nachfrage nach Beschäftigten und zu steigender Arbeitslosigkeit), und der »Preisschock«, weil die Verschärfung des Wettbewerbs im erweiterten Binnenmarkt zu sinkenden Preisen führen wird. Letzteres werden vor allem die vielen Privatlandwirte auf den Märkten schnell zu spüren bekommen.

EU-Erweiterung und Freizügigkeit

Die Möglichkeit für Arbeitnehmer, sich irgendwo in der EU einen Arbeitsplatz zu suchen, gehört zu den vier grundlegenden Freiheiten des EU-Binnenmarktes. Die Ausdehnung dieser Freiheiten auch auf die neuen EU-Staaten im Osten war politisch heikel, weckte sie doch tief sitzende Ängste vor allem in Deutschland. Die Ängste vor einer Überflutung des ohnehin angespannten Arbeitsmarktes mit »Billiglöhnern« aus dem Osten sitzen tief. Auch bei der Süderweiterung der EU um Spanien, Portugal und Griechenland hatte es solche Ängste gegeben. Doch sie waren unbegründet. Denn die mehrjährigen Übergangsfristen konnten vorzeitig aufgehoben werden, weil eben nicht – wie von Skeptikern erwartet – Millionen Griechen, Spanier oder Portugiesen auf einen Schlag nach Deutschland ziehen mochten. Allerdings war das Einkommens- und Wohlstandsgefälle zwischen Griechenland, Spanien und Portugal auf der einen und Deutschland mit den anderen alten EU-Staaten auf der anderen Seite bei weitem nicht so groß wie es heute im Vergleich zu den neuen EU-Staaten ist: In der EU der 15 Mitgliedsstaaten hat das reichste Land (Luxemburg) ein fast dreimal so hohes Pro-Kopf-Einkommen wie der ärmste (Griechenland). Nach der Erweiterung erhöht sich das Einkommensgefälle auf 5,4 zu eins. Doch die Frage, ob und wann ein Einwohner aus den neuen EU-Staaten sich in einem der alten EU-

Staaten niederlassen will, orientiert sich nicht allein an Durchschnittseinkommen. Wichtig sind auch die sozialen Sicherungssysteme. In Polen etwa erhalten Patienten Gesundheitsleistungen im Krankheitsfalle oftmals nur gegen inoffizielle Zahlungen. Wer ein krankes Kind zum Krankenhaus bringt, wartet stundenlang auf die Behandlung – oder drückt dem Personal etwas Bakschisch in die Hand. Und bei Arbeitslosigkeit erhält man in Estland für einen Zeitraum von höchstens 180 Tagen gerade einmal 80 Prozent des staatlichen Mindestlohns – das aber entspricht weniger als zehn Prozent des durchschnittlichen Nettolohns.

Nach einer Übergangsfrist von längstens sieben Jahren (entsprechend der im Juni 2001 vom Europäischen Rat auf dem Gipfel von Göteborg festgelegten Regel) werden Arbeitskräfte der heutigen Beitrittsländer einen freien Zugang zu den Arbeitsmärkten der übrigen EU haben. Damit werden ausgehend vom Beitrittsdatum Mai 2004 spätestens im Laufe des Jahres 2011 die osteuropäischen Arbeitskräfte das Recht auf Freizügigkeit – auch nach Deutschland – erhalten. In weniger als einer Dekade wird der Arbeitsmarkt in der EU somit um mindestens 50 Millionen Personen anwachsen.

Elmar Hönekopp vom Institut für Arbeitsmarkt und Berufsforschung (IAB) in Nürnberg vertritt die Auffassung, dass eine Zuwanderung qualifizierter Arbeitskräfte einen durchaus positiven Effekt hätte, da in Deutschland eine Nachfrage nach gut ausgebildeten Arbeitnehmern besteht. Allerdings sei davon auszugehen, dass die Volkswirtschaften in den Beitrittsländern nach der siebenjährigen Übergangszeit so gewachsen sein werden, dass diese ihre qualifizierten Arbeitskräfte selbst benötigen. Man darf also gespannt sein, wie sich die Wirtschaft in den neuen EU-Staaten entwickelt: Davon wird es abhängen, ob und wenn ja welche Wanderungsbewegungen einsetzen werden.

Das österreichische »Forum politische Bildung« hat mit Unterstützung des Wiener Bildungsministeriums die möglichen Migrationsbewegungen nach der EU-Erweiterung aus dem Osten in den Westen untersuchen lassen und kommt zu dem Schluss, dass je nach Tempo und Erfolg des ökonomischen Transformations- und Aufholprozesses in den EU-Beitrittsländern mit einer jährlichen Wanderung von rund 0,3 bis 0,6 Millionen Personen aus Ost-/Mitteleuropa in Richtung Westeuropa zu rechnen ist. Zwischen drei und fünf Prozent der Bevölkerung Ost-/Mitteleuropas werden sich demnach in Westeuropa aufhalten, das sind zwischen drei und fünf Millionen Menschen. Die großen Lohnunterschiede könnten theoretisch eine Massenmigration auslösen, heißt es in der Studie, deren Autoren trotz der Übergangsfristen bezüglich der Freizügigkeit für Deutschland und Österreich folgendes Szenario skizzieren: »Aus Ungarn, Polen und Tschechien würden demnach im Jahr 2005 143 700 Personen in die EU emigrieren (nach Deutschland 95 800, nach Österreich 17 650); diese Zahl verringert sich bis 2010 auf 72 100 (Deutschland 48 000, Österreich 8820). Entsprechend der bisherigen Praxis wird angenommen, dass zwei Drittel der MigrantInnen in das Arbeitskräfteangebot eintreten werden. [...] Durch die Ausweitung des Arbeitskräfteangebots steigt die Arbeitslosenquote anfänglich in der EU...«

Firmenpleiten und Not im Osten Deutschlands

Davon betroffen sein wird vor allem auch der Osten Deutschlands. Denn mit der Osterweiterung droht den neuen Bundesländern Ungemach. Für die Jahre 2007 bis 2013 will Brüssel die EU-Strukturförderung neu regeln. Dann werden viele ostdeutsche Gebiete ihren Höchstförderstatus als so genannte Ziel-1-Regionen verlieren (Voraussetzung der Förderung ist, dass das Bruttoinlandsprodukt pro Kopf unter 75 Prozent des EU-Gemeinschaftsdurchschnitts liegt). Auf dem Spiel stehen viele Milliarden Euro. Eine Kürzung in Ostdeutschland wird zu Wachstumseinbußen führen. Denn der für das Erweiterungsjahr 2004 prognostizierte EU-Haushalt sollte eigentlich auf dem Stand von rund 100 Milliarden Euro eingefroren werden – im Februar dieses Jahres wurde er aber bereits auf 112 Milliarden Euro erhöht. Legt man aber die bisherigen Förderkriterien für ärmere Regionen zugrunde, so müsste er jährlich wegen der Osterweiterung und der Förderung der neuen EU-Staaten um 38 Milliarden Euro erhöht werden. Die Aufnahme der armen Vettern aus dem Osten jenseits des alten Eisernen Vorhangs drückt den Durchschnittswohlstand in der EU statistisch gesehen erheblich nach unten. Lag die »75-Prozent-Schwelle« als Fördervoraussetzung bislang in absoluten Zahlen bei einem Pro-Kopf-Einkommen von weniger als 18 000 Euro, so wird sie künftig auf etwa 16 000 Euro schrumpfen. Von den 56 im Osten neu in die EU hinzukommenden Regionen fallen immerhin 52 unter diese Förderkriterien. Aber alle anderen Regionen werden Jahrzehnte brauchen, um den sozialen Anschluss an die EU zu finden.

Schon Altbundeskanzler Helmut Schmidt warnte deshalb dringend davor, den Beitritt weiterer Staaten zu beschleunigen, weil die EU sonst in den finanziellen Abgrund stürzen würde.

Das Mittelstandsinstitut Niedersachsen in Hannover prognostiziert mit der EU-Osterweiterung auch eine Welle von Firmenpleiten. Denn die Billigkonkurrenz in Polen oder Tschechien werde die ostdeutsche Konkurrenz überrollen, heißt es. Nach Auffassung von Professor Eberhard Hamer, Leiter des Mittelstandsinstituts, wird dies schlimme Folgen für die ostdeutsche Wirtschaft haben. Unternehmen, deren Standort innerhalb eines etwa 100 Kilometer breiten Streifens an der polnischen und tschechischen Grenze liegt, müssen von 2004 an mit der Billiglohnkonkurrenz aus dem Osten rechnen; etwa 250 000 Betriebe müssen wegen der Konkurrenz aus dem Osten Deutschlands schließen. Das bedeute den Verlust von vierzig Prozent der Arbeitsplätze in den betroffenen Regionen.

»Das Hauptproblem der Osterweiterung traut sich aber niemand öffentlich zuzugeben«, führt Hamer aus. »Die Osterweiterung wird keinesfalls entsprechend den Behauptungen der EU-Kommissare blühende Wirtschaftszentren in den wirtschaftsschwachen ostdeutschen Bundesländern bringen, sondern zum größten Betriebssterben seit der Wiedervereinigung führen.« Ein Bankrott der Städte und Gemeinden wäre die Folge, so der Mittelstandsexperte. Die Ostgrenzregionen drohten somit zum Armenhaus Deutschlands zu werden. Das gilt in Deutschland nicht nur für die neuen Bundesländer. Beispiel Landwirtschaft:

Ein vergleichbarer tschechischer Milchbauer hat nur 50 Prozent der Produktionskosten seines wenige Kilometer entfernten EU-Nachbarn in Bayern.

Wer soll da noch mithalten können?

Schon heute können mehr als 1000 landwirtschaftliche Betriebe in dieser bayerischen Grenzregion ihre Sozialleistungen nicht mehr bezahlen. Jeden Tag muss ein Betrieb aufgeben. Diese Situation ist der Europäischen Kommission in Brüssel bekannt.

Die Zaungäste an den neuen Grenzen

Doch zur Migrationswelle werden nicht nur Bürger aus den neuen EU-Staaten zählen, sondern auch jene, die dann hinter dem neuen »Eisernen Vorhang« an den neuen EU-Außengrenzen im Osten wohnen, werden vom Wohlstand angelockt werden. So nahm etwa die Polizei in Rüsselsheim im Jahr 2003 einen Ukrainer fest, der sich in Polen eine neue Identität gekauft hatte und in Deutschland als vermeintlicher »Pole« unterwegs war. Grenzsicherung ist vor diesem Hintergrund nur möglich, wenn die zuständigen Behörden an den neuen Außengrenzen ihre Aufgaben auch ernst nehmen.

Die Sorgen derjenigen Menschen, die Zaungäste der Europäischen Union bleiben, dürfen nicht vergessen werden. In der Ukraine zum Beispiel werden Armut, Korruption und Organisierte Kriminalität weiterhin das Leben vieler der rund fünfzig Millionen Einwohner bestimmen.

Um der Misere zu entkommen, arbeiten etwa 300 000 Ukrainer illegal im Nachbarland Polen – und machen dort die Arbeit, die in Deutschland die Polen übernehmen: Erntehelfer, Hilfsarbeiter oder Dienstmädchen. Bislang unternehmen die polnischen Behörden nur wenig gegen die Schwarzarbeiter. Das Touristenvisum ist auch für Ukrainer (noch) ohne Schwierigkeiten zu bekommen. Aber mit dem Beitritt zur Europäischen Union wird die polnisch-ukrainische Grenze zur Außengrenze der EU, und Polen unterwirft sich dem Schengener Abkommen (Seite 47): Hinter dem Schlagbaum liegt Schengen-Land. Und das heißt: Ohne Visum kein Einlass. Für die Einreise gelten dann strenge Bestimmungen.

Es bleibt also die Frage, ob die Beitrittsländer aus Osteuropa der Herausforderung gewachsen sind, die künftige EU-Außengrenze zu sichern. Momentan bedeutet die etwa 1150 Kilometer lange Grenze Polens zu Litauen, Weißrussland und der Ukraine noch ein Sicherheitsrisiko. Vor allem der kriminelle Menschenschmuggel in die EU-

Staaten, sagen deutsche Sicherheitsbehörden, habe »eine Besorgnis erregende Dimension« angenommen. Jeden Tag würden mehr als 1000 illegale Einwanderer aus Osteuropa, Südosteuropa, Afrika und Asien in EU-Staaten eingeschleust. Internationale Menschenschmuggel-Organisationen würden in Europa jährlich einen Milliardenumsatz machen.

In Weißrussland halten sich, so russische Geheimdienste, mehr als drei Millionen Menschen auf, die um jeden Preis nach Westen wollen. Im Großraum Moskau warten rund 150 000 Flüchtlinge aus Afghanistan und mehr als 100 000 Chinesen sowie in der Türkei rund eine Million Menschen, vor allem Kurden, auf den illegalen Sprung in EU-Länder.

Der Wegfall der Binnengrenzkontrollen in der EU schafft nun einen einheitlichen kriminalgeografischen Raum vom Nordkap bis Sizilien, ab 2007 mit der Aufnahme Rumäniens und Bulgariens auch vom Mittelatlantik bis zum Schwarzen Meer. Mobile, kontinental arbeitende kriminelle Organisationen, zu denen nicht nur Schleuser gehören, werden sich die mangelnde Zusammenarbeit der uneinheitlich organisierten, kaum vernetzten europäischen Behörden in diesem Riesengebiet voll zunutze machen.

Die neue Festung Europa

Für die nächsten Jahre gibt die deutsche Polizei – zumindest in Teilen – Entwarnung. Denn mit dem Beitrittsdatum dürfen zwar Waren frei über die Grenze gebracht werden, doch die Personenkontrollen bleiben – vorerst noch – zumindest teilweise bestehen. Sie werden erst wegfallen, wenn alle so genannten Schengen-Staaten sicher sind, dass die neuen EU-Mitglieder an ihren Außengrenzen die gleichen Sicherheitsstandards garantieren können, wie sie jetzt beispielsweise an der deutsch-tschechischen Grenze Alltag sind.

Es wird daher noch einige Jahre dauern, bis man ohne Personalausweis von Dresden nach Warschau fahren kann: voraussichtlich drei bis fünf Jahre. Bis dahin bezahlt die EU rund eine Milliarde Euro an die Beitrittsstaaten, damit dort Fahrzeuge, Hubschrauber, Computer und Nachtsichtgeräte für die bessere Grenzüberwachung angeschafft werden können. Natürlich werden aber schon zuvor die Grenzen durchlässiger werden. Denn eine totale Kontrolle kann und wird es nicht geben. Gerade bei der Rauschgiftkriminalität werden die Probleme wohl deutlich zunehmen.

Und das drastische Wohlstandsgefälle zwischen Ost- und Westeuropa dürfte auch bei den Eigentumsdelikten wie bei der Organisierten Kriminalität zu neuem Ungemach führen.

Estland, Lettland, Litauen, Polen, die Slowakei, Slowenien, Tschechien, Ungarn – diese acht mittel- und osteuropäischen Länder sind mit dem 1. Mai 2004, gemeinsam mit Malta und Zypern, EU-Mitglieder. Mit Ausnahme Maltas und Zyperns verschwanden diese Länder nach dem Zweiten Weltkrieg hinter dem Eisernen Vorhang und werden im Westen oft noch immer als einheitlicher (östlicher) Block wahrgenommen. Manch einer fürchtet sich vor den neuen Nachbarn im Osten – eine Furcht, die nicht immer begründet ist. Denn einige der neuen EU-Staaten haben viel dafür getan, wieder in die Mitte Europas aufgenommen zu werden.

Ungarn etwa hat seinen Grenzschutz enorm verstärkt. Das Gleiche gilt auch für Estland, Lettland, Litauen, Polen, die Slowakei und Slowenien. Vor 14 Jahren selbst noch jenseits des Eisernen Vorhangs, bauen sie nun alle fleißig an der »Festung Europa« mit. Das gehört zu den Verpflichtungen, die die neuen EU-Mitglieder eingegangen sind. Und sie nehmen diese Aufgabe ernst. Zugleich müssen sie aber auch daran interessiert sein, dass ihre Ostgrenze für legale Übertritte möglichst durchlässig bleibt. Das kennzeichnet ein Dilemma, in dem sich diese Länder befinden: Die Mitgliedschaft in der EU bedeutet für sie die Rückkehr in den Westen, in die Welt. Ungarn, Polen und die baltischen Länder verärgern aber mit der Visumspflicht für ukrainische und weißrussische Bürger ihre Nachbarstaaten. Was eigentlich die Organisierte Kriminalität, Menschenschmuggel und den Drogenhandel eindämmen sollte, wird hauptsächlich die so genannten Ameisen treffen – die Kleinschmuggler, die aus schierer Not über die Grenze kommen und hier ihre wenigen Habseligkeiten verkaufen. Die einfachen Menschen werden also unter dem zu leiden haben, was eigentlich den großen Hintermännern der Schwerstkriminalität zugedacht war. Diese aber werden auch weiterhin – sogar verstärkt – ihr Unwesen treiben können.

Dazu ein Beispiel aus Österreich: Am 1. September 2003, einem Montag, schlug wieder einmal die berüchtigte »Messerbande« in Wien zu. Die Vorgehensweise der Täter – blitzschnell und spektakulär, so ein Ermittler – zeigte Parallelen zu vier weiteren Überfällen in Wien seit Juli 2003. Der gesamte Coup dauerte nicht einmal zwei Minuten. Die bewaffneten Täter stürmten die Filiale der »Erste Bank« in der Lerchenfelder Straße 120 in Wien. Zehn Angestellte und Kunden, die sich zu jenem Zeitpunkt in der Schalterhalle aufhielten, mussten sich auf den Boden legen. Jeder der Bankräuber war entweder mit einem Messer oder einer Pistole bewaffnet. Die mit Schals, Kapuzen und hochgeschlagenen Mantelkragen vermummten Männer öffneten die Kassen und bedienten sich selbst. Dann flüchtete ein Teil von ihnen zu Fuß; andere stiegen in einen vor der Bank mit laufendem Motor wartenden Geländewagen und rasten davon. Wie bei den vorangegangenen Fällen ließen die Bankräuber auch hier Bombenattrappen zurück, sodass erst einmal ein Entschärfungstrupp gerufen werden musste. Die Bank und umliegende Häuser wurden evakuiert, die Umgebung abgesperrt, bis dann endlich Entwarnung gegeben werden konnte: Die mutmaßliche Bombe entpuppte sich dann als Eieruhr samt Feuerlöscher in einem Rucksack, der aus Sicherheitsgründen gesprengt werden musste. Die Sprache der Gesuchten und die Angaben der Zeugen ließen die Polizei kaum daran zweifeln, dass die Täter aus Osteuropa stammten. Dazu ein Ermittler: »Es schaut nach ›reisenden Tätern‹ aus, die von Drahtziehern aus dem Ausland angeheuert werden.« Solche dreisten Überfälle wecken nicht nur in Österreich Besorgnis.

Zwang zur Zusammenarbeit

Mit der allmählichen Auflösung der Grenzen innerhalb der Europäischen Union werden viele multiethnische internationale Verbrecherbanden ihre Geschäfte ausweiten: Rauschgifthandel, Geldwäsche, Prostitution, Menschenhandel, Pornografie, Kunstschmuggel, illegale Waffengeschäfte, illegale Einwanderung und Terrorismus machen vor den Außengrenzen der EU schon lange nicht mehr Halt. Doch was bislang von europäischen Staatsbürgern eher am Rande zur Kenntnis genommen wurde, könnte in absehbarer Zeit zu einem vordringlichen

Problem werden: Denn viele der EU-Neulinge sind Stützpunkte der Organisierten Kriminalität, die zum Beispiel schon heute Jahr für Jahr etwa 100 Milliarden Euro in die EU zur Geldwäsche schleusen.

Manche der neuen EU-Staaten bereiten sich aber auch sorgfältig auf die Abwehr der neuen Gefahren vor. Bereits seit dem Jahr 1995 arbeiten zum Beispiel das Polizeifortbildungsinstitut Neuss (PFI) und die Polizeiausbildungsdirektion Nordrhein-Westfalen eng mit der Polizei in Lettland zusammen. Neben dem polizeilichen Erfahrungsaustausch, der Organisationsberatung und Hospitation von lettischen Polizeibeamten leistet Nordrhein-Westfalen auch umfangreiche materielle Hilfe. So werden ausgesonderte Polizeifahrzeuge und Büromöbel ebenso bereitgestellt wie Spurensicherungskoffer zur Verbesserung der Tatortarbeit. Solche Zusammenarbeit ist aber bitter nötig. Denn auch die Banden aus dem Osten arbeiten immer stärker vernetzt und arbeitsteilig.

Schengen-Land: »Lagebildabhängige« Personenkontrollen

Mit dem Schengen-Abkommen, das im Jahr 1995 in Kraft trat, konnten die Binnengrenzen zwischen den Unterzeichnerstaaten aufgehoben und eine einzige Außengrenze geschaffen werden. Die Zusammenarbeit im Schengen-Raum wurde schrittweise zunächst von Deutschland, Frankreich und den Benelux-Ländern, die 1985 den Schengen-Raum gegründet hatten, auf fast alle Mitgliedsstaaten der alten EU ausgedehnt. In dem Vertrag von Amsterdam zog man die seit 1985 von den Mitgliedern des Schengen-Raums gefassten Beschlüsse (so genannter Schengen-Besitzstand) am 1. Mai 1999 in den Rahmen der EU mit ein. Schengen fällt seither unter den rechtlichen und institutionellen Rahmen der EU, und der Schengen-Besitzstand umfasst etwa folgende Maßnahmen: den Abbau der Kontrollen an den gemeinsamen Grenzen sowie deren »Verlagerung« auf die Außengrenzen; die gemeinsame Festlegung der Bedingungen für das Überschreiten der Außengrenzen; die Trennung von Reisenden aus dem Schengen- oder einem anderen Raum an den Flughäfen und Häfen; die Angleichung der Einreise- und Visabestimmungen für Kurzaufenthalte; vermehrte Koordinierung zwischen den Verwaltungen zur Überwachung der Grenzen (Verbindungsbeamte, Angleichung der Ausbildung des Personals); die Einführung eines grenzüberschreitenden Verfolgungsrechts (Nacheile); die Stärkung der Zusammenarbeit der Justizbehörden; Erleichterung der Rechtshilfe; die Einrichtung des Schengener Informationssystems, einer elektronischen Fahndungskartei mit Angaben über gesuchte Personen und gestohlene Objekte; eine gemeinsame Visumspolitik; der Kampf gegen Drogendelikte, Waffenschmuggel und Waffenmissbrauch.

Auch Polen will bis zum Januar 2006 die Anforderungen für das Schengener Abkommen erfüllen. Das sagte der polnische Innenminister Janik bei einem Besuch von Brandenburgs Ministerpräsident Platzeck Mitte September 2003 in Warschau. Als ersten Schritt auf dem Weg zur Erfüllung der Anforderungen des Schengen-Abkommens führte Polen am 1. Oktober 2003 die Visumpflicht für Bürger aus Russland, Weißrussland und der Ukraine ein. Derzeit befestigt Polen seine Grenze im Osten. Die bisherigen Anlagen waren noch von der Sowjetunion errichtet worden. Die zuverlässige Sicherung der EU-Außengrenze und damit die Erfüllung von Schengen ist eine Voraussetzung, dass die Passkontrollen an der deutsch-polnischen Grenze gänzlich abgeschafft werden können. Schon mit dem EU-Beitritt Polens im Mai 2004 fällt jedoch die Zollgrenze.

Im Schengener Abkommen wurden auch der erweiterte Visumzwang für Drittländer und scharfe Kontrollen an Land- und Seegrenzen sowie an Flughäfen festgeschrieben. Mithilfe des Schengen-Informationssystem SIS werden alle EU-weit zur Fahndung ausgeschriebenen Personen bei einem versuchten Grenzübertritt in EU-Gebiet verhaftet. Zwischen den EU-Mitgliedsstaaten wurden die Grenzkontrollen zwar weitgehend abgeschafft, können aber bei Bedarf jederzeit wieder aufgenommen werden. Unter dem Druck von Brüssel hat der polnische Grenzschutz die Kontrollen an der Ostgrenze inzwischen stark verschärft. Die Grenzbeamten wurden mit Maschinengewehren ausgerüstet. Regelmäßige Razzien in den grenznahen Gaststätten, um illegale Flüchtlinge, Zigaretten- oder Alkoholschmuggler aufzuspüren, sind an der Tagesordnung.

Wie wichtig es der EU ist, ihre zukünftige Ostgrenze wirksam abzuschotten, zeigt schon die Tatsache, dass sie Jahr für Jahr etwa 50 Millionen Euro für Spezialfahrzeuge, Nachtsichtgeräte, Uniformen und deutsche Berater aufgewendet hat. Offiziere der polnischen Grenztruppen werden seit längerem in Deutschland ausgebildet, und EU-Kontrolleure reisen regelmäßig nach Polen, um die Fortschritte zu überprüfen. Und wenn es nach dem Willen der Europäischen Kommission geht, soll zur Sicherung der künftigen Außengrenzen eine gemeinsame Grenzpolizei aufgestellt werden, die sich nach einem am 7. Mai 2002 veröffentlichten Vorschlag der Brüsseler Behörde aus Beamten aller Mitgliedsstaaten rekrutieren könnte. Deshalb mahnt der Bundesgrenzschutz (BGS) schon jetzt politische Entscheidungen über seine künftigen Aufgaben an, wenn ein Großteil der Grenzschutzbeamten, die gegenwärtig noch die EU-Außengrenzen zu Polen und Tschechien kontrollieren, in den kommenden Jahren für andere Tätigkeiten zur Verfügung steht. Die CDU/CSU wünscht sich in diesem Zusammenhang, dass die dem BGS 1998 zugestandene befristete Befugnis, »lagebildabhängige« Personenkontrollen nicht nur an der Grenze, sondern auch in deren Hinterland vorzunehmen, um weitere fünf Jahre verlängert wird. In diesem Zeitraum soll unter Berücksichtigung der Erfahrungen mit der EU-Osterweiterung geklärt werden, welche Kompetenzen die Bundespolizei übernehmen kann.

Bis die Europäische Grenzpolizei die früheren Aufgaben des Bundesgrenzschutzes verlässlich übernehmen kann, wird es aber wohl noch eine geraume Zeit dauern, und schon jetzt steht fest: Vor allem im Grenzgebiet zu Deutschland hat die Kriminalität nach 1990, als negative Folge der Grenzöffnung, zugenommen. Neben polnischen Kriminellen haben sich entlang der Grenze Gesetzesbrecher aus Russland, Weißrussland, der Ukraine, aus dem Baltikum, Bulgarien, Rumänien und Fernost etabliert. Es ist schwieriger für sie, in den Schengen-Raum einzureisen, also operieren sie von Polen aus und mithilfe polnischer Komplizen. Polen ist sich dieser Risiken bewusst und unternimmt – mit tatkräftiger Unterstützung aus den alten EU-Staaten – viel dagegen. Andere EU-Beitrittsstaaten – wie Bulgarien – schielen mehr auf die EU-Geldtöpfe als auf die gemeinsame Sicherheit.

Der hohe Organisationsgrad der Kriminellen in den neuen EU-Staaten, die Bereitschaft vieler Einheimischer, aus wirtschaftlicher Not mit Verbrechern zusammenzuarbeiten, und die Tatsache, dass Polizeien über Jahre hin nicht die dringend benötigten Finanzmittel bekamen, macht Europa immer mehr zu einem kalkulierbaren Aufenthaltsort für die Organisierte Kriminalität. Während Polizeibeamte schlecht bezahlt und die Bezüge gekürzt werden, gelingt es den mit großen Summen operierenden Gangstern, talentierte Rechtsanwälte oder Bankmitarbeiter für ihre Organisationen zu gewinnen. In den neuen EU-Staaten korrumpieren die Kriminellen die Verwaltungen, hinterziehen Steuern und suchen mit allen Mitteln die Staaten zu schwächen, die ihre einzigen Gegenspieler sind. Das bürgerfreundliche Schengen-Abkommen hat die Grenzkontrollen in der EU abgebaut – und damit die Sicherheitsorgane vieler Filterstellen beraubt. Wie wird sich das auf die innere Sicherheit der bisherigen Kernstaaten der EU auswirken?

Dauervisa für den kleinen Grenzverkehr?

Trotzdem ist es keine Frage: Die EU-Osterweiterung und die Öffnung der Grenzen bringen neue Chancen – und nicht nur für den Osten. Wer aber bei Grenzen nur an diejenigen innerhalb der neuen EU-Staaten denkt, irrt gewaltig. Am 1. September 2003 schlug die Europäische Kommission in Brüssel Dauervisa für den kleinen Grenzverkehr auch mit den Nachbarländern der erweiterten EU vor. Demnach sollen Bürger aus Drittstaaten wie Weißrussland oder der Ukraine künftig mit einer einmaligen Erlaubnis bis zu fünf Jahre lang die Grenze ohne weitere Formalitäten überschreiten dürfen. So will Brüssel den Kleinhandel und Familienbesuche in den Grenzgebieten erleichtern. Dass sich neben den »Kleinhändlern« vielleicht auch Kriminelle über diese Entwicklung freuen werden, hat man in Brüssel offenbar schlicht vergessen. Der Entwurf, so hieß es in Brüssel, solle eine EU-weite Grundlage für den kleinen Grenzverkehr mit Drittstaaten an Landesgrenzen schaffen. Nach diesen Regeln könnten EU-Staaten dann Verträge mit ihren Nachbarn schließen. Die vereinfachten Bestimmungen für Grenzgänger sollten in einem Streifen von fünfzig Kilometern beiderseits der Grenze gelten. Ein Dauervisum erhielte nach diesem Kommissionsvorschlag, wer »triftige Gründe« für den häufigen Grenzübertritt angeben kann. Entsprechende Abkommen könnten danach in Osteuropa mit Russland,

Weißrussland und der Ukraine, im Süden etwa zwischen Griechenland und der Türkei oder Albanien ausgehandelt werden.

Zufluchtsstätten für Kriminelle

Nachrichtendienstler in den Mitgliedsstaaten der Europäischen Union schlagen bei solchen Forderungen die Hände über dem Kopf zusammen. Sie befürchten, dass eine neue Welle der Organisierten Kriminalität über Europa fluten wird. Denn schon Anfang 2002 fiel zum Beispiel die Sichtvermerkspflicht für Bulgaren und Rumänen weg. Bürger dieser Staaten können sich seither 90 Tage lang ohne Visum in den alten EU-Staaten aufhalten – mit unerwünschten Folgen, denn auch Kriminelle nutzen seither die offeneren Grenzen verstärkt. Gerade Bulgarien gilt – so etwa auch der *Intelligence Newsletter* – weiterhin als Zufluchtsstätte für Kriminelle vieler Nationalitäten, die von dort aus ihre europaweiten Aktivitäten koordinieren möchten. In einem Bericht an den Europarat hatten Sicherheitsfachleute im Jahr 2001 die Daten und Fakten offen gelegt, die Lage analysiert und in aller Deutlichkeit vor einer Aufhebung der Visumspflicht gewarnt. Doch die Ratsmitglieder entschieden anders. Michael Stübgen, deutscher Unterhändler bei den Verhandlungen über die EU-Erweiterung und Vorsitzender des Deutsch-Bulgarischen Freundschaftswerkes des Deutschen Bundestages, versicherte zugleich dem bulgarischen Außenminister, dass er bald mit einer positiven Entscheidung über die Aufhebung der Visumspflicht für seine Landsleute rechnen könne.

In jenen Tagen behaupteten Nachrichtendienste, dass bis zu sechzig Prozent der bulgarischen Wirtschaft mittelbar oder unmittelbar der Kontrolle durch die Organisierte Kriminalität unterlag. Diese Entwicklung wurde begünstigt durch die lückenhafte Gesetzgebung, die ein wirksames Zeugenschutzprogramm bis heute nicht kennt und die zur Korruption verleitet. Gewachsen ist die Korruption überall im früheren Ostblock in den sozialistischen Zeiten. Überall dort, wo die Kommandowirtschaft zu unflexibel war, setzte sich die Bestechungswirtschaft durch. Bestechungsgelder wurden zum wesentlichen Bestandteil der Wirtschaftskultur. Vor diesem Hintergrund brach die Bereitschaft zur Organisierten Kriminalität also nicht erst mit dem

Fall der Mauer über neue EU-Staaten wie Polen herein; in vielfältigen Formen war sie schon vor dem Jahr 1989 angelegt. Die Spekulation mit nicht reglementierten Waren und die Korruption der Funktionäre in der zentralistischen Verwaltung wurden in vielen Fällen bereits lange vor der Wende von Beobachtern beschrieben.

Auch viele bulgarische Politiker gelten als korrupt. Manche stehen gar kriminellen Organisationen nahe, wofür in den Reihen von Geheimdiensten etwa Beispiele wie die Privatisierung einer Airline, einer Bank und einer Telefongesellschaft genannt werden. Der bulgarische Chefunterhändler für den Beitritt des Landes zur Europäischen Union musste zurücktreten, nachdem er der Bestechlichkeit überführt worden war. Die feinen Spinnenfäden der Korruption reichen in Bulgarien bis in den Zoll- und Grenzschutzdienst, wo in den vergangenen Jahren mehr als hundert leitende Beamte wegen Bestechlichkeit entlassen werden mussten.

Politiker schauen aber anscheinend gern über diese Entwicklung hinweg. So wurde am 3. Juli 2003 im deutschen Parlament die Freundschaftsgruppe Deutschland-Bulgarien gegründet, und zum Vorsitzenden wurde der schon oben erwähnte Michael Stübgen (CDU) gewählt. Die Einladung zur Nato-Mitgliedschaft und der bevorstehende EU-Beitritt des Landes im Jahr 2007 sind die wichtigsten Prioritäten, die die Mitglieder der deutsch-bulgarischen parlamentarischen Gruppe verfolgen wollen. Bei der Gründung der Gruppe äußerte Stübgen nach Angaben der Deutschen Welle »seine Zufriedenheit über der Fortschritte Bulgariens auf dem Wege in die EU« und rief die Europäische Kommission dazu auf, »auch einen Beitrag zur Erfüllung des gemeinsamen Ziels zu leisten – vollständige Mitgliedschaft Bulgariens im Jahre 2007«.

Natürlich gibt es auch eine Freundschaftsgruppe Rumänien-Deutschland mit ähnlicher Zielsetzung. Und im Fall Rumäniens sieht es nicht viel anders aus als in Bulgarien: Nach übereinstimmenden Erkenntnissen westlicher Geheimdienste decken Politiker und ranghohe Beamte in Rumänien Kriminelle – »Bucharest whitewashes the bad guys«, heißt es dazu etwa in einem britischen Papier. In der Vergangenheit gab es zudem Fälle, wo pflichtbewusste Staatsanwälte, die gegen das Organisierte Verbrechen vorgingen, kurzerhand entlassen wurden. Schon heute sind nicht nur kleinkriminelle Rumänen in Deutschland unterwegs, die hier Taschen- und Ladendiebstahl verüben. Auch bei der Bandenkriminalität haben Rumänen inzwischen eine führende Rolle eingenommen. Solche Banden werden oftmals von früheren Offizieren aus Ceauçescus Geheimdienst Securitate geführt. Sie sind spezialisiert auf Einbruch und Raub, streng hierarchisch strukturiert und zumeist militärisch ausgebildet. Und sie gehen ebenso professionell wie kaltblütig vor. Schon nach kurzer Zeit verlagern sie ihre Tätigkeit in ein anderes Gebiet oder kehren in ihr Heimatland zurück, um nach einiger Zeit wieder gezielt in den »Gastländern« zuzuschlagen. Das Vorgehen macht es den Sicherheitsorganen der alten EU-Staaten schwer, ihrer habhaft zu werden.

Betrugsbekämpfung: OLAF im Einsatz

Florica Dinculescu, 48 Jahre alte Direktorin der Abteilung Betrugsbekämpfung im rumänischen Landwirtschaftsministerium, war zuständig für die rechtmäßige Vergabe von EU-Hilfsgeldern. Daneben – das machte die ausgebildete Agronomin und Gartenbauspezialistin für zwei italienische Geschäftsmänner so interessant – verstand sich Dinculescu hervorragend auf dem Gebiet der Selbstbereicherung. Gegen 190 000 US-Dollar Bestechungsgeld soll sie zwei italienischen Staatsangehörigen ermöglicht haben, einen staatlichen rumänischen Landwirtschaftsbetrieb weit unter Marktpreis zu erwerben. Der Verkaufspreis war dann aber sogar *so* niedrig, dass der Deal auffallen musste. Ende Oktober 2002 wurde Florica Dinculescu verhaftet. Fast zeitgleich mit der Verhaftung der vorgeblichen Betrugsbekämpferin wurde ein Beamter aus dem rumänischen Landwirtschaftsministerium entlassen, der für die Vergabe von EU-Projektgeldern zuständig war – offiziell wegen »Interessenskonflikten«. Er hatte zu enge Beziehungen zu Firmen, die sich um Projektgelder bewarben.

Allein Rumänien erhält bis zum Beitritt im Jahr 2007 mehr als 660 Millionen Euro jährlich an Fördergeldern. Bis zum Jahr 2006 werden auch die neuen Osteuropäer mehr als 20 Milliarden Euro an Fördergelder bekommen haben – verlockende Aussichten auch für Wirtschaftskriminelle. Auf das im Jahr 1999 gegründete Europäische Amt für Betrugsbekämpfung (OLAF, im Internet unter http://europa.eu.int/olaf) kommt hier jede Menge Arbeit zu. Derzeit ermittelt man in immerhin mehr als 150 Fällen – mit steigender Tendenz. Und es ist keineswegs nur der EU-Aspirant Rumänien, der ins Visier der in Brüssel ansässigen OLAF-Fahnder gerät: Im Jahr 2003 kritisierte die EU-Kommission zum Beispiel das Fünf-Millionen-Einwohner-Land Slowakei, weil es unter allen neuen Beitrittsländern am wenigsten auf die Verteilung von EU-Geldern vorbereitet sei. Nächstes Beispiel: Ungarn. Das Land muss sich EU-Umweltstandards anpassen. Ungarische Experten schätzen den Investitionsbedarf dafür auf umgerechnet zwölf Milliarden Euro. Derzeit findet eine Trennung des Hausmülls nach EU-Vorschriften erst in gerade einmal 19 ungarischen Gemeinden statt. Und allein im Bereich Abwasserbehandlung sind Investitionen in Höhe von mehr als drei Milliarden Euro nötig. Von der schönen blauen Donau ist in Budapest nichts zu sehen. Europas zweitgrößter Fluss ist nicht nur dort eine stinkende Kloake. Vor diesem Hintergrund wird der ungarische Außenminister Laszlo Kovac schon gewusst haben, wovon er spricht, als er nach einem Bericht der *Financial Times* vom 14. Januar 2004 Deutschland und die anderen EU-Staaten dazu aufforderte, beim Finanzplan für die Jahre 2007–2013 »freigiebig« zu sein.

Die Aufgaben, die auf Europa warten, sind gewaltig. Immerhin schätzt die EU-Kommission, dass in den neuen EU-Staaten Ausgaben in Höhe von drei bis fünf Prozent des Bruttosozialproduktes über einen Zeitraum von 20 Jahren zur Sanierung der Umwelt notwendig sind. Und wieder einmal – wie schon bei der Vereinigung Deutschlands – werden die dabei fließenden Fördergelder auch jede Menge Betrüger anziehen. Dies wird den Fahndern von OLAF wohl noch lange die Arbeitsplätze garantieren.

Derzeit betreffen die meisten der von den OLAF-Fahndern bearbeiteten Fälle aber noch die alten EU-Staaten – und nicht selten auch die Führungsriege oder leitende Institutionen der EU selbst. Nach der Affäre um das EU-Statistikamt Eurostart erschütterte im Oktober 2003 ein neuer Korruptionsskandal die Europäische Kommission. Die belgische Staatsanwaltschaft und die Fahnder von OLAF ermittelten gegen Beamte der Brüsseler Landwirtschaftsabteilung, die vertrauliche Informationen über den Getreidemarkt an Handelshäuser in den Niederlanden und Frankreich verkauft haben sollen. Nach einer Razzia in der Kommission sowie Handelshäusern in Paris und Rotterdam wurden acht Personen festgenommen, unter ihnen ein niederländischer Kommissionsbeamter aus der Getreideabteilung. »Es scheint, als seien Schmiergelder für Informationen an externe Unternehmen geflossen«, sagte der Sprecher von Kommissionspräsident Romano Prodi. Fachleute vermuteten, dass geheime Informationen über die Brüsseler Markteinschätzung und geplante Änderungen der Marktverwaltung weitergegeben wurden. Diese seien von den Handelshäusern möglicherweise dazu genutzt worden, um sich Vorteile bei den regelmäßigen Ausschreibungen von Getreide für den Export zu verschaffen. Hier funktionierte die Handelspolitik offenkundig nach dem Prinzip: Eine Hand wäscht die andere – und wenn's mit Schmierseife ist. Kein Wunder also, dass das Vertrauen der Bürger in ihre Institutionen schwindet: Nur einer von fünf Europäern glaubt nach einem weiteren Bericht der *Financial Times* vom 14. Januar 2004, dass die europäischen Institutionen effektive Arbeit leisten, wenn es darum geht, Betrügereien zu bekämpfen.

Know-how-Klau: Skrupellose Geschäftemacher

Wirtschaftskriminalität stellt eine zunehmende Herausforderung an moderne Industriegesellschaften dar. Das Fallaufkommen hat sich innerhalb der letzten zehn Jahre mehr als verdoppelt. Jeder erinnert sich noch daran, wie viele Kriminelle sich an der deutsch-deutschen Wiedervereinigung bereichert haben. Der Consultant Gerhard Beier hat in einem Beitrag »EU-Osterweiterung fördert Wirtschaftskriminalität« für die Fachzeitschrift *WIK* (»Zeitschrift für Sicherheit der Wirtschaft«, Septemberausgabe 2003) vor den Betrugsrisiken bei der Osterweiterung gewarnt. Wer gutgläubig östlichen Unternehmen sein Know-how zur Verfügung stelle, erlebe mitunter böse Überraschungen. Beier schreibt: »Ein Möbelhersteller gab einer polnischen Firma seine Konstruktionspläne, in der guten Absicht, eine partnerschaftliche Kooperation zu errichten. Auf der Möbelmesse in Köln tauchten dann seine Modelle als Originale der polnischen Firma auf, allerdings zu weit geringeren Preisen. Damit gingen ihm einige wichtige Kunden verloren, die verständlicherweise die preiswerteren Möbel aus Polen bezogen.« Das scheint kein Einzelfall zu sein. So stellte ein deutscher Hersteller von Heiztechnik gutgläubig einem tschechischen Produzenten ein Muster zur Verfügung, ebenfalls auf partnerschaftliche Zusammenarbeit hoffend. Im Internet bot das tschechische Unternehmen dann die kopierte deutsche Technik an, unter Missachtung von Patent- und Gebrauchsmusterschutz.

Groß ist auch der Anreiz, Kosten für die Forschung und Entwicklung neuer Produkte zu sparen. Mitunter erwischt es deutsche Unternehmen aber noch schlimmer: Autohersteller verlagern Entwicklung und Fertigung gern ins benachbarte – billigere – Ausland, was die Kontrolle nicht gerade erleichtert. Ein süddeutscher Autohersteller ließ in Ungarn hochwertige elektronische Wegfahrsperren herstellen, die komischerweise immer wieder geknackt wurden. Derzeit wird abgeklärt, ob die Befürchtung stimmt, dass ein ungarischer Ingenieur der Automafia den passenden Decoder verkauft hat.

Die Wertvorstellungen und Mentalitäten der östlichen Geschäftswelt stimmen häufig nicht mit unseren überein. Die Betrugsrisiken beim Ostgeschäft sind jedenfalls weitaus höher, als es die rosigen Verlautbarungen mancher auf Aufträge hoffender Kammern erkennen lassen. So berichtet Beier, dass ein Händler aus Luxemburg einen Liefervertrag mit einer slowenischen Firma schloss und Handelswaren verschiedener Art dorthin lieferte. Die ersten Geschäfte liefen gut, die Ware wurde pünktlich bezahlt. Dann gab es die ersten Schwierigkeiten. Der Käufer hatte angeblich Transportprobleme. Der Verkäufer stellte einen Lastzug zur Verfügung und lieferte weitere Waren, doch bezahlt wurde nicht. Der Lastzug war verschollen, Ware im Wert von sechs Millionen Euro wurde nicht bezahlt. Nun bot sich in Prag ein freundlicher »Helfer« an, die Forderung einzutreiben, gegen Unkostenbeteiligung – zahlbar im Voraus. Das aber half nicht. Nur der Schaden hatte sich vergrößert – mittlerweile auf sieben Millionen Euro. Später stellte sich heraus, dass der eigentliche Empfänger der Waren in Russland ansässig war und eine nicht angemeldete Niederlassung in Slowenien für den Betrug genutzt hatte. Eine Strafverfolgung scheint nahezu aussichtslos zu sein, da die Firma nicht registriert war.

Die neue Generation der Geschäftsleute in den osteuropäischen

Ländern ist oftmals skrupellos bei der Durchsetzung ihrer wirtschaftlichen Interessen. Und auch aus diesen Kreisen wird nun der Run auf die Fördermittel der EU einsetzen.

Von wegen Tierschutz: Die Hundemafia

Dass Wertvorstellungen und Mentalitäten in der neuen freizügigen Warenwelt nicht immer mit unseren übereinstimmen, beklagen vor allem auch Tierschützer. Zwar werden auch in den südlichen europäischen Staaten Tiere nicht sonderlich gut behandelt, aber in unseren östlichen Nachbarländern scheint die Tiermafia einen neuen Aufschwung zu nehmen.

Nicht nur die Polizei, auch deutsche Tierschützer kritisieren schon seit vielen Jahren weitgehend ohne Erfolg, dass vor allem in Ungarn und in der Tschechischen Republik Hundewelpen in illegalen »Tierfabriken« wie am Fließband produziert werden. Etwa 27 000 Hunde werden jährlich allein aus Tschechien unkontrolliert ausgeführt, schätzen Prager Tierärzte. Dabei ist von gefälschten Ahnentafeln die Rede; auch Mikrochips und Tätowierungen stellen für die Hundemafia offensichtlich keine Hürden dar. Das Geschäft lohnt sich durch die hohe Differenz zwischen Einkaufs- und Verkaufspreis: Je nach Rasse ist das Sechs- bis Siebenfache dessen zu erzielen, was der Hund in seinem Heimatland kostet. Oft sind diese Tiere krank und ihre Impfpapiere gefälscht. In Ungarn und Tschechien, wo die Kettenhaltung als »normal« empfunden wird, leben die Tiere zumeist in winzigen Zwingern oder Boxen, ohne ausreichenden Kontakt zu Menschen und Umwelt. Hündinnen werden alljährlich gedeckt und so zu reinen Gebärmaschinen degradiert. Die Welpen trennt man dann häufig schon im Alter von nur fünf Wochen von der Mutter, damit sie »putziger« aussehen und leichter einen Abnehmer finden. Wer solche Tiere kauft, trägt mit dazu bei, dass immer wieder neues Elend geschaffen wird.

Am 18. Juni 2002 berichtete der *Wiesbadener Kurier* über einen Fall, der nur durch die Aufmerksamkeit von Raststättenbesuchern überhaupt bekannt wurde: »Polizei und Veterinäramt haben Dienstagnacht in Medenbach einen Tiertransporter mit 80 in Kleinboxen eingepferchten Welpen beschlagnahmt, der aus Ungarn kam und auf dem Weg nach Belgien war.« Tierheim-Geschäftsführerin Marianne Knobloch, heißt es in dem Bericht, sei entsetzt gewesen, als sie die jungen Tiere gesehen habe. In stickiger Hitze und übereinander gestapelten Transportboxen seien die Welpen schon 15 Stunden ohne Wasser unterwegs und entsprechend entkräftet gewesen. In den Käfigen lag nur Trockenfutter, das die kleinen Welpen gar nicht fressen können, wenn es nicht angefeuchtet wird. So etwas habe sie in ihrer gesamten Zeit als Tierheim-Chefin noch nicht erlebt, meinte Marianne Knobloch. Obwohl die Angaben in den Impfpapieren erkennbar nicht stimmten, durfte der Lastwagen mit den Tieren gegen Zahlung einer Sicherheitsleistung seinen Weg fortsetzen. Denn die Tiere hätten nur beschlagnahmt werden dürfen, hätte man nachweisen können, dass sie jünger als drei Monate waren. Wie aber sollten die Behörden das nachweisen? Der Fahrer des Tiertransportes brüstete sich denn auch damit, er habe schon 37 solcher Fuhren gemacht. In diesem Fall wurden die Hundebabys also im Tierheim mit Wasser und Futter versorgt, ein Arzt untersuchte sie, dann mussten die Tiere herausgegeben werden. »Wir haben da keine Handhabe«, sagte der Tierarzt dem *Wiesbadener Kurier*, der Fall werde aber dem Regierungspräsidium Darmstadt und dem Sozialministerium gemeldet. Davon hatten die erschöpften Tiere aber ganz bestimmt nichts mehr. Wo sie letztlich gelandet sind, kann niemand mehr sagen.

Dabei handelt es sich nicht etwa um Einzelfälle. Das Geschäft mit den Tieren ist gewerbsmäßig organisiert und vom rücksichtslosen Gewinnstreben der Täter geprägt. Um die ständig steigende Nachfrage bedienen zu können, wurden seit Mitte der 1990er-Jahre nach dem Vorbild der Massenzucht von Hühnern und Schweinen industrielle Zuchtanlagen aufgebaut. Als Drehscheibe der Hundemafia dient Belgien, wo Welpen schon im Alter von sechs Wochen importiert werden dürfen. In Frankreich sind beim Verkauf vier Monate als Mindestalter vorgeschrieben. Für das Zoo-Geschäft sind sie dann meistens schon zu alt: Die Kunden wollen immer nur die niedlichen und möglichst jungen Tiere.

Während des manchmal Tage dauernden Transportes werden die Jungtiere mit Medikamenten voll gepumpt, um sie zu betäuben. Erreichen so geschmuggelte Hundewelpen ihr Ziel lebend, sind sie unterernährt und ausgetrocknet, Verhaltensstörungen und Krankheiten gelten als vorprogrammiert. Leicht werden Hunde solcher Herkunft zu neurotischen, gefährlichen Beißern. Und es verwundert kaum, dass viele der geschmuggelten Tiere nur noch tot von der Polizei in den Transportboxen aufgefunden werden.

Im Juni 2003 sagte der österreichische Chefinspektor Rudolf Tomek von der Wiener Zollfahndung zu dem sich ausbreitenden Geschäft der östlichen Hundemafia: »In dieser Dimension hat es das noch nicht gegeben. Das Ganze läuft seit einigen Monaten sehr vernetzt ab.« Auch er sprach von »regelrechten Zuchtfabriken« in den östlichen Ländern. Die Tiere werden nach seinen Angaben in kleineren Gruppen, meist fünf bis sechs Hunde, illegal importiert. »Die Partien sind in dieser Größe weniger auffällig. Die Schmuggler fahren im Konvoi mit entsprechendem Abstand«, sagte Tomek. Denn falls einer erwischt werde, könnten die anderen entkommen. Solche Transporte würden aber meist nur durch Zufall entdeckt, bei Routinekontrollen oder auf Rastplätzen, wenn das Winseln der Hunde zu hören sei.

Die Folgen solcher miesen Geschäfte sieht man später in Tierarztpraxen und Tierheimen: kranke oder bissige Rassehunde, die wegen Zuchtfehlern zum Leiden geboren wurden. Und die Aufnahme Ungarns wie der Tschechischen Republik in die EU wird den Hintermännern der Hundemafia ihre Arbeit noch erleichtern. In Prag und Budapest aber scheint man den illegalen Tierhandel bislang noch für ein Kavaliersdelikt zu halten.

Zwanzig Thesen zur EU-Osterweiterung

Schon Rousseau fragte, warum wir die Hölle im Jenseits suchen, wenn sie bereits im Diesseits vorhanden ist. Es macht also keinen Sinn, die Augen zu verschließen: Die Gefahren der EU-Osterweiterung sind aktuell *und* real. Fassen wir deshalb das Ergebnis unserer Bestandsaufnahme noch einmal in zwanzig Thesen zusammen, die wie alle Thesen angreifbar sein sollen und provokativ; die zur produktiven Auseinandersetzung mit einem Thema auffordern wollen, von dem später niemand sagen sollte, er habe es nicht gewusst:

1. Die EU-Osterweiterung werden wir in den nächsten Jahren vor allem in unseren Geldbeuteln spüren.
2. Über ständig steigende Steuern und Abgaben müssen wir die gigantischen Wohlstandsgefälle ausgleichen.
3. Wenn wir dazu nicht bereit sind, werden wir die Rechnung über steigende Kriminalität, höhere Versicherungsgebühren und erhöhte Ausgaben für die innere Sicherheit bezahlen müssen.
4. Auch das aber bedeutet höhere Abgaben: Es gibt also keinen Weg, sich dem Teilen zu entziehen.
5. Osteuropäische Kriminelle sind aufgrund einer anderen Mentalität vom Tätertypus her gewalttätiger, brutaler und rücksichtsloser als »durchschnittliche« mitteleuropäische Kriminelle.
6. Vor diesem Hintergrund wird es zukünftig vermehrt spektakuläre Fälle geben, die es zur Zeit des Eisernen Vorhangs in dieser Form in den alten EU-Staaten nicht gegeben hat.
7. Im Osten Deutschlands wird es mittelfristig zu zehntausenden Firmenpleiten und zum weiteren Ansteigen der Arbeitslosigkeit kommen.
8. Damit werden die neuen Bundesländer auf ein Wohlstandsniveau zurückfallen, das durch Milliardensubventionen und Solidaritätsbeiträge bekämpft werden sollte.
9. Der Osten Deutschlands wird somit zum großen Verlierer der EU-Osterweiterung.
10. Korrupte osteuropäische Politiker wie auch kriminelle Vereinigungsprofiteure werden sich darum bemühen, einen großen Teil der von der EU bereitgestellten Gelder in die eigene Tasche zu wirtschaften.
11. Die Not leidende Bevölkerung in den osteuropäischen Ländern hat das Nachsehen.
12. Verbrechen wird sich immer mehr lohnen. Denn Verbrechensbekämpfung kostet Geld. Während bei der Polizei Stellen abgebaut werden und die finanziellen Mittel zusammengestrichen werden, locken Straftätern große Gewinnspannen. Ein estnischer Bankräuber oder ein polnischer Autoschieber kann mit einer Straftat durchschnittlich ein ganzes Netto-Jahreseinkommen »erwirtschaften«.
13. Die Risiken für die Täter werden zunehmend berechenbarer.

14. Zuwanderer aus den osteuropäischen Staaten werden als Migranten die Probleme vergrößern. Zwar gibt es für offizielle Arbeitserlaubnisse zunächst Beschränkungen, doch an der Schwarzarbeit wird sie kaum jemand hindern können.
15. In den neuen EU-Staaten des Ostens wird es statt Wohlstandsverbesserung eine Wohlstandsverwässerung geben.
16. Die Unterschiede zwischen Arm und Reich werden noch ausgeprägter sein.
17. Von der Landwirtschaft bis zur Schwerindustrie werden Millionen Osteuropäer entlassen.
18. Profitieren werden nur jene kapitalistischen Großbtriebe, die im Zeitalter der Globalisierung rentabel für den Weltmarkt produzieren können.
19. Die Schicht jener, die Not leidet und potenziell aus dieser Not heraus Straftaten verüben könnte, wird somit größer werden. Und es gibt keine sozialen Sicherungssysteme, die diese Menschen auffangen könnten.
20. Die Polizei kennt Grenzen, das Verbrechen nicht: An den neuen Ostgrenzen der erweiterten Union warten jene, die »draußen« bleiben müssen. Und die »Grenzsicherung« durch unterbezahlte und korrupte Beamte wird uns dauerhaft vor neuen Gefahren kaum abschotten können.

Teil II

Fallstudien

Über zwei Jahre hin hat sich der Autor darum bemüht, öffentlich zugängliche Fallsammlungen zu Straftaten osteuropäischer Täter in den alten EU-Staaten zu bekommen. Das Ergebnis war niederschmetternd: Es gibt nicht eine umfassende Studie, in der die vielen tausend Fälle zusammengefasst und ausgewertet worden wären. Vor diesem Hintergrund hat der Autor in mühevoller Kleinarbeit bundesweit Polizeiberichte eingesehen, Staatsanwaltschaften, Landeskriminalämter und Strafrechtler angeschrieben, Medienarchive ausgewertet und Gespräche geführt, aus denen dann die nachfolgenden Fallsammlungen entstanden sind.

Dabei mussten bei den einzelnen Ländern Schwerpunkte gesetzt werden: Von den baltischen Staaten wurden hier nur Estland und Litauen ausgewählt, weil die Tatbeteiligung lettischer Täter im zugänglichen Quellenmaterial wesentlich geringer ist. Auch Täter aus Slowenien oder Ungarn stellen derzeit für die innere Sicherheit der alten EU-Staaten eine wesentlich geringere Bedrohung dar, als dies etwa bei Polen und der Tschechischen Republik der Fall ist. Über die Straftäter aus Malta ist die Quellenlage noch dünner als bei Zypern. Sie treten vorwiegend im Bereich von Geldwäsche, Waffen- und Rauschgifthandel in Erscheinung.

Um aber auch einen Blick in die gar nicht mehr so ferne Zukunft zu wagen, wurden in diese Fallsammlung ebenso die erst im Jahr 2007 der EU beitretenden Staaten Bulgarien und Rumänien aufgenommen. Diese Beispiele zeigen, dass es für eine Euphorie (in des griechischen Wortes ursprünglicher Bedeutung die »letzte Aufwallung vor dem Tode«) im Zusammenhang mit der EU-Osterweiterung kaum einen Anlass gibt. Und Staatsbürger dieser Länder verüben bei uns schon jetzt regelmäßig schwere Verbrechen. Erschreckend ist dabei vor allem die enorme Gewalt, mit der die Verbrecher vorgehen. So zitierte die *Welt* am 5. Februar 2004 die folgende *dpa*-Meldung: »Mit ungewöhnlicher Brutalität soll eine Bande von Drogenhändlern innerhalb weniger Wochen in Deutschland und den Niederlanden insgesamt fünf Menschen umgebracht haben. Hintergrund der Mordserie seien vor allem Streitigkeiten im Drogenmilieu, berichteten die Staatsanwaltschaften von Bochum und Aachen. Vier Opfer wurden von der überwiegend aus jungen Spätaussiedlern bestehenden Bande gefesselt und kaltblütig erschossen. Getötet wurden ein 32-jähriger türkischer Immobilienmakler aus Düsseldorf und drei niederländische Drogenhändler im Alter zwischen 21 und 28 Jahren. Das fünfte Opfer war ein 29-jähriges Bandenmitglied aus Düren. Sechs Männer, darunter der 20-jährige, aus Kasachstan stammende mutmaßliche Kopf der Bande, seien mittlerweile festgenommen worden, berichtete der Bochumer Staatsanwalt Michael Nogaj. Hintergründe der Taten seien Streitigkeiten im Drogenmilieu gewesen. Dem Tod des 32-jährigen Düsseldorfers seien dagegen finanzielle Auseinandersetzungen mit einem zu der Bande zählenden 30-jährigen Türken vorausgegangen, der von dem Makler eine Immobilie gekauft hatte. Gegen alle sechs Festgenommenen erging Haftbefehl. Ein Bandenmitglied sei noch auf der Flucht, so der Staatsanwalt.

Weil der EU-Erweiterungswahn nach dem Willen der EU-Politiker aber auch nach dem Jahr 2007 nicht enden soll, wurde mit Georgien exemplarisch auch eines jener Länder aufgenommen, das sich – neben der Türkei – mittelfristig große Hoffnungen darauf macht, künftig am Wohlstand der alten EU teilhaben zu können.

Bulgarien

Hort der Kriminalität

Die Warteliste ist lang. Den zehn Ländern Mittel- und Osteuropas, die im Mai 2004 zur Europäischen Union stoßen, will Bulgarien im Jahr 2007 zusammen mit Rumänien folgen. Das Land bemüht sich darum, sein Ansehen in der westlichen Welt aufzupolieren. Vom einstmals sozialistischen Musterschüler will es zu einem Anwärter für die marktwirtschaftlich geprägte europäische Staatengemeinschaft werden. Seit Februar 2000 verhandelt man mit der EU über den Beitritt. Und von 31 Punkten sind 25 erfolgreich abgehakt. Der Europäische Rat bescheinigt Bulgarien nennenswerte Fortschritte im Justizwesen und in der Wirtschaft. Das gilt etwa für den Aufbau einer Marktwirtschaft mit einer Vielzahl privater Unternehmen und einem effektiven Bankensektor. Immerhin achtzig Prozent der Beschäftigten arbeiten schon in der Privatwirtschaft. Die wirtschaftlichen und politischen Reformen der vergangenen Jahre tragen demnach erste Früchte.

Doch die gelobten Fortschritte sind noch nicht überall im Land zu spüren. Die Arbeitslosenquote ist mit – offiziell – 13,7 Prozent hoch, die Löhne rangieren weit unter dem EU-Durchschnitt. Die verbreitete Armut dürfte mithin auch einer der wichtigsten Gründe dafür sein, warum Bulgarien europäischen Ermittlern als ein Hort der Kriminalität ein Dorn im Auge ist.

Der Ausschuss für auswärtige Angelegenheiten, Menschenrechte, gemeinsame Sicherheit und Verteidigungspolitik im Europäischen Parlament hatte schon am 5. Juni 2001 im »Entwurf eines Berichts zum Antrag Bulgariens auf Beitritt zur Europäischen Union und zum Stand der Verhandlungen« (Aktenzeichen 1997/2179-COS) die

Bürger der alten EU-Staaten wissen lassen, welche Gefahren man bei dem EU-Aspiranten Bulgarien sieht. In dem Bericht heißt es: »Bulgarien spielt für die Stabilität in der Region und die Förderung der Zusammenarbeit in Südosteuropa nach wie vor eine wichtige Rolle. [...] Die Aussicht, dass Flüchtlinge und kriminelle Banden in Bulgarien eindringen, ist Besorgnis erregend. [...]« Das bulgarische Parteiensystem schaffe es nicht, »die zunehmende Kriminalität in den Griff zu bekommen«. Weiter heißt es: »Wie schon im letztjährigen Bericht dargelegt, bestehen noch immer Zweifel an der Fähigkeit Bulgariens, die Korruption zu bekämpfen, sein Justizsystem und seine allgemeine Verwaltung zu reformieren und mit seinen Minderheiten zurande zu kommen.«

Korruption, Menschenhandel, Drogenschmuggel, Autodiebstahl – mehr als achtzig Prozent der Bulgaren haben Angst vor der wachsenden Kriminalität, jeder zweite hat Angst vor einem Mord. Die Polizei ist der Herausforderung kaum gewachsen. Denn fast nie finden die Täter Hilfe bei korrupten Beamten, die nur selten bestraft werden. Niemand weiß, wem man trauen kann. Die Polizei kämpft – mit angezogener Bremse – zwar hin und wieder auch gegen die Kriminalität, aber sie ringt vor allem um den Rückhalt in der eigenen Bevölkerung. Denn immer mehr Bulgaren haben kein Vertrauen mehr in die Macht des Staates.

Im Zentrum der Blütenmafia

30. September 2003: Über die Nachrichtenagenturen wird eine Meldung verbreitet, in der es heißt, im Kampf gegen das organisierte Verbrechen hätten Deutschland und Bulgarien »einen Kooperationsvertrag geschlossen«. Die Kriminalitätsbekämpfung dürfe nicht nur in nationalem Rahmen erfolgen, sondern müsse auch weit über die Grenzen hinaus reichen, sagte Bundesinnenminister Otto Schily (SPD) nach der Vertragsunterzeichnung mit seinem bulgarischen Kollegen Georgi Petkanow in Sofia. »Bulgarien ist sich seiner Verantwortung bewusst, nach seinem EU-Beitritt für die Sicherheit an der EU-Außengrenze zu sorgen«, fügte Schily hinzu.

Einen Monat später tagten in der bulgarischen Hauptstadt Sofia die EU-Justizminister mit ihren Amtskollegen aus den Beitrittsländern. Auf der Tagesordnung standen gemeinsame Maßnahmen gegen den internationalen Terrorismus und die Organisierte Kriminalität. Denn Kriminelle und Mafiosi nutzen in Bulgarien noch immer das Machtvakuum nach der Auflösung des kommunistischen Regimes. Täglich berichten die Medien über Verbrechen und Bandenkriege. Die bulgarische Regierung sieht Nachholbedarf bei der Bekämpfung von Terror und Organisierter Kriminalität, insbesondere bei der Justiz. Angestrebt werden eine härtere und schnellere Bestrafung der Täter und noch mehr internationale Kooperation. Das Land versucht unterdessen vor allem auch den Ruf loszuwerden, Zentrum des Waffenhandels in Südosteuropa zu sein. Tatverdächtige Bulgaren fallen in Deutschland derzeit jedoch zumeist nicht wegen Waffenhandels auf. Viele Fälle betreffen vor allem die »Euro-Kriminalität«.

So wollte zum Beispiel am 29. März 2003 gegen 0.30 Uhr ein 23 Jahre alter Bulgare mit einem 200-Euro-Schein einen Döner in einem Schnellrestaurant in der Nürnberger Innenstadt bezahlen. Dem Verkäufer kam die Sache merkwürdig vor, und deshalb kontrollierte er die Note genau und alarmierte schließlich die Polizei, die den Bulgaren, der sich in Begleitung eines 27 Jahre alten Landsmannes befand, festnahm. Tatsächlich stellte sich der 200-Euro-Schein als Fälschung heraus. Bei der Durchsuchung ihrer Hotelzimmer wurde im Gepäck ein weiterer gefälschter 200-Euro-Schein sichergestellt. Bei den gefälschten Noten handelte es sich um Farbkopien. Das ist kein Einzelfall: Bulgarische Geldfälscher sind inzwischen zu einer durchaus ernst zu nehmenden Gefahr geworden.

Im Zweifel für den Angeklagten

Eine alte Polizistenweisheit besagt, dass die Fälschung nur wenige Minuten jünger ist als das Original. Egal ob Banknoten, Wertpapiere oder Gemälde: Was wertvoll ist und Gewinn verspricht, wird nachgemacht. Dieses Delikt ist so alt wie die Menschheitsgeschichte.

Wer gehofft hatte, die neuen Sicherheitsmerkmale des Euro würden Geldfälschern den Spaß verderben, sieht sich getäuscht. Mit Scannern und Druckern lassen sich auch Hologramme und Wasserzeichen täuschend echt nachahmen. Überall tauchen Euro-Blüten auf. Oftmals sind Bulgaren an ihrer Herstellung führend beteiligt. Gefährlich wird es vor allem dann, wenn man sich in der Hektik des Einkaufs die falschen Scheine andrehen lässt. Wohl vor diesem Hintergrund ist der 50-Euro-Schein inzwischen die am meisten verbreitete Blüte. Er hat einen hohen Nennwert, ist aber doch so gebräuchlich, dass man beim Bezahlen nicht unbedingt genau hinschaut.

Früher wurden Geldfälscher in heißem Öl gebadet. Heute scheint das Fälschen von Geld in manchen Ländern eher ein Kavaliersdelikt zu sein. In Bulgarien wurde jedenfalls ein Geldfälscher freigesprochen, der behauptet hatte, mit den Euro-Blüten nur sein Zimmer tapezieren zu wollen. Der potenzielle EU-Beitrittskandidat Bulgarien wird sich mit solchen Urteilen bei der Bevölkerung der alten EU-Staaten wohl kaum Freunde machen.

Dabei muss die Qualität des bulgarischen Falschgelds nicht einmal gut sein, um in Deutschland nicht aufzufallen. Im Alten Land nahe der norddeutschen Stadt Stade dauerte es im Frühjahr 2003 zum Beispiel mehrere Wochen, bis man endlich eine Bande ergreifen konnte, die wahrlich miese Blüten in Umlauf gebracht hatten. In der Rotenburger Fußgängerzone wurden im Februar 2003 drei Männer verhaftet, die in den Regionalzeitungen mittlerweile als die »Blütenkönige« aus dem Alten Land zu zweifelhafter Berühmtheit gelangt sind. Ein 37 Jahre alter Bulgare, ein 34 Jahre alter Jugoslawe und ein 23 Jahre alter Rotenburger jugoslawischer Herkunft wurden verhaftet, weil sich in ihrem Auto immerhin 8950 Euro Falschgeld aus Bulgarien fand. Der Druck war schlecht, das Papier lappig, Wasserzeichen und Sicherheitsstreifen ebenso aufgedruckt wie eine Silberfolie, die das Hologramm ersetzen sollte.

Im April 2003 stellte die Polizei in Bochum dann die bisher größte Menge Euro-Falschgeld seit der Einführung dieser Währung sicher. Bei einer Razzia wurden gefälschte Euro-Scheine im Nennwert von mehr als 400 000 Euro sichergestellt. In Deutschland und Österreich wurden sieben Personen wegen des Verdachts der Herstellung und Verbreitung falscher Euro-Scheine verhaftet. Das Falschgeld war in Bulgarien gedruckt und dann nach Westeuropa gebracht worden.

Der Erfolg von Bochum dürfte die Tätergruppen jedoch kaum abgeschreckt haben. Hinter ihnen steht eine international operierende hierarchische Organisation, bei der die einzelnen Ebenen gegeneinander abgeschottet sind. Die Polizei ist sich deshalb sicher, dass Teile der Organisation – trotz der Festnahmen – in aller Ruhe weiterarbeiten.

Von der Einführung des Euro bis zum Sommer 2003 wurden 309 557 gefälschte Euro-Banknoten entdeckt. Der wirtschaftliche Schaden durch die Fälschungen wird auf mehr als 16 Millionen Euro geschätzt. Darunter leiden meist jene Privatleute, die ohnehin kaum Geld zur Verfügung haben: ältere Menschen, die mit dem neuen Euro nicht zurechtkommen und Fälschungen nur schwerlich entdecken dürften. Zwar berichtet die europäische Polizeibehörde Europol über eine ständig wachsende Informationsflut zum Thema falsche Euros. Man sei den Fälschern auf der Spur und dabei, die Strukturen der international arbeitenden Fälschergruppen zu enttarnen. Für den Bürger, der morgen einen falschen Geldschein erwischt, ist das wohl nur ein geringer Trost.

Gesetzeslücken

Am 5. Mai 2003 begaben sich die Journalisten von »Report München« in das Zentrum der bulgarischen Blütenmafia und schockierten die Zuschauer mit erschreckenden Zahlen. Sie hatten in Österreich recherchiert und berichteten aus dem 60 Kilometer westlich von Innsbruck gelegenen Ort Mils. Dort betrat um ein Uhr nachts ein Mann eine Tankstelle – eigentlich nichts Ungewöhnliches. Dann aber ging alles sehr schnell. Sondereinsatz. Festnahme. Dreihunderttausend Euro Falschgeld stellte das Spezialeinsatzkommando COBRA der österreichischen Polizei in dieser Nacht bei dem Bulgaren sicher. Ein schöner Erfolg nach einem Jahr intensiver Ermittlungen. Dazu Oberst Erwin Mayerl vom Landesgendarmeriekommando Tirol: »Also, wir haben im vergangenen Jahr mit Schwerpunkt in Ostösterreich mehr als 8500 Blüten sichergestellt, und so wie es sich zeigt, dürfte die Tendenz leicht steigend sein, dass der Euro immer mehr ein begehrtes Objekt für Fälschungen wird. Von Experten wurde mir gesagt, dass es sich um ausgezeichnete Blüten handelt. Der Euro an sich ist ja sehr sicher, ihn hundertprozentig zu fälschen wird sehr schwierig sein. Aber jene Merkmale, die hier noch fehlen, die fallen einem Normalverbraucher so schnell nicht auf. Man muss also diesen Schein sehr genau ansehen und anfühlen, um zu bemerken dass es sich hier um Falschgeld handelt.«

»Report München« verfolgte die Spur der Täter nach Bulgarien. Die Recherchen führten das Team in die südbulgarische Handelsmetropole Plovdiv. Hier hatte die Polizei schon mehrfach Fälscherwerkstätten ausgehoben. Nicht immer war man dabei so erfolgreich wie in Sofia. Dort zerschlug die Polizei im Jahr 2002 eine Bande, die Banknoten im Wert von einer Million Euro hergestellt hatte. Im selben Jahr wurden allein in Bulgarien neun solcher Produktionsstätten entdeckt – professionell eingerichtet mit Druckmaschinen. Die Hintermänner bleiben meist im Dunkeln, zu Verhaftungen kommt es nur selten. Kriminalreporterin Miroluba Benatova vom investigativen bulgarischen Magazin »Die Reporter« berichtet über die Hintergründe: »Die Täter haben sich der Verbindungswege bedient, die für den An- und Verkauf von Gebrauchtwagen nach Bulgarien bestehen. Auf diese Weise wurde das Falschgeld nach Österreich transportiert. Die Gangster haben Leute eingesetzt, die oft nach Deutschland und Österreich fahren, um gebrauchte Autos anzukaufen. Das sind Leute, die an den Grenzen normalerweise keine Probleme haben und diese Route sehr genau kennen.«

In Bulgarien sagte der oberste Mafiajäger, Polizeigeneral Boyko Borissov, der auch »die starke Hand« genannt wird, zu »Report München«: »Die Gesetzgebung ist wirklich ein sehr schweres Problem. Und ich habe leider keine große Hoffnung, dass wir dies bald lösen können. Viele Gesetzestexte wurden so formuliert, dass sie möglichst demokratisch sind. Dadurch sind viele Gesetzeslücken entstanden, die es den Anwälten erlauben, die Verbrecher relativ leicht vor einer Verurteilung zu bewahren.« Das vorgesehene Strafmaß für die Verbreitung von Falschgeld liegt in Bulgarien bei höchstens drei Jahren, und die Vorbereitung der Geldfälschung wird dort überhaupt nicht bestraft – die Abschreckung für Verbrecher ist also gleich Null.

Eduard Liedgens, Falschgeldexperte des bayerischen Landeskriminalamtes, wurde von »Report München« mit den folgenden Worten zitiert: »Es reisen Kleingruppen hier an, die über Nacht praktisch das mitgebrachte Falschgeld verbreiten. Auch ist uns bekannt, dass inzwischen Depots angelegt wurden. Depots in Österreich, in Italien, in verschiedenen anderen Ländern, worauf die Täter, die Verbreiter, immer wieder zurückgreifen können, um sich frisch mit Ware zu versorgen und um sie dann auch unters Volk bringen zu können.«

Schuld und Sühne

Im September 2003 wurden die vier Bulgaren Zlatko A., Ivan D., Rumen K. und Lachezar A. vom Landgericht Bayreuth wegen Geldfälschung verurteilt. Die Urteilsbegründungen zeigen auch die Hintergründe der persönlichen Verhältnisse der Geldfälscher auf. Zlatko. A., der zusammen mit seinem jüngeren Bruder Lachezar A. in Male Konare in Bulgarien geboren wurde, besuchte acht Jahre lang die Schule in seinem Heimatort und schloss dann eine Lehre als Elektromechaniker ab. Im Jahr 1984 wurde er zur Armee eingezogen und arbeitete dort bis 1986 als Militärpolizist. Danach arbeitete er vier Jahre lang als Elektrotechniker in einem Möbelwerk in Pazardzhik, gab die Tätigkeit aber auf, weil er keinen Spaß an der Arbeit hatte, und suchte sich eine andere Beschäftigung im Handel. Im Oktober 1991 reiste er in die Bundesrepublik Deutschland ein und stellte hier unter dem Falschnamen Ivan Betrov einen Asylantrag. Für anderthalb Jahre lebte er in München in einem Asylbewerberheim und verließ Deutschland im März 1993, weil sein Asylantrag abgelehnt worden war. Lachezar A. lernte den Beruf des Elektromonteurs und diente von 1985 bis 1987 in der bulgarischen Armee. Ebenso wie sein Bruder arbeitete er dann in einer Möbelfabrik in Pazardzhik, wo ihm 1990 gekündigt wurde. Seither arbeitete er in seinem Heimatort in der Landwirtschaft. Seinen Eltern waren nach dem kommunistischen Zusammenbruch Grund und Boden zurückerstattet worden. So litt der junge Mann eigentlich keine Not, sondern konnte es sich sogar leisten, Land hinzuzupachten und auf insgesamt 100 Hektar Sonnenblumen und Getreide anzubauen. Bis zu 15 000 Euro – für bulgarische Verhältnisse viel Geld – verdiente er so im Jahr. Rumen K. und Ivan D. hatten einen ähnlichen familiären Hintergrund in ihrer Heimat und ebenfalls Arbeit in der Landwirtschaft, die ihnen ein Auskommen sicherte. Doch die Verlockungen des Westens schürten die Unzufriedenheit. Viele ihrer Landsleute hatten mit Reisen nach Deutschland, wo sie gefälschtes Geld in Umlauf brachten, ihr Einkommen aufgebessert. Warum, so dachten sich die vier Bulgaren, sollten sie es nicht auch einmal versuchen?

Im November 2002 erwarb Lachezar A. in Bulgarien 100 gefälschte 50-Euro-Scheine. Von dem Falschgeldlieferanten bekam er weitere 20 gefälschte Geldscheine als Ausgleich dafür, dass er dem Falschgeldlieferanten früher einmal Geld geliehen hatte. Ende November 2002 reisten die vier Bulgaren dann mit den 120 gefälschten 50-Euro-Scheinen in einem Ford Sierra mit dem bulgarischen Kennzeichen PA-4999 über Jugoslawien, Ungarn und Österreich bei Passau nach Deutschland ein. Das Fahrzeug hatten sie sich von einem Freund geliehen. Lachezar A. versteckte 99 der falschen 50-Euro-Scheine in der Verkleidung des Ford Sierra und 20 weitere in einer leeren Zigarettenschachtel, die man ins Handschuhfach legte. Alle Mitreisenden wussten, dass es in dem Fahrzeug eine nicht unerhebliche Menge von Falschgeld gab.

In der Nacht vom 29. zum 30. November übernachtete das Quartett in einem Hotel in Amberg in der Oberpfalz. Die Rechnung zahlten sie zum ersten Mal mit Falschgeld. Bis zur Festnahme der Bulgaren am 1. Dezember 2002 um zwei Uhr morgens bezahlten sie in folgenden Fällen mit den gefälschten 50-Euro-Scheinen: Am Samstag, dem 30. November 2002, kaufte Zlatko A. bei der Firma New Yorker in Amberg Ware für 4,95 Euro und erhielt 45,05 Euro (echtes) Wechselgeld zurück. Am selben Tag erwarb Ivan D. in der Apotheke »Auf der Wart« in Amberg eine Packung Aspirin plus C zum Preis von 4,58 Euro. Dort erkannte die Verkäuferin jedoch das Falschgeld, woraufhin Ivan D. mit echtem Geld bezahlte. Am Nachmittag desselben Tages kaufte Ivan D. im Schuhgeschäft »Sutor« in Weiden ein Paar Hausschuhe und legte erneut einen gefälschten 50-Euro-Schein an der Kasse vor. Auch hier wurde die Verkäuferin Judith L. misstrauisch, woraufhin Ivan D. ein weiteres Mal das Falschgeld zurücknahm und mit echtem Geld bezahlte. Am Abend besuchten die Bulgaren dann in Hof die Gaststätte »Highlander«, bestellten Whiskey der Marke Jack Daniels und zahlten mit einem falschen 50-Euro-Schein. Anschließend bestellten sie gegen 23.15 Uhr in der in Bayreuth im Café »Roxy« Gin Fizz und Jack Daniels und bezahlten bei der Geschäftsführerin Jana F. mit Falschgeld. Einer der Bulgaren trank im »Bistro Lemon« einen Whisky-Soda für 4,20 Euro, gab kein Trinkgeld – und verschwand mit 45,80 Euro Wechselgeld, die er für eine falsche 50-Euro-Note bekommen hatte. Später bestellte Lachezar A. in der Gaststätte »Miamiam Glouglou« einen Whisky-Soda – und zahlte wieder mit Falschgeld. In den frühen Morgenstunden des 1. Dezember ging es dann noch in die Gaststätte »Enchilada«, wo ein Bier mit Falschgeld bezahlt werden sollte. Das Personal erkannte den Schwindel jedoch, und so wurde mit echtem Geld bezahlt. Wenig später begab sich Lachezar A. in die Gaststätte »Fledermaus« und bestellte ein Getränk, während die anderen Bulgaren in derselben Gaststätte an einem anderen Tisch Platz nahmen. Lachezar A. bezahlte wie auch Ivan D. an dem anderen Tisch mit Falschgeld. Der Durst schien jedoch kein Ende zu nehmen. Kurz vor zwei Uhr morgens bestellte Rumen K. im »Borracho« noch einen Whisky, zahlte mit Falschgeld, nahm das Wechselgeld und verschwand.

In der Zwischenzeit hatten jedoch einige der Gaststättenbetreiber festgestellt, dass sie betrogen worden waren, und die Polizei alarmiert. In der Nähe des Café »Roxy« wurde sie dann kurz nach zwei Uhr festgenommen. In der Urteilsbegründung heißt es zu dem sichergestellten Falschgeld: Das ursprünglich weiße Papier wurde im Tintenstrahlverfahren mit Bildpunkten bedruckt und somit dem gelblich gefärbten Originalpapier ähnlich gemacht. Das Gebäudezeichen und das Wertwasserzeichen im bildfreien Notenteil wurden im Siebdruckverfahren imitiert. Das Barcode-Wasserzeichen wurde nicht vorgetäuscht. Der Sicherheitsfaden ist im Kopierbild schwach mitreproduziert, in der Durchsicht kaum wahrnehmbar. Das Durchsichtregister ist weitgehend passgenau wiedergegeben. Die Mikroschriftelemente sind nicht lesbar. Das bei echten Noten fühlbare Farbrelief wurde nicht imitiert. Das vorderseitige Kinegramm wurde mittels Heißfolienprägung mit einer handelsüblichen Folie imitiert. Der beim Kippen der echten Note typische Motivwechsel und Farbumschlag fehlen jedoch. Druck und papiertechnische UV-Merkmale wurden nicht nachgeahmt. Es wurden die Plattennummern R001G3 und E014G5 aufgedruckt. Insgesamt wurde das Notenbild leicht vergröbert wiedergegeben und vermittelte im Vergleich zu echten 50-Euro-

Scheinen einen »recht guten farblichen Gesamteindruck«. Die Falsifikate, heißt es ebenfalls in der Urteilsbegründung, seien »zur Täuschung im Zahlungsverkehr geeignet«.

Zlatko A. wurde zu einem Jahr und drei Monaten Haft verurteilt, Ivan D. erhielt zwei Jahre, Roman K. ebenfalls zwei Jahre und Lachezar A. vier Jahre Haftstrafe.

Falsche Pässe

Dabei sind es nicht immer nur Euro-Noten, die in Bulgarien gefälscht werden. Am 28. April 2001 berichtete das Bundeskriminalamt in Wiesbaden, nach monatelangen Ermittlungen gegen eine international agierende Gruppierung von Dokumentenfälschern und gegen Verbreiter von gefälschten EU-Pässen seien am vorangegangenen Tag in Berlin, Hannover und Potsdam elf Wohnungen durchsucht worden. In Zusammenarbeit mit der zuständigen Staatsanwaltschaft Hannover hätten Beamte der Polizei Hannover, des Landeskriminalamtes Berlin und der Polizei Potsdam insgesamt 17 Personen vorläufig festgenommen und eine große Zahl gefälschter Identitätsdokumente sichergestellt. Bei den Tatverdächtigen habe es sich überwiegend um bulgarische Staatsangehörige gehandelt, die den Handel mit den Pässen über Fahrer von Buslinien organisiert hatten, die regelmäßig zwischen Bulgarien und Deutschland verkehren. Schwerpunkte der Dokumentenverteiler waren dabei die Räume Hannover und Berlin; die Ermittlungen ergaben jedoch, dass Beziehungen in das gesamte Bundesgebiet bestanden. Die Aktion habe in engem Zusammenhang mit der Entdeckung einer Fälscherwerkstatt im bulgarischen Plovdiv am 21./22. April 2001 gestanden. Gegen deren Betreiber und Hintermänner habe die für Organisierte Kriminalität zuständige Dienststelle in Sofia seit mehr als zwei Jahren ermittelt. In Bulgarien wurden 14 Personen festgenommen und mehr als hundert gefälschte Pässe mehrerer EU-Staaten sowie Visa, Stempel, Führerscheine und Falschgeld (US-Dollar-, griechische Drachmen- und D-Mark-Noten) sichergestellt. Seit dem Jahr 1999 vom Bundeskriminalamt und dem Bayerischen Landeskriminalamt durchgeführte Auswertungen hätten gezeigt, dass die von der Werkstatt in Bulgarien hergestellten gefälschten Dokumente vor allem in Deutschland von illegal sich aufhaltenden Personen eingesetzt wurden, um ihren Aufenthalt mit dem Ziel der illegalen Arbeitsaufnahme scheinbar zu legalisieren. Überwiegend wurden die gefälschten Dokumente von bulgarischen Staatsangehörigen, aber auch von Türken und Jugoslawen eingesetzt, um illegal im Baugewerbe zu arbeiten. In einzelnen Fällen arbeiteten und lebten Personen auf diese Art und Weise bis zu vier Jahre unerkannt in Deutschland. Aufgrund des breit gefächerten Verteilernetzes der Dokumente seien in ganz Deutschland mehr als 1500 gefälschte Dokumente sichergestellt worden, die der »Werkstatt« in Plovdiv zugeordnet werden können.

Die Bedeutung der Werkstatt im bulgarischen Plovdiv für die Täter sowie das Ausmaß der vorhandenen Spezialkenntnisse und Produktionskapazitäten zeigt sich auch an deren »Angebotspalette«: Pässe, Führerscheine und Identitätskarten fast aller EU-Staaten, vietnamesische Pässe (für den osteuropäischen Markt), American-Express-Travellerschecks.

Flinke Finger – leere Taschen

Nach dem Wegfall der Sichtvermerkspflicht kommen seit Anfang 2002 verstärkt auch Kriminelle aus Rumänien und Bulgarien in die EU. Sie können sich 90 Tage ohne Visum in den EU-Staaten aufhalten. Diese »Touristen« aus Rumänien und Bulgarien müssen bei Kontrollen an der Grenze vorweisen, dass sie das nötige Geld für ihren eigenen Unterhalt dabei haben, 100 Euro pro Aufenthaltstag, doch in vielen Fällen werden ein und dieselben 100-Euro-Scheine von verschiedenen Reisenden verwendet. Das veranlasste etwa die italienische Grenzpolizei, die Nummern der vorgelegten Geldscheine zu registrieren. Viele Rumänen reisen in Bussen über Ungarn nach Österreich weiter nach Italien, wo sie Eigentumsdelikte verüben oder schwarzarbeiten.

Dazu ein typischer Fall aus dem Jahr 2003, der sich in Köln ereignete: Zwei Einbrecher wurden in der Nacht vom 17. Juli 2003 in Köln-Mülheim von der Polizei festgenommen, als sie versuchten, in eine Gaststätte einzudringen. Ein Anwohner hatte gegen 1.25 Uhr laute Geräusche in der Windmühlenstraße gehört und dann aus seinem Fenster beobachtet, wie zwei Personen den Rolladen der gegenüberliegenden Gaststätte hochschoben. Der Zeuge alarmierte die Polizei, die das Gebäude bis zum Eintreffen der Diensthundeführer umstellte. Als die Verdächtigen nach mehrmaliger Aufforderung das Lokal nicht verließen, wurde »Duke« hineingeschickt, der durch sofortiges Bellen anzeigte, dass er fündig geworden war. Als einer der Täter nach dem Hund trat, biss dieser ihn in den Oberschenkel. Diese Gelegenheit wollte sein 35 Jahre alter Mittäter zur Flucht nutzen. Auch dies verhinderte »Duke«. Er wandte sich dem Zweiten zu und biss ihn ebenfalls in den Oberschenkel. In einem Rucksack fanden die Beamten Aufbruchswerkzeug. Nach ambulanter Behandlung in einem Krankenhaus wurde das Duo zur Polizeiinspektion gebracht. In ihrer Vernehmung gaben die beiden an, dass sie aus Bulgarien kämen und in Köln Urlaub machten. Nachdem die zwei eine Sicherheitsleistung erbracht hatten, wurden sie entlassen. Als »Urlaubserinnerung« an Köln nahm zumindest der 31-Jährige in die Heimat einen Gipsverband mit, der ihm im Krankenhaus angelegt wurde.

An manchen Wochenenden reisen 200 bis 300 Busse von Rumänien über Ungarn nach Österreich ein, berichtet Hauptmann Gerald Tatzgern vom Bundeskriminalamt Wien. Immer öfter finden sich unter den Reisenden neben Einbrechern auch Trickdiebe, die die neue Freizügigkeit und die offenen Grenzen geschickt für sich auszunutzen wissen. Mehr als 50 Prozent aller festgenommenen Trickdiebe in Österreich stammten derzeit aus Bulgarien und Rumänien. Die einen fassen mit gekonnten Griffen in die Taschen der Menschen und entwenden Brieftaschen und andere Wertsachen, inszenieren Gedränge und Staus in öffentlichen Verkehrsmitteln oder bestehlen Passanten auf der Straße. Andere geben sich als Polizisten aus und bekommen Geld und Wertsachen von den gutgläubigen Opfern ausgehändigt. Vor allem in den U-Bahnen werden die Opfer von den Tätern mit den flinken Fingern heimgesucht. In Wien etwa warnen die U-Bahn-Betreiber seit längerem schon in Durchsagen die Fahrgäste vor den Taschendieben.

Neben den Taschendieben gibt es auch noch die Masche der falschen Polizisten. Dabei gehen die Täter meist zu dritt ans Werk.

Einer spricht Touristen an, vorwiegend aus Asien oder Südamerika, und fragt sie auf Englisch, wo ein bestimmtes Denkmal steht. Dann tauchen seine Komplizen auf, zücken irgendwelche Ausweise und geben sich als Polizisten aus. Die Männer sagen den Urlaubern, dass Drogen oder Falschgeld im Umlauf seien, und fordern sie auf, ihre Geldtaschen herzuzeigen. Der ebenfalls kontrollierte Komplize der beiden händigt seine Brieftasche bereitwillig den angeblichen Polizisten aus. Diese fordern dann die echten Touristen auf, ihre Brieftaschen zu zeigen. Die verblüfften Touristen machen es dem falschen nach. Der falsche Polizist nimmt dann zum Beispiel Geldscheine heraus und tut so, als ob er sie überprüfe. Dabei faltet er die Scheine, damit es nach mehr aussieht, zählt sie und gibt aber nur mehr einen Teil zurück in die Geldtasche des Opfers.

Während diese Masche über Österreich erst langsam nach Deutschland schwappt, kennt man die Taschendiebe aus Bulgarien und Rumänien hier auch schon allzu gut. Im Kölner Polizeibericht hieß es etwa Anfang Dezember 2001, eine 22 Jahre alte Bulgarin sei beim gezielten Griff in die Handtasche einer Weihnachtsmarkt-Besucherin festgenommen worden. Die Polizei gehe davon aus, dass die Tatverdächtige zusammen mit einer Komplizin aus Bulgarien gezielt nach Köln gereist sei, um im vorweihnachtlichen Einkaufstrubel Taschendiebstähle zu begehen. Kurz vor 16 Uhr seien Zivilfahnder der Ermittlungsgruppe »Tasna« auf dem Weihnachtsmarkt am Neumarkt auf zwei Südländerinnen aufmerksam geworden, die sich an die Fersen einer Seniorin geheftet hatten und sich in auffälliger Weise für deren Handtasche interessiert hätten. Schließlich konnten die Beamten beobachten, wie die Jüngere der verdächtigen Frauen von hinten den Reißverschluss der Tasche öffnete und die Hand hineinsteckte. Offenbar war sie aber nicht fündig geworden. Als sie sich zurückziehen wollte, traten die Beamten auf den Plan und nahmen sie unter dem Verdacht des versuchten Taschendiebstahls fest. Der mutmaßlichen Komplizin, die das Vorgehen ihrer Landsmännin offensichtlich abgesichert hatte, gelang es zwischenzeitlich, im Menschengewühl unterzutauchen. Das Diebstahlsopfer hatte von dem Geschehen nichts mitbekommen und wurde erst von den Beamten auf ihre geöffnete Handtasche aufmerksam gemacht. Die festgenommene Bulgarin war übrigens keine Unbekannte bei der Polizei: Sie war schon am 20. Dezember 2000 aufgefallen, als sie mit elf gestohlenen Mobiltelefonen ausreisen wollte.

Am 8. Dezember 2003 erkannte ein 38 Jahre alter Ladendetektiv gegen 17.00 Uhr in einem Discount-Markt in Nürnberg einen Mann auf einer Überwachungskamera wieder, der Ende Oktober 2002 im selben Markt eine Uhr eingesteckt hatte. Beim damaligen Ansprechen durch den Detektiv hatte dieser um sich geschlagen und war geflüchtet. Wegen dieser massiven Gegenwehr war der Täter dem Detektiv im Gedächtnis geblieben. Auch hatte er von der damaligen Videoüberwachung ein Bild des Täters ausgedruckt. Der Ladendetektiv verständigte nun telefonisch die Polizei und folgte dem Mann nach dem Verlassen des Geschäfts. Eine Viertelstunde später wurde der völlig überraschte Mann von der Polizei festgenommen. Diesmal leistete er keinen Widerstand. In einer ersten Vernehmung räumte der 38 Jahre alte Bulgare ein, im Oktober 2002 im Geschäft gewesen zu sein, einen Diebstahl bestritt er zunächst. Die Aufzeichnung der Überwachungskamera und die Aussagen des Detektivs überführten ihn jedoch eindeutig.

Gerade einmal zwei Wochen zuvor hatte die Nürnberger Polizei einen anderen bulgarischen »Touristen« geschnappt. Am 23. November 2003 gegen 19.45 Uhr wurde in einem Einkaufsmarkt in der Virnsberger Straße in Nürnberg über Notruf Alarm ausgelöst. Nachdem sofort mehrere Streifenbesatzungen zu dem Objekt fuhren, konnten die Beamten kurze Zeit später auf der Rückseite des Gebäudes einen 46 Jahre alten Bulgaren erkennen, der gerade mit einem Fahrrad davonfahren wollte. Bei der Überprüfung des Mannes fanden die Beamten in seiner Sporttasche Einbruchswerkzeuge.

Auch ein 27 Jahre alter Bulgare konnte sich wohl kaum vorstellen, dass sein »touristischer Ausflug« nach Deutschland schwere Folgen für ihn haben würde. Am 6. Oktober 2003 hatte er in einer Drogerie in der Nürnberger Südstadt einen Stift gegen Hautunreinheiten in seine Jacke gesteckt und war dabei, das Geschäft zu verlassen. Im Eingangsbereich löste die Sicherungsanlage Alarm aus. Die Filialleiterin sprach ihn an und versuchte ihn festzuhalten. Der Bulgare riss sich jedoch los, und ein zufällig vorbeikommender 34 Jahre alter Polizeibeamter in Zivil konnte den muskulösen bulgarischen Maurer festhalten. Obwohl sich der Polizeibeamte als solcher zu erkennen gab, leistete der Tatverdächtige heftigen Widerstand. Da unter Einsatz von körperlicher Gewalt aus einem einfachen Ladendiebstahl ein räuberischer Diebstahl wird, musste sich der Mann nun wegen eines Verbrechens verantworten, das mit einer Freiheitsstrafe von nicht unter einem Jahr geahndet wird.

Der Würgegriff der alten Ringer

Vor einigen Jahren schlug der Eigentümer einer bulgarischen Bank vor der gesamten Belegschaft einem Mitarbeiter mit der Faust ins Gesicht, weil bei einer Routinetransaktion mit Währungsrisiko 1,2 Millionen US-Dollar verloren gegangen waren. Der Angestellte, der für den Verlust nichts konnte, wurde gezwungen, so lange für ein Minimalgehalt zu arbeiten, bis der Schaden wieder erwirtschaft worden sei. Der Bankier ist ein bekannter früherer bulgarischer Ringer, einer der einflussreichsten Männer in den Syndikaten der bulgarischen Mafia, die zunächst mit Autodiebstählen, später mit Rauschgift und Prostitution zu Geld kamen und sich dann in die Erfolg versprechenden Branchen Tourismus, Öl und Gas, Zigaretten- und Lebensmittelhandel einkauften.

Anders als Italien, Albanien, Tschetschenien oder Georgien kann Bulgarien nicht auf eine lange Geschichte der Organisierten Kriminalität zurückblicken. In Bulgarien gibt es vielmehr drei Gruppen, aus denen sich die OK heute rekrutiert: die früheren Athleten, die Reisefreiheit genossen und rücksichtslos in die eigene Tasche wirtschafteten, ehemalige Geheimdienstler und einstige Angehörige der kommunistischen Nomenklatura.

Die Athleten waren früher die Lieblinge der Nation und brauchten sich um ihre Einkommen nicht zu sorgen. In militärähnlichen Lagern zu Höchstleistungen gedrillt, hatten sie Männerfreundschaften geschlossen, die ein ganzes Leben währen sollten.

Was aber macht man, wenn das kommunistische System zusammenbricht und die geliebten Privilegien nicht mehr üppig zur Verfügung stehen?

Vor allem die bulgarischen Ringer schlossen sich zu einer mafiaähnlichen Gruppe zusammen, die es in den Anfängen vor allem auf türkische Gastarbeiter abgesehen hatte, die aus Deutschland auf dem Landweg in ihre Heimat zurückreisten und über Jahre hin rechtschaffen ersparte Gelder mit sich führten. Zugleich stiegen sie Anfang der Neunzigerjahre in den Autodiebstahl ein und knüpften enge Bande mit bulgarischen Zöllnern und Grenzschutzbeamten, die ihnen dabei halfen, die gestohlenen Fahrzeuge nach Russland zu schaffen. Während im Jahr 1989 »nur« 4318 Fahrzeuge in Bulgarien gestohlen wurden, waren es 1991 schon 12 873 und 1996 immerhin noch 11 041. Mit dem so erwirtschafteten Geld schufen sich die bulgarischen Ringer nach dem Zusammenbruch des Kommunismus ein finanzielles Polster, das es ihnen ermöglichte, Beamte zu bestechen, Rechtsanwälte zu finanzieren und den Einfluss allmählich auch auf die vielen kleinen gewöhnlichen Vorort-Gangs zu erweitern, die sich künftig dem »Schutz« der Ringer unterstellen und einen Teil ihrer illegalen Einnahmen an die Ringer-Mafia abgeben mussten.

Um den Anschein von Legalität zu erlangen, gründeten die bulgarischen Ringer etwa vom Jahr 1992 an »Sicherheitsunternehmen«, die dann das Schutzgeld eintrieben. Allein im Jahr 1994 wurden in Bulgarien rund 3700 Sicherheitsunternehmen offiziell registriert, die weiterhin völlig legal ihren Geschäften nachgehen. Westliche Geschäftsleute können ein Lied davon singen, mit welch rüden Methoden die so genannten »Sicherheitsberater« bei den Erpressungen vorgehen. Nicht selten soll es vorkommen, dass korrupte Polizisten Seite an Seite mit den angeblichen Sicherheitsunternehmen Geld eintreiben. Als die Regierung von Ljuben Berow bis Ende 1994 gegen diese Unternehmen einzuschreiten versuchte, änderten diese ihre Firmierung einfach in »Versicherungsgesellschaften«.

Wassili Illiew, ein notorischer bulgarischer Gangsterchef, der im Jahr 1995 ermordet wurde, gilt als Erfinder der Idee, aus Sicherheitsunternehmen Versicherungsgesellschaften zu machen. Illiews Sicherheitsfirma VIS-1 war kaum von der Regierung verboten worden, da trat er schon mit der Versicherungsgesellschaft VIS-2 auf den Plan. VIS-2 offerierte Eigentümern westlicher Fahrzeuge eine Versicherung gegen Fahrzeugdiebstahl. Dahinter stand die Idee, die Fahrzeuge zu stehlen und dann den Kunden gegen einen »Sicherheitsaufschlag« die Rückübereignung der Fahrzeuge anzubieten. Weil die staatliche bulgarische Versicherungsgesellschaft zu jener Zeit mehr als ein Jahr brauchte, um Versicherungssummen an Geschädigte auszuzahlen, fielen nicht wenige auf den Schwindel herein und versicherten ihre Fahrzeuge bei VIS-2. Ende 1995 sagte Georgi Illiew, der Bruder des Gangsters, in einem Interview: »Früher waren wir Ringer, heute sind wir Geschäftsleute.«

Nach Erkenntnissen des deutschen Auslandsgeheimdienstes BND gibt es in Bulgarien nach wie vor eine Reihe solcher Versicherungsunternehmen, die von ehemaligen Ringern geleitet werden und auf allen Ebenen des Staates korrupte Beamte und Politiker auf ihrer *pay-roll* haben. Neben den Ringern bauten aber seit dem Ende des Kommunismus auch tausende aus dem Staatsdienst entlassene Sicherheitskräfte kriminelle Netzwerke auf. Allein das bulgarische Innenministerium hatte bis zum Jahr 1991 rund 17 000 Angestellte entlassen, von denen viele fortan so genannte Sicherheitsunternehmen gründeten. In Konkurrenz zu den Ringern suchten sie ebenfalls Einfluss in den lukrativen Geschäftsfeldern der Prostitution, Geldwechselstuben und Spielhallen zu gewinnen. Weil die ehemaligen Mitarbeiter des Innenministeriums nach wie vor über gute Kontakte zu Grenzschützern und anderen Sicherheitskräften verfügten, konnten sie erfolgreich Schmuggelnetzwerke aufbauen. Zigaretten wurden etwa – ohne Einfuhrzoll zu bezahlen – temporär (also angeblich zur Wiederausfuhr bestimmt) nach Bulgarien eingeführt, dann jedoch innerhalb der Landesgrenzen verkauft. Ähnlich verfuhr man mit angeblich zollfreier Ware, die ebenfalls gewinnbringend in Bulgarien veräußert wurde. Das rechtliche und institutionelle Vakuum, das der Zerfall des Kommunismus in Bulgarien hinterlassen hatte, wurde in jedem Falle sehr erfolgreich von Athleten, ehemaligen Beamten und der alten Nomenklatura ausgefüllt, die allesamt bis heute bei vielen Geschäften im Hintergrund ihre kriminellen Finger im Spiel haben. Nicht umsonst teilt die amerikanische Botschaft in Sofia in ihrem »Crime and Safety Report Bulgaria 2003« Interessierten mit: »Ausländer, die längere Zeit in Bulgarien bleiben wollen, sollten ihre Fenster vergittern, Stahltüren mit sehr guten Sicherheitsschlössern einbauen und eine Alarmanlage einbauen lassen, die in der Not auch zuverlässige Hilfe herbeiruft. [...] Die Qualität polizeilichen Beistandes ist unterschiedlich. Insgesamt verfügt die bulgarische Polizei über zu wenig Personal. Sie wird schlecht bezahlt, ist schlecht ausgestattet und verfügt auch nicht über den notwendigen technischen Sachverstand.«

Nachschub fürs Bordell

Im »Gemeinsamen Kriminalitätslagebild Berlin-Brandenburg 2002« wird ein typischer Fall beschrieben: Demnach wurde die Polizei auf eine bulgarische Gruppe durch eine Strafanzeige aufmerksam. Die Täter hatten in ihrer Heimat Frauen angesprochen und angeboten, ihnen Arbeitsverhältnisse als Serviererinnen oder Zimmermädchen in Deutschland zu vermitteln. Als Arbeitsorte wurden dabei Berlin und Hamburg genannt. In Berlin oder bereits kurz vor Ankunft in Berlin wurden sie dann aber von einer anderen Person übernommen, der sie Pässe sowie Wertgegenstände und Bargeld »zur Aufbewahrung« aushändigen mussten. Die Frauen wurden in eine Wohnung gebracht und eingesperrt. Dort wurden sie mehrmals gezwungen, mit türkischen Männern zu schlafen.

Weiter heißt es in dem Bericht: »Der Erlös wurde ihnen abgenommen. Weiter mussten die Geschädigten in mehreren Berliner Clubs ihre Dienste anbieten, wobei auch hier der gesamte Erlös abzuliefern war. Die Frauen wurden geschlagen, sobald sie sich weigerten, den Forderungen ihrer Peiniger nachzukommen. Einer der Geschädigten wurde mit der Verabreichung von Drogen, einer anderen mit dem ›Verkauf‹ an einen Türken gedroht. In Hamburg sollten die Frauen auf dem Straßenstrich anschaffen gehen. Nach dem Willen der bulgarischen Täter waren die Frauen auch verpflichtet, in Brandenburger Nachtclubs ihre Dienste anzubieten.«

In der bayerischen Justizvollzugsanstalt Bayreuth wurde der am 20. April 1954 in Sofia geborene Krasimir Sch. inhaftiert. Am 14. September 2000 hatte er bei einer Motocross-Veranstaltung im tschechischen Most die Tschechin Lenka B. kennen gelernt. Eine Woche später telefonierte er mit ihr und lud sie in eine Diskothek nach Dresden ein, wo sie am 23. September eintraf. In der Prager Straße 143 traf man sich auf dem Parkplatz des McDonald's-Restaurants. Lenka B. hatte zu dem Treffen auch ihre Freundin Nadezda F. mitgebracht. Auf dem Parkplatz stiegen die beiden Frauen aus dem tschechischen

Taxi in den 525er-BMW des Krasimir Sch. Dieser ließ sich zunächst einmal ganz unverfänglich die Reisepässe der beiden geben – und behielt sie für sich. Statt in die Dresdner Diskothek fuhr er dann über die Autobahn nach Bayern, um die beiden Frauen in ein Bordell in das italienische Fonte zu bringen. Für den Fall der Flucht bedrohte Krasimir Sch. die Frauen mit dem Tod. Als Lenka B. an einer roten Ampel fliehen wollte, packte Kresimir Sch. ihre Freundin und drohte dieser mit Schlägen. Lenka B. blieb daraufhin im Fahrzeug. Zufällig wurde an der Rastanlage Fränkische Schweiz in Pegnitz die Polizei auf das Fahrzeug aufmerksam. Nur so entkamen Lenka B. und Nadezda F. ihrem Schicksal. Krasimir Sch. wurde festgenommen.

Bei der Vernehmung behauptete er, er habe völlig arglos für 200 D-Mark von einem gewissen Sami Koupa den Auftrag bekommen, zwei nette Damen in Dresden abzuholen, um sie nach Köln zu bringen. Die Pässe der Damen habe er freiwillig erhalten. Mangels Ortskenntnis sei er aber nicht nach Köln gefahren, sondern habe sich in der Fränkischen Schweiz verirrt. Er habe die Frauen noch nie zuvor gesehen, sei auch nicht in der Tschechischen Republik gewesen und an Moto-cross überhaupt nicht interessiert. Deshalb habe er auch nie zuvor mit einer der beiden Damen telefoniert.

Dummerweise kannte Lenka B. die Mobilfunknummer des Beschuldigten. Und rein zufällig ergab die Auswertung der von diesem Anschluss geführten Gespräche, dass er sehr wohl in der Tschechischen Republik gewesen und auch Lenka B. angerufen hatte. Und rein zufällig hatte der gute Krasimir Sch. auch Gespräche mit einem Mann im italienischen Fonte geführt. Der italienische Telefonanschluss gehörte zu einem marokkanischen Restaurant. Anschlussinhaber war eine Firma in der Via Monte Grappa. Über dem Restaurant gab es ein Appartement. In der Anklageschrift der Staatsanwaltschaft heißt es dazu: »Tatsächlich wurde das Bordell vom Angeschuldigten – wie die Zeugin B. in ihrer richterlichen Einvernahme bekundete – als in der Nähe von Verona gelegenes, getarntes marokkanisches Restaurant beschrieben, wobei sich die Zimmer im obersten Stockwerk befänden.«

Neben der abenteuerlichen Erklärung des Angeschuldigten Krasimir Sch. dazu, wie er auf dem Weg von Dresden nach Köln an der Autobahnraststätte Fränkische Schweiz/Pegnitz ankommen sein wollte, sprach auch das mitgeführte Gepäck der Fahrzeuginsassen gegen die Version des Angeschuldigten. Während diese kein Gepäck mit sich führten, was auf einen Diskothekenbesuch und gegen die Reise nach Köln hindeutete, hatte Krasimir Sch. in einem schwarzen Kleidersack ein weißes Polohemd, ein Hemd der Marke »Nike«, ein weißes langärmeliges T-Shirt, zwei blaue Hemden, eine schwarze Stoffhose, eine Jeans, vier frische Unterhosen, drei Paar Socken, Zahnbürste, Zahncreme der Marke »Dentagard«, Rasierwasser der Marke »Wilkinson«, ein Deospray und eine blaue Haarbürste dabei. Und obwohl Krasimir Sch. vom männlichen Fahrer der beiden Frauen, die diese nach Dresden gebracht hatten, die Pässe erhalten haben will und behauptet hatte, das Fahrzeug sei kein Taxi gewesen, waren die beiden Frauen bei der Einreise aus der Tschechischen Republik nach Deutschland am Grenzübergang Neurehefeld in einem Taxi sitzend kontrolliert worden.

Kontakte des Krasimir Sch. zum Prostituiertenmilieu belegten auch eine Wohnungsdurchsuchung. Dabei fand man eine echte Neun-Millimeter-Patrone sowie mehrere gestohlene Ausweise, darunter einen am 15. Januar 1998 mit der Nummer AB9023237 auf einen Romeo Di Rauso (geboren 1961) ausgestellten Pass sowie den Ausweis des zur Festnahme ausgeschriebenen Mehmet A., der im Jahr 1967 in Paradnik/Mazedonien geboren worden war. Und auch die Todesdrohungen gegen die beiden Tschechinnen schienen bald glaubhaft: Stellte sich doch heraus, dass Krasimir Sch. schon beim Amtsgericht Braunschweig (Aktenzeichen 10 Cs 903 Js 8150/00) wegen solcher Delikte aufgefallen war.

Estland

Rabiate Bankräuber

Sprichwörter sagen oftmals viel über das Denken einer Bevölkerung aus. In Estland sagt man zum Beispiel: »Varas ei lähe ühe nairi pärast aeda.« Wörtlich übersetzt bedeutet das: »Der Dieb geht nicht einer Rübe wegen in den Garten.« Und über die Deutschen heißt es: »Saksul olgu üt's silm ja tuugi persen« – »Der Deutsche [d. i. der Herr] soll ein einziges Auge und auch dieses im Arsch haben.«

Vielleicht haben jene estnischen Männer, die seit Dezember 2000 in Deutschland zu zweifelhafter Berühmtheit kamen, in ihrer schweren Kindheit ja auch diese Sprichwörter vernommen und sich gedacht, dass man als Dieb ruhig etwas mehr ergreifen sollte und Deutsche – aus vorgenanten Gründen – ohnehin nicht so genau hinschauen können. Aber auch hier haben wir es nicht nur mit Einzeltätern zu tun: Die in Den Haag ansässige europäische Polizeibehörde Europol erwähnt in ihrem Jahresbericht über die Organisierte Kriminalität in der EU (»2003 EU ORGANISED CRIME REPORT«, im Internet unter http://www.Europol.eu.int/) ausdrücklich auch Estland als Sitz von Gruppen der Organisierten Kriminalität. Estnische OK-Gruppen, so der Bericht, seien russischen OK-Gruppen vergleichbar und arbeiteten eng mit diesen zusammen. Vor diesem Hintergrund sei zu erwarten, dass sie immer gewalttätiger bei der Durchsetzung ihrer Interessen vorgingen. Um an die Gelder aus den EU-Fördertöpfen heranzukommen, würden sie sich künftig juristische und administrative »Hintertürchen« (»loopholes«) zunutze machen, heißt es in dem Europol-Bericht.

So gibt es zum Beispiel in vielen Bundesländern seit Anfang 2000 eine neue Qualität von Banküberfällen, deren Aufklärung die Polizei vor größere Schwierigkeiten stellte. Am 9. Juni 2001 etwa berichtete die Kölner Polizei über eine ungewöhnliche Häufung von Banküberfällen, bei denen die rabiaten Täter stets nach der gleichen Methode vorgingen. Im Gegensatz zum herkömmlichen Bankräubertypus kamen sie ohne Maskierung und zeigten nicht den geringsten Respekt vor den Überwachungskameras. Die aufgezeichneten Bilder waren gestochen scharf, doch ergaben sich bei der Öffentlichkeitsfahndung keine Hinweise auf die Identität der Täter. Weil die Täter freimütig ihre Gesichter zeigten, lag der Schluss nahe, dass sie nur zum Zwecke der Überfälle von weit her angereist waren und nach den Überfällen schnell wieder untertauchten. Immer mehr Hinweise deuteten auf eine »osteuropäische« Tätergruppe. Bald zeigte sich auch, dass dieses Phänomen nicht nur auf Köln beschränkt, sondern in mehreren Städten der Republik zu beobachten war. Die Täter forderten jeweils mit einer Schusswaffe die Herausgabe von Geld. Obwohl unterschiedliche Personen die Überfälle verübten, wurde für die Ermittler bald ein Zusammenhang erkennbar.

Über die Schwierigkeiten bei der Aufklärung der Banküberfälle berichtete später Helmut Benker, Leiter des KK 21 (Raub- und Erpressungsdelikte) der Kriminalpolizeidirektion Nürnberg in der Fachzeitschrift *Der Kriminalist* (Heft Mai 2003): »Es galt nun, die Struktur und die Frage, inwieweit die Bande über einen hierarchischen Aufbau verfügt, zu klären. Nebenbei blieb aber natürlich auch die kriminalistische Kleinarbeit. So versuchten wir, Spuren zu finden, die von den Tätern bisher hinterlassen worden waren.« Der Abgleich gesicherter Fingerabdrücke mit in Deutschland registrierten Straftätern habe erwartungsgemäß nicht zur Täteridentifizierung geführt. Doch wie konnte man einen Unbekannten namhaft machen, der sich nur kurze Zeit – Tage oder Stunden – in der Stadt seines Überfalls aufgehalten hatte? Diese Herausforderung erinnerte die Kriminalisten in den folgenden Wochen häufig an die Suche nach der »Stecknadel im Heuhaufen«.

Einer in Duisburg eingerichteten Sonderkommission gelang es in der Zwischenzeit, Telefonnummern von einigen estnischen Bandenmitgliedern zu identifizieren und gemeinsam mit der Kripo in München und Nürnberg Telekommunikationsüberwachungsmaßnahmen (TKÜ) zu schalten. Die Kripo Duisburg konnte mit den so gewonnenen Erkenntnissen mehrere Täter nach Banküberfällen festnehmen. Mithilfe der TKÜ gelang es auch, die Struktur und den hierarchischen Aufbau der Organisation aufzudecken. Helmut Benker berichtete über diesen Teil der Kripoarbeit: »Bei der Erhebung der verschiedenen Möglichkeiten fiel sehr bald auf, dass die meisten Täter mit Linienbussen der Firma ›EURO-Lines‹ gefahren waren. Deshalb wurden alle verfügbaren Buslisten der Linie Tallinn–Nürnberg/München angefordert und geprüft. Zusätzlich wurden die Ankunfts- und Abfahrtszeiten dieser Buslinie überwacht, um neu ankommende potenzielle Bankräuber aufzuspüren bzw. abreisende Täter festzunehmen. Auch die Fluglisten wurden auf mögliche Täter und Mittäter hin überprüft – dies jedoch anfangs mit negativem Ergebnis. Die Überprüfung der Bahnhöfe beschränkte sich auf Fahndungsmaßnahmen, da hier keine namentliche Erfassung der Passagiere erfolgt.«

Überprüft hatte man auch die Meldescheine aller Hotels und Pensionen im Stadtgebiet Nürnberg. Dabei fand man heraus, dass ein junger Mann aus Tallinn eingemietet war. Benker berichtet: »Weiterführende Ermittlungen und ein Vergleich der aus Estland übersandten erkennungsdienstlichen Unterlagen belegten eindeutig seine Täterschaft. Die Freude darüber war groß und führte zu einem weiteren Motivationsschub der Kräfte bei der anstrengenden Durchsicht ganzer Schuhkartons voller Papiere.«

Erfolgreich war auch die Überprüfung von Waffengeschäften. Am Tag eines Banküberfalls im Februar 2001 hatte ein Este in Nürnberg eine Schreckschusswaffe gekauft. Der Verkäufer trug die Personalien aus dem Pass in den Kaufbeleg ein. Weil jedoch nur ein Phantombild des Bankräubers vorlag und nicht ausgeschlossen werden konnte, dass der vorgelegte Pass missbräuchlich benutzt worden war, fertigte die Kripo Nürnberg einen Antrag auf Vernehmung des Waffenerwerbers als Zeugen an und schickte diesen über die Staatsanwaltschaft als Rechtshilfeersuchen nach Estland. Benker erinnert sich: »Aufgrund glücklicher Umstände waren ein Kollege und ich gerade in Tallinn, als diese Zeugenvernehmung durchgeführt wurde. Nachdem der Beamte von Interpol Tallinn den Zeugen über seine Rechte belehrt hatte, erklärte sich dieser bereit, Angaben zur Sache zu machen. Nach nur zehn Minuten verstrickte er sich jedoch hoffnungslos in Widersprüche. Auf Vorhalt räumte er nun ein, den betreffenden Banküberfall selbst ausgeführt zu haben. Weiterhin nannte er seine beiden Mittäter für die Tat und den Haupttäter, der ihn in Estland angeworben hatte.«

Die estnische Regierung hatte sich inzwischen dazu entschlossen, alle mit Haftbefehl gesuchten Bankräuber an die deutschen Strafverfolgungsbehörden auszuliefern. Entsprechende Beschlüsse von der estnischen Regierung wurden im Internet veröffentlicht. Die Namen der Bankräuber waren damit öffentlich zugänglich. Benker schreibt dazu: »Der geständige Bankräuber hatte erst wenige Tage vorher in der Zeitung von der Auslieferung seines Hintermannes (um diesen abzuholen waren wir in Tallinn) gelesen, und es missfiel ihm offensichtlich, in seinem kleinen Wohnort auf diese Art und Weise bekannt zu werden. Deshalb wurden ihm die beiden Möglichkeiten aufgezeigt: Entweder er wird im Rahmen des Rechtshilfeverfahrens nach einigen Monaten in seiner Heimat festgenommen, oder er kommt freiwillig nach Deutschland. Nach wenigen Tagen Überlegung kaufte er sich von seinem restlichen Geld ein Busticket und fuhr mit der bekannten Buslinie nach Berlin, wo er aufgrund der vorherigen Ankündigung festgenommen wurde.«

Am 28. September 2001 gab es dann vom bayerischen Polizeipräsidium Mittelfranken erfreuliche Neuigkeiten: Nach umfangreichen Ermittlungen der »Sonderkommission Banken« war ein 21 Jahre alter Este schon vor Monaten überführt worden, am 5. April 2001 die Filiale der Sparkasse in der Färberstraße 19 in Nürnberg überfallen zu haben. Der mit internationalem Haftbefehl Gesuchte wurde dann im Juli 2001 in Estland festgenommen und saß seitdem in Tallinn in Haft. Die Regierung Estlands lieferte den Räuber an Deutschland aus. Beamte der Kriminalpolizeidirektion Nürnberg holten den Mann im September in Tallinn ab und brachten ihn in die Nürnberger Justizvollzugsanstalt. Er zeigte sich aussagebereit und war bei seiner Vernehmung geständig. Von den acht Nürnberger Banküberfällen, die zu der durch estnische Täter begangenen Serie gerechnet wurden, waren bis dahin fünf Fälle geklärt. Dazu gehörte auch der Überfall vom 30. März 2001 auf die Filiale der Sparkasse in der Pillenreuther Straße in Nürnberg. Die Identität des Täters war inzwischen bekannt. Allerdings führte die Fahndung mit internationalem Haftbefehl bis dahin noch nicht zur Festnahme des Mannes, der sich vermutlich in Estland aufhielt. Dagegen waren die estnischen Polizeibehörden bei der Fahndung nach einem weiteren Drahtzieher der Bande – der an mindestens zwei Nürnberger Banküberfällen beteiligt war – erfolgreich. Der 28 Jahre alte ehemalige Asylbewerber wurde in seinem Heimatland Estland festgenommen.

Vor Gericht gestellt

Das seit dem 9. Juli 2003 rechtskräftige Urteil des Landgerichts Nürnberg (Aktenzeichen: 7 KLs 373 Js 12331/2001) gegen den Esten Karel R. entkräftet die Behauptung der estnischen Regierung, die aus Estland nach Deutschland einreisenden Bankräuber seien Angehörige der russischen Minderheit in Estland und somit keine »echten« Esten, die »so etwas« niemals tun würden. Außerdem erfährt man darin auch einiges über die Vorgehensweise und den straffen hierarchischen Aufbau einer solchen Bande (Nachnamen vom Verfasser abgekürzt): »Der Angeklagte war Mitglied einer estnischen Bankräuberbande, die Anfang 2000 bis Mitte 2001 in der Bundesrepublik Deutschland zahlreiche Banküberfälle beging. Dabei ging die Bande folgendermaßen vor: Die ›Chefs‹ der Bande, Kaido S. und Ürgo K., operierten in der Regel von Estland aus. Sie beauftragten von dort Personen, die als so genannte Gruppenführer in Deutschland tätig waren. Deren Aufgabe war es, estnische Landsleute, so genannte ›Soldaten‹, die von einem weiteren Bandenmitglied ausgesucht und nur mit einem Hinfahrtsticket versehen per Bus oder Flugzeug nach Deutschland geschickt worden waren, in Deutschland an den entsprechenden Busbahnhöfen bzw. Flughäfen in Empfang zu nehmen. Sodann wurden diese ›Soldaten‹, denen meist bereits in Estland gesagt worden war, dass sie Banküberfälle zu begehen hätten, in den Ausführungsplan eingewiesen. Ihnen wurde eine – in der Regel – ungeladene Gas- oder Spielzeugpistole besorgt und die vorher ausbaldowerte Bank gezeigt, bisweilen wurde ihnen auch Kleidung ausgehändigt, die ihrer Tarnung dienen sollte (Wendejacken, Mützen).

Tatplan war jeweils, dass diese ›Soldaten‹ mit einem kleineren Geldschein ausländischer Währung, der ihnen ebenfalls ausgehändigt wurde, die Bank betreten und an der Kasse, bevorzugt mit Frauen besetzt, das Wechseln dieses Geldscheines verlangen sollten. Die durch das Wechseln des Geldscheines abgelenkten Kassiererinnen sollten sodann mit der Waffe bedroht werden, und mit deutschen Worten wie ›Schnell, schnell, großes Geld‹ sollte die Herausgabe von Geld verlangt werden. Nach der Tat sollten sich diese ›Soldaten‹ mit U- oder Trambahn von der jeweiligen Banken entfernen (weshalb stets an U- bzw. Trambahnhaltestellen in Großstädten liegende Geldinstitute ausgesucht wurden) und nach ein oder zwei Stationen das erbeutete Geld einem dort verabredungsgemäß wartenden Bandenmitglied übergeben werden. Daraufhin trennten sich die Bankräuber wieder, um sich später erneut in einem anonymen Hotel wie z.B. Ibis zu treffen, um die Beute zu teilen. Dabei erhielten die ›Soldaten‹ in der Regel einen zwischen 40 Prozent und 20 Prozent liegenden Anteil an der Beute, teilweise auch noch weniger. Meist wurden diese ›Soldaten‹ sofort am Tag nach dem Banküberfall nach Estland zurückgeschickt. Die Rückreise mussten sie aus ihrem Beuteanteil selbst bezahlen.

Die Gruppenführer, die sich teilweise über mehrere Monate in Deutschland aufhielten, finanzierten ihren Lebensunterhalt und den Erwerb verschiedener PKWs ausschließlich über die ausgeführten Banküberfälle.

Der Angeklagte war einer dieser Gruppenführer auf mittlerer bzw. höherer Ebene (d. h. er war auch mit der Planung von Überfällen befasst).«

Erfolglose Erfolgsmeldungen

Bis zum September 2001 wurden der estnischen Bande 82 Banküberfälle in Deutschland und fünf Taten in Österreich zur Last gelegt. Zu jenem Zeitpunkt waren 46 Täter ermittelt, von denen 35 inhaftiert waren. Als geklärt galten damals 51 Überfälle. Nachdem die estnische Bande während der »heißen Phase« erhebliche Unruhe in der Bevölkerung verbreitet und innerhalb des Bundesgebietes teilweise mehrere Banküberfälle in einer Woche verübt hatte, wurden seit der Inhaftierung der beiden Bosse Anfang Juni 2001 zunächst nur noch drei weitere Banküberfälle in Deutschland bekannt. Auch das Bundeskriminalamt glaubte zu jenem Zeitpunkt, die Haupttäter inhaftiert und weitere Banküberfälle durch die kriminellen Bandenmitglieder aus Estland verhindert zu haben. Stolz teilte das BKA am 29. August 2001 der Öffentlichkeit mit: »Ende des Jahres 2000 begann in mehreren deutschen Städten eine Serie von Banküberfällen, bei denen jeweils ein unmaskierter Einzeltäter Bankangestellte mit einer Schusswaffe bedrohte und zur Herausgabe von Geld zwang. Obwohl immer wieder andere Täter agierten, ließen die Begehungsweisen der Überfälle Tatzusammenhänge vermuten. Die Ermittlungen brachten die Polizeien in Nürnberg, Frankfurt/M., Duisburg, Stuttgart und München auf die Spur einer estnischen Tätergruppe, die in Estland junge Männer anwarb, um in Deutschland Banküberfälle zu begehen. Hier wurden die Täter mit Waffen und Kleidung sowie Informationen zu den Banken ausgestattet. Auf diese Art wurden in Deutschland insgesamt 82 Banküberfälle registriert; 67 dieser Taten wurden im Jahr 2001 begangen, 14 im Jahr 2000. Ein Überfall fand bereits im Jahr 1999 statt. Die Serie der Banküberfälle erstreckte sich auf 22 Städte in acht Bundesländern. Die Beute betrug insgesamt 1,4 Millionen D-Mark. Auch in Österreich (Wien) werden den estnischen Tätern fünf Überfälle zur Last gelegt. Durch intensive Zusammenarbeit der beteiligten deutschen Dienststellen – das Bundeskriminalamt gewährleistete hierbei die Informationsaufbereitung und den Informationsaustausch – konnten bis Anfang August 2001 insgesamt 44 Straftäter bzw. Tatverdächtigte der verschiedenen Hierarchiestufen ermittelt und 34 davon festgenommen werden. Von den 82 Banküberfällen in Deutschland wurden 48 geklärt. Zwischen Ende Mai und Anfang August 2001 erfolgten in Estland insgesamt vier Festnahmen. Zwei der Festgenommenen waren Auftraggeber, einer Mittelsmann und einer Täter. Mit der Festnahme des zweiten Auftraggebers Mitte Juni ist augenscheinlich die Serie abgebrochen: Seit dem 17.06.2001 kam es zu keinem weiteren Bankraub dieser Serie. [...] Die Erfolge bei der Fahndung und den Ermittlungen in Estland sind auch ein Ergebnis der sehr guten Zusammenarbeit mit der estnischen Polizei. Die Verbindung zu den estnischen Behörden wurde durch den Einsatz der Verbindungsbeamten des Bundeskriminalamtes in Riga/Lettland und Wilna/Litauen so optimal gestaltet, dass alle erforderlichen Informationen binnen kürzester Zeit übermittelt werden konnten.«

Dummerweise gingen aber nach der frohlockenden Erklärung des BKA die Banküberfälle weiter. Selbst im Jahre 2003 reisten Bandenmitglieder aus Estland noch nach Deutschland, um Banken auszurauben. Wenn einige der Täter ergriffen wurden, zeigten sie sich zumeist nicht reuig. Am 28. August 2002 berichtete die *Nürnberger Zeitung* über den Strafprozess gegen einen estnischen Bankräuber. Er war der Kopf einer estnischen Bande, die seit dem Frühjahr 2001 viele der Banküberfälle verübt hatte. Der 23 Jahre alte Mann saß schon wegen anderer Straftaten im Gefängnis. Von Tallinn aus hatte er die Überfälle koordiniert und die Täter angeworben. Zur Sache verweigerte er in Nürnberg die Aussage. Nur wenn seine ehemaligen Komplizen in den Zeugenstand gerufen wurden, um gegen ihn auszusagen, raunte er ihnen in seiner Muttersprache einige Worte zu, um sie einzuschüchtern. Und er ersuchte die neben ihm sitzende Dolmetscherin sogar, ein wenig zur Seite zu rutschen, damit er seine Gefährten besser im Auge behalten könne. Das war aber nicht alles. Die Dolmetscherin fordert er auch noch auf, für ihn falsch zu übersetzen. »Halt dein Maul und sag bloß nichts aus«, raunte er einem Zeugen zu, was die junge Frau als Begrüßung wiedergeben sollte, wie sie später mitteilte. Der Zeuge verweigerte daraufhin wohl aus Angst die Aussage. Alle Esten stammten aus demselben Dorf und waren zusammen in dieselbe Schulklasse gegangen. Einer ihrer Genossen legte ein umfassendes Geständnis ab und erhängte sich dann in seiner Zelle.

Sprach das Bundeskriminalamt bei seiner Erfolgsmeldung vom 29. August 2001 noch von 82 Überfällen der estnischen Banden, so erhöhte sich diese Zahl bis Mai 2003 schon auf 136 Überfälle, die allein in Deutschland Esten zugeschrieben wurden.

Es waren aber nicht nur Banküberfälle, mit denen Esten in den letzten Jahren in Deutschland kriminell auffielen. In einer Pressemitteilung des Zolls vom 21. Oktober 2001 heißt es: »Die Kollegen der Mobilen Kontrollgruppe des Hauptzollamtes Krefeld hatten mal wieder den richtigen Riecher: Der Fahrer eines Lastwagens aus Estland, der auf der Autobahn bei Kevelaer fuhr, hatte undeklariert Hochprozentiges geladen. Der LKW transportierte rund 60 Fässer mit insgesamt 12 000 Litern so genannten Feinsprits zur Herstellung von Spirituosen. Hinterzogene Branntweinabgabe, Einfuhrumsatzsteuer und Zoll: insgesamt 175 000 Euro.«

Manchmal handelt es sich bei solchem Schmuggelgut um gefährliche gepanschte Ware. Im September 2001 starben in Estland 22 Personen nach dem Genuss von schwarz gebranntem Alkohol. Schmuggel und illegale Produktion von Alkohol sind in Estland seit vielen Jahren schon ein Problem. Die Täter wollen die staatlichen Steuerauflagen umgehen und gefährden mit ihren Produkten (giftiger Methylalkohol) die Gesundheit der Konsumenten.

Am 8. Dezember 2002 berichtete die Polizeidirektion Hannover über drei Esten, die an der Bernadotte-Allee festgenommen wurden, da sie in dem Verdacht standen, dort aus mehreren geparkten Fahrzeugen Benzin entwendet zu haben. Eine Polizeibeamtin der Polizeiinspektion Hannover-Ost bemerkte auf dem Heimweg nach ihrem Dienst drei Personen, die sich auffällig an geparkten Pkws aufhielten, und forderte Unterstützung von ihren Kollegen an. In dem Polizeibericht heißt es: »Gemeinsam stellten sie fest, dass an sechs Autos, unter anderem mehrere VW-Passat, VW-Bora und Opel-Astra, die Tankdeckel aufgebrochen worden waren. In der Luft war deutlich Benzingeruch wahrnehmbar.« Ein 26 Jahre alter Mann aus Estland war gerade dabei, einen gefüllten Kanister auf den Rücksitz seines Seat-Toledo abzustellen. Dann wurden unter seinem Fahrzeug ein Plastikschlauch und eine zum Trichter umgebaute Trinkflasche gefunden. Und im PKW lag ein Autoradio der Marke »Kenwood«. Die Polizei mutmaßte, dass es aus einem Autoaufbruch stammte, und stellte es vorläufig sicher. Der 26 Jahre alte Este sowie seine beiden 19 und 21 Jahre alten Begleiter aus Litauen wurden festgenommen und einem Haftrichter vorgeführt. Der Toledo sowie ein Honda-Civic der Mittäter wurden sichergestellt.

Geringe Hemmschwellen

Auffällig sind vor allem die niedrigen Hemmschwellen estnischer Täter bei der Ausübung von Gewalt. Ende Dezember 2001 waren zum Beispiel bei einem Überfall durch mehrere aus Estland stammende Männer auf die Dresdner Bank an der Danziger Straße in Hamburg-

Sankt Georg zwei Kundinnen verletzt worden. Eine der Frauen hatten die Täter sogar kurzfristig als Geisel genommen. »Die Brutalität, mit der solche Tätergruppen agieren, hat eine ganz andere Qualität als bislang bekannt«, sagte damals der Bundesvorsitzende der Gewerkschaft der Polizei (GdP), Konrad Freiberg. Dabei hat die Polizei oftmals nur wenig Ermittlungsansätze. Zumeist gibt es keine festen Strukturen, an denen man ansetzen kann. Deswegen ist der Einsatz einer Ermittlungsgruppe oder gar einer Sonderkommission oftmals auch nicht sinnvoll. Immer wieder schließen sich die Täter in einer nur für eine oder einige wenige Taten gebildeten Bande zusammen und kehren nach den Überfällen schnell in die Heimat zurück. Dort lösen sich die Strukturen wieder auf. Für neue Überfälle schließen sie sich dann wieder einer neu gebildeten Gruppe an, die dann abermals in ein Zielland einreist.

Russische Filialen

Die grenzüberschreitende Organisierte Kriminalität entwickelte sich in Estland bereits Ende der 1980er-Jahre, als das Land noch Bestandteil des sowjetischen Imperiums war und seine innere Sicherheit durch das immer mehr erstarkende Verbrechertum, darunter auch die Organisierte Kriminalität in der zusammenbrechenden Sowjetunion, beeinflusst wurde. Heute ist Estland durch seine geografische Lage eine der Türen für die russische OK nach Europa. Viele russisch-estnische Banden waren früher kleine »Filialen« der russischen Gruppierungen.

Längst haben aber estnische OK-Gruppen heute auch estnische Führer. Und diese Gruppen benennen sich auch schon lange nicht mehr nach russischen Ortsnamen, sondern tragen stolz die Namen ihrer estnischen Führer. Sie haben klare Gebietsaufteilungen. Solche »konservativen« estnischen OK-Gruppen unterhalten enge Verbindung mit den Haftanstalten. Gruppen dieses Typs gibt es in Estland in Wirumaa (Nordosten), Tallinn und Harjumaa (Norden). Ein Beispiel dafür ist die OK-Gruppe in Ost-Wirumaa, deren inneren Kern die Gebrüder Satschuk bildeten. Trotz der Ermordung der Führungskader im Jahr 1994 und der Verhaftung der hierarchisch strukturierten Mitglieder der Gruppe ist sie weiterhin aktiv. Dieses Phänomen erklärte Jüri Pihl, Generaldirektor des estnischen Staatsschutzamtes, schon 1999 auf einer Tagung des Forum Balticum mit dem »ständigen Kreislauf der zum Kern gehörenden Mitglieder der Gruppe aus der Haftanstalt in die Freiheit und aus der Freiheit in die Haftanstalt zurück«. Die »Gefängnispost« erhalte die Verbindung mit der Freiheit aufrecht und mache die Wirkung der Haft auf die Gruppe fast nichtig, da sie ihre Führungssysteme nicht unterbrechen könne.

Wie solch eine Zusammenarbeit estnischer, russischer und anderer Bandenmitglieder dann aussehen kann, zeigt folgendes Beispiel, über das am 9. August 2002 die Staatsanwaltschaft Hof und der Bundesgrenzschutz Schwandorf berichteten: »Bereits seit mehreren Wochen ermitteln die Staatsanwaltschaft Hof und der Schwandorfer Bundesgrenzschutz gegen eine international agierende Passfälscherbande. Die Fälscherbande hatte Kontakte zu Tätern in Estland, Litauen und Weißrussland, die ihnen echte osteuropäische Dokumente besorgten.« Bei den »Kunden« habe es sich überwiegend um Personen aus dem russischen Sprachraum gehandelt, die entweder unerlaubt in die Bundesrepublik Deutschland eingereist waren oder ihren Aufenthalt im Bundesgebiet mit gefälschten Dokumenten verdecken wollten. In Hof vollstreckten die Beamten am Mittwoch, dem 7. August 2002, den Haftbefehl gegen den mutmaßlichen Drahtzieher und Anführer, einen weißrussischen Staatsbürger, der sich ebenfalls unerlaubt mit falschem Pass in der Bundesrepublik aufhält. Da bei ihm eine Handfeuerwaffe mit Schalldämpfer vermutet wurde, wurde er von Spezialkräften der GSG-9 festgenommen. Der 36 Jahre alte Osteuropäer, der von seinem Wohnort Berlin nach Hof angereist war, führte im Gepäck eine komplette Fälscherwerkstatt mit sich, mit der er Pässe aus Osteuropa fälschte, indem er das Lichtbild im Pass austauschte. Bei Bedarf lieferte er auch seinen Abnehmern Hintergrundinformationen, wie etwa Familienverhältnisse, über den früheren Ausweisinhaber. Pro Ausweispapier erhielt er dafür zwischen 400 und 500 Euro. Im Großraum Berlin durchsuchten Fahnder des Bundesgrenzschutzes zugleich Wohnungen weiterer Osteuropäer. In der Wohnung eines Mannes, der den Spitznamen ›Liquidator‹ hatte, wurden zwei Schalldämpfer für Faustfeuerwaffen und eine Schachtel Pistolenmunition gefunden.«

Im Unterschied zu diesen klassischen OK-Gruppen gibt es in Estland auch immer mehr »progressive« OK-Gruppen, die durch ihre Verbindung mit staatlichen Strukturen gekennzeichnet sind. Sie entstehen in der Regel aus bestimmten lukrativen »Geschäftsideen« wie dem mithilfe korrumpierter Staatsbeamter durchgeführten Schmuggel, Steuerhinterziehung oder vorsätzlich verursachter Bankrotte zwecks »legaler« Aneignung großer Immobilien. Ein Beispiel hierfür war die von Wladimir K. geleitete Gruppierung, die nach der Verhaftung und Ausweisung der meisten führenden aktiven Mitglieder ihre Tätigkeit fast völlig einstellte. Die verbliebenen Mitglieder schlossen sich anderen OK-Gruppen an.

Ganz oben in der Hierarchie der kriminellen Strukturen Estlands steht die »Gemeinschaftskasse Tallinn«, die Verbindungen zu allen kleineren und größeren OK-Gruppen Estlands unterhält. Nach dem Brauch der russischen Unterwelt werden kriminell erwirtschaftete Gelder auch in Estland in so genannten Gemeinschaftskassen (in der russischen Gaunersprache »obschtschak« genannt) verwaltet. Sie sorgen dafür, dass Mitglieder auch in schweren Zeiten über die Runden kommen, und bezahlen die Anwälte in Drogenprozessen. Der Kern der Gemeinschaftskasse Tallinn besteht aus fünf getrennt arbeitenden Gruppen, die sich ihre Deliktsbereiche und Arbeitsgebiete untereinander aufgeteilt haben. Die Untergruppen dieser Vereinigung bestehen hauptsächlich aus russischsprachigen Mitgliedern, die zu Sowjetzeiten in Haft waren und jetzt enge Kontakte nach Russland pflegen. Heute ist die Gemeinschaftskasse Tallinn eine der gefährlichsten Gruppierungen in Estland.

Eine weitere Vereinigung krimineller estnischer Gruppen ist der »Rat«. Er befasst sich vorwiegend mit Schmuggel, Steuerhinterziehungen, Bankraub und dem Rauschgifttransit. Staatsschützer Jüri Pihl sagt zur Zukunft der Organisierten Kriminalität in Estland: »Besonders gefährlich kann die Lage in Estland werden, wenn es gelingen sollte, ›konservative‹ und ›progressive‹ OK-Strukturen zu vereinigen.« Eine solche Konstellation gab es in Estland bereits einmal in den Jahren 1995 bis 1996, als sich in der »Gemeinschaftskasse« sowohl konservative als auch progressive Mitglieder zusammenfanden. Damals zeigte sich jedoch, dass ein Zusammenschluss der »konservativen«, den Gefängnisaufenthalt für natürlich haltenden Kriminellen mit der gefängnisscheuen Welt der Wirtschaftskriminellen nicht Bestand haben kann.

Zunehmendes Gewicht hat in Estland auch die Geldwäsche. Fälle aus der Vergangenheit haben dabei immer wieder nach Russland geführt. So sollen im Jahr 1995 im Verwaltungsgebiet Altai mehr als 13,5 Millionen US-Dollar aus dem Staatshaushalt Russlands gestohlen worden sein, die anschließend in Estland bei der »INKO Baltischen Bank« eingezahlt wurden. Über diese später bankrotte Bank wurde das Geld nach Westeuropa überwiesen. Bislan Gantemirow, der im Jahr 1996 verhaftete frühere Bürgermeister von Grosny, soll zehn Millionen Dollar aus dem russischen Haushalt, die für den Wiederaufbau der Stadt vorgesehen waren, entwendet und durch die damalige »Foreks-Bank« in Estland auf seine eigenen Konten bei Banken in Zypern und in der Schweiz überweisen lassen haben.

Die Bekämpfung der Organisierten Kriminalität begann in Estland am 24. Mai 1996, als der Straftatbestand der kriminellen Vereinigung und der Leitung einer solchen Vereinigung bzw. die Beteiligung an ihr Eingang in das estnische Strafgesetzbuch fanden. Zerschlagen wurden in Estland seither die kriminellen Gruppen von Boris M., Nikolai B., Eskander M., Wladimir K. und die Kasan-Gruppe. An den Rand der Bedeutungslosigkeit gedrängt wurden die sich aus Armeniern zusammensetzende Gruppe »Nowosibirsk«, die Gruppe von Anton L. in Narwa, die Bande um Eskander M. in Südestland, die so genannte tschetschenische Gruppe, die Gruppe von Wassili S. sowie die von Sergei P. geführte Perm-Gruppe.

Einen wichtigen Beitrag zur Eindämmung der grenzübergreifenden Kriminalität leistete auch die zunehmend bessere Zusammenarbeit der europäischen Polizeien über die Ländergrenzen hinweg. Dazu ein Beispiel: Im Februar 2001 wurde das Landeskriminalamt in Stuttgart auf illegale Geschäfte mit gestohlenen Autos im großen Stil aufmerksam. Die Täter stammten aus Estland und Lettland. Sie brachen in Autohäuser und Werksgelände ein. Die Bande bevorzugte Neufahrzeuge der Marken Mercedes, Porsche und Audi. Insgesamt 62 Fahrzeuge mit einem Gesamtwert von vier Millionen Euro wurden gestohlen und mit gefälschten Papieren versehen. Verkauft wurden sie in Spanien, Frankreich und Schweden. Nun mussten Stuttgarter Fahnder eigentlich Rechtshilfeersuchen an die jeweiligen

Länder richten. Sie wandten sich aber an Europol in Den Haag, wo Verbindungsbeamte der Polizei aus allen EU-Staaten sitzen und die grenzüberschreitende Zusammenarbeit schnell und unbürokratisch organisieren können. Vom Frühjahr 2001 an wurden dann nacheinander neun mit internationalem Haftbefehl gesuchte Tatverdächtige in Deutschland, Frankreich, Spanien, Großbritannien und Estland festgenommen und zu langen Haftstrafen verurteilt.

Trotz solcher Erfolge wird es wohl auch weiterhin estnische oder estnisch-russische Tätergruppen geben, die in Deutschland ein neues Betätigungsfeld sehen.

Georgien

Weltweit die eigentliche Gefahr?

Auch Georgien hat die Perspektive einer EU-Mitgliedschaft. Nachdem im November 2003 Präsident Eduard Schewardnadse gestürzt und im Januar 2004 der 36 Jahre alte Führer der friedlichen »Revolution der Rosen«, Michail Saakaschwili, zu seinem Nachfolger gewählt worden war, fragte ihn die Zeitung *Berliner Morgenpost* in einem Interview: »Will Georgien noch EU-Mitglied werden?« Darauf antwortete der selbstbewusste Mann: »Die EU-Mitgliedschaft bleibt eines der wichtigsten Ziele unserer außenpolitischen Strategie.«

Bisweilen haben die EU und Georgien ein Partnerschafts- und Kooperationsabkommen unterzeichnet. Schon beim dritten Treffen von EU-Vertretern und georgischen Abgeordneten am 18./19. Juni 2001 in Brüssel sprach man auch das Thema einer künftigen EU-Mitgliedschaft Georgiens an. In dem Protokoll hieß es damals: »Es besteht politischer Konsens über die Frage, dass Georgien ein Mitglied der europäischen Familie werden soll, auch wenn eine vollwertige EU-Mitgliedschaft in absehbarer Zeit noch nicht verwirklicht werden kann.« Es wird also noch etwas dauern, bis Georgier EU-Bürger werden. Die kriminellen Banden dieses Landes bringen es in Deutschland aber schon jetzt bis in die »Tagesschau«.

Im Juni 2003 etwa ließen georgische Kidnapper vier Mitarbeiter der Vereinten Nationen, unter ihnen zwei Bundeswehroffiziere, nach einer Woche Geiselhaft frei. Die beiden deutschen Militärbeobachter Klaus Ott und Herbert Bauer, ihr dänischer Kollege Henrik Soerensen und ihr georgischer Dolmetscher Lewan Tschikaschua wurden mit einem Hubschrauber vom Kodori-Tal, wo sie von ihren

Entführern während einer Patrouillenfahrt überwältigt worden waren, in die Hauptstadt ausgeflogen. Weil sich auch der frühere georgische Präsident Eduard Schewardnadse in die Verhandlungen eingeschaltet hatte, ließen die 30 Entführer ihre Geiseln ohne das geforderte Lösegeld in Höhe von fünf Millionen US-Dollar ziehen und verlangten für sich »lediglich« freies Geleit.

In den alten EU-Staaten sind aus Georgien stammende Kriminelle seit Mitte der Neunzigerjahre tätig. Im April 1997 präsentierte die Polizei in Pirmasens ein »typisches« Warenlager einer georgisch-armenischen Diebesbande. Damals kommentierte Polizeisprecher Manfred Riehm in der *Pirmasenser Zeitung* die gefundene Beute mit den Worten: »Wie auf dem Flohmarkt.« In der Polizeidirektion stapelten sich Schokolade zwischen Schuhen, Kleidung neben Spielzeug, Rasierpinsel vor dem High-Tech-Telefon, gekrönt von einem Kleiderständer voller Lederjacken. Waren im Wert zwischen 15 000 und 20 000 D-Mark präsentierte die Polizei damals der Öffentlichkeit. Aufgeflogen waren die Osteuropäer zuvor in dem Dorf Rodalben. Im Eurospar-Markt auf dem Neuhof wurden sie erwischt, als sie dort Batterien, Zahnbürsten, Rasierklingen und Zigaretten stehlen wollten. Die Polizei durchsuchte daraufhin die Wohnungen der Täter in Clausen: Insgesamt 13 Reisetaschen und zwei Kartons fand sie dort, voller Diebesgut. Einer der Täter versuchte noch einige Reisetaschen aus dem Fenster zu werfen. Für die Polizei war es dann eine mühevolle Kleinarbeit, den Personen nachzuweisen, dass die Gegenstände gestohlen worden waren.

Seither wurde das Vorgehen georgischer Banden verfeinert. In Deutschland plündern sie heute systematisch vor allem Warenhäuser der Filialkette »Schlecker« aus. Das Vorgehen ist immer gleich: Kleine, aber relativ teure Ware wird massenhaft schnell in einen Rucksack gestopft, der zum Schutz vor den Alarmmeldern am Ausgang der Geschäfte mit Alu-Folie ausgekleidet ist. Die auf diese Weise gestohlene Ware wird anschließend über das Internet-Auktionshaus www.ebay.de versteigert. Mach3-Klingen von Gillette sind derzeit der Beute-Hit der georgischen Diebe in deutschen Schlecker-Märkten. Wenn die Verkäuferinnen mittags die Regale auffüllen, sind diese oftmals abends schon wieder leer. Bis zu 20 Prozent dieser Ware werden – nicht nur bei Schlecker – von organisierten georgischen Kleinstbanden gestohlen – und kommen anschließend bei ebay weit unter dem Ladenpreis unter den Hammer.

Im Sommer 2003 berichtete die *Bild*-Zeitung über einen solchen typischen Fall aus dem Schlecker-Drogeriemarkt in Owen/Teck in Baden-Württemberg. Auch dort hatte die Verkäuferin das Rasierklingenregal mit neuer Ware aufgefüllt, Markenklingen von Gillette und Wilkinson. Und nur zwei Stunden später war das Regal leer – obwohl nach der Kassenauswertung nur einige Packungen verkauft worden waren. Der weitaus größte Teil wurde offenkundig geklaut. Schaden allein in dieser Filiale an einem Nachmittag: mehr als 500 Euro.

Schlecker suchen sich die Georgier bevorzugt aus, weil es dort am wenigsten Personal gibt. Und somit ist das Risiko, beim Diebstahl erwischt zu werden, hier auch am geringsten.

Frank Horst, Sicherheitsfachmann des Europäischen Handelsinstituts in Köln, sagte der *Bild*-Zeitung zu solchen Diebstählen: »Wir schätzen den Verlust für den Händler inzwischen auf bis zu 20 Prozent vom Umsatz.« Das bedeutet: Jede fünfte Rasierklinge in Discountmärkten, Drogerien und Kaufhäusern wird professionell geklaut. Die Schäden sind inzwischen so groß, dass in der Hamburger Innenstadt die 8er-Packungen Mach3 Turbo von Gillette wie Juwelen gesichert werden müssen. Diese Packung der Edelklinge kostet etwa 17,99 Euro und wird deshalb in manchen Läden auch mit Videoüberwachung und aufgeklebten Signalgebern besonders gesichert.

Wolfgang Klages, Polizei-Hauptkommissar aus Braunschweig, sagt zu solchen Diebesbanden: »Hinter diesem flächendeckenden Rasierklingenklau stecken meist straff organisierte Banden aus Osteuropa. Sie fallen für einige Tage in eine Region ein, räumen in Drogerieabteilungen und Handelsketten gezielt ganze Rasierklingendepots aus und ziehen dann weiter in andere Ballungsgebiete Deutschlands.« Geschnappt werden die wenigsten.

»Und die schweigen oft beharrlich«, weiß Fritz Mehl, Sprecher der Polizei in Esslingen. Seine Kollegen hatten drei Männer aus Russland und Georgien festgenommen und Klingen sowie Rasierer für 900 Euro sichergestellt. Über mögliche Auftraggeber und Absatzwege verrieten sie nichts.

Während Gillette seither an einem neuen Warenkontrollsystem tüftelt, haben sich die Diebesbanden auf die verbesserten Sicherungen längst eingestellt. Der neueste Klau-Hit sind die rotierenden Köpfe elektrischer Zahnbürsten.

Dabei stammen aus dem Land am Kaukasus keineswegs nur gewöhnliche Kleinkriminelle, die in den alten EU-Staaten mit Beutegut aus Supermärkten schleichen. Georgien ist vielmehr auch Sitz und Ursprungsland weltweit gefürchteter Gruppen der Organisierten Kriminalität.

Das im Januar 2003 gegründete und vom amerikanischen Justizministerium finanzierte »Transnational Crime and Corruption Center« in Georgiens Hauptsadt Tiflis (im Internet unter http://www.traccc.cdn.ge/) hat in einer von dem Wissenschaftler Georgi Glonti verfassten Studie mit dem Titel »Problems Associated with Organized Crime in Georgia« auch über die Strukturen der OK in Georgien berichtet. Dort heißt es, in Georgien gebe es heute eine große Zahl krimineller Gruppen, die sich auf Raub und Kidnapping spezialisiert hätten. Hinzu kämen kriminelle Syndikate der Organisierten Kriminalität, deren Führer weltweit einflussreich seien. Diese Kartelle verstünden es auch, ihren Einfluss im Parlament geltend zu machen. Zudem stehe Georgien auf dem Gebiet der Korruption heute auf einer Stufe mit Kamerun und Nigeria. Die kriminellen Gruppen aus Georgien, deren vermutliche Hintermänner ebenfalls dem zitierten Bericht zu entnehmen sind, seien vorwiegend auf dem Gebiet des Rauschgift- und Waffenhandels, Menschenschmuggels, der Hehlerei und Fälschung tätig.

Pino Arlacchi, der stellvertretende UN-Generalsekretär, sagt über die georgischen Kriminellen, sie seien weitaus gefährlicher als die russische OK. Anders als die Russen stellten georgische Kriminelle zusammen mit Tschetschenen bei der OK weltweit »die eigentliche Gefahr dar«.

Und in diesem kriminellen Sumpf blühen auch Korruption und Selbstbereicherung. Nachdem Schewardnadse im November 2003 aus dem Amt gejagt worden war, wurde berichtet, dass seine persönliche Referentin für elf (!) Millionen Euro in Baden-Baden die ehemalige Villa von Max Grundig gekauft haben soll: rund 30 000 (!) Quadratmeter Grundstück mit traumhafter Weitsicht und einer Grundwohnfläche von 870 Quadtratmetern.

Während Schewardnadse – einst KPdSU-Politbüromitglied und sowjetischer Außenminister – mit seinem Amtsantritt in Tiflis im Jahr 1992 aus einer der ehemals wohlhabendsten Regionen der früheren Sowjetunion ein mustergültiges Armenhaus machte, scheinen einige wenige gut verdient zu haben.

Litauen

Arbeitslosigkeit und Armut

Die europäische Polizeibehörde Europol erwähnt in ihrem bereits zitierten Jahresbericht über die Organisierte Kriminalität in der EU 2003 auch Litauen. Zigarettenschmuggel, Rauschgifthandel, Euro-Fälschung, Geldwäsche und Autodiebstähle in Verbindung mit Litauen seien europaweit registriert worden. Und auch das Bundeskriminalamt lässt das in weiten Kreisen der deutschen Bevölkerung gut beleumundete Land in seinem »Lagebild Menschenhandel 2002« in einem nicht eben rosigen Licht erscheinen. Offenkundig werden viele litauische Frauen zwangsweise nach Deutschland gebracht: »Litauen ist in Relation zur Anzahl der weiblichen Bevölkerung im Alter zwischen 15 und 30 Jahren das am stärksten von Menschenhandelsdelikten in Deutschland betroffene Land. Statistisch gesehen wurden 24,3 von 100 000 litauischen Frauen im Alter zwischen 15 und 30 Jahren allein in Deutschland Opfer von Menschenhandel.« Auffallend ist nach Angaben des BKA zudem, dass litauische Tatverdächtige mit rund acht Prozent am Menschenhandel in Deutschland »relativ stark vertreten« sind. Russische (2,5 Prozent) und ukrainische (2,9 Prozent) Tatverdächtige spielen dagegen, gemessen an der Anzahl der Opfer, in Deutschland eine eher untergeordnete Rolle.

Albrecht Rothacher schreibt in seinem Buch *»Im Wilden Osten«* (Hamburg 2002), die Missstände in Litauen seien »bedingt durch die personalen und mentalen Erblasten der Sowjetära im Staatsapparat und die Überforderung der Justiz- und Sicherheitsbehörden gegenüber der Welle der Organisierten Kriminalität. So gelten die Gerichte als schwächstes Glied im litauischen Staatssystem.« Um ihrer Überlastung entgegenzuwirken, können OK-Tatverdächtige seit dem

Jahr 1993 ohne Anklage oder Richtervorführung bis zu zwei Monate von der Polizei in Vorbeugehaft genommen werden. Die Kontakte mit Familienmitgliedern und Anwälten werden erschwert, weil man diesen den Inhaftierungsort nicht mitteilt. Der Polizei wird auch vorgeworfen, Häftlinge zu verprügeln, zunehmend korrupt zu werden und die Inhaftierungsmöglichkeiten zu missbrauchen.

Arbeitslosigkeit und Verarmung haben in diesem Land tiefe Spuren hinterlassen: Während man in Ostlitauen seinen Kummer mit selbstgebranntem Roggenschnaps ertränkt, greifen die Jugendlichen in Wilnius, Memel und Kaunas immer öfter zu Drogen, die sie aus selbst angebautem Hanf und Mohn gewinnen. Existenzängste und Arbeitsplatzverlust bestimmen das Leben vieler Menschen.

Auch Chorgesang erfreut sich in Litauen großer Beliebtheit. Alle fünf Jahre werden große nationale Gesangsfeste veranstaltet. Da kommen dann schon mal Hunderttausende von Sängern und Zuschauern zu den Festveranstaltungen in die Hauptstadt. Doch trotz dieser langen Tradition der populären litauischen Gesangsfeste gibt es eine wachsende Gruppe von Litauern, die schweigt, wenn sie eigentlich »singen« sollte.

Die »Wanderdealer«

Schweinfurt, 20. Juli 2003: Vor der Ersten Großen Strafkammer am Landgericht wird gegen einen 25 Jahre alten Mann aus Litauen verhandelt. Im Januar des Jahres war er als »Tourist« nach Deutschland gereist und hatte dann in der Kurstadt Bad Kissingen zielgerichtet Kontakt zu einem rauschgiftsüchtigen Russlanddeutschen aufgenommen. Den 21 Jahre alten Aussiedler rekrutierte er als Heroinverkäufer. Fünfzig Euro pro Gramm, so die Abmachung, sollte das Geschäft bringen.

Dem Richter erzählte der nun in Handschellen in den Gerichtssaal geführte Litauer, er habe den Russlanddeutschen wirklich rein zufällig in der Fußgängerzone der schönen deutschen Kurstadt getroffen. Auf die Frage des Vorsitzenden, was der hagere, blasse Litauer denn eigentlich in Deutschland gemacht habe, antwortete er: »Mir Städte anschauen und etwas kaufen«, worauf sich der Richter die Bemerkung nicht verkneifen konnte: »Ja, Heroin.« Tatsächlich konnte der Angeklagte ihm nicht erklären, warum er sich in Bad Kissingen unter falschen Namen in mehreren Hotels und Pensionen eingemietet habe. Nebenher Heroin zu verkaufen, »das war doch nur so eine Idee«, sagte er nun auf die bohrenden Fragen der Staatsanwälte und Richter, die nach dem Prozess gegenüber Journalisten von einer »Märchenstunde« sprachen. Ansonsten war der Litauer nicht sonderlich redselig.

Etwa siebzig Gramm Heroin hatte er über den Russlanddeutschen bis zu seiner Verhaftung unter anderen Spätaussiedlern in der Region abgesetzt. Weil er die Quartiere ebenso wie die Mobiltelefone ständig wechselte, wurde er von der Polizei den straff organisierten Banden der »litauischen Wanderdealer« zugerechnet. Personen wie der in Schweinfurt Verurteilte nehmen in diesen Gruppen die Funktion so genannter »Läufer« ein, die innerhalb der deutschen Aussiedlerszene Verteiler für das Rauschgift suchen müssen. Der »Stoff« wird dann über Holland von litauischen Kurieren nach Deutschland gebracht. Drohungen der Banden gegen die Familien jener, die in Deutschland verhaftet werden, machen es Polizei und Justiz fast unmöglich, nähere Informationen über die litauischen Wanderdealer zu erhalten. Auch der Verteidiger sagte: »Mir wäre es lieber gewesen, mein Mandant hätte heute mehr Angaben gemacht.«

Drei Jahre und neun Monate, so der Urteilsspruch, darf der litauische Tourist nun in Deutschland bleiben und sich die Haftanstalt Ebrach von innen anschauen. In der Urteilsbegründung erfährt man auch etwas über den persönlichen Hintergrund des zum Zeitpunkt der Anklage noch nicht vorbestraften Täters: »Der Angeklagte ist als ältestes von vier ehelichen Kindern bei seinen Eltern in Seda/Litauen aufgewachsen. Er wurde mit sechs Jahren [...] eingeschult und absolvierte neun Klassen einer allgemeinbildenden Schule. Nach Beendigung seiner Schulausbildung erlernte der Angeklagte keinen Beruf. Vielmehr verrichtete er – unterbrochen von Zeiten der Arbeitslosigkeit – Gelegenheitsarbeiten. Zum Militärdienst wurde der Angeklagte nicht eingezogen. Der Angeklagte ist ledig und lebt in Litauen bei seiner Mutter. Er hat keine Unterhaltsverbindlichkeiten.«

Der von dem Litauer angeworbene 21 Jahre alte Russlanddeutsche wurde im Oktober 2003 wegen »gewerbsmäßigen, unerlaubten Handeltreibens mit Betäubungsmitteln« zu einem Jahr und drei Monaten Gefängnis verurteilt. Die Strafe wurde nicht zur Bewährung ausgesetzt, da dem Mann keine günstige Sozialprognose gestellt werden konnte. Zweimal hatte ihn die Polizei schon zuvor bei Drogengeschäften erwischt: Im Februar 2003 war er zunächst auf einen Scheinkäufer der Schweinfurter Polizei hereingefallen, dem er drei Gramm Heroin verkaufen wollte. Bereits einen Monat später nahmen Polizeibeamte den Russlanddeutschen in Thulba im Landkreis Bad Kissingen fest, nachdem sie neun Gramm Heroin bei ihm und weitere vier Gramm in einem Versteck gefunden hatten. Der Oberstaatsanwalt sagte: »Die Fälle in Schweinfurt und Thulba sind wahrscheinlich nur die Spitze des Eisbergs.«

Nun soll an dieser Stelle keinesfalls der Eindruck erweckt werden, dass Spätaussiedler eine besonders kriminelle Bevölkerungsgruppe in Deutschland seien. Das bayerische Landeskriminalamt hat im Jahr 2000 unter dem Titel »Kriminalität von Aussiedlern« eine 221 Seiten umfassende Studie veröffentlicht, in deren Schlusswort es ausdrücklich heißt: »Die Quantität der Aussiedlerkriminalität ist derzeit nicht Besorgnis erregend. In den Jahren 1997 und 1998 sind Aussiedler ähnlich hoch mit Kriminalität belastet wie Deutsche. Die Anzahl der polizeilich registrierten tatverdächtigen Aussiedler bietet damit keinen Anlass zur Dramatisierung…«

Von Aussiedlern ist in diesem Buch also nur deshalb die Rede, weil sie offenkundig (auch) einen typischen und in ähnlichen Gerichtsverfahren immer wieder erwähnten Absatzmarkt für die litauischen Wanderdealer darstellen. Die Polizeidirektion Kempten berichtete etwa im September 2003 in einer Mitteilung über die Festnahme litauischer Wanderdealer: »Abnehmer des Rauschgiftes sind ausschließlich Aussiedler bzw. Personen russischer Abstammung.«

»Wanderdealer« – das klingt auf den ersten Blick ein wenig nach Biedermeier und romantisch verklärter Tätigkeit umtriebiger Handlungsreisender. In fast allen Bundesländern aber sieht die Polizei in den litauischen Wanderdealern eine sich krakenhaft ausbreitende gefährliche Form der Organisierten Kriminalität aus dem Osten.

Im November 2002 erfuhr die Bevölkerung im hessischen Fulda aus einem Polizeibericht zum ersten Mal etwas über die neue Tätergruppe. Bei einer Fahrzeugkontrolle in der Fuldaer Innenstadt wurden damals in einem PKW polizeibekannte Männer im Alter von 20 bis 41 Jahren angetroffen, die wieder einmal Rauschgifte, darunter Heroin, Kokain und Crack, mit sich führten. Da sie im Verdacht standen, mit dem Rauschgift illegalen Handel zu betreiben, durchsuchten die Beamten auch ihre Wohnungen. Dabei konnten weitere Mengen Rauschgift gefunden werden – der bedeutendste Fund waren 87 Gramm Heroin im Verkaufswert von über 13 000 Euro. Als weitere Tatverdächtige nahmen die Beamten eine 27 Jahre alte Frau, ebenfalls einschlägig bekannt, in ihrer Wohnung fest. Während vier der Festgenommenen im Landkreis und der Stadt Fulda wohnten, handelte es sich bei der fünften Person um einen durchreisenden Litauer, der sich seit mehreren Wochen als »Wanderdealer« im Kreis Fulda aufhielt. Der Wanderdealer wurde in die Justizvollzugsanstalt Fulda eingeliefert.

Auch die in Würzburg erscheinende Zeitung *Mainpost* erklärte ihren Lesern am 18. September 2003 das in der Öffentlichkeit weithin unbekannte Vorgehen solcher Täter: »Bei ihren Ermittlungen stoßen Fahnder in Unterfranken auf ein Phänomen, das in der Drogenszene vieler deutscher Großstädte schon länger zu beobachten ist: die litauischen Wanderdealer. Brachten bisher oft einheimische, fest etablierte Kleinverteiler (oft selbst Süchtige) den ›Stoff‹ an die Leute, registrieren Drogenfahnder in Würzburg inzwischen mobile Händler, die häufig aus Litauen rekrutiert und von dortigen Organisationen gesteuert werden.«

Das ständige Verlagern der Einsatzgebiete und der ausschließliche Verkauf von Drogen – zumeist Heroin – an Landsleute ziele darauf ab, die polizeilichen Ermittlungen ins Leere laufen zu lassen, erklärte auch Thomas Schäuble, Innenminister von Baden-Württemberg. Nachfolgend dazu ein Auszug aus dem baden-württembergischen Rauschgiftbericht 2002, in dem es heißt: »Folgende Besonderheiten konnten bisher in Fällen mit litauischen Wanderdealern beobachtet werden: Die Wanderdealer setzen ihrerseits Aussiedler aus der ehemaligen Sowjetunion als Logistiker zur Anmietung von Zimmern, Fahrzeugen und Telefonen ein. Zuweilen werden sie auch als Zwischenhändler beliefert. Regelmäßig ist zu beobachten, dass die Wanderdealer nur an Spätaussiedler BtM (meist Heroin) abgeben. Das Rauschgift wird von den im Ausland agierenden Hinterleuten regelmäßig nicht – wie aufgrund der Täterherkunft zu vermuten wäre – in Nord- bzw. Osteuropa beschafft, sondern stammt in vielen Fällen aus den Niederlanden. Es gibt Anhaltspunkte dafür, dass die Gruppierungen, die hinter dem Rauschgifthandel stehen, auch andere kriminelle Unternehmungen im Bundesgebiet organisieren. Dazu sind die Deliktsfelder Falschgeld, Eigentumskriminalität sowie insbesondere Schleusungen und Menschenhandel zu zählen.«

Manchmal gelingt den Fahndern auch ein größerer Treffer gegen die litauischen »Handlungsreisenden«. Im August 2003 vereitelten Zivilfahnder der Verkehrspolizei Schweinfurt einen Rauschgiftdeal auf einem Parkplatz der Maintalautobahn bei Limbach. Dabei wurden vier Litauer im Alter von 30 bis 37 Jahren festgenommen. Die Zivilfahnder waren auf dem Rastplatz der A 70 unmittelbar hinter dem Tunnel »Schwarzer Berg« auf einen Mann aufmerksam geworden, der von einem Lkw kam, zu einem abgestellten Mercedes ging und unter diesem eine Plastiktüte verstecken wollte. Bei der dann durchgeführten Kontrolle fand man ein Kilogramm eingeschweißtes Amphetamin. Inzwischen war der Sattelzug, aus dem das Amphetamin stammte, weitergefahren. Mithilfe einer Großfahndung wurden auch die beiden LKW-Fahrer bald festgenommen. Der 40 Tonnen schwere Sattelzug und die aus Torfballen bestehende Ladung wurden dann von Rauschgiftspürhunden der Polizei durchsucht. Zwar wurde weiteres Rauschgift nicht gefunden, doch der Polizei war schnell klar, dass sie eine weitere Rauschgiftlieferung für litauische »Wanderdealer« in Nürnberg verhindert hatte.

Aufgeflogen waren die in Nürnberg »arbeitenden« Litauer im März 2003, als ein 26 Jahre alter Mann bei einem Verkehrsunfall verletzt wurde und in ein Krankenhaus eingeliefert werden musste. Bei der Räumung seines Hotelzimmers wurden 160 Gramm Heroin und 70 Gramm Streckmittel gefunden. Bald stellte sich auch heraus, dass der Dealer in den Wochen zuvor ein Kilogramm Heroin in Nürnberg und Augsburg verkauft hatte. Wenige Wochen später wurde ein 23 Jahre alter Litauer festgenommen, der 100 Gramm reines Heroin in einem Fußpuder-Streuer und 170 Gramm Streckmittel einstecken hatte. Auch seine beiden Lieferanten wurden in einem Hotel festgenommen. Bei diesen fanden die Beamten 200 Gramm Heroin, 500 Gramm Streckmittel und 2200 Euro. Als Rauschgiftverstecke dienten den Tätern zunächst Erddepots im Wald am Stadtrand, und nachdem die Fahrtkosten dorthin zu teuer wurden, verlagerten sie ihre Verstecke in Erddepots in der Nürnberger Südstadt. Nur zum Portionieren wurde das Heroin in Hotels mitgenommen. Nürnberg war Dreh- und Angelpunkt für diese Rauschgifthändler. Hier wurde der Stoff an Kleindealer weitergegeben, und Nürnberg war auch die Geldsammelstelle der illegalen Einnahmen.

Auch das Bundeskriminalamt kommt in seinem Lagebericht zur Organisierten Kriminalität in Deutschland (BKA Lagebericht OK 2002) nicht um die Erwähnung Litauens herum. In dem Bericht heißt es: »Der Anteil litauischer OK-Täter an den nichtdeutschen Tatverdächtigen lag – nach einer zwanzigprozentigen Steigerung in 2001 – diesmal auf dem Niveau des Vorjahres.« Der größte Teil der von Litauern dominierten OK-Gruppierungen rekrutierte sich aus mehreren Nationalitäten. Innerhalb dieser Gruppierungen arbeiteten die litauischen Straftäter »am häufigsten mit deutschen Tatverdächtigen (darunter ein Großteil Aussiedler aus der ehemaligen Sowjetunion) zusammen. Zwischenzeitlich haben sich in Deutschland Litauer mit legalem Aufenthaltsstatus etabliert, die als Repräsentanten oder Anlaufstellen für OK-Gruppierungen aus Litauen fungierten. Über diese Verbindungen wurden Straftäter aus Litauen vermittelt bzw. rekrutiert. Etwa drei Viertel der litauischen OK-Gruppierungen agierte deliktsspezifisch. Litauische Gruppierungen betätigten sich primär bei Eigentums-, Steuer- und Zolldelikten, daneben traten sie auch in anderen Kriminalitätsbereichen (Rauschgifthandel und -schmuggel von Heroin und Kokain, Menschenhandel und Schleusungsdelikte) auf. Die Eigentumskriminalität der litauischen Gruppierungen in Deutschland konzentrierte sich wie im Vorjahr auf den Diebstahl von Fahrzeugen und deren Verschiebung nach Litauen.«

So meldete zum Beispiel das Polizeipräsidium Potsdam am 15. Dezember 2003 die Festnahme zweier litauischer Staatsbürger in der Ortschaft Blumenthal, Landkreis Ostprignitz-Ruppin. Ein zunächst flüchtiger dritter Tatverdächtiger konnte später am Grenzübergang in Frankfurt/Oder festgenommen werden. Die Ermittlungen ergaben, dass die Täter offensichtlich eine ehemalige Lagerhalle dazu nutzten, entwendete PKWs und Sattelzüge unterzustellen, zu demontieren und zu verfälschen. Auch gegen den Vermieter der Halle wurde Haftbefehl entlassen. Bei der Untersuchung des Tatorts fand man unter anderem zahlreiche Luxuskarossen, die in den Bundesländern Niedersachsen, Berlin und Brandenburg entwendet wurden. Fahrgestellnummern und Identifizierungsmerkmale der sichergestellten Fahrzeuge waren bereits verändert worden. Der ermittelte Schaden belief sich auf 800 000 Euro.

Ein kriminelles Geisterschiff

Neben Wanderdealern und Kraftfahrzeugschiebern beschäftigen deutsche Polizeidienststellen immer wieder auch ganz gewöhnliche litauische Diebe. So hatten vier Litauer bei einer Kontrolle in der Nacht vom 10./11. April 2003 auf der A 9 nördlich von Lauf 71 Autoradios und Hi-Fi-Geräte in 17 schwarzen Plastiksäcken dabei. Die Männer im Alter zwischen 24 und 27 Jahren waren mit einem VW-Golf mit litauischer Zulassung und mit einem Audi 100 mit Wunsiedeler Kennzeichen unterwegs. Bei einer näheren Kontrolle stellten die Fahndungskräfte fest, dass nicht nur der Audi, sondern auch die Kennzeichen gestohlen worden waren. Im Kofferraum konnten die Beamten Autoradios und Hi-Fi-Geräte im Wert von etwa 20 000 Euro sicherstellen, die in schwarzen Plastiksäcken verpackt waren. Auch hatten die Täter zwei komplette Sätze Aluräder für Mercedes-Benz dabei. Mithilfe der Kantonspolizei Zürich, wo der Audi gestohlen wurde, konnte man den Reiseweg der Gruppe nachvollziehen. Das als »Touristen« getarnte Quartett war am 6. April 2003 über Frankfurt/Oder zunächst nach Deutschland eingereist und hatte später am Tag in der Schweiz die ersten Autos aufgebrochen.

Glück im Unglück hatten die 23 und 22 Jahre alten Litauer Marius S. und Merius I. In Bayreuth verurteilte sie das Schöffengericht unter Vorsitz von Richter Torsten Meyer zu Bewährungsstrafen von anderthalb Jahren beziehungsweise neun Monaten. Im April 2002 waren die beiden in Bayreuth auf der Autobahn festgenommen worden. Sie saßen in einem litauischen Kleintransporter, der bis unter das Dach mit Diebesgut voll gestopft war und über Monate hin als Geisterschiff von Kriminellen für Raubzüge in Deutschland gedient hatte. Als sie am 10. April 2002 auf dem Rückweg von Baden-Württemberg nach Litauen waren, hielt sie eine Polizeistreife am Rastplatz

Sophienberg an. Ihre Ladung wollten die beiden als rechtmäßig erworbenen Schrott deklarieren – in Wahrheit aber war es Diebesgut. Nach Angaben der Zeitung *Nordbayerischer Kurier* vom 30. August 2002 gehörten dazu unter anderem über 200 Halogenstrahler, fünf Kettensägen, ein CD-Radio, ein Stereoturm, Akkubohrer und Ladegeräte sowie diverse Autoteile im Wert von rund 15 000 Euro. Marius S., der Haupttäter, ließ später vor Gericht über seinen Anwalt Karsten Schieseck mitteilen, dass er wenige Tage vor der Abfahrt aus Litauen von einem Bekannten, einem gewissen Dainius, angesprochen worden sei. Der habe ihm umgerechnet 200 Euro für eine Fahrt nach Deutschland angeboten, bei der er »Ware« abholen solle. Sein Verteidiger Schieseck dazu vor Gericht: »Zu dem Zeitpunkt war ihm eigentlich klar, dass es sich um gestohlene Ware handelt.« Die »Ware« war in einem Wald bei Röhlingen in Baden-Württemberg versteckt. Für den Autoelektriker Marius S. waren 200 Euro viel Geld – immerhin mehr als ein Monatslohn. Auf die anrüchige Reise nahm er auch seinen Freund mit, weil dieser Deutschland noch nicht besucht hatte. Der war arbeitslos und wollte erst bei der Reise in Polen erfahren haben, dass er mit seinem Freund auf Beutezug nach Deutschland fuhr.

Einer der Polizisten, die das litauische Duo auf der Autobahn kontrollierte, sagte vor Gericht: »Als wir sie angehalten haben, habe ich gleich eine Quittung unter die Nase gehalten bekommen.« Damit sollte der Kauf des angeblichen Schrotts legitimiert werden. Nun kannte sich einer der Polizisten aber zufällig mit Motorsägen aus und konnte eine der von den Litauern als schrottreif deklarierten Motorsägen mit zwei geübten Handgriffen in Betrieb setzen. Eine weitere wurde als gestohlen identifiziert.

Der Kleintransporter war schon mehrfach nach Deutschland ein- und ausgereist und hatte jedes Mal als »Schrott« deklarierte Beute geladen. Nun darf man gespannt sein, wie dieses litauische Katz-und-Maus-Spiel weitergeht. Im vorliegenden Fall wurden die Straftäter bald wieder in ihre Heimat abgeschoben. Denn in der Urteilsbegründung vom 29. August 2002 hieß es: »Bei beiden Angeklagten ist von einer positiven Sozialprognose auszugehen. Beide sind bisher nicht vorbestraft und leben sozial eingegliedert.« Die Strafen wurden vom Gericht zur Bewährung ausgesetzt.

Der litauischen Regierung kann es nicht recht sein, wenn der einst gute Ruf des Landes immer wieder in Zusammenhang mit Kriminellen erwähnt wird. Zusammen mit den Sicherheitsorganen der benachbarten Staaten haben die Litauer in den zurückliegenden Jahren viel dazu beigetragen, etwa Drogenschmuggel-Routen ausfindig zu machen und Kriminelle zu verhaften. Aber im Dezember 2002 gab die EU in Straßburg einen Bericht über die Lage der Organisierten Kriminalität in Europa (»Organised Crime Situation Report 2001«) heraus. Danach hatte Litauen der EU noch 1999 berichtet, die OK-Lage sei in Litauen »nicht sonderlich kompliziert«. Ein Jahr später berichtete Litauen der EU dann schon von über 40 OK-Gruppen mit 1500 Mitgliedern, von denen die meisten Litauer seien. Und für das Jahr 2001 stellte die litauische Regierung immerhin 57 verschiedene OK-Gruppen innerhalb der Landesgrenzen fest: eine beunruhigende Entwicklung. Erstaunlicherweise heißt es in dem EU-Bericht auch, Litauen habe der EU mitgeteilt, dass der russische Einfluss auf die litauischen OK-Gruppen nicht sonderlich groß sei. Zumindest die auf dem Gebiet des Rauschgifthandels tätigen litauischen OK-Gruppen sieht die amerikanische Rauschgiftbekämpfungsbehörde »U.S. Drug Enforcement Administration« (DEA) allerdings in einem anderen Licht. In ihrem Jahresbericht über russische OK-Gruppen (»Drug Intelligence Brief On Russian Organized Crime Groups January 2002«) finden sich zahlreiche Beispiele für das Zusammenspiel mit litauischen Gruppen. Ein Beispiel dazu: Am 9. Februar 2000 wurde am Flughafen La Paz/Bolivien eine Litauerin mit sechs Kilogramm Kokain verhaftet. In dem amerikanischen Bericht heißt es, sie sei ein »Rauschgiftkurier« der russischen OK gewesen.

Auch aus dem profitablen Bereich des Zigarettenschmuggels gibt es immer wieder Hinweise auf eine enge Zusammenarbeit russischer mit litauischen OK-Gruppen. Im Juli 2003 musste sich ein 48 Jahre alter Russe vor dem Berliner Landgericht verantworten, dem vorgeworfen wurde, Mitglied einer international operierenden Zigarettenbande zu sein. Im Frühjahr 2002 soll die russisch-litauische Bande innerhalb von nur zwei Monaten mehr als drei Millionen Zigaretten aus dem Baltikum nach Deutschland geschafft haben. Eine weitere

Million Zigaretten waren an der Grenze vom Zoll beschlagnahmt worden. Zum Prozessauftakt sagte der seit dem Jahr 1991 in Deutschland lebende Russe: »Ich werde nichts sagen, ich sehe meine Schuld nicht.« In der Anklage heißt es, allein in dem ihm vorgeworfenen Fall werde der Schaden mit rund 600 000 Euro beziffert. Beim ersten Transport im März 2002 seien 900 000 unversteuerte Zigaretten mit einer Ladung gefrorener Heidelbeeren von Litauen mit der Fähre nach Deutschland gelangt und in Lagerhallen gebracht worden. Im April sei die gleiche Stückzahl, wiederum als versteckte Begleitung gefrorener litauischer Waldheidelbeeren, ins Bundesgebiet gebracht worden. Andere Fuhren seien auf dem Landweg von Polen aus nach Deutschland geschmuggelt worden. Als weitere Tarnung soll geschnittenes Holz gedient haben, das an eine Adresse in Belgien geliefert werden sollte.

In diesem wie auch in anderen Fällen – am 23. Januar 2004 meldete etwa die *Frankfurter Rundschau*, der Tabakspürhund mit dem passenden Namen »Winston« habe fünf Millionen geschmuggelte Zigaretten im Steuerwert von 550 000 Euro auf einem lettischen Lastwagen entdeckt – haben sich litauische Behörden stets um eine enge Zusammenarbeit mit europäischen Dienststellen bemüht und viel zur Aufklärung solcher Vorfälle beigetragen. Dabei nahmen sie in Kauf, von den Hintermännern der OK bedroht zu werden. Als Boris D., Führer der berüchtigten OK-Gruppe »Vilnius-Brigade« und von seinen Anhängern »Gottvater« genannt, 1995 wegen der Ermordung eines investigativen Journalisten (Vitas Lingys von der *Respublika*) hingerichtet werden sollte, drohte sein Vater Georgi nach Erkenntnissen des Bundesnachrichtendienstes sogar damit, im Fall der Verurteilung seines Sohnes den Atomreaktor von Ignalina in die Luft sprengen zu lassen. Dazu muss man wissen, dass die Abhängigkeit von Atomstrom in keinem anderen Land der Welt so groß ist wie in Litauen, das zu jenem Zeitpunkt etwa 85 Prozent seiner Energie aus den beiden 1250-Megawatt-Blöcken in Ignalina bezog.

Der litauische Chefankläger Arturas Paulauskas sagte während des Prozesses gegen Boris D., man habe bei der Bekämpfung der Mafia »einen kritischen Punkt erreicht«. Man müsse zeigen, wer gewinne, die Mafia oder der litauische Staat. Boris D. wurde im November 1994 zum Tode durch Erschießen verurteilt, sein Gnadengesuch an den litauischen Präsidenten am 10. Mai 1995 zurückgewiesen. Am 12. Juli 1995 wurde der 32 Jahre alte Verbrecher hingerichtet. Litauen hatte im Kampf gegen das Organisierte Verbrechen ein wichtiges Zeichen gesetzt. Auf dem Weg in die EU schaffte das Land die Todesstrafe inzwischen ab. D. war der letzte Schwerverbrecher, der dort hingerichtet wurde.

Präsident im Zwielicht

Ende Oktober 2003 sorgte ein Bericht des Geheimdienstes in Litauen für eine schwere innenpolitische Krise. In dem nur wenigen Personen zugänglich gemachten Papier wurde die engere politische Umgebung des litauischen Präsidenten Rolandas Paksas mit Figuren der russischen Mafia in Verbindung gebracht. Paksas wies die Vorwürfe zwar entschieden zurück. Nach Angaben der Nachrichtenagentur AFP lagen dem Geheimdienst aber auch Mitschnitte mehrerer Telefongespräche vor, die der damalige Sicherheitsberater Paksas', mit dem Chef der bekannten russischen Mafiaorganisation »XXI. Wek« (21. Jahrhundert), Ansor Aksentejew K., geführt haben soll. Der litauische Präsident dementierte »diese Erfindungen« und wies jeden Versuch, ihn mit kriminellen Organisationen in Verbindung zu bringen, zurück. Weil er nicht im Voraus über den Bericht unterrichtet worden war, sprach er von einer »Verschwörung«. Ende Oktober entließ der litauische Präsident Paksas dann seinen Sicherheitsberater. Der Präsidentensprecher sagte, Vorwürfe gegen Paksas selbst, mit dem organisierten Verbrechen in Russland in Verbindung zu stehen, seien »unbegründet, aber bedrohlich«.

Gestolpert ist Litauens Politikerhoffnung letztlich über den Russen Jurij B. Der Besitzer eines Unternehmens, das Hubschrauber verkauft, hatte 400 000 US-Dollar in Paksas' Präsidentenwahlkampf investiert. Als Gegenleistung soll ihm dieser einen Generalstitel, einen Orden und einen Beraterposten in der Präsidial-Administration versprochen haben, dazu die Ausschaltung unliebsamer Konkurrenz. Auch der von Paksas geschasste Sicherheitsberater hatte mit dem wichtigsten Sponsor seines Chefs gesprochen. Nach der Wahl schenkte Paksas, der alle Vorwürfe bestreitet, seinem Gönner die litauische Staatsbürgerschaft. B. wird von vielen vorgeworfen, beste Kontakte zur russischen Unterwelt wie zum Moskauer Geheimdienst unterhalten und Paksas erpresst zu haben. Die Nato fürchtet gar, er habe Geheimdokumente nach Moskau durchgereicht.

Damit aber fand die Angelegenheit noch lange kein Ende. Anfang Dezember 2003 hätte Präsident Paksas eigentlich den amerikanischen Präsidenten Bush im Weißen Haus treffen sollen – der Besuch sollte der Höhepunkt seiner bisherigen Karriere sein. Auf amerikanischen Druck blieb Paksas aber in Wilnius und wurde von allen Seiten zum Rücktritt aufgefordert.

Dem 47 Jahre alten ehemaligen Kunstflugpiloten warf dann auch die Seima, das litauische Parlament, vor, enge Kontakte zu Kriminellen unterhalten zu haben, die mit russischen Geheimdiensten zusammenarbeiten.

Selten zuvor verlor ein Politiker in der Region so schnell an Ansehen. Noch im Oktober 2003 waren die meisten Litauer bei einer Umfrage der Meinung, kein anderer Politiker könne die Interessen des Landes besser vertreten als Paksas. Im Dezember landete der Mann dann bei einer ähnlichen Umfrage weit abgeschlagen auf Platz 14. Bald war auch sichergestellt, dass die zur Einleitung des Amtsenthebungsverfahrens erforderlichen 36 Stimmen der insgesamt 141 Abgeordneten zusammenkommen würden. Die Amtsenthebung wird wohl ausgerechnet in den Mai 2004 fallen – in jene Zeit also, in der Litauen eigentlich den Beitritt zur Nato und zur Europäischen Union feiern wollte.

Zum Jahresende 2003 mochte jedenfalls niemand mehr bestreiten, dass Paksas gegen Gesetze verstoßen und die Amtseide verletzt hatte. Schon vor dem Beitritt Litauens zu EU und Nato traute man dem neuen Bündnispartner in Brüssel nicht mehr über den Weg. Und bei den westlichen Nachrichtendiensten war man sich in jener Zeit bereits gewiss, dass osteuropäische Banden über Litauen einfacher Zugang in den Westen finden würden. Immerhin stammten schon zu jenem Zeitpunkt die meisten gefälschten Dollarscheine, die in Westeuropa in Umlauf sind, aus litauischen Fälscherwerkstätten. In Sachen Geldwäsche und angeblich sogar bei der Finanzierung des internationalen Terrorismus soll es Verbindungen nach

Litauen geben. Daher mag es kaum zu verwundern, dass Litauer bei einigen Delikten die drittgrößte Tätergruppe unter den Ausländern in Deutschland stellen.

Polen

Grüße aus Bakschikistan

In Polen blüht die Korruption. Willkommen in Bakschikistan, dem Reich der Kleptokraten. Wo immer sich die Gelegenheit zu einer lukrativen Nebeneinkunft bietet, so scheint es, greifen die Herren in diesem Teil des Neuen Europa gern zu. Kaum eine Woche vergeht, ohne dass eine Korruptionsaffäre ruchbar wird, deren Schwingungen bis in die obersten Etagen der Macht zu spüren sind.

Einige Beispiele: Seit Ende November 2003 findet ein Prozess statt, der einen mutmaßlichen Erpressungsversuch des Filmmagnaten Lew Rywin durchleuchten soll. Gegen die Zahlung von 17,5 Millionen Dollar, so behauptet die Staatsanwaltschaft, habe sich Rywin empfohlen, an entscheidender Stelle ein für den Pressekonzern »Agora« günstiges Mediengesetz durchzuboxen. Laut Rywin geschah dies angeblich mit Wissen von Ministerpräsident Leszek Miller. Und nach den Angaben des Pressekonzerns sollte das Geld auf das Konto von Millers postkommunistischem Linksbündnis SLD gehen.

In Danzig wurde ein früherer stellvertretender Minister für Infrastruktur wegen Geldwäsche und Betrugs angeklagt.

In Ostrowiec Swietokrzyski steht ein lokaler SLD-Parteigenosse unter Korruptionsverdacht, der beim Verkauf einer Stahlhütte kräftig abkassiert haben soll.

Zwar stürzten in der Korruptionsrangliste 2003 der Organisation »Transparency International« fast alle Beitrittskandidaten im Vergleich zum Vorjahr ab. Aber Polen traf es am schlimmsten: Es büßte 19 Plätze ein und landete nun auf Platz 64 von 133 Ländern. Damit gilt es jetzt als noch korrupter als Kuba, Botswana oder Brasilien. (Rumänien, voraussichtlich ab 2007 EU-Mitglied, liegt in Sachen

Korruption gleichauf mit dem afrikanischen Malawi. Kein gutes Omen für den Aufbruch Osteuropas.)

Der Grund für diese Zustände liegt auf der Hand: Öffentlich Bedienstete – Staatsbeamte, Lehrer, Professoren oder Krankenhausärzte – werden in Osteuropa miserabel bezahlt. Vor allem aber fehlt eine effiziente Kontrolle der Mächtigen: Mager entlohnte Richter, Staatsanwälte und Ermittler erliegen allzu häufig der Versuchung, außer der Reihe abzukassieren.

Fast zwanzig Prozent Arbeitslose

Den Jahreswechsel 2003/2004 feierten die Polen auch deshalb mit gemischten Gefühlen. Obwohl die Konjunkturprognosen dem neuen EU-Mitglied satte Wachstumsraten verhießen, dämpften nicht nicht nur die hohe Arbeitslosigkeit und das Haushaltsdefizit den Optimismus: Der EU-Beitritt dürfte dem Land vor allem eine Teuerungswelle bescheren. Auch die Polen werden die EU-Osterweiterung also zunächst einmal in ihren Geldbeuteln zu spüren bekommen. Denn die Anpassung der Mehrwertsteuer auf EU-Niveau wird den Preis für Brot, Benzin, Zigaretten oder die Kinokarte drastisch in die Höhe schrauben.

Aber der Osten lockt: Rund 38,6 Millionen Einwohner zählt Polen, mehr als die übrigen neun EU-Beitrittsländer zusammen. Ein großer Markt also, und ein gut entwickelter dazu. Immerhin sind 5,4 Prozent der Europäer Polen. Neben den – noch – niedrigen Lohnkosten sind der relativ hohe Ausbildungsstand und die gut entwickelte Infrastruktur Hauptgründe für viele deutsche Unternehmen, jenseits der Oder zu investieren. Doch das größte Beitrittsland hat auch die größten Probleme. Denn die EU-Kommission ist noch in zahlreichen Bereichen unzufrieden mit Polen. Im jüngsten Fortschrittsbericht beklagt man etwa, dass Investoren aus Ländern der EU in Polen noch immer auf Schwierigkeiten stießen. Zwar hat sich Polen zu einer der am stärksten wachsenden Volkswirtschaften Europas entwickelt, aber die polnische Politik wird seit den ersten freien Wahlen Ende der 1980er-Jahre von einem ständigen Wechsel der Regierungsparteien geprägt. Entscheidungen über zentrale Reformen werden daher oft verschoben. Polens Außenhandel ist chronisch defizitär, was auf die enorme Importabhängigkeit der polnischen Industrie und die hohe Nachfrage nach Konsumgütern zurückzuführen ist. Hinzu kommen ein hohes Haushaltsdefizit und die gewaltige Arbeitslosenquote mit über 18 Prozent. Sie dürfte neben der mit 2788 Kilometern gewaltig langen Außengrenze auch eine Hauptursache für den nicht unbedingt angenehmen Ruf Polens in den alten EU-Staaten sein.

Dass Oder und Neiße ab dem 1. Mai nicht zu einem rechtsfreien Raum würden, versichert jedenfalls der Frankfurter Zollchef Jörg Birkemeyer, der nach einem Bericht der *Welt* vom 26. Januar 2001 von einer »Aufrüstung an Polens Ostgrenze« spricht: »Jeder muss damit rechnen, auch im deutschen Hinterland angehalten und bei entsprechenden Hinweisen durchsucht zu werden.« Während der Bundesgrenzschutz an den 21 Grenzübergängen weiter die Personaldokumente der Reisenden kontrolliere und auch Streifen betreibe, agierten fünf mobile Zoll-Kontrollgruppen rund um die Uhr in Ostbrandenburg. Die je 50 Mann starken Einheiten seien in Gartz, Oderberg, Frankfurt, Guben und Cottbus stationiert. Mit Grenzschützern und Polizisten wären Zöllner außerdem bereits seit Sommer 2003 in gemischten Fahndungseinheiten unterwegs. Würden BGS-Beamte Schmuggler und Schieber aufgreifen, unterliege die weitere Bearbeitung der Fälle auch nach dem 1. Mai dem Zoll und seiner Frankfurter Straf- und Bußgeldstelle. Schwer wiegende Fälle würden dem Zollkriminalamt übergeben, in Frankfurt befindet sich außerdem eine Zweigstelle des Zollfahndungsamtes Berlin-Brandenburg. Die »Klassiker« der grenzüberschreitenden Kriminalität aus Zollsicht – Zigarettenschmuggel, die Verschiebung gestohlener Autos und Markenpiraterie mit gefälschten Produkten – würden die Bediensteten auch nach der EU-Osterweiterung beschäftigten, ist sich Birkemeyer sicher.

Ist der Ruf erst ruiniert…

Mit der EU-Erweiterung dürften auch viele Polen den Wunsch hegen, ihre neuen westlichen Partner zu besuchen. Vielleicht wird es auch öfter so einen Fall geben, wie er sich am 23. Juli 2003 in Pinneberg ereignete. Bereits einen Tag nach ihrer Ankunft in Deutschland saßen dort zwei junge Polen in Polizeigewahrsam. Ein Anwohner der Willi-Meyer-Straße in Tornesch hatte nachts um 1.20 Uhr zwei Personen in der Nähe seiner Wohnung bemerkt, die sich verdächtig verhielten. Fünf Minuten später war eine Polizeistreife vor Ort. Der aufmerksame Anwohner dirigierte die Beamten per Telefon zu einem Carport, hinter dem sich die 23 und 25 Jahre alten Ganoven versteckt hielten. Die Männer hatten einen Wagen aufgebrochen. Tatwerkzeug und das erbeutete Autoradio wurden im Rucksack eines der Tatverdächtigen entdeckt. Die Polen gaben zu Protokoll, dass sie sich ihren Urlaub in Deutschland über Straftaten finanzieren wollten, und kamen nach der Vernehmung wieder auf freien Fuß.

Natürlich sind es nicht immer nur die polnischen Eliten, die nach Deutschland kommen, trotzdem sind nicht alle Polen Gangster und Schmuggler, genauso wenig, wie alle Deutschen Nazis sind. Die Deutsch-Polnische Gesellschaft in Brandenburg rügt im Internet die Darstellung Polens in der deutschen Presse und schreibt, in den meisten deutschen Tageszeitungen und Zeitschriften finde man oft Stereotypen und Klischees über Polen. Ein Beispiel dafür seien die Grenzübergänge und das Verkehrschaos, für das ausschließlich Polen verantwortlich gemacht werde. Das zweite Beispiel betreffe die Kriminalität, die – angeblich von Polen dominiert – das Land Brandenburg und andere ostdeutsche Bundesländer überflute: »Es wird der Eindruck erzeugt, an dem kriminellen Unwesen seien ausschließlich Polen beteiligt. Einen zusätzlichen Effekt erzielt man dadurch, dass die geschmuggelten Zigaretten einzeln gezählt werden [...]. Das alles, obwohl nicht nur Polen [...] schmuggeln, Polen sogar oft nur als Transitland dient und als Terrain für illegale Transaktionen mit deutscher Beteiligung. In einigen Berliner Zeitungen konnte man neulich von polnischen Banden und polnischen Gangstern lesen, die mit dem Morgenzug nach Berlin kommen, Hauptstadtwohnungen ausplündern und mit dem Nachmittagszug zurückfahren. Dieses Bild färbt ab auf die deutsch-polnischen Beziehungen und ruft negative Einstellungen gegenüber den Polen hervor.«

Tatsächlich häufen sich aber auch in Österreich die Straftaten mit polnischer Beteiligung. Im September 2003 eröffnete der Internet-Dienst »Wien-online« ein Diskussionsforum und schickte folgende

Meldung voraus: »Die Zahl der Autoeinbrüche hat vor allem im Großraum Wien in der letzten Zeit stark zugenommen – Hinter den Einbrüchen vermutet die Polizei Banden aus Osteuropa. In Wien ist die Zahl der Autoeinbrüche um 20, in Niederösterreich gar um 30 Prozent gestiegen. Die Banden machen regelrechte Raubzüge über die Parkplätze und Garagen, und dabei gehen sie äußerst professionell vor. Für das Knacken eines Autoschlosses brauchen die Diebe höchstens eine halbe Minute, um das Autoradio mitzunehmen und noch ein paar Wertgegenstände einzustecken auch nicht viel länger. Noch am selben Abend reisen die Banden dann wieder über die Grenze. Auch das Verkaufen des Raubgutes stellt kein Problem dar, lassen sich doch im Internet Programme herunterladen, mit denen man die codierten Autoradios und Handys einfach entsperren kann.«

Die Zahl der Forenbeiträge belegte, dass das sensible Thema nicht nur in Deutschland von Interesse ist, wo ein kurzer Blick in die Polizeiberichte des Jahres 2003 zahlreiche Fälle wie diesen ans Tageslicht bringt: Zum Polizeipräsidium Mittelfranken gehören die Polizeidirektionen Erlangen, Ansbach, Nürnberg, Fürth und Schwabach, die ganz gewiss nicht für ihre herausragend hohe Kriminalitätsrate bekannt sind. Am 8. Mai berichtete das Präsidium über ein Ereignis vom Vortag, bei dem gegen 13.00 Uhr eine polnische »Touristin« in einem Innenstadtkaufhaus von einem Verkäufer dabei beobachtet wurde, wie sie vier Paar Damenschuhe entwendete. »Nachdem sie der Angestellte festgehalten und auf den Vorfall angesprochen hatte, riss sie sich plötzlich los, schlug dem Mann mit der Faust ins Gesicht und flüchtete aus dem Geschäft. Der Verkäufer konnte die Diebin kurze Zeit später einholen und mithilfe von zwei weiteren Mitarbeiterinnen bis zum Eintreffen der Polizei festhalten. Das Diebesgut im Wert von etwa 120 Euro hatte sie noch bei sich. Die Frau wird zur Prüfung der Haftfrage den Justizbehörden überstellt, da sich im weiteren Verlauf der Ermittlungen ergab, dass die Täterin unberechtigt in Deutschland ist. Außerdem ist sie nicht im Besitz eines gültigen Ausweises.«

An Dreistigkeit kaum zu überbieten ist das Verhalten eines 26-jährigen Polen aus Berlin, der im Frühjahr 2003 wegen Fahrens ohne Fahrerlaubnis und gleichzeitigem Besitz von Marihuana, Speed und Ecstasy festgenommen wurde. Seinem Richter gelobte der Angeklagte, der sich in »feinen Zwirn« geworfen hatte, hoch und heilig

Besserung. Er wurde zu vier Monaten Freiheitsstrafe auf Bewährung und einer Geldstrafe von 500 Euro verurteilt. Nach der Verhandlung begab sich der junge Mann zu seinem in einer Seitenstraße abgestellten PKW, mit dem er zuvor auch aus Berlin angereist war. Derselben Zivilstreife der Verkehrspolizei Nürnberg, die den Mann bereits im Frühjahr kontrolliert hatte, fiel auf der Rückfahrt das Berliner Kennzeichen auf, und der Fahrer wurde ebenfalls wieder erkannt. Auch dieses Mal fanden die Zivilfahnder wieder ein Beutelchen mit Marihuana im PKW. Die erneute Fahrt mit Drogen ohne Führerschein endete erneut vor dem Ermittlungsrichter.

Am 6. August 2003 überraschte eine Zivilstreife der Nürnberger Polizei in der Neumarkter Straße drei polnische Staatsangehörige im Alter zwischen 18 und 22 Jahren, die gerade einen abgestellten PKW aufgebrochen hatten und daraus das Autoradio entwendeten. Die Polen waren mit einem Audi 80 unterwegs, und die Beamten konnten in Erfahrung bringen, dass ihr zweites Fahrzeug, ebenfalls ein älterer PKW der Marke Audi, in der Regensburger Straße abgestellt war. In der Mitteilung des Polizeipräsidiums heißt es: »Die Überprüfung ergab, dass dieser Audi am Tag vorher in München entwendet wurde. Die Vernehmung bei der Kriminalpolizei ergab, dass die drei Polen ursprünglich im Besitz von zwei älteren Audi 80 waren. Ein Fahrzeug war so defekt geworden, dass es nicht mehr repariert werden konnte. Aus diesem Grunde fasste das Trio den Entschluss, ein ähnliches Fahrzeug zu stehlen. Mit den polnischen Kennzeichen und den dazu gehörenden Fahrzeugpapieren reisten sie Anfang August nach Deutschland. In München entwendeten sie ein baugleiches Fahrzeug, brachten daran die polnischen Kennzeichen an und hofften, dass die Fahrzeugpapiere bei einer eventuellen Kontrolle nicht so genau überprüft werden. In Nürnberg konnten ihnen zwei PKW-Aufbrüche nachgewiesen werden. Sie hatten aus den Fahrzeugen jeweils das Autoradio entwendet und in einem Fall auch noch dazu eine aufgefundene Damenhandtasche, in der sich neben Geldbeutel, Ausweispapieren und Kreditkarten auch noch ein Handy befand. Gegen die drei Polen wurde Anzeige wegen des PKW-Diebstahls und der -aufbrüche erstattet. Auf Antrag der Staatsanwaltschaft werden sie dem Ermittlungsrichter beim Amtsgericht Nürnberg zur Klärung der Haftfrage überstellt.«

Schon am 7. März waren in Mittelfranken andere polnische Diebe gefasst worden: Bei einer Verkehrskontrolle am Aschermittwoch, dem 5. März 2003, gegen 17.00 Uhr, traten Fahrer und Beifahrer eines polnischen VW-Golf sofort zu Fuß die Flucht an. Eine Streife der Fahndungskontrollgruppe aus Feucht hatte das Fahrzeug auf der A 9 Höhe Plech angehalten und wollte eine Kontrolle vornehmen. »Während einer der Flüchtigen nach wenigen Metern eingeholt werden konnte, fehlt von seinem Mitfahrer noch jede Spur. Den Grund der Flucht konnten die Beamten sehr schnell feststellen. Im Fahrzeug konnten sie 99 Diamant-Trennscheiben (zur Steinbearbeitung), 209 Sägeblätter, 2 hochwertige Bohrhämmer sowie 31 Packungen Rasierklingen im Gesamtwert von ca. 10 000 Euro auffinden. Während die Fahndung nach dem flüchtigen 22-jährigen Polen noch läuft, wurde gegen den 23-jährigen Mittäter vom Amtsgericht Bayreuth Haftbefehl erlassen.«

In Banden betriebener Ladendiebstahl ist kein Kavaliersdelikt. Letztlich zahlen wir alle als Kunden den Preis für den Schaden, den solche Banden anrichten. Doch das Unrecht begehen manchmal sogar jene ausländischen Mitbürger, die eigentlich felsenfest auf der Seite des Rechts stehen sollten. Das zeigt jedenfalls der Fall des Wieslaw H., eines am 16. Mai 1969 im polnischen Gorzow geborenen und später als Sicherheitsfachmann und Wachmann tätigen Polen, sowie seiner polnischen Kumpane Konrad L., Adrian Bogumil K. und Premislaw Henryk M.

Wieslaw H. ist verheiratet, hat zwei Kinder und verdiente als Wachmann in einer polnischen Firma monatlich etwa 1100 Zloty; Konrad L. wurde am 7. August 1980 im polnischen Zakopane geboren, ist gelernter Maschinenmechaniker und wohnt bei seiner Mutter. Bereits in den Jahren 1997 und 1998 ist er wegen Diebstahls in Erscheinung getreten. Adrian Bogumil K. wurde am 3. August 1982 im polnischen Skwierzyna geboren, besuchte eine bautechnische Schule, lebt bei seinen Eltern und ist schon zweimal wegen Diebstahls in Berlin und Frankfurt/Oder aufgefallen. Premislaw Henryk M. wurde am 22. April 1981 in Gorzow geboren, machte eine kaufmännische Ausbildung und besuchte die Abendschule, um auch den Beruf des Technikers zu erlernen. Weil er eine eigene Wohnung anmietete, die er nicht bezahlen konnte, hatte er schnell 1000 Zloty

Schulden und beging Diebstähle in Deutschland, mit denen er die Rückzahlung zu finanzieren gedachte. So gab es gegen ihn am 30. September 1997 ein Verfahren wegen Diebstahls und Sachbeschädigung vor der Staatsanwaltschaft (I) in Berlin, am 15. Oktober 1997 dort ein weiteres Verfahren, am 29. Oktober 1997 ein Verfahren wegen Diebstahls vor der Staatsanwaltschaft Frankfurt/Oder, am 24. November 1998 vor dem Amtsgericht Berlin Tiergarten ein Verfahren wegen Diebstahls in acht Fällen, am 9. Februar 1999 ein Verfahren wegen gemeinschaftlichen Diebstahls vor der Staatsanwaltschaft (I) in Berlin und am 2. Juli 1999 ein Verfahren wegen Diebstahls vor der Staatsanwaltschaft Hamburg. Nun das Erstaunliche: Alle Verfahren wurden eingestellt – nicht etwa, weil der junge Mann die ihm zur Last gelegten Taten nicht begangen hätte. Nein, gemäß § 47 Jugendschutzgesetz wurde er ermahnt, sich künftig zu bessern. Die Verfahren wurden eingestellt, weil die gestohlenen Gegenstände geringwertig waren. Wenn man ständig geringwertige Gegenstände klaut, muss man als ausländischer Mitbürger in Deutschland somit kaum die Härte des Gesetzes fürchten, könnte man daraus folgern. Vor diesem Hintergrund darf es nicht verwundern, dass es in Polen zu einem bei Jugendlichen beliebten Unterfangen geworden ist, mal kurz zum gemeinschaftlichen Diebstahl »geringwertiger Gegenstände« nach Deutschland zu fahren. Juristisch gesehen handelt es sich dabei um Bandendiebstahl.

Konrad L., Adrian Bogumil K. und Premislaw Henryk M. hatten schon früher erfolgreich gemeinschaftlich in Deutschland »geringwertige Gegenstände« bandenmäßig geklaut. Nachdem ihnen bei einem neuen Vorhaben keine Fahrtmöglichkeit nach Deutschland zur Verfügung stand, baten sie Wieslaw H., Stiefvater des Konrad L., sie mit seinem PKW nach Deutschland zum Diebstahl zu fahren. Neben der Erstattung der Benzinkosten versprachen sie ihm 300 D-Mark. Am 7. November 2000 tauchten die vier dann unter anderem in den Drogeriemärkten »Drospa«, »Ihr Platz« und zwei »Kaiser«-Märkten zwischen Nürnberg und Sindelfingen auf und stahlen allein dort nachweislich 109 jeweils für sich genommen »geringwertige« Kosmetikartikel, die jedoch insgesamt einen Wert von 3100 D-Mark hatten. Einen Tag später, am 8. November 2000, wurden sie gegen 13.40 Uhr an der Autobahnrastanlage Pegnitz-Ost in Fahrtrichtung Berlin festgenommen. Sie wussten, dass nun die ganze Härte des deutschen Gesetzes auf sie niederprasseln und sich dann in netten Ermahnungen wieder auflösen würde. In der Urteilsbegründung heißt es denn auch: »Bei der Bemessung der konkreten Freiheitsstrafe ist zugunsten der Angeklagten zu werten, dass sie kurzfristige Untersuchungshaft im vorliegenden Verfahren haben hinnehmen müssen, wobei zu berücksichtigen ist, dass sie als Ausländer ohne deutsche Sprachkenntnisse verstärkt strafempfindlich sind. Sie haben sich geständig gezeigt, die entwendeten Waren konnten sichergestellt werden.« Der polnische »Sicherheitsfachmann und Wachmann« Wieslaw H. musste 1000 D-Mark Strafe zahlen, Konrad L., Adrian Bogumil K. und Premislaw Henryk M. wurden jeweils zu einer Freiheitsstrafe von zehn Monaten verurteilt. Die Strafen wurden zur Bewährung ausgesetzt.

Deutsche Bewährungsstrafen scheinen in Polen sehr beliebt zu sein, da man sie nicht absitzen muss. Auch der am 29. Juli 1979 in Gdansk (Danzig) geborene polnische Elektriker Marcin O. hat deutsche Gerichte in guter Erinnerung. Am 13. Dezember 2001 brach er im Parkhaus Rotmaincenter in Bayreuth einen VW-Passat, einen Opel-Corsa und einen Audi auf, stahl Radios und CD-Player, richtete für viele tausend D-Mark Schaden an – und wurde zwar zu einer Gesamtfreiheitsstrafe von einem Jahr und vier Monaten verurteilt. Doch auch diese Strafe wurde zur Bewährung ausgesetzt, weil das Gericht erwartete, »dass der Angeklagte zukünftig keine weiteren Straftaten begehen wird«. Diese Erwartung, heißt es in der Urteilsbegründung, »beruht insbesondere darauf, dass der Angeklagte ca. vier Monate in Untersuchungshaft verbracht hat und deshalb einen Hafteindruck erhalten hat, der ihn davon abhalten wird, in der Bundesrepublik Deutschland erneut straffällig zu werden.«

Pawel Rafel B. und Adam Maciej Z. hatten ebenfalls in Polen davon gehört, dass deutsche Gerichte nur allzu gern Milde walten lassen, wenn es um Kleinigkeiten wie Autoaufbrüche oder Ladendiebstähle geht. Bevor sie am 2. Dezember 2000 in Hof festgenommen wurden, hatten sie seit ihrer Einreise nach Deutschland zwei Tage wirklich nur ganz wenige Straftaten begangen: In einer Tiefgarage in Dresden, Weidenbergstraße 98, schlug Pawel Rafel B. die Scheibe eines Toyota ein. Dann baute sein Kumpan Adam Maciej Z. ein Autoradio im Wert von 500 D-Mark und einen CD-Wechsler der

Marke Kenwood im Wert von weiteren 500 D-Mark aus, nahm zehn CDs aus dem Fahrzeug mit, an dem die beiden einen Sachschaden in Höhe von weiteren 500 D-Mark anrichteten. Im selben Stadtteil von Dresden öffnete Z. mit einem Schraubendreher das Türschloss eines in der Kalkreuther Straße 40 abgestellten weißen VW-Jetta. Während B. Schmiere stand, baute Z. ein Autoradio, einen CD-Wechsler und einen Verstärker im Gesamtwert von 1500 D-Mark aus. An dem Fahrzeug richteten sie einen Sachschaden von rund 500 D-Mark an. So langsam gerieten dann die beiden in ihrer Heimat als Elektromechaniker arbeitenden Polen richtig in Fahrt. In der Dresdener Stefanstraße/Ecke Kopernikusstraße schlugen sie bei einem VW-Golf die Seitenscheibe ein, bauten ein Sony-Radio im Wert von 500 D-Mark aus und richteten an dem Fahrzeug einen Sachschaden in Höhe von 263 D-Mark an. Allmählich wurden sie müde, doch eine weitere kleine Straftat schafften sie doch noch: In der Stefanstraße 42 schlugen sie die Seitenscheibe des dem Arnd K. gehörenden VW-Golf ein und stellten erst dann fest, dass die Musikanlage reichlich alt und des Diebstahls kaum wert war. So klauten sie also nur drei Musik-CDs im Wert von 60 D-Mark, richteten an dem Fahrzeug einen Sachschaden in Höhe von 220 D-Mark an und fuhren gegen ein Uhr von Dresden nach Bayern. An einer Raststätte schliefen sie erst einmal, um neue Kräfte für neue Taten zu gewinnen, und in der nächsten Nacht stillten sie ihren Tatendrang dann in Bayreuth, das auf polnische »Touristen« eine magische Anziehungskraft auszuüben scheint: Gegen Mitternacht schlug B. in der Tiefgarage Königsbergstraße 4 die Scheibe eines Opel-Corsa ein, klaute daraus ein Radio der Marke Kenwood und CDs im Wert von 600 D-Mark. An dem Fahrzug richteten sie einen vergleichsweise geringen Sachschaden in Höhe von 180 D-Mark an. In derselben Tiefgarage schlugen sie dann die Scheibe eines Fiat-Tempra ein, klauten ein Autoradio und CDs im Wert von 500 D-Mark – Sachschaden ebenfalls »nur« 180 D-Mark. Wenige Meter weiter splitterte dann die Scheibe eines Skoda, in dem die Polen nichts zum Stehlen fanden: Sachschaden 240 D-Mark. In der Egerländerstraße öffneten sie mit einem Schraubendreher die Tür eines roten VW-Golf, stahlen Autoradio und CD-Wechsler im Gesamtwert von 1600 D-Mark und richteten diesmal einen durchaus beachtlichen Sachschaden von 800 D-Mark an. In der Stadt Hof, ihrem nächsten »Zielgebiet«, wurden sie dann von der Polizei verhaftet, ehe sie weitere Straftaten verüben konnten. Pawel Rafel B. wurde zu zwei Jahren verurteilt, Adam Maciej Z. zu einem Jahr und zehn Monaten. Auch diese Strafen wurden zur Bewährung ausgesetzt, denn während der Verhandlung hatten sich die beiden Polen bei den bestohlenen Fahrzeugeigentümern entschuldigt, was bei den Richtern anscheinend wirklich gut ankam. Außerdem hatten ja auch diese beiden »Bagatelltäter« eine Untersuchungshaft über sich ergehen lassen müssen, »wobei sie als Ausländer ohne deutsche Sprachkenntnisse in deutschen Strafvollzugsanstalten erhöht haftempfindlich waren«, wie wir aus der Urteilsbegründung lernen können, »zumal sie in verschiedenen Justizvollzugsanstalten getrennt untergebracht wurden«. Fast bekommt man Mitleid mit den beiden. Aber Richter glauben eben gern an das Gute im Menschen. Die Realität außerhalb der Gerichtssäle indes sieht häufig anders aus: In allen Bundesländern könnte man ganze Bibliotheken mit solchen in Deutschland in wenigen Monaten polizeilich auffällig gewordenen polnischen Mitbürgern füllen. In der Polizeilichen Kriminalstatistik 2002 des Bundeskriminalamtes stehen die Polen auf Platz drei der nichtdeutschen Tatverdächtigen, hinter Türken und Jugoslawen. In solchen Statistiken geht es aber nur um die Quantität, nicht um die Qualität der einzelnen Delikte. So sucht man auch in der Polizeilichen Kriminalstatistik des Jahres 2002 vergeblich nach einer Tabelle, in der aufgelistet würde, welche Straftaten denn nun von Polen in Deutschland am häufigsten begangen werden. Deshalb bat der Autor am 26. September 2003 das Bundeskriminalamt um Hilfe und stürzte damit die Pressestelle offenkundig in Verzweiflung. Wahrscheinlich, so die telefonische Antwort, könne man diese Frage nicht einmal zuverlässig beantworten, weil die Polizeipräsidien zum Teil mit unterschiedlichen Vorgaben und Schlüsseln der Statistik zulieferten.

Interessant ist aber auch die Frage, wie viele der Straftaten tatsächlich der Organisierten Kriminalität zugerechnet werden können. Hier dürften weder das Bundeskriminalamt noch Europol zuverlässig Auskunft geben können, die Dunkelziffer wird stets gewaltig sein.

In Wilhelmsburg nahe Hamburg ließ die Polizei zum Beispiel im Juni 2003 eine Hehlerbande auffliegen. Mehr als 170 Polizisten durchsuchten neun Objekte: etwa in Wilhelmsburg, in Hummelsbüttel, im niedersächsischen Winsen/Luhe und auch in Neumünster in Schleswig-Holstein. Die zwei Haupttäter wurden in ihren Wohnungen am Schipperort und der Trettaustraße in Wilhelmsburg verhaftet. Sie hatten für mehrere hunderttausend Euro Schäden angerichtet. Über Monate hin ermittelte die Polizei gegen die von zwei Polen geführte Bande, die verdächtigt wurde, Dutzende von Einbrüchen in Firmen und Gestüte in Hamburg und dem Umland begangen zu haben. Der 22 Jahre alte Pole Tadeusz W. und sein 42 Jahre alter Komplize Zdzislaw W. hatten in Osteuropa Männer angeheuert, die dann die Einbrüche begingen. Sie erbeuteten Bau- und Gartenmaschinen, Sättel oder Autoradios, die dann an Zwischenhändler verkauft wurden, die aus Osteuropa angereist waren. Zeitgleich untersuchte die Polizei die Wohnungen und Lagerräume nahe Hamburg. Am Vogelhüttendeich stürmten die Beamten ein viergeschossiges Mehrfamilienhaus, in dem 18 illegal nach Deutschland eingereiste Personen lebten. Dieses Gebäude stand unter Zwangsverwaltung; offiziell war dort nur eine Wohnung vermietet. In den anderen Wohnungen hatten sich aus Polen und Rumänien stammende Männer und Frauen einquartiert. Selbst ein Kind wurde in einer der von Ungeziefer befallenen Wohnungen entdeckt.

Kaum gestohlen, schon in Polen?

»Aus Schweden kommt der Schwedenstahl, aus Polen kommt der Diebstahl.« Oder: »Kaum gestohlen, schon in Polen.« So lauteten gehässige Redewendungen, die nach dem Zusammenbruch der Sowjetunion und der vorsichtigen Öffnung der Grenzen binnen kurzem an vielen deutschen Stammtischen die Runde machten. Heute behaupten polnische wie deutsche Politiker, die hinter den Redewendungen stehende Problematik nicht nur erkannt, sondern auch »gelöst« zu haben. In Westeuropa gestohlene Fahrzeuge etwa, die noch in den Neunzigerjahren zu Tausenden über Polen nach Russland geschmuggelt wurden, sollen heute dank Wegfahrsperre »diebstahlsicher« sein. Nicht einmal mehr im Fernsehen schienen Autodiebe erfolgreich zu sein. In Moskau jedenfalls gab es seit 1998 eine russische Art der deutschen »Wetten-dass?«-Sendung, in der das Motto lautete: »Wetten, dass der Kandidat schneller als die Polizei ist?« In der am Samstagabend ausgestrahlten Show versuchten Wettkandidaten, wie Autodiebe vor der Polizei zu flüchten. Wer es schaffte, 35 Minuten lang unentdeckt zu bleiben, gewann ein Auto. Ein litauisch-amerikanischer Produzent und die Moskauer Verkehrspolizei hatten die Idee gemeinsam entwickelt. Dabei gab es für Kandidaten und Polizei realitätsnahe Regeln. Der »Dieb« musste in einem bestimmten Bereich bleiben und durfte nicht zu schnell fahren. Und die Polizei durfte die Verfolgung nicht mit mehr als drei Wagen aufnehmen. In sechs Folgen gab es nur einen Gewinner – eine Taxifahrerin, die ihr Auto in einer Garage versteckt hatte.

In Polen gründete man unterdessen die Polizei-Sondereinheit »Moskito«. Sie sollte den Autodieben das Handwerk legen. Auch in Ungarn schuf man eine ähnliche Einheit und nannte sie »Gepard«. »Moskitos« und »Geparden« dürfen etwa Werkstätten auch ohne Durchsuchungsbefehl kontrollieren. Viele polnische und ungarische Autowerkstätten waren auf das »Umfrisieren« von Fahrzeugen spezialisiert und verwendeten Teile aus geklauten oder aufgekauften Schrottfahrzeugen. Mit dem Schrottfahrzeug wurden dann auch legale Fahrzeugdaten gekauft, die nun einem gestohlenen Auto »verliehen« werden können.

Schrauben, Schrott und schnelle Zloty

Blasse, unscharfe Fotos von demolierten Fahrzeugen und noch dazu eine miese Druckqualität – das animiert eigentlich nicht zur Lektüre des Magazins *Crash Mobiles International*. Es ist dennoch erfolgreich: Seit März 1999 kommen alle vier Wochen fast 100 000 Exemplare zum Einzelpreis von heute 1,80 Euro in den Handel. Den Leser der gut hundert Heftseiten erfreuen bis zu zweitausend Kleinanzeigen, in denen gewöhnlich nur das Wesentliche in dürren Worten ausgedrückt wird. Es werden ausschließlich beschädigte Autos angeboten. Die karge Lesekost kommt an, während die hochglänzenden Magazine der PS-Branche über schwindende Leser klagen. Rund 80 Prozent der Auflage verkauft der Ahrensburger DAZ Verlag in Deutschland, der Rest ist in Polen und Tschechien willkommen; im

Internet (www.daz-verlag.de) steht gleich die drei- bis vierfache Anzahl der gedruckten Anzeigen.

Obwohl der Gebrauchtautomarkt lahmt, verkaufen sich beschädigte Fahrzeuge gut. Es sind vor allem Aufkäufer aus Osteuropa, die nach geknautschtem Blech Ausschau halten, zumeist wirtschaftliche Totalschäden, die für 5000 bis 10 000 Euro in der Crash-Postille angeboten werden. Der Autofahrer kassiert bei seiner Versicherung den Zeitwert seines Fahrzeugs, das Wrack kann er als Privatmann kostenlos inserieren. Wie groß der Markt an Unfallautos wirklich ist, weiß niemand so genau. Allein die deutschen Versicherer bieten jeden Tag insgesamt 2500 Unfallautos an. Und mit diesen wechseln dann auch die begehrten Kfz-Briefe den Eigentümer. Inzwischen gibt es auch in Polen entsprechende »Fachzeitschriften«. Ebenfalls bei Autoschiebern und Dieben beliebt ist zum Beispiel das in polnischer Sprache erscheinende Heft *Unfall-Autos*, im Internet unter http://www.unfallwagen.net zu finden.

Bis zu sechs Tage warteten die so genannten »Schrottkis«, private Autoimporteure, an den Grenzübergängen nach Polen früher mit ihren in Deutschland gekauften Gebrauchtwagen. Zerlegt in Einzelteile, ließen sich die Autos für geringere Zollgebühren als für komplette Fahrzeuge nach Polen einführen. Unter den Händen geschickter »Schrauber« verwandeln sich die vermeintlichen Schrottteile jenseits der Grenzen wieder in fahrbare Untersätze, die gewinnbringend verkauft werden konnten.

Am 24. März 2001 schloss Polen dann aber die Grenzen für Schrottautos. Angeblich, so die Regierung, sollte damit auch dem illegalen Handel mit frisierten Fahrzeugpapieren ein Riegel vorgeschoben werden. Seither dürfen nur noch Fahrzeuge eingeführt werden, die fahrtüchtig sind. Wer heute ein gebrauchtes Auto nach Polen exportieren will, muss nach Angaben der Fachzeitschrift *Kfz-Betrieb* bei der Zollabfertigung den aktuellen TÜV-Bericht aus dem Land, in dem der Pkw gekauft worden ist, und ein Identifikationsdokument, wann das Fahrzeug erstmals im Ausland registriert wurde, vorlegen. Personen, die einen gebrauchten Pkw nach Polen einführen, erhalten an der Grenze vom Zöllner eine Bescheinigung. Mit ihr muss er innerhalb von drei Tagen eines der 32 Zollämter in Polen aufsuchen. Von dort fährt er zum TÜV. Entspricht das Fahrzeug nicht den polnischen Vorschriften, muss es wieder ins Ausland zurückgebracht werden.

Das Verbot diente jedoch offenkundig eher weniger dem Zweck, den Handel mit Fahrzeugpapieren von Schrottautos zu verhindern. In einem Rundbrief der Landsmannschaft der Oberschlesier vermutete diese wenige Wochen nach der Einführung der neuen Bestimmungen andere Gründe: »Auch wenn die polnische Regierung weiter behauptet, mit der neuen Regelung mehr Sicherheit auf Polens Straßen und eine Entlastung der Umwelt durch weniger Schrott bewirken zu wollen, stehen auch handfeste wirtschaftliche Interessen hinter den neuen Bestimmungen: Es geht um eine Reduzierung des Imports von Unfallwagen und einen Anstieg von Neuzulassungen. Während sich die Einfuhr von Gebrauchtwagen nach Polen im vergangenen Jahr verdoppelte, sank der Verkauf von Neuwagen um ein Viertel auf 480 000. Die weiter sinkenden Absatzzahlen machen den polnischen Werken von Opel, Fiat und Daewoo sehr zu schaffen. So wurden auch die neuen Bestimmungen von den polnischen Autoproduzenten als Schritt in die richtige Richtung begrüßt.«

Zum 1. Januar 2002 lockerte Polen dann die Bestimmungen für die Einfuhr von Gebrauchtwagen aus der Europäischen Union wieder. Der Einfuhrzoll von 35 Prozent wurde aufgehoben, entgegen früheren Regelungen dürfen die Fahrzeuge nun auch wieder älter als zehn Jahre sein. Es gelte die Faustregel, heißt es, dass sich ein Auto aus eigener Kraft über die Grenze bewegen müsse, wenn es in Polen zugelassen werden soll. Gebrauchtwagen zur Einfuhrzollersparnis kurz vor der Grenze zu demontieren, um sie dann als »Schrott« nach Polen einzuführen, ist also nach wie vor verboten. Fahrzeugpapiere von Altautos aber bekommt man somit auch weiterhin über die Grenze, wenn sich der fahrbare Untersatz nur aus eigener Kraft über die Grenze bringen lässt.

Um heute gestohlene Fahrzeuge über die Grenze zu bringen, gibt es verschiedene Möglichkeiten. Am beliebtesten ist das »Schrottfrisieren«: Ist auch Ihnen schon einmal aufgefallen, dass neuwertige Autos mit Totalschäden relativ teuer zum Kauf angeboten werden? Das Auto interessiert hier eigentlich niemanden, aber man bekommt einen »echten« Kfz-Brief dazu. Dann muss man nur noch ein identisches Modell stehlen und auf den Brief »umfrisieren«. Diesen Job erledigen die »Friseure« – ein Beruf, der in Polen nicht immer eine haarige Angelegenheit ist.

Dabei werden von polnischen Banden in Deutschland keinesfalls nur PKWs gestohlen. Anfang 2001 ersuchte die Abteilung XII des Zentralen Ermittlungsbüros der polnischen Polizei (CBS Gorzow) das Landeskriminalamt Brandenburg um eine Liste von Lastkraftwagen, die 1998/99 in Berlin und Umgebung »abhanden« gekommen waren. Von der polnischen Behörde hieß es damals, dieser lägen Erkenntnisse vor, wonach eine Tätergruppe die Lastwagen in Deutschland gestohlen und – mit neuer Identität versehen – anschließend nach Polen gebracht habe. Die Liste der in Berlin und Umgebung zu jener Zeit »abhanden« gekommenen Fahrzeuge war ziemlich lang: immerhin fanden sich auf dieser mehr als 700 Fälle. In den nachfolgenden Monaten konnten aufgrund einer engen Zusammenarbeit deutscher und polnischer Behörden 85 gestohlene Reisebusse, Liefer- und Lastkraftwagen wieder aufgefunden werden, 69 Fahrzeuge wurden nach Deutschland zurückgeführt. Heute weiß man, dass allein diese eine Gruppe für etwa 200 Diebstähle von Lastkraftwagen verantwortlich ist.

Wie schwer die Aufklärung auch nur eines Falles ist, belegt folgende Passage eines vertraulichen Schreibens zwischen den beteiligten Behörden, das dem Autor vorliegt: »Auch wenn man die Ermittlungsergebnisse durchaus als spektakulär bezeichnen kann, bestanden die Ermittlungen zum großen Teil aus mühevoller Kleinarbeit, die zumindest auf der deutschen Seite kein Aufsehen erregte. Die in Polen sichergestellten Fahrzeuge mussten identifiziert werden, und zwar aus der Ferne. Dass die Täter es den Ermittlern nicht leicht gemacht haben, bezeugt auch die Tatsache, dass sie zum Beispiel aus einem Renault einen Citroën oder aus einem Citroën einen Renault machten, um so die Herkunft der Hehlerware zu verschleiern.«

Erschwerend kommt hinzu, dass in den Osten verbrachte Fahrzeuge nicht nur in Deutschland, sondern natürlich auch in anderen EU-Staaten abhanden kommen. So stellt das österreichische Innenministerium regelmäßig seine Erfahrungen mit östlichen Autodieben ins Internet. Danach »bearbeiten« jeden Fahrzeugdiebstahl durchschnittlich drei Täter: Einer präpariert Türschlösser und Starter, ein anderer stiehlt das Auto und parkt es für ein bis zwei Tage auf einem größeren Parkplatz, ein dritter fährt damit über die österreichische Grenze in Richtung Osten. In einem Nachbarland werden die Fahrzeuge umgearbeitet und weiterverschoben. Auch ältere Autos werden gestohlen und für »Gefälligkeitsdienste« verschenkt oder als Ersatzteilquelle ausgeschlachtet.

Die tschechische Polizei stellte inzwischen eine Datenbank mit ausgeschriebenen gestohlenen Fahrzeugen ins Internet und erhofft sich davon eine Zunahme der Wiederauffindungsquote. Österreichische Kriminalisten sehen das skeptisch. Die Diebe könnte das anspornen, meinen sie, die Fahrzeuge noch professioneller umzubauen. »Umfrisierte Fahrzeuge haben wieder Qualität«, sagt dazu Herbert Bauer vom Wiener Innenministerium. Oft lassen die Täter zwischen dem Diebstahl und der Verschiebung Zeit verstreichen. Fahrgestellnummer und geheime Datenträger werden wieder manipuliert, Autopapiere bester Qualität hergestellt. Auch die Kurierfahrer sind meist mit einer gefälschten Identität ausgestattet; in einigen Fällen mit Namen und Geburtsdaten von im Balkankrieg gefallenen Soldaten.

Zwischen dem Sommer 1999 und dem Mai 2000 beschlagnahmten österreichische Grenzbeamte am Grenzübergang Spielfeld 90 gestohlene Autos. Hauptabnehmerländer für Limousinen aus Österreich sind die Nachbarstaaten. In Tschechien fanden Polizisten und Berufsdetektive in den letzten drei Jahren 95 Autos, die Österreichern gestohlen worden waren, in der Slowakei 119, in Ungarn 139 und in Italien 160, von denen die meisten weiterverschoben worden wären. Auch in weiter entfernten Ländern tauchen österreichische Fahrzeuge wieder auf: in Russland 90, in Ländern des ehemaligen Jugoslawien 69 und in Polen 62.

Heute, im Zeitalter der Wegfahrsperre, so sollte man meinen, sind die erwähnten polnischen und ungarischen Polizei-Sondereinheiten »Moskito« und »Gepard« zur Überführung von Fahrzeugdieben weitgehend überflüssig. Doch längst haben auch die Diebe aufgerüstet. Janos Stefanik, ein Techniker der Sondereinheit »Gepard«, zeigte schon im Juni 2000 einem Fernsehteam von »Panorama«, wie Diebe sich den veränderten Bedingungen angepasst haben. Stefanik hielt ein Bauteil in die Kamera und erklärte: »Dieses Gerät haben wir aus einem Auto sichergestellt, das bei verschiedenen Diebstählen eingesetzt war. Es besteht aus einem Rechner, zwei Empfängerantennen, einem Sender und aus diesem Bedienungsteil. Damit kann man Autos, die eine Alarmanlage und eine Fernbedienung haben, ohne Beschädigung öffnen. Für Infrarot-Fernbedienungen gilt das nicht. Nur für funkgesteuerte Anlagen.« Das betrifft den gesamten Frequenzbereich, egal ob sie mit festem oder mit Wechselcode funktionieren.

Ein Auto ist eben kein Tresor. Und Technik, die von Menschen erfunden wurde, kann von anderen auch wieder überlistet werden. Bei einer Fernbedienung auf Funkbasis genügt das Auffangen eines Schließ- und eines Öffnungssignals, um den Code zu kopieren und wiederzugeben. Damit ist die Aufgabe der einen Bandenmitglieder erledigt. Das Überwinden der Wegfahrsperre übernimmt ein anderes Spezialteam. Dazu noch einmal Janos Stefanik: »Professionelle Autodiebe wissen genau, an welcher Stelle im Armaturenbrett die Autohersteller die Wegfahrsperre eingebaut haben. Denn sie muss aus servicetechnischen Gründen binnen kürzester Zeit austauschbar sein. Diebe können das natürlich noch wesentlich schneller als Servicetechniker. Sie müssen ja nicht behutsam vorgehen, Beschädigungen können später jederzeit wieder repariert werden. In zwei bis vier Minuten haben sie eine Wegfahrsperre ausgebaut und setzen ein vorgefertigtes Ersatzteil ein. Das setzt nun den eigentlichen Code außer Betrieb. Dann wird das Lenkradschloss aufgebrochen und das Auto weggefahren.«

Merkwürdige Einbrüche in Kfz-Werkstätten

In letzter Zeit häufen sich Meldungen über merkwürdige Einbrüche in Kfz-Werkstätten, bei denen die Täter überwiegend Mitglieder organisierter polnischer Banden sind. So meldete die Polizei von Freising am 21. Juni 2003: »Unbekannte Täter brachen [...] in der Rudolf-Diesel-Straße in eine BMW-Werkstätte ein. Sie entwendeten dabei einen Funk-Diagnoseknopf sowie einen Bordmonitor für einen neuen BMW der 7er-Serie. Der Beuteschaden liegt bei ca. 7500 Euro. Der Sachschaden beläuft sich auf etwa 1000 Euro. Nach dem derzeitigen Ermittlungsstand der sachbearbeitenden Kripo Erding traten die Unbekannten gewaltsam eine Scheibe des Garagenrolltores zur Werkhalle auf und suchten zielgerichtet nach den High-Tech-Geräten. Weitere wertvolle Werkzeuge ließen sie unbeachtet.«

Der Diebstahl von Kfz-Diagnosegeräten ist für die Ermittler inzwischen keine Neuheit mehr. Schaut man sich einmal bundesweit bei deutschen Polizeidienststellen um, so kommt man leicht auf mehr als tausend seit dem Sommer 2002 in Deutschland gestohlene Kfz-Diagnosegeräte. Es handelt sich also um eine bundesweite Diebstahlsserie, weshalb die Verantwortlichen der Autohäuser auch dringend ersucht wurden, diese elektronischen Geräte so gut wie möglich vor dem Zugriff Unbefugter zu schützen. Und der Grund, warum sie vorwiegend von polnischen Diebesbanden gestohlen werden, liegt auf der Hand: Mit ihnen können innerhalb von weniger als zwei Minuten die Wegfahrsperren außer Kraft gesetzt werden. Die in Deutschland gestohlenen Diagnosegeräte werden dann auch auf Schwarzmärkten in Polen, Ungarn und Moskau angeboten – für weniger als 250 Euro.

»Eine hundertprozentige Sicherung gegen Diebstahl kann kein System garantieren«, schreiben inzwischen selbst die Verantwortlichen des Audi-Zentrums Hannover auf ihrer Internet-Homepage zur Wegfahrsperre: »Mit hoher krimineller Energie kann es in Einzelfällen auch gelingen, die elektronische Wegfahrsperre zu überwinden.«

Diese »hohe kriminelle Energie« führt wohl auch dazu, dass heute in Deutschland zwar weniger Autos als früher gestohlen, die gestohlenen Autos aber im Schnitt immer teurer werden. Erstmals seit vielen Jahren werden auch wieder mehr Porsche gestohlen – mit Wegfahrsperre (+ 9,6 im Jahr 2002). Spitzenreiter der »Klau-Hitliste« nach Modellen ist der BMW X 5. Rekordverdächtig: Jeder fünfundzwanzigste BMW X5 4.4 wurde gestohlen und mit durchschnittlich fast 50 000 Euro entschädigt. In vielen Fällen wird ein bandenmäßiges Vorgehen vermutet, und vor allem die hochwertigen Fahrzeuge finden über den Transitweg Polen auch heute noch zu Tausenden Abnehmer im ehemaligen Ostblock.

Trotzdem tun sich die Landeskriminalämter und Innenminister in vielen Bundesländern anscheinend immer noch schwer damit, die Herkunft der Täter öffentlich zu benennen. Das »Kriminalitätslagebild Berlin/Brandenburg 2002« bildet hier eine Ausnahme. Im Anhang – »Einzelfälle aus dem Bereich der Organisierten Kriminalität« – wird sogar die Arbeitsteilung etwa zwischen polnischen, litauischen und deutschen Tätern geschildert, die beispielsweise in den Parkhäusern am Flughafen Berlin-Tegel ihr Unwesen trieben: »In dem Verfahren konnten durch Durchsuchungen an mehreren Orten letztendlich 17 im gesamten Bundesgebiet entwendete Fahrzeuge identifiziert werden. Die arbeitsteilige Vorgehensweise bestand darin, dass die deutschen Täter die Garagen zur Verfügung stellten, die polnischen Täter die Fahrzeuge beschafften und manipulierten und ein litauischer Täter sie nach Russland an die dortigen Auftraggeber überführte. Der durch die Diebstähle in Deutschland entstandene Schaden wird auf ca. 1,5 Millionen Euro geschätzt. In Russland dürfte mit dem Verkauf der Wagen ein Gewinn von rund 1,3 Millionen Euro erzielt worden sein (beim Verkauf der gestohlenen Fahrzeuge wird nahezu der Neuwert erzielt).«

Prominentestes Opfer der polnischen Auto-Mafia war im Jahr 2003 der Schlagerbarde Dieter Bohlen. Am 20. Oktober stiegen Einbrecher über die Gartenmauer auf Bohlens Grundstück in Tötensen und wandten sich zielstrebig dem teuren Geländewagen (BMW X5, Neupreis 78 000 Euro) zu. Als sie bemerkten, dass kaum noch Benzin in dem Fahrzeug war, brachen sie die Tanks der anderen dort abgestellten Fahrzeuge auf und zapften mittels Gartenschlauch und Gießkanne Sprit ab.

Glück im Unglück für Dieter Bohlen: Bei einer Kontrolle fand die Polizei den Geländewagen: »An der polnischen Grenze haben die einen LKW gestoppt und am Zoll geröntgt. Und was war da wohl hinten drin – das Auto von Bohlenski …! Da habe ich noch mal Schwein gehabt«, sagte der Musikproduzent der *Bild*-Zeitung.

Am 15. Dezember 2003 folgte dann ein weiterer Einbruch bei Dieter Bohlen – offenkundig hatte sich in einschlägigen Kreisen herumgesprochen, dass in seinem Haus reiche Beute zu erwarten war. Während der Pop-Musiker im Fernsehen auftrat, räumte die Diebesbande seine Villa in Tötensen nahezu vollständig aus: »Ich habe jetzt nix mehr. Das ist so deprimierend. Estefania und ich – wir sind nur noch traurig«, sagte Bohlen der *Bild*-Zeitung. »Die haben alles mitgenommen. Meine Gemälde, meine Uhrensammlung, der Computer mit allen Daten, Geld, der ganze Schmuck von Estefania.« Zumindest der Geländewagen, Estefania Küsters Spielzeug, tauchte allerdings einen Tag später wieder auf – in der Heide. Ein Zeuge hatte den Wagen im Heideort Undeloh entdeckt und den Fund der Polizei gemeldet. Der Jeep stand »unversehrt und abgeschlossen« am Straßenrand. So bekamen Bohlen und Estefania immerhin das Auto zurück, in dem die mutmaßlich osteuropäischen Diebe Teile ihrer Beute abtransportiert haben sollen.

Nicht selten spielt auch Versicherungsbetrug bei der Beschaffung von Fahrzeugen eine wichtige Rolle. Im »Kriminalitätslagebild Berlin/Brandenburg 2002« heißt es dazu über eine von polnischen Tätern beherrschte OK-Gruppe aus Berlin, die vor allem Audi, Mercedes, Volkswagen und Multivans nach Osteuropa verschoben haben: »Die Täter gingen dabei zumeist wie folgt vor: Die Wagen wurden gestohlen und ausgeschlachtet. Die restlichen Wracks wurden im Berliner Umland (Land Brandenburg) ›abgestellt‹, und zwar regelmäßig in einem Bereich eines bestimmten Autoverwertungsbetriebes. Der deutsche Besitzer des Unternehmens war voll in die Machenschaften verwickelt. Nachdem dann die Fahrzeugreste ›gefunden‹ und von der jeweiligen Versicherung freigegeben worden waren, kauften die polnischen Täter von dem Autoverwerter die Karossen samt Fahrzeugpapieren zurück, um anschließend die zuvor demontierten Teile wieder einzubauen. Somit erlangten sie letztendlich Fahrzeuge, die sie ›legal‹ in das osteuropäische Ausland verbringen konnten. Bislang wurden 37 Diebstahlstaten gezählt, der entsprechende Schaden beläuft sich auf mehr als 1 Million Euro.«

Über eine besondere Masche der Autodiebe berichtete am 17. Januar 2004 die *Frankfurter Rundschau* unter der Überschrift »Luxuskarosse gegen Altauto«: Dabei wurden geringwertigere Wagen im Stadtgebiet gestohlen, um als »Ticketbeschaffer« für Parkhäuser am Flughafen zu dienen. Dort knackten die Autoschieber teure Wagen von Mercedes-Benz, Audi oder BMW, ließen das erste Auto stehen und türmten mit dem Luxuswagen. Während der mutmaßliche Bandenchef Bogdan L. noch flüchtig war, muss sich nun Tomasz Z. als einer von sechs Komplizen vor Gericht verantworten.

Halsbrecherische Flucht

Wie brutal es bei Autodiebstählen mitunter zugeht, können wir einer Mitteilung des Zolls in Dresden vom 11. April 2003 entnehmen: »Gestern gegen 15.30 Uhr wollte eine Streife des Zollkommissariats Görlitz im Bereich Skerbersdorf/Sagar ein Fahrzeug überprüfen. Die durchgeführte Kennzeichenabfrage ergab, dass der BMW der 7er-Reihe als gestohlen gemeldet war. Daraufhin stoppte die Zollstreife das Fahrzeug. Der Fahrer des PKW reagierte jedoch nicht auf die Haltesignale der Beamten und versuchte zu entkommen. Beim Wenden seines Wagens vor dem Dienstfahrzeug vom Typ Opel-Frontera rammte er diesen mehrfach. Dadurch konnte sich der BMW kurzzeitig mit stark überhöhter Geschwindigkeit dem Sichtkontakt der Beamten entziehen, wurde aber durch die eingeleitete Sofortfahndung von einer anderen Zollstreife in unmittelbarer Nähe des Truppenübungsplatzes ›Oberlausitz‹ gesehen. Auf seiner Flucht rammte der BMW auch ein unbeteiligtes, am Straßenrand parkendes Auto, das dabei leicht beschädigt wurde. Das Fluchtfahrzeug wurde letztendlich in einem angrenzenden Waldgebiet nördlich des Truppenübungsplatzes ›Oberlausitz‹ gestellt. Dabei rammte der BMW den Opel-Frontera noch einmal mit hohem Tempo. Das Fahrzeug des Zolls wurde schwer beschädigt und ein Zollbeamter an der Schulter verletzt. Der gestohlene BMW fuhr durch den Aufprall mit dem Streifenfahrzeug in der Folge gegen einen Baum und fing sofort Feuer. Der Fahrer konnte sich aus dem Auto retten und versuchte zu Fuß zu flüchten. Den Zollbeamten gelang es, den Täter zu stellen und vorläufig festzunehmen. Über Funk wurden Lösch- und Rettungskräfte angefordert, da weitere Verletzungen durch die Unfälle nicht ausgeschlossen werden konnten und das Tatfahrzeug selbst gelöscht werden musste, um einen Übergriff auf den Wald zu verhindern. Bei dem Täter handelt es sich um einen 25-jährigen polnischen Staatsangehörigen, der der Landespolizei übergeben wurde.«

Noch spektakulärer verhielten sich drei junge Polen aus dem Umfeld von Autoschiebern und polnisch-russischer Automafia, die im August 2003 vom Landgericht Bayreuth zu langjährigen Haftstrafen verurteilt wurden. Zwölf Monate vor der Gerichtsverhandlung lernte der im Jahr 1976 im polnischen Bogatynia geborene Grzegorz W. in

Polen einen Mann aus Russland kennen, der sich Sergej nannte. Sergej gab ihm ein Darlehen in Höhe von 2000 Zloty. Im Oktober 2002, zu einem für W. überraschenden Zeitpunkt, forderte er dann die Rückzahlung des Darlehens. Als W. erklärte, er könne nicht zahlen, bot Sergej an, W. könne seine Schulden auch abarbeiten, indem er in Deutschland Fahrzeuge im Auftrag des Sergej übernehme und an die polnische Grenze fahre, wobei es einfach »nicht gut« sei, weitere Fragen zu stellen. W. erklärte sich damit einverstanden und wurde am 22. November 2002 von Sergej zu einem Parkplatz in Nürnberg gebracht, wo dieser ihm einen VW-Golf übergab, der in der Nacht zuvor in Rückersdorf aufgebrochen und gestohlen worden war. W. ahnte gleich, dass das Fahrzeug wohl gestohlen war. Nachdem Sergej ihn mit dem VW-Golf zurückgelassen hatte, kamen auch der 1974 im polnischen Zary geborene Dariusz B. und der 1978 im polnischen Gryfoni geborene Rafal S. auf den Parkplatz. Sie saßen in einem Audi A 6, der zuvor im Großraum Berlin gestohlen und ihnen von Sergej in Weißwasser übergeben worden war. B. und S., die von dem Diebstahl wussten, hatten den Audi mit den nicht für dieses Fahrzeug ausgegebenen amtlichen Kennzeichen SC-P 2690 versehen, das sie in Schwabach von einem Volkswagen abmontiert hatten. In dem Audi A 6 befanden sich auch Autoradios, CD-Wechsler und Verstärker, die B. und S. zuvor bei Autoaufbrüchen gestohlen hatten. Das Treffen zwischen S., B. und W. hatte Sergej über sein Mobiltelefon organisiert. Gemäß den Absprachen fuhr W. mit dem VW-Golf vom Parkplatz zur A 9 und auf dieser weiter in Richtung Norden, um das Fahrzeug an die polnische Grenze zu bringen und dort an Unbekannte zu übergeben, die es dann über die Grenze schaffen sollten. Am 22. November 2002, gegen 14.15 Uhr, fuhren sie von der Autobahn ab zur DEA-Tankstelle in Plech, Ortsteil Ottenhof. Dort betankten sie den Golf für 39,21 Euro und den Audi A 6 für 76,33 Euro und fuhren mit quietschenden Reifen davon, ohne zu bezahlen. Die Tankstellenangestellte Heidi P. hatte den Vorfall beobachtet, sich die Kennzeichen notiert und sofort die Polizei verständigt. Bei der Weiterfahrt auf der A 9 Richtung Nürnberg bemerkte W. gegen 14.50 Uhr, dass er von einem Polizeifahrzeug verfolgt wurde. Im Bereich der Ausfahrt Gefrees bildete sich ein Stau und der Verkehr wurde auf allen drei Spuren zähflüssig. Nun schalteten die Polizisten Blaulicht und Martinshorn ein. Die Autofahrer bildeten schnell eine Gasse, um das Polizeifahrzeug durchzulassen. W. wollte die Gasse dazu nutzen, um seinen Verfolgern zu entkommen, und fuhr mit hoher Geschwindigkeit zwischen den rechts und links von ihm allmählich zum Stehen kommenden Fahrzeugen hindurch. Michael M., der mit seinem Münchner Audi nicht schnell genug zur Seite fahren konnte, wurde von W. gerammt und brutal zur Seite geschoben. Unmittelbar vor der Ausfahrt Gefrees befand sich auf der rechten Fahrspur Karsten W. mit seinem Ford-Fiesta. Er war W. ebenfalls im Wege, und deshalb rammte W. auch den Fiesta, schob ihn zur Seite und verließ die Autobahn an der Ausfahrt in Richtung Gefrees, ohne sich um die Unfallschäden zu kümmern. Das Fahrzeug des Karsten W. wurde auf der gesamten linken Seite beschädigt. Bei einem Zeitwert von 2300 Euro wurden Reparaturkosten in Höhe von mehr als 5700 Euro verursacht. An dem von Michael M. geführten Audi entstand ein Sachschaden von 3800 Euro. W. wurde kurze Zeit später, als er seine Flucht zu Fuß fortsetzen wollte, von der Polizei gestellt und verhaftet.

Auch B. und S. gerieten derweil in den Stau bei Gefrees und erkannten, dass die Polizei offenkundig nach ihrem Fahrzeug Ausschau hielt. B. fuhr auf der mittleren Fahrspur und sah, dass sich kurz vor der Ausfahrt Gefrees zwischen der rechten und der mittleren Fahrspur eine Gasse bildete. Dort war der Polizeibeamte Sch. in Zivilkleidung mit einem Zivilfahrzeug Ford-Galaxy unterwegs. Unmittelbar an der Ausfahrt Gefrees stellte er den Galaxy am Seitenstreifen ab, ging zwischen die zum Stehen gekommenen Fahrzeuge und hielt nach dem flüchtigen Audi der beiden Polen Ausschau. Das Kennzeichen war ihm bereits über den Polizeifunk mitgeteilt worden. B. sah den Polizeibeamten in Zvil und fuhr auf ihn zu. Dieser zog seine Dienstwaffe und gab vier Schuss auf die Vorderreifen des Audi ab. Eine der Kugeln traf das Fahrzeug, nicht jedoch die Reifen. B. fuhr weiter und zwang den Polizeibeamten, zur Seite zu springen und sein Leben zu retten. Dabei streifte er ihn mit dem rechten Außenspiegel. Danach verließ er die Ausfahrt, hielt an und übergab dem bis dahin auf der Rücksitzbank sitzenden S. das Steuer. Über Marktschorgast rasten sie nun in Richtung Kulmbach. Gegen 15.17 Uhr fuhren sie auf der B 289 von Untersteinach kommend in Richtung Kulmbach. Zwischen der Abzweigung nach Kauerndorf und der Ausfahrt Ziegelhütten befanden sich zwei Streifenwagen der Polizeiinspektion Kulmbach, die über Funk von dem Geschehen auf der Autobahn informiert worden waren und nach dem flüchtenden Audi fahndeten. Nachdem S. am Steuer des Audi die Einfahrt nach Kauerndorf passiert hatte, fuhr hinter ihm einer der beiden Streifenwagen, der von dem Polizisten Sch. gesteuert wurde. Von der Ausfahrt Ziegelhütten in Kulmbach aus fuhr ein anderer Streifenwagen dem Fluchtfahrzeug in Richtung Untersteinach entgegen. Dieser Polizeiwagen stoppte nun vor der Berliner Brücke den Verkehr in Richtung Untersteinach.

Nun ist die B 289 im Stadtbereich von Kulmbach in beiden Fahrtrichtungen relativ breit ausgebaut. Aber es herrschte trübes Wetter mit Nieselregen. Als die Polizisten das ohne Licht fahrende dunkle Fluchtfahrzeug kommen sahen, blockierten sie mit eingeschaltetem Martinshorn die Straße. An der Heckscheibe war ein Leuchtband mit der deutlichen Aufschrift »Stop – Polizei« eingeschaltet. Auf dem Beifahrersitz hielt ein Polizeibeamter eine Maschinenpistole M 5 mit eingelegtem Magazin in der Hand. Der am Steuer des gestohlenen Audi sitzend Pole S. erkannte, dass es eng für ihn wurde, wollte sich der Festnahme aber widersetzen und fuhr bewusst gegen die linke Seite des Polizeifahrzeugs. Mehrfach rammte er das Polizeifahrzeug und versuchte, es in den Straßengraben abzudrängen. Bei dieser Aktion wurde die Maschinenpistole in dem Fahrzeug so unglücklich gegen die Hand eines Polizeibeamten gedrückt, dass diesem der kleine Finger der rechten Hand brach. Unterdessen versuchte S. den Verfolgern zu entkommen. An der Ausfahrt Ziegelhütten verließ er die B 289 und fuhr auf eine rote Ampel zu, vor der in seiner Fahrtrichtung mehrere Fahrzeuge warteten. S. fuhr nun rechts in den Straßengraben und schaffte es, mit hoher Geschwindigkeit an der roten Ampel vorbei durch den Schlamm zu fahren. Auf der weiteren halsbrecherischen Fahrt gab es immer wieder Beinahezusammenstöße mit dem Gegenverkehr. Zweieinhalb Kilometer weiter ließen S. und B. den gestohlenen Audi stehen und flüchteten zu Fuß weiter, wurden jedoch bald von vier Polizeibeamten gestellt und festgenommen. W. wurde zu einer Gesamtfreiheitsstrafe von drei Jahren und fünf Monaten verurteilt, B. erhielt vier Jahre und vier Monate, S. wurde zu mehr als sechs Jahren verurteilt.

Kriminelle Organisationen wie die »Pruszkow-Gang«, die mit Morden, Raubüberfällen, Erpressungen, Drogenhandel und Kfz-Verschiebung in Europa zweifelhafte Berühmtheit erlangte, haben keinen Mangel an Nachwuchs. Nach einer Studie des Kriminologen Tadeusz Hanausek von der Universität Krakau können sich sieben Prozent der jungen Polen zwischen 15 und 29 Jahren vorstellen, Berufskriminelle zu werden. Die hohe Arbeitslosigkeit unter den Jugendlichen begünstigt die Situation. Dabei beschränken sich die kriminellen Banden nicht auf den Kfz-Diebstahl. Auftragsmord, Zigarettenschmuggel, Raubüberfälle und Rauschgifthandel bilden bei vielen dieser Gruppen eine unheilige Allianz.

Seitdem Polen EU-Mitglied werden will, nahm die Polizei eine Reihe von Mitgliedern großer krimineller Organisationen fest. So wurden in Warschau fünf Polizisten der Abteilung zur Bekämpfung der Kfz-Diebstähle verhaftet. Sie standen im Verdacht, mit der »Pruszkow-Gang«, dem polnischen Gegenstück der italienischen Cosa Nostra, zusammengearbeitet zu haben. In Polizeigewahrsam kam auch der Leiter der Kfz-Diebstahl-Bekämpfungsabteilung. Die korrupten Beamten sollen den Kriminellen Tipps gegeben, Polizeiuniformen verkauft und die Unterwelt auch auf andere Weise unterstützt haben.

Ein besonders großer Fisch ging den Ermittlern am 7. Mai 2001 ins Netz: Aleksander Gawronik, bis zum Jahr 1997 polnischer Senator und einer der reichsten Männer Polens, wurde verhaftet. Zuvor hatten die Fahnder des Zentralen Ermittlungsbüros (CBS) der Warschauer Polizei den mächtigen Mann tagelang observiert. Dann schnappte die Falle zu.

Der im Jahr 1948 geborene Mann war am 16. März 1989 über Nacht reich geworden. An jenem Tag wurde das polnische Devisenrecht liberalisiert. Gawronik eröffnete mit einem Schlag entlang der deutsch-polnischen Grenze eine Kette von Wechselstuben. Schon ein Jahr später nahm er auf der Liste der reichsten Polen den ersten Platz ein. Unaufhaltsam ging es für ihn die Karriereleiter hinauf, obwohl es immer wieder Menschen gab, die ihn in die Nähe der Organisierten Kriminalität rückten. Niemand konnte damals beweisen, dass Gawronik mit seinen Wechselstuben nur deshalb Erfolg hatte, weil er vorzeitig über die Gesetzesänderung zur Liberalisierung des Devisenrechts informiert worden war.

Gawronik, in den Neunzigerjahren auch im Tankstellen-, Speditions- und Versicherungsgeschäft tätig, ein »Pate« der Organisierten Kriminalität in Polen?

Wer mochte schon glauben, dass Verbrecher bis in die höchsten Reihen der Politik Kontakte, ja sogar einen Sitz im Senat, hatten?

Im Jahr 1993 wurde zum ersten Mal Anklage wegen der Aneignung von Gemälden gegen ihn erhoben – was ihn kaum stören konnte, da seine parlamentarische Immunität nicht aufgehoben wurde. Bei seiner Festnahme im Mai 2001 sah es jedoch schlimmer für ihn aus. Dieses Mal lauteten die Vorwürfe »Steuerbetrug« und »Mitwirkung an einer Gruppierung der Organisierten Kriminalität«. Am 22. August 2003 wurde der Prozess gegen ihn und weitere 26 Angeklagte in der westpolnischen Stadt Slubice eröffnet. Vorgeworfen wird Gawronik nun, den Staat bei falsch abgerechneten Ausfuhrgeschäften mit Zigaretten um acht Millionen Zloty Mehrwertsteuer (mehr als zwei Millionen Euro) geprellt und einen Kredit über sieben Millionen Zloty erschwindelt zu haben.

Aleksander Gawronik dürfte also wohl mehr als nur irgendeine Randfigur der kriminellen »Pruszkow-Gang« gewesen sein. Immerhin war er mit dem Chef dieser Gang, Andrzej Kolikowski (Pseudonym »Pershing«), befreundet gewesen, der Ende 1999 im Wintersportort Zakopane zwischen dem Kasprowy-Hotel und seinem silbermetallicfarbenen Mercedes auf offener Straße erschossen wurde. Ermordet hatte ihn der 34 Jahre alte Schlesier Ryszard B., der im Juli 2003 dafür zu 25 Jahren Haft verurteilt wurde und zuvor sein Geld mit dem Diebstahl von Luxuslimousinen in Deutschland verdient hatte.

Wohin man auch blickt, überall im Umkreis der »Pruszkow-Gang« findet sich eine Blutspur. Die Organisation wurde nach einer 30 Kilometer südwestlich von Warschau gelegenen Stadt benannt, in der im Jahr 1944 ein Durchgangslager für hunderttausende zwangsevakuierter Warschauer errichtet worden war. Nach Erkenntnissen der polnischen Behörden hat sie Verbindungen nach Deutschland, Österreich, in die Schweiz, in die Vereinigten Staaten von Amerika, nach Italien, Frankreich und Spanien sowie zu Drogenorganisationen in

Südamerika, Asien und Afrika. Ein weltumspannendes Unternehmen also: globalisierte Kriminalität. Zudem hat die Organisation Verbindungen bis in die höchsten Kreise von Politik, Wirtschaft und Gesellschaft. Sogar der frühere polnische Staatspräsident Lech Walesa musste sich von den Medien vorwerfen lassen, er habe während seiner Amtszeit Anfang der Neunzigerjahre fünf Mitglieder der »Pruszkow-Bande« begnadigt, unter ihnen einen gefährlichen Kriminellen, dessen Spitzname »Nachtigall« leicht darüber hinwegtäuschen könnte, dass es sich bei ihm um einen Mann der Organisation handelte, dem ein Toter mehr oder weniger nichts ausgemacht hätte.

Eine andere Blutspur führt zu dem inzwischen ebenfalls nicht mehr unter den Lebenden weilenden Jeremiasz Baranski. Der machte einerseits kriminelle Geschäfte mit der »Pruszkow-Gang« und arbeitete zugleich als V-Mann für das deutsche Bundeskriminalamt, die österreichische Polizei, den britischen Auslandsgeheimdienst MI-6 und die polnische Polizei. Sie alle tolerierten die schmutzigen Geschäfte des Mannes, bis sie dann nicht mehr zu tolerieren waren, weil es sich bei einem Getöteten immerhin um einen ehemaligen ranghohen Politiker handelte.

Mittwoch, 11. April 2001: Der frühere polnische Sportminister Jacek Debski verlässt gegen halb elf Uhr abends in Begleitung einer jungen Frau – der »kontaktfreudigen« Inka – das Lokal »Casa Nostra« in Warschau. Wie aus dem Nichts taucht aus dem Dunkel ein unbekannter Mann auf, tritt hinter den früheren Minister und schießt ihm mit einer Pistole vom Kaliber neun Millimeter in den Kopf. Debski fällt tödlich getroffen auf den Gehsteig und verblutet. Die mit ihren langen schwarzen Haaren ausnehmend hübsche Begleiterin, die im bürgerlichen Leben eigentlich Halina G. heißt, flüchtet.

Der mit einem Stück Blei niedergeschossene Debski hatte im Jahr 2000 zurücktreten müssen, nachdem er bekannt gegeben hatte, dass er von anderen Politikern »erpresst« worden sei, in seinem Ressort belastende Argumente gegen Staatspräsident Aleksander Kwasniewski zu finden. (Kwasniewski war während der kommunistischen Ära ebenfalls Sportminister gewesen.) Polnische Medien berichteten damals, Debski habe einer Frma im Dunstkreis der »Pruszkow-Bande« zugesagt, den Zuschlag für den Bau einer Hotelanlage in Warschau zu verschaffen. Dafür habe der ehemalige Minister zwar ein üppiges

»Honorar« kassiert, dieses aber nicht zurückzahlen wollen, als es ihm misslang, den Auftrag zu vermitteln.

Donnerstag, 5. Juli 2001: Beamte des niederösterreichischen Gendarmerieeinsatzkommandos (GEK) halten in Gramatneusiedl ein Fahrzeug an und verhaften mit einem Haftbefehl des Landesgerichts Wien den 55 Jahre alten Jeremiasz Baranski. Wenig später werden sechs Häuser und Wohnungen nach belastenden Unterlagen durchsucht. Jeremiasz Baranski, ein gebürtiger Pole, der seit zwanzig Jahren in Österreich lebt und längst die österreichische Staatsbürgerschaft angenommen hat, wird beschuldigt, den Mord an Jacek Debski in Auftrag gegeben zu haben – seinem Cousin und Geschäftspartner. Ihr letztes Geschäft – der umstrittene Bau der Hotelanlage in Warschau – endete im Streit um 400 000 Dollar. Auf Rache sinnend, hatte Baranski von Wien aus per Mobiltelefon eine nächtliche Begegnung Debskis mit der 28 Jahre alten »Inka« arrangiert. Diese Frau hatte das, was man eine schwere Kindheit nennt, hinter sich und ließ sich von dem doppelt so alten väterlichen Baranski gern umarmen und aushalten. Und Baranski sorgte bei dem sorgsam arrangierten Treffen auch gleich für einen einprägsamen »Knalleffekt«, indem er neben der inzwischen wegen Beihilfe zum Mord zu acht Jahren Gefängnis in Polen verurteilten »Inka« auch noch den Debski-Mörder Tadeusz Maziuk vor das Warschauer Lokal »Casa Nostra« bestellte.

Die Verhaftung des polnisch-österreichischen »Geschäftsmannes« und Honorarkonsuls eines zentralafrikanischen Staates, mit den besten Beziehungen zu Geheimdiensten, Politik und der »Pruszkow-Gang«, wurde in österreichischen Medien als ein Beispiel dafür gefeiert, wie man die Organisierte Kriminalität grenzüberschreitend erfolgreich bekämpfen könne. Schon zwei Monate vorher, am 2. Mai 2001, hatten Beamte der Wiener Einsatzgruppe Alarmabteilung (Wega) in der österreichischen Hauptstadt den 34 Jahre alten Zbigniew W. festgenommen. Der Pole, ein Bekannter von Jeremiasz Baranski, soll ebenfalls seit 1990 der »Pruszkow-Gang« angehört haben. Polnische Fahnder mutmaßten schon lange, dass Jeremiasz Baranski der Österreich-Resident dieser größten kriminellen Vereinigung Polens war.

Die heimlichen Ermittlungen gegen Baranski, der sich im Mai 2003 in Wien das Leben nahm, begannen schon im Dezember 2000.

In jenem Monat stellten Beamte der österreichischen Einsatzgruppe zur Bekämpfung der Organisierten Kriminalität (Edok) und Beamte der Kriminalabteilung Niederösterreich 110 000 Ecstasy-Tabletten aus polnischer Produktion sicher und verhafteten einige Hintermänner der Rauschgiftschmuggler. Die Edok-Fahnder hatten zuvor einen Scheinkauf eingefädelt. Neben den Ecstasy-Tabletten stellten sie in einem Kellerlokal auch Kanister mit 64 Litern der Ecstasy-Vorläufersubstanz PMA sicher. Daraus hätte man eine halbe Million weitere Ecstasy-Pillen erzeugen können.

Kopf der Gruppe in Wien und zuständig für den Ecstasy-Handel soll ein 61 Jahre alter Pole gewesen sein. Der war auch deutschen Dienststellen nicht unbekannt: Der kriminelle Pole wurde im Jahr 2000 in Deutschland verurteilt, weil er im Entführungsfall Jan Philip Reemtsma Teile des Lösegeldes (300 000 Schweizer Franken) »gewaschen« hatte. Für die Geldgeschäfte der Ecstasy-Bande war ein Russe zuständig. In dessen Wohnung fanden die Ermittler am 8. Dezember 2000 Devisen aus siebzehn Währungen, insgesamt fast 90 000 Euro. Die anderen acht Festgenommenen gehörten zum zentralen Management der Organisation. Sie dirigierten die Transporte der Vorläufersubstanz von Rumänien nach Polen, teilweise über Wien, und organisierten die Auslieferung der Ecstasy-Tabletten aus den polnischen Labors. Zur Jahresmitte 2000 gab es in diesem Zusammenhang die ersten Zugriffe der Polizei. Sicherheitskräfte beschlagnahmten an der rumänisch-ungarischen Grenze eine PMA-Lieferung, die von Rumänien nach Polen erfolgen sollte.

Besonders schlimm war der Fall, weil die Wirkung der Ecstasy-Grundsubstanz PMA durch den Rechenfehler eines polnischen Chemikers, eines Universitätsprofessors, falsch gemischt worden war. Die Tabletten hatten deshalb eine viel zu hohe – nicht selten tödliche – Wirkung. Das war den Bandenmitgliedern natürlich auch aufgefallen. Sie standen nun vor der Wahl, das produzierte PMA im Handelswert von rund 58 Millionen Euro zu vernichten oder aber das tödliche Risiko für ihre Kunden in Kauf zu nehmen. Die Schwerstkriminellen entschieden sich für das Geschäft. In Österreich, den USA, Deutschland, Dänemark und Polen starben mindestens zwei Dutzend Menschen nach dem Konsum solcher Tabletten.

Eine Woche nach den Verhaftungen in Österreich schlugen dann auch die Ermittler in Polen zu: Sie hoben Labors in Kielce, Skarzysko und Blizyn aus. In Kielce verhaftete man auch den für die falsche Berechnung der tödlichen Pillen zuständigen Universitätsprofessor. Es war ein klassischer Fall der Organisierten Kriminalität: Dieser Teil der »Pruszkow-Gang« hatte die Arbeitsvorgänge strikt aufgeteilt, war hierarchisch organisiert, arbeitete international und machte Profite wie ein Industrieunternehmen.

Mitte der 1990er-Jahre warnte das polnische Magazin *Wprost* vor dem »Angriff der internationalen Drogenkartelle auf Polen«. Die Haupttransitrouten von Südamerika, Afrika und Afghanistan nach Europa führten schon damals durch Polen. Ins Land hinein kamen vor allem Marihuana, Haschisch, Kokain und Heroin. Die Kilo-Pakete wurden in Polen in kleinere Portionen geteilt und dann weiter nach Westeuropa geschmuggelt. Die polnische Polizei vernichtete damals zwar heimische Mohn- und Hanfplantagen. Doch es entging ihr, dass im ganzen Land Labors entstanden, die synthetische Drogen herstellten. Auch das südliche Ostpreußen wurde zunächst zum Transitland der Drogenkartelle, die ihre Produkte aus der Türkei und Afghanistan über Polen nach Westeuropa schmuggelten. Diese noch immer bestehende Route des weißen Todes wird in Polen von mehr als tausend Kurieren bedient, die mit mehr als zweihundert legal arbeitenden Firmen verbunden sind. Die Kuriergruppen sind Glieder weltweiter Netze mit Kontakten sowohl zur Russenmafia als auch zu den Kartellen des kolumbianischen Medellin. Innerhalb Polens stellen junge Arbeitslose die weit überwiegende Gruppe der Kuriere.

Vom Ort Nikolaiken aus suchte die »Pruszkow-Gang« unlängst den ostpreußischen Markt für Drogen und Schutzgelderpressungen zu erobern. Die örtlichen Verhältnisse waren den Gangstern aus Pruszkow gut bekannt – verbringen doch etliche führende Bandenmitglieder dort immer wieder ihren Urlaub: »mit Vorliebe im einzigen Luxushotel am Platze«, wie die *Ostpreußenzeitung* vermerkte.

Zuerst kamen legal im Land lebende Syrer in den Ort und schufen die nötige Infrastruktur. Mohammed A. eröffnete zum Beispiel in Nikolaiken eine Diskothek und ein Restaurant. Dann wurden in der ortsansässigen Kriminellenszene Anwerbeversuche mit solcher Brutalität betrieben, dass sich die drangsalierten Kleinstadtgangster an die Polizei wenden mussten und so für eine unverhoffte Verhaftungswelle sorgten.

Raymond Kendall, Generalsekretär von Interpol, machte schon vor längerer Zeit deutlich, wie gefährlich die Entwicklung Polens zu einer Drehscheibe des Drogenhandels ist. Das Land versorgt inzwischen ganz Europa mit synthetischen Drogen. Zugleich ist es zu einem bedeutenden Konsumenten geworden. Polnische Banden vom Schlage der »Pruszkow-Gang« sind in die internationalen Rauschgiftkartelle eingestiegen, die von der Ostseeküste aus den Transit nach Skandinavien organisieren und von Pruszkow bei Warschau aus den Amphetaminhandel Europas beherrschen.

Am 15. Juli 2002 teilte die polnische Regierung über ihren Sicherheitsdienst ABW (Agencja Bezpieczenstwa Wewnetrznego) einer erstaunten Öffentlichkeit mit, dass man zehn Menschen verhaftet habe, die der Komplizenschaft mit einem nigerianischen Rauschgiftkartell verdächtigt würden. Dabei sollen polnische Frauen dazu missbraucht worden seien, Kokain aus Lateinamerika nach Spanien und in die Niederlande zu schmuggeln. Dieser Vorfall zeigt die Bemühungen polnischer OK-Gruppen um Diversifizierung ihrer Geschäfte. Dabei ist der Rauschgifthandel zwischen Polen und Südamerika nicht neu. In einem anderen Fall wurden mehr als vierzig Personen festgenommen, die zwischen den Jahren 1994 und 2000 mehr als 2,5 Tonnen Kokain nach Polen eingeschmuggelt haben sollen. Einer der Angeklagten war damals Leszek D. alias »Walka«, einer der Bosse der »Pruszkow-Gang«. Nach Angaben des US-amerikanischen Außenministeriums sind von den vierhundert bekannten OK-Gruppen in Polen nur drei groß im Geschäft mit dem Rauschgifthandel. Eine davon ist weiterhin die »Pruszkow-Gang«.

Offenbar hat sich diese Gruppierung seit langem besonders sorgfältig auf die Mitgliedschaft Polens in der EU vorbereitet. Mit dem Import junger Mädchen aus Bulgarien, Rumänien und Russland, die sie dann als Zwangsprostituierte in die Bordelle der alten EU-Staaten verkaufen, knüpften sie auch im Rotlichtmilieu ein dichtes Netz von Kontakten quer durch Europa. Bis zu 15 000 Mädchen im Alter zwischen 16 und 20 Jahren werden zumeist von der »Pruszkow-Gang« alljährlich zunächst nach Polen eingeschleust. Die den Behörden vorliegenden Zahlen sind selbstverständlich tatsächlich wesentlich niedriger, weil sich kaum eine der Frauen bei der Polizei meldet – müsste sie dann doch zu allem Überfluss auch noch befürchten, wegen illegaler Einreise in Polen angeklagt zu werden.

Die »Wolomin-Mafia«

Einer der größten Rivalen der »Pruszkow-Gang« ist die »»Wolomin-Mafia««. Seitdem die polnische Polizei führende Mitglieder dieser Gruppierung verhaftete, hieß es immer wieder, sie sei »zerschlagen«. Die Erkenntnisse des Bundesnachrichtendienstes, amerikanischer Behörden wie auch von Europol sprechen indes eine andere Sprache. Henryk N. (Spitzname »Dziad«) war der Leiter des Amphetamin-Rauschgiftrings von Wolomin. Wie auch sein Bruder Wieslaw N. machte er mehrfach Bekanntschaft mit polnischen Gefängnissen, nachdem am 20. September 1995 nahe Warschau in Wola Kerczewska die bis dahin größte Amphetaminfabrik der polnischen Mafia entdeckt worden war. Wegen anderer Verbrechen war Wieslaw N. zuvor schon in Deutschland festgenommen und nur gegen eine Kaution von 50 000 D-Mark freigelassen worden. Statt sich den Behörden zur Klärung der Anschuldigung zur Verfügung zu halten, floh er mit falschen Papieren nach Polen, wurde dort aber gleich wieder wegen illegalen Waffenbesitzes und gefälschter Ausweispapiere festgenommen.

Im Jahr 1999 – angeblich war die Gruppe schon längst zerschlagen – nahm die Polizei in Lodz, der zweitgrößten Stadt Polens, neun Männer der Warschauer »Wolomin-Mafia« unter dem Vorwurf fest, reiche Geschäftsleute erpresst zu haben. Sie hatten die wohlhabenden Männer angesprochen und ihnen mitgeteilt, dass diese auf einer Liste zum Tode Verurteilter stünden, sich aber für Devisenzahlungen von bis zu 20 000 US-Dollar von dem Todesurteil freikaufen könnten. Um ihrem Ansinnen Nachdruck zu verleihen, fuhren sie schon mal an den Villen ihrer Opfer vorbei und feuerten aus Maschinenpistolen in das Mauerwerk.

Der Führer der »Wolomin-Mafia«, Jacek K. (Spitzname »Klepak«), starb indes am 18. August 2000 so, wie er es eigentlich seinen Opfern stets versprochen hatte: Er wurde von einem Mitglied einer rivalisierenden Gruppe, einem Weißrussen mit dem Spitznamen »Der Wolf«, exekutiert. Das 32 Jahre alte Opfer saß gerade in einer Bar im masurischen Ferienort Mikolajki, wo er Geld investieren wollte, als er von mehreren Dutzend Kugeln getroffen wurde. Nach der Hinrichtung konnte der Täter das Lokal unbehelligt verlassen. Auf der Straße erschoss er dann noch einen 33 Jahre alten Polizisten, der vermutlich die Schüsse gehört hatte und zu dem Lokal geeilt war.

Hammerhart: Die »Koszalin-Bande«

Etwa 100 000 Einwohner zählt die in Westpommern gelegene polnische Stadt Koszalin (Köslin). Neben Kolobrzeg (Kolberg) ist es die wichtigste Stadt in der Ostseeregion zwischen Stettin und Danzig. Sechs Kilometer vom Ostseeufer entfernt herrscht ein nicht eben sonniges Klima, das selbst im August die Durchschnittstemperatur nur auf 16,2 Grad bringt. Hotels wie das »Arka« oder »Gromada-Arka« haben ebenso wie die einst bei Touristen beliebte Schmalspurbahn, die am 15. September 2001 ihren Dienst einstellte, auch schon bessere Zeiten gesehen. Von der allgemeinen Aufbruchstimmung, die Polen mit dem EU-Beitritt beflügelt hat, ist hier (noch) nicht allzu viel zu spüren. Ein ruhiges Städchen sei Koszalin, sagt die polnische Polizei. Ein ganz normaler Kurort. Einwohner sehen das anders und behaupten, es sei leicht, hier Jugendliche für einen Raubzug in Deutschland anzuheuern.

In tausenden Aktenordnern kann man bei deutschen Polizeidienststellen den Hinweis auf die »Koszaliner Hammerbande« nachlesen. Es ist eine wenig erbauliche und mitunter skrupellos-brutale Geschichte, die Koszalin und Deutschland miteinander verbindet. Die Räuber aus der hinterpommerschen Stadt gehen in deutschen Geschäften immer gleich vor: Einer von ihnen hält mit der Pistole Kundschaft und Verkäufer in Schach, der andere zerschlägt mit einem Hammer oder Beil die Glasscheiben der Vitrinen und rafft blitzschnell möglichst viel teure Ware zusammen. Allein in Berlin wurden bislang mehr als zwanzig Juweliere von der Koszaliner Hammerbande heimgesucht. Aber von einer »Bande« dieses Namens will die polnische Polizei in Koszalin beim Gespräch mit Journalisten angeblich noch nie etwas gehört haben. Deutschen Journalisten, die hartnäckig nachfragen, schlägt eher Empörung über die unverschämte Frage entgegen. Anders Andrzej Blasczyk, Staatsanwalt in Koszalin, der die epidemieartigen Raubzüge aus seiner Stadt nach Deutschland »Kösliner Hammerpest« nennt.

In Koszalin gibt es reichlich arbeitslose Jugendliche, die für Hintermänner in Warschau und anderen polnischen Städten gern ein paar Tage nach Deutschland fahren und für einen Beutezug, der kaum drei Minuten dauert, ordentlich abkassieren. Die fünf oder sechs Kilogramm geraubter Luxusuhren werden in präparierten Kotflügeln und Autotüren über die Grenze gebracht. Spätestens nach fünf Stunden sind die Täter wieder daheim und feiern ihren Beutezug auf der »Straße des Sieges«, in der Brauerei »Brok« oder in der »Ritterschänke«. Früher verkauften sie ihre Beute noch selbst auf den vielen kleinen Ramschmärkten entlang der deutsch-polnischen Grenze. »Jumacy« nannte man das. Doch »Jumacy« – abgeleitet von »jumac« (einem umgangssprachlichen Ausdruck für »in Deutschland klauen und in Polen verkaufen«) ist gefährlich geworden, seitdem die Polizei ihr Augenmerk auf diese Märkte gerichtet hat. Heute wird dort nur noch billiger Ramsch aus Fernost verkauft – und die Hehlerware aus Deutschland geht an die Hintermänner der Banden in Warschau.

Nicht immer machen sich die Täter freiwillig auf den Weg. Als die Stuttgarter Polizei ein Mitglied der Hammerbande schnappte und verhörte, berichtete der Mann, wie er in Polen zu den Überfällen gezwungen wurde: »Plötzlich standen zwei Männer vor meiner Tür, die meinten, ich hätte ein nettes Häuschen, das ganz bestimmt auch gut brennen würde.« Probleme, neue Täter in Koszalin zu rekrutieren, scheint es bei solchen Drohungen gewiss nicht zu geben. Die Hintermänner arbeiten mit Gewaltandrohungen oder rekrutieren aus dem wachsenden Heer polnischer Drogenabhängiger. Und wenn einer von denen auf frischer Tat geschnappt wird, dann ist es ihnen egal.

Das Klischee vom arbeitslosen Verzweiflungstäter will der erwähnte Koszaliner Staatsanwalt allerdings nicht gelten lassen. Andrzej Blasczyk sagte dem Magazin *Focus*, viele der Täter hätten entdeckt, »dass sie mit den Raubtouren im Nebenjob an das schnelle Geld kommen«. In Koszalin seien sie an »teuren Designerklamotten und ihren Autos« zu erkennen, und das, »obwohl sie keine Arbeit haben«.

In Hannover wurde im Juli 2003 ein Mitglied der Hammerbande

vom Amtsgericht zu zwei Jahren und acht Monaten Haft verurteilt. Der 19 Jahre alte Mann hatte im April desselben Jahres einen Juwelier in Hannover überfallen. Als Belohnung dafür sollte er später in Polen 10 000 Euro bekommen. Zusammen mit einem Komplizen stürmte er den Laden und erbeutete Rolex-Uhren im Wert von 140 000 Euro. »Für das Geld würde es wahrscheinlich jeder tun«, sagte der Konditorlehrling vor Gericht. In Polen hatte er monatlich umgerechnet 30 Euro verdient.

Nach Reue klingt das nicht. Ahnt ein solcher Täter, was er seinen Opfern antut?

Der Inhaber des Juweliergeschäftes Kappauf & Groß in Berlin sagte der Zeitung *Die Welt* Ende August 2003 nach einem Überfall der Hammerbande: »Jetzt laufen die Bilder immer häufiger vor meinem inneren Auge ab. Wie ich da knie und auf den Boden starre. Einer der Männer steht vor mir und zielt mit einer Pistole auf meinen Kopf. Ich war wie gelähmt, hatte Todesangst. Hoffentlich wird der nicht nervös, habe ich gedacht. Der knallt dich einfach ab. Ohne mit der Wimper zu zucken. Bei denen zählt doch ein Menschenleben nichts. Plötzlich kommt eine Mitarbeiterin aus den hinteren Räumen. Sie hat es furchtbar krachen gehört, als die beiden anderen Männer die Vitrinen mit Hämmern zerschlagen haben und nun die Schmuckstücke in ihre Rucksäcke stopfen. Ich schicke sie schnell wieder zurück. Und sie bleibt unbehelligt. Nach etwa drei Minuten ist der Spuk vorüber. Manchmal schrecke ich heute noch zusammen, wenn plötzlich jemand vor mir steht.«

Nach dem geschilderten Überfall auf den Juwelier Kappauf & Groß an der Charlottenburger Reichsstraße 82 verfolgten eine 31 Jahre alte Frau und ein Passant die Räuber in den U-Bahnhof Neu-Westend. Dort informierten sie die Lokführerin des bereitstehenden Zuges. Weil die U-Bahn dann nicht abfuhr, verließen die beiden Täter den Waggon. Bei einem Handgemenge mit den Verfolgern konnten sich die Räuber zwar losreißen, mussten aber die Beute zurücklassen und flohen dann in Richtung Olympiastadion.

Am 18. September 2003, wenige Tage vor der bayerischen Landtagswahl, die Ministerpräsident Stoiber und seiner CSU eine Zwei-Drittel-Mehrheit bescheren sollte, wartete die bayerische Polizei mit einer Pressemeldung auf, die im allgemeinen Wahlkampf unterging.

»Raubserie bei Juwelieren geklärt«, hieß es da lapidar. Nach einem Überfall in Aschaffenburg habe die Polizei durch einen DNA-Abgleich einen Mann auch als Täter einer Serie von Überfällen überführen können, die in Nordrhein-Westfalen begonnen hatte. Dazu seien Speichelproben des Mannes, der aus Polen stamme, mit jenen Spuren verglichen worden, die er an einem der Tatorte hinterlassen habe.

Weil die Tatmuster der Hammergangster bundesweit gleich sind, wurden im Bundesgebiet viele Sonderermittlungsgruppen gegründet. Beim Landeskriminalamt (LKA) Berlin etwa nennt der Leiter der Inspektion Raubdelikte, Manfred Schmandra, seine Spezialisten »PITU«, was sich wie ein Zuckerrohrschnaps anhört, aber für »Polnische Intensivtäter/Uhren« stehen soll. In Hamburg nennen sich die Spezialisten des LKA »Tiffany«, in Hannover »Hammer« und in Essen »EK UHR«. Mitunter löst eine Festnahme gleich verschiedene Fälle in mehreren Bundesländern.

Wo die Beute letztlich bleibt, ist unklar. Ein Teil wird über Polen nach Russland geschafft, weil die registrierten Luxusuhren in Westeuropa kaum noch zu verkaufen sind. Sicher ist allerdings, dass die Banden Helfershelfer mit deutschem Pass haben. Meist sind es Spätaussiedler aus Polen, die für die Logistik am Tatort mitverantwortlich sind und etwa Juweliere ausspionieren. Inzwischen geht längst nicht mehr jede Tat auf das Konto der Koszaliner Hammerbande. Sie hat Konkurrenz aus den eigenen Reihen bekommen: Einige der Täter haben sich selbstständig gemacht und arbeiten nun auf eigene Rechnung. Eine völlig neue Gruppe kommt aus dem Gebiet Ziemia Lubuska. So heißt die Grenzregion bei Frankfurt/Oder.

Wie schwer es die Polizei in Deutschland hat, Täter zu überführen und Bandenzugehörigkeiten festzustellen, mag folgendes Bespiel veranschaulichen: Anfang September 2002 wurden in Essen vier Polen schlafend in einem Auto angetroffen und überprüft. Im Fahrzeug wurden Stadtpläne des Ruhrgebietes, eine Liste mit rund 50 Geschäften und Einbruchswerkzeug vorgefunden. Konkrete Straftaten konnten den Männern nicht nachgewiesen werden. Einen Tag später wurde zusätzlich noch der Gruppenführer Rafal A. (33 Jahre alt) ermittelt, der in Essen einen Ladendiebstahl begangen hatte. Weil er an einem Raubüberfall auf ein Juweliergeschäft beteiligt gewesen sein soll, kam er kurzfristig in Untersuchungshaft. Da ein sicherer Tatnachweis aber nicht geführt werden konnte, musste er aus der Untersuchungshaft entlassen werden. Allen Personen wurden Speichelproben entnommen, außerdem wurden sie zur Beobachtenden Fahndung ausgeschrieben. Bei den weiteren Ermittlungen wurde bekannt, dass Gruppenführer Rafael A. mit einer ebenfalls in Essen wohnenden 21 Jahre alten deutschen Frau polnischer Herkunft ein Verhältnis hat. Gemeinsam mit dieser Frau und einem polnischen Brüderpaar reiste er durch Süddeutschland und in angrenzende Nachbarstaaten. Nach der DNA-Auswertung stand fest, dass einer der mitreisenden Männer Beteiligter eines Raubüberfalls auf ein Juweliergeschäft in Karlsruhe war. Dessen Bruder wurde mittlerweile nach einem Raubüberfall in Zwolle festgenommen. Ende November 2002 wurde die 21 Jahre alte Essenerin kontrolliert, als sie mit ihrem Mercedes von Deutschland über Görlitz nach Polen fahren wollte. Dann erfolgte eine gründliche Durchsuchung des Fahrzeugs. Versteckt in einem Hohlraum wurden 53 hochwertige Uhren im Gesamtwert von 700 000 Euro gefunden. Diese waren einen Tag zuvor bei einem Raubüberfall von zwei Tätern in Luzern erbeutet worden. Der Gruppenführer hatte seine junge Freundin in Luzern das Fluchtfahrzeug fahren lassen, sich selbst an der Tatausführung aber nicht beteiligt. Wenige Tage später gab es einen Raubüberfall auf ein Juweliergeschäft in Wien. Danach wurde Rafal A. in einem von der Essener »EK UHR« ausgeschriebenen Fahrzeug festgenommen, als er von Österreich in die Slowakei fahren wollte.

Auch die gute Zusammenarbeit mit polnischen Behörden führt bisweilen zu Ermittlungserfolgen. Die Stettiner Polizei teilte mit, dass zwei in Bottrop wohnende Deutsche polnischer Herkunft in Koszalin »Arbeiter« für einen Raubüberfall suchten. Unabhängig davon waren diese Männer dem Bundesgrenzschutz aufgefallen, weil sie in Begleitung von schon bekannten polnischen Blitzeinbrechern die deutsch-polnische Grenze überquert hatten. Die Ermittlungen ergaben, dass mehrere in Bottrop ansässige Polen einer Gruppe angehörten, die Eigentumsdelikte aller Art (etwa Diebstahl von hochwertigen Fahrzeug-Außenspiegeln) begingen. Zur Ausführung schwer wiegender Delikte wie Blitzeinbrüche und Raubüberfälle auf Juweliergeschäfte beherbergten die Gruppenmitglieder junge Polen, die nur deswegen nach Deutschland kamen. Zusätzlich wurde ein 33 Jahre alter »Spezialist« mit dem Spitznamen »Juwelier« angeheuert. Im November 2002 nahm man diesen zusammen mit zwei Tatverdächtigen vor einem Bottroper Juweliergeschäft fest. Zwei Männer trugen Pudelmützen mit Sehschlitzen und hatten eine Schusswaffe sowie einen Fäustel dabei. Mitte Dezember 2002 erfolgten die Festnahmen jener Gruppenmitglieder, die den Raubüberfall geplant und logistisch unterstützt hatten. Andere Gruppenmitglieder stehen im Verdacht, weitere Juweliergeschäfte überfallen zu haben, außerdem sollen sie zwei Blitzeinbrüche in ein Fotogeschäft in Dülmen und einen weiteren in ein Juweliergeschäft in Kamen begangen haben. Ein Tatverdächtiger, der an den letzten Taten wegen eines gebrochenen Beines nicht beteiligt war, hat außerdem bei einem Einbruch seinem ehemaligen Arbeitgeber Maschinen gestohlen. Zwischenzeitlich ist die Anklageerhebung durch die Staatsanwaltschaft Essen vor dem Landgericht Essen erfolgt.

Allein die Essener »EK UHR« ermittelt inzwischen gezielt gegen mehr als fünfzig Tatverdächtige im Alter von 18 bis 41 Jahren. Davon wurden bisher sieben junge Polen zu Freiheitsstrafen von insgesamt 22,5 Jahren verurteilt.

Vielleicht wird das Schicksal der polnischen Hammerbande einst ebenso schnell enden wie jenes der ersten Berliner Hammerbande, die 1979 zwar schnell und dreist handelte, aber reichlich vom Pech verfolgt war. Am 18. Dezember 1979, einem Dienstag, nahmen vier Gangster um 13.30 Uhr in der Steinmetzstraße in Berlin-Schöneberg mit einem Ford-Transit und einem Opel-Bedford einen Geldtransporter der Firma Brinks & Schenker in die Zange. Mehrfach schossen sie gegen die Windschutzscheibe und bearbeiteten die Heckscheibe zugleich mit einem Vorschlaghammer, weshalb sie bis in unsere Tage hinein als die erste Berliner »Hammerbande« bekannt wurden. Als sie nun noch mit einer Maschinenpistole auf das Fahrzeug schossen und dieses mit Benzin übergossen, wäre auch dem dümmsten Geldboten klar geworden, dass die Situation reichlich brenzlig war und die Täter das Benzin anzuzünden gedachten, wenn nicht bald die Türen geöffnet würden und das Geld übergeben würde. Eigentlich eine ausweglose Situation. Aber manchmal naht Rettung, wo man sie nun wirklich nicht erwartet. Denn ganz in der Nähe nahmen Polizisten zufällig einen Bagatellunfall auf, hörten die Schüsse und eilten herbei. Drei Räuber entkamen, einer starb später nach einem Kopfschuss im Krankenhaus. Mithilfe der gesicherten Spuren konnte die Polizei binnen eines Monats die Bande dingfest machen. In den Jahren 1973 bis 1979 hatten die Männer bei zwölf Überfällen 4,5 Millionen D-Mark erbeutet. Immer schlugen sie dabei mit einem Vorschlaghammer Panzerglasscheiben ein, zertrümmerten Schalterhallen von Banken oder Sicherheitstüren. Der Coup in der Steinmetzstraße sollte dann wirklich der letzte sein und den Tätern noch einmal fünf Millionen D-Mark einbringen. Es war dann auch tatsächlich der letzte Hammerschlag, denn die Täter verbrachten bis zu 15 Jahre im Gefängnis.

»Eldorado für Organisiertes Verbrechen«

Als die baden-württembergische Landeszentrale für politische Bildung im Jahr 1998 eine Tagung zum Thema Organisierte Kriminalität veranstaltete, meldete sich auch Prof. Dr. Jan Grajewski, Richter am Obersten Gerichtshof der Republik Polen, zu Wort. Grajewski nannte die polnische OK damals »ein Phänomen, das schon heute ein bedeutsames Sozialproblem und wegen übernationaler Verbindungen eine besondere und gefährliche Bedrohung der Rechtsordnung« darstelle. Weil man aus politisch-ideologischen Gründen über die Jahrzehnte der sozialistischen Vorherrschaft das Problemfeld OK in Polen schlichtweg geleugnet habe und die Existenz der Berufskriminalität nicht wahrgenommen worden sei, sei Polen »ein Eldorado für Organisiertes Verbrechen mit internationalen Verbindungen«.

Was Professor Grajewski 1998 auf der Tagung der Landeszentrale für politische Bildung in Baden-Württemberg zur Entwicklung der Organisierten Kriminalität in Polen sagte, hat an Aktualität (leider) bis heute nichts eingebüßt. Grajewski schloss seinen Vortrag damals mit den Worten: »Die Versumpfung des öffentlichen Lebens in den ehemaligen Sowjetstaaten durch Korruption und mafiose Machenschaften und die unerträgliche Ineffizienz der meisten staatlichen Einrichtungen haben auch ihre Auswirkungen in Polen. Immer mehr

Straftaten werden in Verbindung mit besonders in Russland tätigen Organisationen begangen, zum Beispiel Autodiebstahl, Zigarettenschmuggel, Waffenhandel. Dass dabei organisatorische und gesetzgeberische Schwächen der polnischen Verwaltung ausgenutzt werden, liegt auf der Hand.«

In Russland selbst kann man offenbar noch nicht einmal der Verkehrspolizei trauen: Weil sie dabei geholfen haben, tausende Luxuswagen, die in Westeuropa gestohlen wurden, in Russland zu verschieben, sind in Moskau mehrere Verkehrspolizisten verhaftet worden, meldete die *FAZ* am 14. Januar 2004. Gegen zehn Mitglieder einer Bande aktiver und ehemaliger Polizisten werde nun ermittelt, die im Lauf von anderthalb Jahren etwa 6000 gestohlene Wagen »legalisiert« hätten, indem sie gefälschte Papiere ausstellten. Der Schaden belaufe sich auf »Dutzende Millionen Dollar«. Die Polizisten hätten große Summen Schmiergeld erhalten, so die *FAZ* weiter, zudem hätten sie auch Geld erpresst: »Die Verkehrspolizei registriert Fahrzeugverkäufe, vergibt Fahrzeugbriefe und Nummernschilder und ist für die Überprüfung der technischen Sicherheit zuständig. [...] Aufgrund der weit reichenden Kompetenzen ist es kein größeres Problem für die Verkehrspolizei, Fahrzeuge mit gefälschten Papieren in den legalen Umlauf zu bringen.«

Im Allgemeinen seien die Erfolge bei der Kriminalitätsbekämpfung durch die Polizei, besonders im Bereich der Organisierten Kriminalität, gering zu bewerten, meint denn auch Professor Grajewski. Viele Bürger hätten das Gefühl, dass vor allem bei Einbruch, Autodiebstahl und Raub die Aktivitäten der Polizei zu gering seien. Den Grund sehe die Polizei im Mangel an Personal und technischer Ausrüstung. Zusätzliches Personal werde man aber in absehbarer Zeit aufgrund der Lage im öffentlichen Haushalt nicht einstellen können. Auch gebe es noch andere Gründe, die man nicht verschweigen solle: Die Polizei sei aus der ehemaligen Bürgermiliz übernommen worden. Zwar wurden zahlreiche Polizisten vor allem in den gehobenen Positionen entlassen, aber es blieben doch viele, die dem kommunistischen Staat treu gedient hätten und nicht nur im Bereich der Verbrechensbekämpfung aktiv gewesen seien. Diese, aber auch politisch unbelastete Polizisten seien verunsichert und zeigten »Ansätze zur Disziplinlosigkeit«, weil sie auf eine Zusammenarbeit mit der Bevölkerung nicht rechnen könnten. Deren Vertrauen in die Polizei sei zu gering. Im Bereich der Organisierten Kriminalität wäre zudem die Ausbildung der Polizei unzureichend, und nur eine internationale Zusammenarbeit auf diesem Gebiet könne in absehbarer Zeit das Niveau der Kriminalitätsbekämpfung heben.

Im Jahr 2003 mussten dann selbst polnische Minister eingestehen, dass dreißig bis vierzig Prozent aller Polizisten in Polen korrupt sind. Im Regierungsapparat und im Parlament Polens schätzte man den Anteil der Korrumpierten auf dreißig Prozent. Aufgeschreckt wurden die Regierungen der 15 alten EU-Staaten durch einen Bericht der EU-Kommission, die letzte Zustandsbilanz vor dem Beitrittsdatum 1. Mai 2004. Zu Polen hieß es darin: »Die Korruption bietet weiterhin Anlass zu ernster Sorge.« Bisher sei die Bilanz im Kampf dagegen »relativ mager«. »Insbesondere muss eine politische, administrative und unternehmerische Kultur entwickelt werden, die gegen Korruption gefeit ist.« Der Kampf gegen Organisierte Kriminalität müsse »verstärkt werden«.

Dabei hatte man das Problem in Polen über viele Jahre hin ignoriert. Jürgen Roth, Autor des 1997 erschienenen Buches *»Die Russen-Mafia«*, berichtet dazu: »Noch 1993 tönte es selbstbewusst aus der Warschauer Polizeizentrale, so etwas wie eine Mafia gebe es in Polen überhaupt nicht. Inzwischen tragen selbst die Verkehrspolizisten bei Kontrollen Maschinenpistolen und schusssichere Westen, nachdem mehrere ihrer Kollegen bei Verkehrskontrollen durch Autoschieber niedergeschossen wurden.«

Wildwest im wilden Osten

Beim Kampf gegen Menschenschleuser an der Ostgrenze der EU hat sich Polen etwas einfallen lassen: Mehrere indianische Mitarbeiter des US-amerikanischen Grenzschutzes aus Arizona haben Ende Mai 2003 polnische Beamte im Fährtenlesen ausgebildet. Das soll es dem polnischen Grenzschutz erleichtern, illegale Einwanderung an der zukünftigen Ostgrenze der Europäischen Union zu Russland, Weißrussland und der Ukraine zu verhindern. Als zwei Navajo-Indianer und einer vom Stamm der Lakota dem polnischen Grenzschutz angekündigt wurden, fühlten sich viele Polen an Winnetou-Filme erinnert. Die Berliner *taz* berichtete im Juni 2003, statt Lederkostüm, Silberbüchse, Tomahawk und Federschmuck würden die »Indianer« nur die üblichen grün-braunen Tarnanzüge und schwarze Kappen mit gelber »US-Army«-Aufschrift tragen. Und sie sagten auch nicht »hugh« und »uff« wie die Leinwandhelden, sondern »yeah« und »let's go«. Zudem waren die 50 bis 60 Jahre alten Amerikaner eher stattlich, um nicht zu sagen korpulent.

Navajo Bryan Net wurde zunächst an der grünen Grenze zwischen Südostpolen und der Ukraine eingeteilt. Die Beskiden- und Bieszczady-Wälder dort sind riesig und fast undurchdringlich. Das Gebiet um Przemysl gilt als Schmugglerparadies. Nachdem einige Polen sich bereit erklärt hatten, als vermeintliche Schmuggler eine Fährte zu legen, folgte ihnen Bryan Net mit den auszubildenden polnischen Grenzbeamten. Bryan Net nahm also die Fährte auf, drehte Steine um, beäugte geknickte Äste und zertretene Ameisen. Zum Ende der Aktion fanden die Polen nach Angaben der *taz*, dass ihre Infrarot-Nachtsichtgeräte eigentlich praktischer sind als das Steine-Umdrehen und Geknickte-Gräser-Angucken. Einer sagte: »Tagsüber sind in Polen so gut wie keine Schmuggler unterwegs. Und auch die Schleuser bringen die Flüchtlinge fast immer nachts über die Grenze.«

Im »Weltspiegel« meinte ein Pole zu der werbewirksamen Aktion: »Die Indianer sind Teil einer amerikanischen Sondereinheit – und wie Sie wissen, müssen wir unsere Außengrenze demnächst etwas raffinierter schützen, wegen der EU; und da hat uns die amerikanische Botschaft die Indianer angeboten, und sie zahlen das auch alles, und wir wären ja blöd, wenn wir darauf nicht eingegangen wären.«

Die »Indianer« Jason, David und Bryan waren das erste Mal in Polen. Einer von ihnen berichtete der ARD: »Es ist großartig hier, ich verstehe gar nicht, wieso ich von diesem Land noch nie etwas gehört habe. England, Frankreich, ja, aber Polen. Never heard.« Und auf die Frage, wie die Schulung gelaufen sei: »Es war ab und zu ein bisschen gefährlich, steile, zugewachsene Hänge, bei uns ist ja eher Wüste, aber wir haben es hingekriegt. Kein Problem – die Mücken, ja, die Mücken, die sind eher ein Problem.«

Auch Jasson García, Tohono-Indianer aus Arizona, unterrichtete im Juni 2003 polnische Grenzschützer in der Kunst der Spurensuche.

Der *ZEIT* sagte er: »Ich habe jeweils fünf Tage mit einem kleinen Team gearbeitet. Erst einen Tag lang Theorie doziert, dann an der grünen Grenze den Ernstfall simuliert. Ein polnischer Offizier war unser ›Flüchtling‹, er rannte durchs Gebüsch, wir nach ein paar Minuten oder Stunden hinterher [...]. Die Polen waren freundlich, wissbegierig – und sehr beeindruckt.«

Jasson García hat das Spurenlesen in der Ausbildung beim amerikanischen Grenzschutz gelernt, also aus Lehrbüchern und Vorträgen: »Deshalb ist das, was ich den polnischen Kollegen beibringe, kein Tohono-Insiderwissen. Sondern eine Art ›Best of‹ der Indianertricks Arizonas.«

Auch polnische Grenzschützer bildeten sich ihre Meinung über die Indianer. Einer sagte der ARD im »Weltspiegel«: »Ob wir von denen was lernen können – keine Ahnung. Spuren suchen können wir eigentlich selbst, aber es heißt ja, die Indianer hätten das besonders im Blut – obwohl, ich weiß nicht, gestern haben wir mit ihnen geredet, und sie kennen noch nicht mal Karl May. Das fanden wir schon komisch.«

Polen ist auch in der »Chronik ungewöhnlicher Beutestücke« mehrfach aufgelistet: In dieser Fallsammlung eines Berliner Kriminologen heißt es etwa: »Was unbekannte Diebe dazu bewogen hat, einen vor der Polizeiwache in Danzig abgestellten Gefängnistransporter zu stehlen, wird wohl für immer ihr Geheimnis bleiben.« Für Aufsehen sorgten auch jene Diebe, die in Polen eine 15 Tonnen schwere Stahlbrücke mitgehen ließen. Offenbar wollten sie die lange nicht benutzte, aber historisch bedeutsame Straßenbrücke als Schrott verkaufen. Passanten, die die Demontage beobachteten, gingen davon aus, dass es sich dabei um Reparaturarbeiten handelte.

Ungewöhnliche Diebstähle gibt es natürlich nicht nur in Polen. So war im chinesischen Hengshui (südlich von Peking) ein Stahlwerk schon zwei Jahrzehnte in Betrieb, als angeordnet wurde, das Werk stillzulegen. Als man es nach einem Dreivierteljahr wieder eröffnen wollte, war es verschwunden. Hunderte von Dieben hatten in unermüdlicher Nachtarbeit beide Hochöfen auseinander geschweißt, alle Rohre ausgegraben und dreißig Häuser Stein für Stein abgetragen. Und vom Expo-Gelände in Hannover raubten unbekannte Diebe immerhin 20 Tonnen Wüstensand aus den Vereinigten Arabischen

Emiraten. Dieses Land präsentierte auf dem Expo-Gelände ein Wüstenfort und hatte den Sand speziell für diesen Zweck eingeflogen. Unklar ist allerdings bis heute, wie die Diebe die rund 600 Säcke unbemerkt abtransportieren konnten – und was sie mit 20 Tonnen Wüstensand anfangen wollten.

Auf gute Nachbarschaft

Das Landeskriminalamt Brandenburg zeichnete intern für das Jahr 2002 die Kriminalitätsentwicklung in der Grenzregion zu Polen auf. Danach liegt die Hauptbelastung erwartungsgemäß in den Städten und größeren Gemeinden. In den 35 brandenburgischen Gemeinden entlang der polnischen Grenze wurden im Jahr 2002 insgesamt 34 633 Straftaten registriert: Das sind 14,2 Prozent aller in Brandenburg ausgewiesenen Fälle. Je 100 000 Einwohner gab es in dem Zeitraum 15 178 Fälle. Das liegt deutlich über dem Landesdurchschnitt von 9422. Auch wenn man die Vergehen gegen das Ausländer- und Asylverfahrensgesetz ausklammert, bleibt immer noch eine Kriminalitätsbelastung in den Grenzgemeinden von 10 642 Fällen je 100 000 Einwohner. Dabei muss man jedoch wissen, dass die Zahl der Einwohner Brandenburgs entlang der polnischen Grenze seit 1998 stetig sinkt. Allein in den Jahren 2001 bis 2002 zogen 5923 Menschen von der Grenze weg, während es im gleichen Zeitraum nur 0,2 Prozent weniger Straftaten im Vergleich zum Vorjahr in diesen Gebieten gab. Prozentual steigt das Kriminalitätsspektrum somit beständig. Diebstähle machen mit 36,7 Prozent den Hauptanteil der Delikte aus. Während die Rauschgiftkriminalität zurückging, nahmen die Straßenkriminalität 2002 um 114 Fälle (zwei Prozent) und die Kriminalität rund um Kraftfahrzeuge um 232 Fälle (7,3 Prozent) zu. Exakt 68,6 Prozent der in der Grenzregion verübten Straftaten konnten im Jahr 2002 aufgeklärt werden.

Zu den nichtdeutschen Tatverdächtigen in der Grenzregion heißt es in dem vertraulichen Bericht des LKA: »72,8 Prozent aller im Jahr 2002 im Land Brandenburg ermittelten polnischen Tatverdächtigen wurden mit Straftaten in den Grenzgemeinden festgestellt. Von allen in den Grenzgemeinden registrierten nichtdeutschen Tatverdächtigen beträgt der Anteil polnischer Staatsbürger 35,2 Prozent.« Polnische Tatverdächtige stellten beim Ladendiebstahl 77,5 Prozent aller nichtdeutschen Tatverdächtigen, beim Erschleichen von Leistungen 82,6 Prozent, bei Urkundenfälschungen 37,7 Prozent und bei der unerlaubten Einreise 49,7 Prozent.

Zukunftsträchtige Regionalmacht

Wenn Polen heute als das neue EU-Land mit den größten Problemen angesehen wird, muss man allerdings auch die Größenverhältnisse betrachten: Polen hat mehr Einwohnerinnen und Einwohner als alle neun anderen Kandidatenländer zusammen. Allein in der Hauptstadt Warschau leben mehr Menschen als in ganz Estland. Es ist deshalb nicht verwunderlich, dass sich da Schwierigkeiten in ganz anderen Dimensionen ergeben. Allerdings ist auch die wirtschaftliche und politische Bedeutung Polens größer als diejenige der anderen Staaten. Polen wird deshalb in der EU eine wichtige Rolle spielen: als Regionalmacht in Mitteleuropa, als enger Vertrauter der Vereinigten Staaten von Amerika und als Brückenland zwischen West und Ost. Über diese Brücke werden weitere Länder den Weg in die EU finden – sehr bald schon Bulgarien und Rumänien, etwas später Kroatien, Serbien, vielleicht auch die Ukraine.

Und bei aller Kritik hat Polen in den letzten Jahren für den Rest Europas auch Beachtliches geleistet. Ein Beispiel dafür ist die Grenzsicherung (auch ohne Indianer): Bis zu den Jahren 1997/98 galt Polen als das Haupttransitland für Flüchtlinge auf dem Weg nach Westeuropa. Es war ein Mekka für Schlepper und Menschenhändler. Von den 20 000 bis 25 000 Menschen, die jedes Jahr an der ostdeutschen Grenze wegen illegalen Grenzübertritts festgenommen wurden, kamen bis 1997/98 zwischen 12 000 und 15 000 über Polen. Inzwischen werden auf der deutschen Seite der polnischen Grenze jährlich 3000 bis 4000 Menschen aufgegriffen. Auf der deutschen Seite der tschechischen Grenze aber sind es 15 000 bis 17 000. Der Trend hat sich also umgekehrt.

Diese Veränderung hängt damit zusammen, dass es Deutschland gelungen ist, Polen früher als Tschechien für Schleuserbanden unattraktiv zu machen. So gelang es der deutschen Regierung schon in den Jahren 1993/94, ein Rückübernahmeabkommen mit Polen abzuschließen. Das entsprechende Abkommen mit Tschechien trat erst 1996 in Kraft. Wesentlich früher als mit Tschechien wurde mit polnischen Polizeibehörden eine enge informelle Zusammenarbeit angestrebt. So gibt es schon seit dem Jahr 1996 gemischte Streifen auf beiden Seiten der Grenze. Auf Druck der westeuropäischen Staaten setzte Polen zudem wesentlich früher als Tschechien auch ein eigenes Abschiebesystem in Gang. Seit 1996/97 gibt es in Polen 24 Abschiebegefängnisse. In Tschechien wurde erst Ende 1998 das erste Abschiebegefängnis nahe der deutschen Grenze eröffnet. Seit Oktober 2000 gibt es ein zweites an der österreichischen Grenze.

Trotz aller Anstrengungen heißt es im BKA-Lagebericht zur Organisierten Kriminalität 2002 über Polen: »Die Zahl der neu ermittelten polnischen Tatverdächtigen nahm von 305 auf 382 zu. Damit stellten polnische Tatverdächtige die zweitgrößte nichtdeutsche Tatverdächtigengruppe, wenn es um die Organisierte Kriminalität geht. Hauptbetätigungsfelder polnischer OK-Gruppierungen sind nach wie vor Eigentumsdelikte, insbesondere die internationale Kfz-Verschiebung, sowie Steuer- und Zolldelikte. [...] Die Etablierung polnischer OK-Gruppierungen in Deutschland, die durch den Anstieg der ermittelten Tatverdächtigen untermauert wird, stellt ein erhebliches Gefährdungspotenzial dar.«

Welche Größenordnung die Organisierte Kriminalität im Einzelfall dabei annehmen kann, wird dem Durchschnittsbürger wohl erst bei Nennung der Summen deutlich, um die es dabei geht. So hat der Bundesgrenzschutz bei einer Routinekontrolle eines polnischen Fahrzeugs fast 2,4 Millionen Dollar gefunden (genau 2 378 950 Dollar). Da die beiden Polen widersprüchliche Angaben über die Herkunft und den Eigentümer des Geldes machten, wurde nach § 261 StGB ein Verfahren wegen des Verdachts der Geldwäsche eingeleitet und das Geld beschlagnahmt. Nach Rücksprache mit Polizei/Zoll, Staatsanwaltschaft und Generalstaatsanwaltschaft des Landes Brandenburg zog man auch jene polnischen Strafverfolgungsbehörden in die Ermittlungen mit ein, denen man vor dem Hintergrund des Rechtshilfeverkehrs in Strafsachen auch die sichergestellten Dollarnoten als Beweismittel übergab. Es war der erste Fall der Zusammenarbeit beider Länder auf diesem Gebiet. Die Hauptverhandlung in Polen endete mit einem Teilerfolg der Anklage: einem Schuld- und einem Freispruch sowie mit der Anordnung der Einziehung der knapp 2,4 Millionen Dollar. Zum Zeitpunkt der Niederschrift dieses Manuskripts waren die Urteile zwar noch nicht rechtskräftig, die deutschen und polnischen Behörden freuen sich jedoch über die gute Zusammenarbeit und haben inzwischen einen weiteren Fall in ähnlicher finanzieller Größenordnung in Bearbeitung.

Die polnische Regierung gibt sich große Mühe, die um sich greifende Kriminalität zu bekämpfen. Ende November 2003 zerschlug die polnische Polizei einen Menschenhändlerring, der in den vergangenen Jahren Hunderte von zum Teil minderjährigen Frauen ins Hamburger Rotlichtmilieu verschleppt haben soll. Seit Dezember 2003 wird gegen immerhin 51 Verdächtige aus Westpolen, aber auch aus Deutschland, der Türkei, Weißrussland und der Ukraine ermittelt. Nach polnischen Presseberichten sollen die Gangster in den Jahren 1998 bis 2002 rund 300 Frauen aus Weißrussland, der Ukraine, Polen und Russland verkauft haben – bis die Polizei in der westpolnischen Woiwodschaft Lebuser zuschlug. Der türkische Bandenchef, der mehrere Bordelle in Deutschland betrieb, wurde zusammen mit über zehn weiteren Männern verhaftet. Die Frauen im Alter von 16 bis 40 Jahren wurden in Zeitungsanzeigen oder auf Handzetteln in Diskotheken über »Arbeitsmöglichkeiten im Westen« informiert. Dann schleuste man sie in Lastzügen versteckt oder mit gekauften polnischen Pässen nach Deutschland. In Hamburg wurden sie dann zur Prostitution gezwungen. Für jede Frau kassierten die Verbrecher bis zu 2000 Euro.

Rumänien

Tresorknacker und Diebesbanden

Auch das europäische Armenhaus Rumänien soll im Jahr 2007 die EU durch seine Mitgliedsschaft bereichern. Bei der europäischen Polizeibehörde Europol sieht man den EU-Aspiranten mit gemischten Gefühlen. In dem bereits erwähnten Europol-Jahresbericht zur Organisierten Kriminalität heißt es, kriminelle Gruppen aus Rumänien und Bulgarien seien in vielen europäischen Staaten aktiv und stellten eine große Bedrohung für die EU dar. Aus dem ärmlichen Land in die alten EU-Staaten eingewanderte Rumänen erleichterten es ihren Landsleuten, dort ihre kriminellen Aktivitäten zu entfalten. Ist Rumänien eine kriminelle Bedrohung für die EU?

In die Schlagzeilen der Boulevardpresse geriet Rumänien zuletzt im Oktober 2003, als es sich dem Protest der EU beugte und die Zwangsheirat zwischen einem zwölf Jahre alten Roma-Mädchen mit einem 15 Jahre alten Rumänen in Sibiu wieder auflösen ließ. Die Kinder dürfen fortan nicht mehr zusammenleben und intim werden, bis sie das legale Hochzeitsalter von 16 Jahren erreicht haben.

Aber werfen wir zunächst einmal einen Blick in die Geschichte. Im November 1995 vereinbarten Deutschland und Rumänien eine enge Zusammenarbeit im Kampf gegen rumänische Tresorknackerbanden. Diese hatten bundesweit in Behörden und Geschäften mithilfe von Stahlketten und Fahrzeugen schwere Tresore aus ihren Verankerungen gerissen, mitgenommen und in Wäldern, in denen die Täter auch nächtigten, geöffnet. Von Dezember 1995 an sollten drei rumänische Polizeibeamte die bayerischen Polizisten bei Vernehmungen rumänischer Straftäter unterstützen. Das hatte der bayerische Innenminister Günther Beckstein bei einem Treffen mit seinem rumänischen Amtskollegen Doro Ioan Taracila und dem brandenburgischen Innenminister Alwin Ziel in München vereinbart. Nach Brandenburg sollten zwei rumänische Beamte geschickt werden, denn dort hatte man allein von Mitte 1992 bis Mitte 1995 etwa 2500 Straftaten von Rumänen verzeichnet.

In Deutschland vertrat die Polizei schon damals die Auffassung, dass die gut organisierten Banden von früheren Agenten des rumänischen Geheimdienstes Securitate trainiert worden waren. Die deutsch-rumänische Zusammenarbeit mag von dem Bestreben geprägt gewesen sein, rumänischen Banden das Handwerk zu legen. Ob sie Früchte getragen hat, mag der Leser am Ende des Kapitels selbst beurteilen.

Auch in den Polizeiberichten anderer europäischer Staaten fielen Rumänen schon in jener Zeit immer wieder auf. Am 14. Oktober 1999 hatte eine Patrouille der Schweizer Verkehrspolizei Graubünden auf der A 13 den Fahrer eines als gestohlen gemeldeten PKWs erfolglos zum Anhalten aufgefordert und anschließend verfolgt. Bei Sufers kam es in der Folge zu einem Verkehrsunfall, bei dem ein Unbeteiligter das Leben verlor. Die Insassen des gestohlenen Fahrzeugs waren 20 bis 22 Jahre alte Rumänen. Von Italien kommend reisten sie illegal in die Schweiz ein, klauten in Stabio ein Auto, fuhren nach Giubiasco, stahlen dort ebenfalls ein Fahrzeug, fuhren nach Mesocco – und stahlen nochmals ein Fahrzeug. Zwischendurch hatten zwei der Männer zwischen dem 25. September und dem 5. Oktober 1999 im Kanton Bern vier Einbruchsdiebstähle verübt. Der Schaden betrug 90 000 Schweizer Franken. Zwischen dem 8. und 10. Oktober 1999 brachen sie dann in Trimmis, Domat/Ems und Chur ein, Schaden: 33 000 Schweizer Franken. Bevorzugt stiegen sie in Radio- und TV-Geschäfte ein.

Insgesamt 81 Einbruchsdiebstähle mit einem Schadensbetrag von mehr als 500 000 Franken hatten vier Rumänen zu verantworten, die am 4. Juni 1999 nach einem Einbruch in Sankt Gallen verhaftet wurden. Die Diebe waren zwischen April und Juni in mehreren Kantonen tätig. Sie bewegten sich mit gestohlenen Autos und richteten in der Nähe großer Verkehrsachsen »Camps« ein. Derartige Lager konnten bei Oberbüren/SG, bei Müllheim/TG und bei Effretikon/Zürich ausfindig gemacht werden. Dort wurde auch ein großer Teil der Beute sichergestellt. Bei ihren Raubzügen bevorzugten die Diebe Geschäftshäuser und Industriebetriebe. Mit brachialer Gewalt drangen sie in die Objekte ein und richteten dort auch stets einen hohen Sachschaden an. In der Gunst der Einbrecher standen Bargeld, Kleider, Zigaretten, Mobiltelefone, teure Fotoapparate und Videokameras weit oben. Die Beute war für den »Export« in ihr Heimatland bestimmt.

Weil solche Fälle nicht weniger, sondern mehr wurden und die Tatobjekte grenzüberschreitend waren, arbeiteten die europäischen Polizeien verstärkt zusammen. Gemeinsam mit Ermittlern aus Deutschland, Österreich und Frankreich konnte die Schweizer Polizei zum Beispiel Mitte 2001 ein umfangreiches Verfahren gegen eine international tätige rumänische Einbrecherbande abschließen. Damit wurden 30 Einbrüche, zahlreiche Hehlereien und Fahrzeugdiebstähle in der Schweiz mit einem Gesamtschaden von etwa 280 000 Franken aufgeklärt.

Nun hat man in deutschen wie Schweizer Gerichten natürlich auch Kenntnis über die ärmlichen Zustände in Rumänien und die Not der Menschen, die sie neidisch in den reichen Westen blicken lassen. Die Milde der Richter scheint aber trotzdem manchmal nicht richtig gewürdigt zu werden. So verhandelte im Februar 2002 das Zürcher Obergericht über einen im Jahr 1970 geborenen Rumänen, der als »Kriminaltourist« in die Schweiz eingereist war, von April 2000 bis zu seiner Verhaftung zwei Monate später sein Unwesen im Großraum Winterthur, im Kanton Thurgau sowie im Zürcher Oberland trieb und nun mit der Länge seiner Haftstrafe nicht eben glücklich war. Gemeinsam mit anderen Rumänen war er an mindestens 74 Einbrüchen beteiligt. Nachdem er am 5. Juni 2000 in der Schweiz verhaftet wurde, kam heraus, dass er zuvor schon in Norddeutschland durch sein reges Interesse an fremdem Eigentum aufgefallen war. Am 2. September 1996 war er deshalb vom Landgericht Kiel für 15 Bandendiebstähle zu neun Jahren Haft verurteilt worden. Nachdem er viereinhalb Jahre davon verbüßt und Besserung gelobt hatte, tauchte der Rumäne in der Schweiz auf, wo er innerhalb weniger Tage die erwähnte Einbruchserie beging. Wieder einmal gelobte der Angeklagte vor dem Zürcher Obergericht Besserung und versprach, ein neues Leben als Landwirt in Rumänien zu beginnen. Im August 2001 hatte das Bezirksgericht Pfäffikon ihn zu vier Jahren Haft verurteilt, was er als sehr ungerecht empfand, weshalb es zu der neuen Verhandlung am Zürcher Obergericht im Februar 2002 kam. Tatsächlich würdigten die Richter nun die ärmlichen Verhältnisse in seiner Heimat und reduzierten die Haftzeit auf drei Jahre, von denen er damals schon 624 Tage abgesessen hatte. Nun darf man gespannt darauf sein, ob er diesmal sein Versprechen halten wird.

Die »Gullydeckel-Bande«

Für gewöhnlich kommen die Täter zwischen ein und vier Uhr in der Frühe. Ihre Methode ist simpel, aber zerstörerisch: Mit einem Gullydeckel werfen die Männer Scheiben von Tankstellen, Kiosken oder anderen Geschäften ein. Dann räumen sie den Laden in wenigen Minuten leer. Am 8. Dezember 2000 nahm die Polizei in Wilhelmsburg eine dieser rumänischen Banden fest. In der Pressemitteilung der Polizei hieß es, seit langem hätten sich die Tatverdächtigen bei ihren Einbrüchen mit Gullydeckeln und Äxten Zugang zu den ausbaldowerten Örtlichkeiten verschafft. Dann griffen ein Spezialkommando (SEK) und ein Mobiles Einsatzkommando (MEK) der Polizei in Wilhelmsburg zu, als die mutmaßlichen Täter Diebesgut von einem gestohlenen Kleinbus in eine Wohnung transportierten. Die Banden treiben aber auch weiterhin ihr Unwesen. Am 2. Dezember 2002 berichtete die Polizei in Bad Segeberg: »Donnerstag, den 28.11.02 , gegen 2.00 Uhr, konnten zunächst Mitarbeiter eines Wachunternehmens beobachten, wie sich drei männliche Personen in verdächtiger Weise vor dem Computergeschäft in der Ulzburger Straße 10 in Norderstedt aufhielten. Ein weiterer Zeuge konnte beobachten, wie eine dieser drei Personen einen Gullydeckel nahm und sich zum Schaufenster des Geschäftes begab. Noch bevor es zu einer Tatausführung kam, konnten die eingesetzten Polizeikräfte unmittelbar zum Tatort geführt und nach einer kurzen Verfolgung alle drei Personen eingeholt und vorläufig festgenommen werden.« Und am 29. April 2003 berichtete die Pinneberger Polizei: »In der bereits bekannten Art und Weise haben Unbekannte am heutigen Morgen, gegen 2.50 Uhr, einen Blitzeinbruch in eine Tankstelle in der Friedensallee begangen. Mit einem Gullydeckel wurde von den Tätern die Frontscheibe eingeschlagen und in kürzester Zeit mehrere Stangen

Zigaretten aus dem Verkaufsraum entwendet. Die Täter hatten es offenbar so eilig, dass verlorene einzelne Zigarettenschachteln bis auf die Straße verstreut herumlagen. Die Polizei, die von einer geweckten Nachbarin informiert worden war, setzte insgesamt zehn Streifenwagen ein (u. a. aus dem Kreis Steinburg und von der Autobahnpolizei). Die Täter blieben jedoch unentdeckt.«

Die Zahl der Brachialeinbrüche durch rumänische »Gullydeckel-Banden« ist in Schleswig-Holstein inzwischen so hoch, dass die örtlichen Kriminalpolizeien jeden Fall an das Landeskriminalamt (LKA) nach Kiel melden müssen. Dort hat die ständige Ermittlungsgruppe Osteuropäische Banden die Fahndung übernommen. Kommt den Gullydeckel-Banden die Polizei in die Quere, so haben die Rumänen keine Hemmungen, auch diese anzugreifen.

Allein in Hamburg schlugen die rumänischen Gullydeckel-Banden im April/Mai 2003 mehr als 30 Mal zu – meist im Osten und Westen der Hansestadt. Und das Umland ist noch wesentlich stärker betroffen. Werden sie erwischt, so können sie vor deutschen Gerichten vor dem Hintergrund der Armut in ihrer Heimat mit Milde rechnen: Am 23. Oktober 2001 hoben Beamte des SEK Eutin in der Brennerstraße im Hamburger Stadtteil Sankt Georg eine 13 Mann starke rumänische Gullydeckel-Bande in ihrem Unterschlupf aus. Der Tätergruppe wurden rund 50 Blitzeinbrüche in Tankstellen vornehmlich im Raum Schleswig-Holstein zugerechnet. Zigaretten und Schnaps im Wert von mehr als 110 000 Euro sollen die Täter dabei erbeutet haben. Bei der Festnahme entriss Nicolai C. einem SEK-Mann die Pistole und schoss den Beamten nieder. Weil der Rumäne zu diesem Zeitpunkt noch nicht ganz 21 Jahre alt war, kam der schon einschlägig Polizeibekannte vor einen Jugendrichter und erhielt eine nur geringe Strafe. Eine so genannte »Überhaft« zur Sicherung der Abschiebung des Mannes wurde nicht beantragt.

Die Gewerkschaft der Polizei (GdP) kritisierte den Fall: »Es kann nicht sein, dass solche Straftäter frei rumlaufen. Gerade wenn so ein Mann eine gewisse Legende hat, sollte geprüft werden, ob nicht besser das Erwachsenenstrafrecht angewandt werden soll.« Das wäre möglich: »Ursprünglich war für Heranwachsende das Jugendstrafrecht als Option und nicht als Regelfall vorgesehen«, sagt Jürgen Lamp, GdP-Landesgeschäftsführer in Hamburg. Insgesamt müsse der Fall nachbereitet werden, da der Täter zumindest in Abschiebehaft gehört hätte. Lamp: »Hier ist irgendwas mächtig schief gelaufen.«

Auch das Umfeld der »Gullydeckel-Banden« ist polizeibekannt. Anfang Juni 2003 überwältigten Beamte des Berliner Spezialeinsatzkommandos in einer Charlottenburger Wohnung einen international gesuchten Gewaltverbrecher. Der 33 Jahre alte Rumäne, der unter anderem wegen eines brutalen Raubüberfalls in Braunschweig gesucht wurde, hielt sich in der Wohnung versteckt, die von seiner Freundin gemietet worden war. Zielfahnder des Landeskriminalamtes Niedersachsen hatten zunächst die 36 Jahre alte Freundin aufgespürt und dann auch den Gesuchten entdeckt. Bei seiner Festnahme wurde eine scharfe Pistole vom Kaliber 7,65 sichergestellt. Nach den Ermittlungen hatte der Mann enge Kontakte zu rumänischen Einbrecherbanden. Im Jahr 1998 überfiel er in Braunschweig eine Tankstelle und schoss dem Pächter ins Bein. Die Frau des Opfers bekam schließlich die Waffe des Täters in die Hand und schoss mehrfach auf ihn. Obwohl er getroffen wurde, konnte er flüchten und bis Juni 2003 untertauchen.

Klau- und Bettelkinder: »Ich nix Verbrecher«

Die Karrieren rumänischer Gangster beginnen meist in frühester Kindheit. Da berichtete die Hamburger Ausgabe der *Welt* am 8. August 2003 über einen elf Jahre alten Dieb, der auf seiner Flucht in Wilhelmsburg in einen Abwasserkanal gekrochen war: »Das Kind hatte zusammen mit einem Komplizen am Wilhelm-Strauß-Weg in einem Geschäft im großen Stil Tabak gestohlen. Als sie bemerkt wurden, rannten die Jungen davon. Zeugen sahen den Elfjährigen, wie dieser in einen Abwasserkanal sprang und in einem Kanalschacht verschwand. Polizisten hoben einen Sieldeckel hoch und entdeckten darunter den Jungen. Er wurde aus dem Wasser gezogen. Achtundachtzig Packungen Tabak hatte er noch bei sich. Der Junge, der aus Rumänien stammt, ist offenbar ein Profi, der aufgrund seiner Strafunmündigkeit gezielt für Diebstähle eingesetzt wurde. Er wurde dem Kinder- und Jugendnotdienst übergeben.«

Am 6. Oktober 2003 schockierte *Spiegel-Online* seine Leser mit einem langen Bericht »Ich nix Verbrecher« über rumänische Kinder, die von skrupellosen Kriminellen zum Stehlen in deutsche Großstädte geprügelt werden. Mehr als fünfzig solcher rumänischen »Klaukinder« waren zum Berichtszeitpunkt nach Angaben von *Spiegel-Online* allein in Hamburg unterwegs. Der *Spiegel* stellte uns den kleinen »Edi« aus dem rumänischen Foczani vor, der »mal wie ein Köter auf den Straßen von Sankt Pauli, mal versteckt in irgendeiner Hinterhauswohnung, mal in einem Heim« in Hamburg lebt und nicht weiß wie man sich wäscht, wie man sich die Zähne putzt, wie man richtig liest oder schreibt. Gelernt hatte Edi nur eines: zu klauen. Edis Vater hatte den Jungen früher dazu gezwungen, für ihn Alkohol zu stehlen. Und dann verkaufte er seinen Sohn für 300 Euro an Kriminelle, die ihn mit dem Auto – völlig legal – nach Hamburg brachten. Dazu *Spiegel-Online*: »Seit in Europa die Grenzen offen sind, seit es keine Visapflicht mehr gibt, können Kinder wie Edi in Begleitung Erwachsener ohne Probleme als Touristen einreisen, wenn sie einen gültigen Pass haben.« Und dann musste Edi für seine neuen Herren klauen.

Egal wie alt diese Kinder auch sind, vor der Polizei beharren sie immer darauf, höchstens 13 zu sein, denn sie wissen, dass Kinder unter 14 in Deutschland nicht bestraft werden können. Die Reporter haben auch beobachtet, wie diese Kinder »arbeiten«: »Die fünf, die sich an diesem Donnerstagvormittag kurz nach zehn Uhr aufmachen, fahren zunächst kreuz und quer durch Hamburg: mit der U-Bahn zum Hauptbahnhof, mit der S-Bahn nach Bergedorf, von dort aus weiter mit dem Bus. Ihr Ziel: Fußgängerzonen mit Einzelhandelsgeschäften, Drogeriemärkten, Kaufhäusern. Bevor sie einen Laden betreten, bleiben zwei zurück, sichern ab, halten Ausschau nach etwaigen Verfolgern.« Danach geht alles ganz schnell: »Oft sind sie wieder raus, bevor wir kapiert haben, was überhaupt los ist«, klagt der Chef eines Bramfelder Supermarkts. »Wir sehen sie nur noch rennen mit ihren vollen Rucksäcken.« [...] Versteckt wird das Diebesgut häufig in weiten Jogginghosen mit doppeltem Futter: »Einige sehen dann aus wie Michelin-Männchen, fast zum Lachen«, sagt der Supermarktchef. Er hat jedoch oft mitbekommen, wie verzweifelt Klaukinder auf ihre Entdeckung reagieren. »Bitte, bitte, kein Polizei«, flehte kürzlich ein Jugendlicher, »ich nix Verbrecher, nur arm.« Ein anderer bot dem Marktleiter 100 Euro an, wenn er ihn nur laufen ließe.

Auch in Berlin tummeln sich immer mehr rumänische Klaukinder. Hinzu kommen jene rumänischen Kinder, die von ihren Hintermännern zum Betteln gezwungen werden. Die meisten von ihnen sind Roma und legal mit einem Touristenvisum eingereist. Gebettelt wird bei Wind und Wetter und immer häufiger auch aggressiv. Scheinbar behinderte Mädchen, Jungen und Frauen halten Passanten am Ärmel fest, lassen nicht locker, bis eine Münze in ihren Pappbecher fällt. Den Behörden sind die Hände gebunden, immerhin ist Betteln in Deutschland seit dem Jahr 1974 legal. Adrian Ciltan, der für die Bukarester Tageszeitung *Evenimentul zilei* in den rumänischen Landfahrer-Milieus recherchierte, sagt: »Diese Banden sind nach den Prinzipien der Mafia organisiert.« In »Trainingslagern« um Bukarest lernen die Kinder, sich wie Behinderte zu bewegen, obwohl sie körperlich gesund sind. Seitdem mit dem 1. Januar 2002 für Rumänen die Visumspflicht fiel, ist das Geschäft mit den Bettelkindern einfacher geworden. Heute muss man sie nicht mehr illegal über die grüne Grenze schleusen. Mit ihren »Eltern« können sie vielmehr für 90 Tage in die Schengen-Staaten einreisen. Ganze Reisebusse voller Bettler kommen nun Tag für Tag über die Grenzen. Der Berliner Apotheker Matthias Bischof sagte der Zeitung *Berliner Morgenpost* zu seinen Erfahrungen: »Wenn die hier zum Betteln kommen, drohen wir mit der Polizei.« Gebracht hat das nicht viel. Sind die einen Bettelkinder weg, kommen gleich die nächsten.

Wenn die rumänischen Klau- und Bettelkinder ihren Auftraggebern nicht genügend Gewinn bringen, werden diese schon auch mal gewalttätig. Die einzige Karriere, die solche Kinder machen können, ist: mit äußerster Brutalität selbst ein Hintermann dieses schrecklichen Geschäfts zu werden. Nur wer seinen Peinigern nacheifert und ihnen immer ähnlicher wird, hat eine Chance, in der Hierarchie aufzusteigen. Und deshalb müssen die Hintermänner Entdeckung und Bestrafung nicht fürchten.

In Barsbüttel teilte die Polizei etwa am 1. November 2002 mit: »Vier Jugendliche aus Rumänien haben sich an der Kasse eines Discountmarkts in Barsbüttel große Mengen an Zigaretten und Filmen in speziell präparierte, weite Hosen gestopft. Mitarbeiter beobachteten den Diebstahl und verständigten die Polizei. Die Beamten konnten drei der Ladendiebe um kurz nach 18 Uhr in der Nähe des Geschäfts schnappen, der vierte Täter entkam.«

Die Not der Rumänen treibt mitunter seltsame Blüten. So beobachteten am 16. Juli 2003 um Mitternacht Anwohner im Nürnberger Stadtteil Sankt Johannis, wie sich eine Person an einem Altkleidercontainer zu schaffen machte. Nachdem der Mann einen ganzen Sack voller Kleiderstücke entnommen hatte, flüchtete er mit einem Fahrrad. Beamte der Polizeiinspektion Nürnberg-West konnten den Mann schließlich auf einem Parkplatz in Nähe der Pegnitz stellen. Eine Durchsuchung des 39 Jahre alten Rumänen förderte einen Vierkantschlüssel und eine Zange zutage. Damit hatte er den Container geöffnet und etwa hundert Kleidungsstücke entnommen. Bei der Durchsuchung seiner Wohnung wurde eine größere Menge derartiger Kleidung gefunden.

Dank der Aufmerksamkeit zweier Ladendetektive eines Einkaufsmarktes in der Virnsberger Straße in Nürnberg konnte die Polizei am 5. März 2003 auch zwei 21 und 22 Jahre alte rumänische Taschendiebe festnehmen. Das Duo hatte zunächst erfolglos versucht, bei einer 65 Jahre alten Frau »Geld zu wechseln«. Kurze Zeit später kamen die beiden wieder zurück, breiteten vor der Frau einen Stadtplan aus und erkundigten sich nach dem Weg zum Hauptbahnhof. Dies kam den beiden Detektiven verdächtig vor, zumal es sich um einen Münchner Stadtplan handelte. Im selben Moment entwendete einer der Rumänen aus der Handtasche der Frau die Geldbörse mit 350 Euro Bargeld. Anschließend verließ das Duo den Einkaufsmarkt, wurde aber von den beiden Detektiven verfolgt und dann einer Polizeistreife übergeben. Die Geldbörse samt Bargeld konnte bei dem 22 Jahre alten Rumänen sichergestellt werden.

In Duisburg wurden im März 2003 bei der Überprüfung eines Fahrzeugs aus Rumänien die fünf Insassen im Alter von 25 bis 49 Jahren vorläufig festgenommen, weil sie im Besitz von zahlreichen minderwertigen goldenen Ringen und Ketten waren, in die sie die Zahlen 333 und 585 gestempelt hatten, um beim Verkauf einen höheren Wert vorzutäuschen. Die Ermittlungen ergaben, dass die Männer bundesweit in Erscheinung getreten waren, so in München und Oldenburg.

»Bankbehebungsanschlussraub«

In Österreich beschäftigte sich die Polizei unterdessen mit einer neuen Form von Kriminalität, die bei den Wiener Behörden intern »Bankbehebungsanschlussraub« genannt wird. Hinter diesem merkwürdigen Begriff verbirgt sich ein kriminelles Delikt, dem vor allem Rentner zum Opfer fallen: Die Täter spionieren in den Foyers von Banken Kunden aus, die an den Automaten Geld abheben. Später fallen sie dann über die Rentner her und berauben diese.

»Da ist leider oft auch viel Brutalität dabei«, sagte Ernst Geiger, Leiter der Kriminaldirektion 1 in Wien, der Zeitung *Die Presse*. Die Täter seien »Kriminaltouristen«. Allein in Wien nahm die Polizei zwischen Ende Juni und August 2003 25 Verdächtige fest – alle stammten aus Rumänien. Zweimal machten die Täter reiche Beute: Am 28. Juli wurde vor dem Parlament eine Angestellte des »ÖVP-Klubs« überfallen. Der aus Rumänien stammende Täter hatte die Frau in der Bank beobachtet. Beute: 15 000 Euro. Ebenfalls in Wien wurden einem Bankkunden 173 000 Euro geraubt.

In Österreich werden Banken seither verstärkt von Sicherheitsdiensten bewacht. Und in immer mehr Geldinstituten geleitet man Kunden, die große Beträge abheben, über die Hinterausgänge auf die Straße. Der Kriminalbeamte Geiger vertritt die Auffassung, dass allein in Wien rund zehn bis zwanzig Ostbanden »arbeiten«, die auf dieses Vorgehen spezialisiert sind.

Ungebremster Tatendrang

Dabei fallen Rumänen in Österreich nicht bloß in Geldinstituten auf. Im September 2003 wurde die österreichische Polizei auf einen 29 Jahre alten rumänischen Einbrecher nur deshalb aufmerksam, weil er ausgerechnet mit einem Fahrrad auf der Südostautobahn in Richtung Wien radelte. Der Mann, der nahe Hornstein im Bezirk Eisenstadt gestoppt wurde, hatte zuvor mit einem Ziegelstein die Verglasung der Eingangstür eines Wohnhauses in Trausdorf bei Eisenstadt eingeschlagen und sich durch die Öffnung gezwängt. Er verschwand mit einem Laptop, einem Walkman, Kleidungsstücken und Kleingeld – Gesamtschaden: 1700 Euro. Der Rumäne gestand die Tat und gab auch zu, illegal nach Österreich eingereist zu sein. Er wurde festgenommen und in die Eisenstädter Justizanstalt gebracht.

Gefürchtet werden Rumänen von der deutschen Polizei wegen ihrer Brutalität und ihrer geringen Hemmschwelle, diese auch einzusetzen: So wurde am 14. Mai 2003 gegen 23.00 Uhr ein 31 Jahre alter jugoslawischer Gebrauchtwagenhändler vor seiner Wohnung am Georg-Staber-Ring in Rosenheim von mehreren Männern mit einer Eisenstange niedergeschlagen. Die Täter flüchteten mit seinen Tageseinnahmen in Höhe von 20000 Euro. Schwerstverletzt und trotz mehrerer Schädelfrakturen versuchte der Kfz-Händler noch die Verfolgung der Täter aufzunehmen, brach dann aber tot zusammen. Wenige Wochen später wurden drei Rumänen als Täter identifiziert. Sie waren nur zur Tatausführung aus Rumänien angereist und hatten sich danach mit der Beute sofort wieder in ihre Heimat abgesetzt. Da die drei Täter nach rumänischem Recht nicht ausgeliefert werden konnten, bereitete die Staatsanwaltschaft Rosenheim die Abgabe des Strafverfahrens an die rumänischen Behörden vor. Im August 2003 wurde dann ein Opel-Vectra mit rumänischer Zulassung von Beamten der Verkehrspolizeiinspektion Feucht auf der Autobahn A 9, Fahrtrichtung München, kontrolliert. In dem Fahrzeug fand man neben Einbruchswerkzeug (Nageleisen und Bolzenschneider) auch einen Colt, der in der Mittelkonsole fest eingebaut war. Die drei Rumänen wurden festgenommen. Bei der weiteren Überprüfung stellte sich heraus, dass die 23 und 24 Jahre alten Rumänen wegen des Überfalls in Rosenheim zur Fahndung ausgeschrieben waren.

Im Januar 2001 musste sich vor der Ersten Schwurgerichtskammer des Landgerichts Aurich ein 28 Jahre alter Rumäne verantworten, der fünf Jahre zuvor eine 85 Jahre alte Frau bei einem Einbruch zu Tode gequält hatte. In der Hoffnung auf viel Geld, das im Haus versteckt sein sollte, waren der Angeklagte und zwei Kumpane in das Wohnhaus eingedrungen und sofort mit äußerster Brutalität über die alte Frau und ihren damals 56 Jahre alten Sohn hergefallen. Sie folterten sie mit Schlägen und Tritten, setzten Reizgas und Schraubenzieher ein, aber die erhoffte Beute blieb dem Trio versagt, denn trotz aller Schläge erfuhren die Einbrecher nicht, was sie wissen wollten. Ehe die Männer noch weiter auf ihre Opfer einschlagen konnten, traf die von den Nachbarn herbeigerufene Polizei ein und machte den Quälereien ein Ende. Zwei Täter wurden festgenommen. Ein zur Tatzeit jugendlicher Komplize erhielt eine dreijährige Haftstrafe und ist längst wieder auf freiem Fuß. Ein damals 24 Jahre alter Mann musste für zehn Jahre hinter Gitter. Dem Dritten aber gelang die Flucht nach Rumänien. Obwohl international zur Fahndung ausgeschrieben, blieb er in seiner Heimat unbehelligt. Erst als er illegal nach Griechenland einreiste, wurde die griechische Polizei auf den Rumänen aufmerksam und nahm ihn fest.

Am 29. November 2003 wurde in Nürnberg ein Akkordeonspieler von der Polizei kontrolliert. Der Mann wies sich mit einem rumänischen Pass aus. Bald aber stellten die Polizeibeamten fest, dass der 40 Jahre alte Rumäne schon im Jahr 2002 unter anderem Namen aus Deutschland abgeschoben worden war, nachdem er sich hier illegal aufgehalten hatte. In seiner Heimat ließ er sich unter Angabe falscher Personalien einen neuen Pass ausstellen und reiste am 21. November 2003 wieder nach Deutschland ein. Auf Antrag der Staatsanwaltschaft Nürnberg wurde er dem Ermittlungsrichter vorgeführt, der die Untersuchungs- und Abschiebehaft anordnete.

Einen Tag zuvor konnte das Fachkommissariat der Nürnberger Kriminalpolizei einen Geldbündeltrickdiebstahl klären, bei dem Ende Januar 2003 einem Fotohändler in der Nürnberger Südstadt ein Schaden von 17 900 Euro entstanden war. Damals betraten ein Mann und eine Frau, die vorgaben, aus Ungarn zu stammen, das Fotogeschäft und interessierten sich für neun hochwertige Digitalkameras im Wert von 20 000 Euro – angeblich um in Ungarn selbst ein Ladengeschäft zu eröffnen. Als Sicherheit hatte das Paar US-Dollar im Wert von 19 000 Euro übergeben, die anschließend von dem Inhaber des Fotogeschäftes zusammen mit dem männlichen Kaufinteressenten von einer Bank auf Echtheit überprüft wurden. Nach dieser Prüfung tauschte der Interessent in einem unbeobachteten Augenblick die 100-Dollar-Noten in Ein-Dollar-Scheine um und hinterlegte das Geldbündel in einem mitgebrachten Aktenkoffer. Dieser Tausch wurde von dem Ladeninhaber erst zwei Tage später bemerkt. In Zusammenarbeit mit dem Bundeskriminalamt und Interpol wurde dann im November 2003 bekannt, dass im Juni 2003 ein 33 Jahre alter Rumäne in der steyrischen Landeshauptstadt Graz festgenommen und inhaftiert worden war, bei dem es sich zweifelsfrei um einen der beiden Täter des Nürnberger Trickdiebstahls handelte. Er konnte anhand von Lichtbildern identifiziert werden, die eine Videokamera in einer Nürnberger Bank von ihm aufgenommen hatte. Wie sich nun herausstellte, war er Mitglied einer Bande rumänischer Trickdiebe, die mit dieser Masche sowohl im Bundesgebiet als auch im europäischen Ausland schon mehrfach aufgetreten war.

Nürnberg scheint bei rumänischen Kriminellen hoch im Kurs zu stehen: Am 12. November 2003 wurde in einem Nürnberger Kaufhaus ein Pärchen von Detektiven dabei beobachtet, wie es Ware an sich nahm. Bei einer Kontrolle durch eine Polizeistreife wurde bei der 23 Jahre alten Rumänin eine präparierte Tasche mit Diebesgut und bei dem 30 Jahre alten Landsmann übereinander gezogene Kleidung festgestellt. Weil dabei auch ein Hotelzimmerschlüssel gefunden wurde, durchsuchte man ebenso das Hotelzimmer. Dort konnte weiteres Diebesgut im Wert von 1200 Euro sichergestellt werden.

In Deutschland reagieren die Behörden unterschiedlich auf den ungebremsten Tatendrang rumänischer Krimineller. Neben zahlreichen Abkommen, deren Wirkung abzuwarten bleibt, hat vor allem das Land Brandenburg das Gespräch mit der rumänischen Polizei gesucht. Im Jahr 1993 waren fast ein Drittel aller ausländischen Tatverdächtigen in Brandenburg rumänische Staatsbürger, von denen die meisten dem Umfeld der Bandenkriminalität zugerechnet wurden. Beispielhaft wurde gemeinsam nach Mitteln und Wegen der Bekämpfung und Verhinderung dieses Kriminalitätsphänomens gesucht. Daraus entwickelte sich eine bis heute anhaltende enge Zusammenarbeit zwischen dem LKA Brandenburg und der Brigade zur Bekämpfung der Organisierten Kriminalität in Bukarest sowie OK-Dienststellen in Lasi Galati, Brasov und Constanza.

Am 24. September 2003 durchsuchten Beamte des Landeskriminalamtes Brandenburg gemeinsam mit zwei sie begleitenden rumänischen Polizisten den Nachtclub »Black Cat« in Hörlitz bei Senftenberg. Mehr als ein Jahr lang hatte man zuvor mit den rumänischen Behörden gegen eine Gruppe skrupelloser Krimineller ermittelt. Nach der Aktion wurden in Cottbus und Spremberg zwei Personen festgenommen, die des Menschenhandels und der ausbeuterischen Zuhälterei beschuldigt wurden. Sie hatten rumänische Frauen in ihrer Heimat angeworben, um sie an Bordelle in Brandenburg, Sachsen und Schleswig-Holstein zu vermitteln. Den Frauen war zuvor eine legale Arbeit in Deutschland versprochen worden. Dann aber wurden sie unter Gewaltandrohung zur Prostitution gezwungen. Auf das Konto der nun inhaftierten rumänischen »Jobvermittlungsagentur« gingen mindestens 15 Frauen im Alter zwischen 18 und 22 Jahren.

Tschechische Republik

Der Fall Kunder: Sex and Crime

Wenn die Hormone verrückt spielen, setzt der Verstand vorübergehend aus. »Hallo, Jungs, macht euch auf den Weg zum billigen Tanken (83 Cent der Liter Super) und dann mit dem gesparten Geld zur Happy Hour: Soll heißen, zurzeit kosten die Clubs im Herzen von Zelezna Ruda nur die Hälfte: 30 Euro für 30 min., 50 Euro für 1 h! Dazu ein Getränk (z. B. Cola für 7 Euro). Ich war im Club 69 und habe gleich meine viel geliebte Jana für 2 h gebucht. Hui, das war Spitze! Mein Tipp, nutzt dieses Werbeangebot, solange der Vorrat reicht! Und da laufen zudem noch ein paar andere Top-Frauen rum!«

Manch einer kann ins Grübeln geraten, wenn auf einschlägigen Internet-Seiten ganz offen für die kurze »Spritztour« von Bayern in die Tschechische Republik geworben wird. Mitunter mag es aber besser sein, solchen Verlockungen zu widerstehen. Das zeigt die Geschichte eines bayerischen Bürgermeisters, der in eine tödliche Falle gelockt wurde: Bürgermeister Erich Kunder war gerade mit 98 Prozent der Stimmen als ehrenamtlicher Bürgermeister von Röckingen (Landkreis Ansbach) in Mittelfranken bestätigt worden. Zwei Tage später war der 51 Jahre alte Mann tot – ermordet in einem Hurenappartement im tschechischen Eger. Der verheiratete CSU-Politiker, Vater zweier Söhne, hatte sich am 5. März 2002 gegen 16 Uhr bei seiner Frau gemeldet. Er vertröstete sie, dass er wegen eines Termins erst um 22 Uhr nach Hause kommen werde – sein letztes Lebenszeichen. Es war ein Fall, wie man ihn sonst nur in Fernsehkrimis zu sehen bekommt und dessen Geschichte man für eher unrealistisch hält. Denn statt zum Kunden fuhr Kunder mit seinem silberfarbenen Mercedes 220 CDI und vierhundert Euro in der Geldbörse nach Tschechien.

Kurz nach dem Grenzübergang Waldsassen verwandelt sich die Landstraße 214 nach Cheb (Eger) in einen Straßenstrich, links und rechts gesäumt von pink angemalten Sexclubs. Cheb ist eine der ältesten Städte auf dem Gebiet der Tschechischen Republik. Die Abteilung zur weltweiten Bekämpfung von Rauschgift und Kriminalität der Vereinten Nationen (UNODC) hat Cheb eine eigene Seite im Internet gewidmet. Dort heißt es, »schätzungsweise 10 000 Deutsche kommen an jedem Wochenende nach Cheb, einer 32 000 Einwohner zählenden Stadt«. Folklore und Architektur aber interessierten sie wenig. Ihr Hauptziel sei Sex. Den Profit aus den Nachtclubs beiderseits der Straßen teilten sich »15 Gruppen der Organisierten Kriminalität«, berichtet UNODC.

In Cheb soll Kunder die Prostituierte Iveta K. getroffen haben. Sie lockte ihn in ihr Appartement, wo die Mörder schon auf ihr Opfer warten. In der Wohnung der Frau lagen seit Tagen ein derber Schaufelstil und Masken bereit.

Ein Ermittler zu dem Fall: »Sie schlugen mit Holzknüppeln auf ihn ein, erwürgten ihn mit einer Drahtschlinge. Dann packten sie ihn in einen Teppich und verscharrten ihn im Wald.« Mehr als vier Stunden lang hatten sie den Mann gequält, ihn geschlagen und ihm immer wieder eine Plastiktüte über den Kopf gezogen. Die Tschechen ergötzten sich daran, wie der deutsche Familienvater qualvoll langsam erstickte, und zogen immer wieder auch eine Drahtschlinge um seinen Hals zu. Vierhundert Euro Beute – das schien ihnen zu wenig. Sie hatten mehr Geld erwartet, brauchten die Geheimzahl der Euroscheckkarte und wollten einfach nur ihren »Spaß« an dem Deutschen haben.

Die Ermittlungen zogen sich hin. Während Bürgermeister Kunder weiter als vermisst galt, hatte die Polizei auf der bayerischen Seite der Grenze verstärkt mit illegalen tschechischen Prostituierten zu tun. So berichtete die Polizeidirektion Amberg über einen Anrufer, der behauptete, am Wochenende sei er, nachdem er von einer Schwandorfer Disko nach Hause gehen wollte, von zwei Mädchen tschechischer Herkunft angesprochen worden: »Das Gespräch ging sofort in eine eindeutige Richtung: Sex gegen Geld!« Oswald Ertl von der Polizeidirektion Amberg sagte dazu: »Ich halte das nicht nur für möglich, sondern sogar für wahrscheinlich.« Gegen Mitternacht sei der Anrufer über den Marktplatz spaziert, als zwei »aufreizend gekleidete junge Frauen« schnurstracks auf ihn zukamen. In gebrochenem Deutsch habe man ihm zu verstehen gegeben, dass er für 50 Euro Sex mit ihnen haben könne. Der Pressesprecher der Polizeidirektion Amberg, Oswald Ertl, meint dazu: »Dieses Problem ist ja nicht neu. Durch die Grenznähe nach Osteuropa stellt Deutschland, oder speziell die Oberpfalz, wohl ein besonderes Arbeitsgebiet dar.« Die Vorteile würden auf der Hand liegen: Im Vergleich zum billigen Straßenstrich in ihrer tschechischen Heimat könnten die Prostituierten hier besseres Geld verdienen. Bislang sei zwar der Polizei kein derartiger Fall gemeldet worden, doch das überrasche auch nicht: »Ein Freier würde wohl kaum zur Polizei gehen und Anzeige erstatten«, so Ertl. Überhaupt sei der Nachweis der illegalen Prostitution schwer zu führen. Im Falle einer Kontrolle würden die Damen – oder auch die Herren Freier – einfach behaupten, man sei ein »privates Liebespaar« oder dergleichen. Das mache die ganze Sache schwierig, so Ertl.

Auch Schleuser und Menschenschlepper aus der nahen Tschechischen Republik beschäftigten die Ermittler. So berichtete das Polizeipräsidium Mittelfranken im März 2003: »Am Mittwoch, 20. 03. 2002, gegen 21.30 Uhr, kontrollierte eine Streife der Fahndungs- und Kontrollgruppe der Verkehrspolizeiinspektion Feucht auf der Bundesautobahn 9 bei Röthenbach/Pegnitz einen PKW mit tschechischer Zulassung. Im PKW befanden sich insgesamt sechs Personen. Bei der Kontrolle stellte sich heraus, dass zwei tschechische Staatsbürger, 22 und 36 Jahre alt, vier asiatisch anmutende Personen beförderten. Die vier Asiaten hatten keinerlei Ausweispapiere. Die Personen wurden festgenommen. Die weiteren Überprüfungen ergaben, dass die vier chinesischen Staatsbürger von den beiden Tschechen in Karlsbad aufgenommen und an die deutsche Grenze gebracht wurden. Dort wurden sie zu Fuß über die grüne Grenze nach Deutschland eingeschleust und anschließend mit dem PKW weitertransportiert. Für die Einschleusung nach Deutschland sollten die beiden Tschechen ein Entgelt von mehreren 100 Euro bekommen. Nach ihrer Vernehmung durch die Kripo Schwabach wurden die beiden Tschechen auf Antrag der Staatsanwaltschaft dem Haftrichter vorgeführt, welcher gegen beide Haftbefehl erließ. Die vier Asiaten wurden in die Tschechei zurückgeschoben.«

Erst Monate später führten Hinweise aus der Unterwelt auf die Spur der Verdächtigen. Am 27. Juni fanden Polizisten Kunders Leiche endlich in der Nähe des Tatorts. Einen Tag danach wurde gegen einen in Bayern wegen Raubes festgenommenen und später zu sechs Jahren Haft verurteilten Tschechen Haftbefehl wegen Mordes an dem Bürgermeister erlassen. Später wurde er nach Tschechien ausgeliefert. Die Täter flogen auf, weil sie über einen Mittelsmann Kunders Mercedes nach Weißrussland verschieben wollten, und mithilfe von Aufnahmen einer Überwachungskamera wurden die beiden Männer schließlich überführt. Denn an einem EC-Automaten in Cheb hatten sie mit Kunders gestohlener Karte 2000 Euro abgehoben – und waren dabei im Bild festgehalten worden.

Im Juni 2003, nach 15 Monaten, standen die Täter im böhmischen Pilsen vor Gericht. Angeklagt waren die beiden mehrfach vorbestraften Tschechen Miroslav K. (30), Roman C. (27) und die Prostituierte Iveta K. (31). Roman C. musste für 18 Jahre ins Gefängnis, entschied das Bezirksgericht in Pilsen. Der drei Jahre ältere Komplize erhielt 16 Jahre Haft. Die tschechische Prostituierte Iveta K. wurde zu einer Haftstrafe von vier Jahren verurteilt. Sie habe, so hieß es, von den Mordabsichten keine Kenntnis gehabt. Die Staatsanwaltschaft hatte für die beiden Männer zwischen 15 und 25 Jahren gefordert.

Vor Gericht zeigten sie kaum eine Regung, als sie über die Schläge und Quälereien berichteten. Ein Ermittler sagte dem Autor: »Mir kam es nicht so vor, als ob sie über einen Menschen sprachen. Aus der Sicht der Täter war Kunder nur ein Hundehaufen, in den man beliebig oft reintreten konnte. Und je öfter sie reintraten, desto angewiderter schienen sie von ihm.«

Am 13. Juli 2002 wurde die Leiche Erich Kunders in Röckingen beigesetzt. Die Gemeinde hat heute eine Bürgermeisterin. Auf ihrer Homepage im Internet heißt es über Waltraud Hüttner: »Erwähnenswert wäre noch, dass sie die erste weibliche Bürgermeisterin der bisherigen Röckinger Geschichte ist, da dieses Amt, so weit zurückverfolgbar, bisher eine reine Männerdomäne war…«

Dreckige Geschäfte mit Kindern?

Wer aufmerksam durch das deutsch-tschechische Grenzgebiet fährt, wird dort an manchen Tankstellen ungewöhnlich viele Kinder mit traurigen Augen finden, die scheinbar planlos umherstehen. Viele dieser Kinder sollen von Familienangehörigen zur Prostitution gezwungen werden. Zuhälterbanden verschleppen Minderjährige aus entfernten Regionen Tschechiens und anderen mittel- und osteuropäischen Ländern in die Grenzregion. Die Opfer würden vorwiegend von deutschen Sextouristen und Pädophilen missbraucht, hieß es im Sommer 2003: Cathrin Schauers Buch *»Kinder auf dem Strich«*, das die UNICEF-Schirmherrin Christina Rau einem breiten Publikum in Deutschland bekannt machte, wurde zu einem Plädoyer auch an alle betroffenen Behörden, endlich die Augen zu öffnen und den Kindern weiteres unsagbares Leid zu ersparen. Schon seit dem Jahr 1996 beobachtete die Autorin rund 500 Mädchen und Jungen, die sich selbst zur Prostitution anboten oder von Erwachsenen vermittelt wurden – die Jüngsten davon waren noch im Säuglingsalter. Mit 200 betroffenen Kindern, erwachsenen Prostituierten, Mitarbeitern sozialer Einrichtungen, Polizeibeamten und Passanten an den Grenzübergängen führte sie Interviews. Als die Frau des Bundespräsidenten Johannes Rau die Zusammenstellung der Gespräche gelesen hatte, sagte sie: »Es ist schockierend, dass Kinder ganz in unserer Nachbarschaft skrupellos missbraucht werden. Wir müssen alles tun, um den Opfern zu helfen und weitere Kinder vor diesen Verbrechern zu schützen«.

Nicht nur Frau Rau war schockiert, lesen zu müssen, dass in Tschechien Kinder und Jugendliche an Tankstellen, Bushaltestellen oder Raststätten stehen, um sich Freiern anzubieten. In manchen Straßenvierteln warteten sie angeblich in Autos oder am Fenster von Wohnhäusern. Frauen mit Kleinkindern auf dem Arm hielten nach Sextouristen Ausschau und reichten sie in deren Autos, hieß es. Die Kinder kämen aus sozial benachteiligten, verarmten und kinderreichen Familien. Wie sehr die Armut den Einstieg in die Prostitution fördert, veranschaulicht die Aussage eines zwölf Jahre alten Mädchens: »Früher habe ich gebettelt an den Autos der Deutschen. Wir haben kein Geld zu Hause. Dann bin ich eben mit denen mitgefahren.« Als Bezahlung sollen die Kinder meist fünf bis 25 Euro erhalten haben. Manchmal gab es auch nur Süßigkeiten. Die Kinder berichten übereinstimmend über Gewalt, die ihnen Zuhälter und Sextouristen antun. Sie würden ins Gesicht geschlagen, an den Haaren gezogen und mit Füßen getreten. Verletzungen, wie schwere Blutergüsse, seien an der Tagesordnung – bis hin zu grausamen Schnittverletzungen im Genitalbereich. Die Täter seien zumeist deutsche Pädophile und Sextouristen aus den angrenzenden Bundesländern Bayern und Sachsen – erkennbar an den Autokennzeichen. Immer häufiger kämen aber auch Fahrzeuge aus Österreich und Italien. Die Sextouristen reisten fast immer alleine an – meist mit Mittel- und Oberklassewagen, manchmal auch in Kleinbussen mit verdunkelten Scheiben. Vertreten seien alle Altersgruppen – von 18 bis 80 Jahren –, gepflegte ebenso wie verwahrloste Männer. Es gebe Freier, die mehrmals wöchentlich anreisten, andere kämen nur gelegentlich. Die Zuhälter seien Verwandte der Opfer – Mütter, Väter, Geschwister und andere Familienangehörige – oder auch Bekannte der Familie. Nicht selten würden sie von organisierten Netzwerken als Mittelsmänner oder Handlanger eingesetzt.

Einige der Mütter arbeiteten auch selbst als Prostituierte. »Meine Mama hat mir gesagt, wie ich das machen muss«, sagte ein zehn Jahre altes Mädchen der Autorin des Buches. Auch ältere Kinder, die schon länger in der Prostitution arbeiten, würden oft als Aufpasser eingesetzt, oder sie müssten die Jüngeren anlernen. Schon 13 Jahre alte Kinder vermittelten jüngere Kinder. Zudem soll es Hinweise auf organisierten Menschenhandel geben: Kinder aus anderen Regionen der Tschechischen Republik, aus der Slowakei und Ländern wie Moldawien, Ukraine, Litauen und Weißrussland würden angeblich in die Grenzregion und von dort aus auch nach Deutschland verkauft, um sie sexuell auszubeuten. Nach Angaben der Internationalen Organisation für Migration (IOM) verschwinden von jährlich 900 unbegleitet in die Tschechische Republik eingereisten Kindern mehr als zwei Drittel spurlos. Als Illegale seien sie leichte Opfer für Zuhälter.

Auch die dpa-Journalistin Ulrike von Leszczynski hat sich auf die Spuren der Kinderschänder begeben: »Wenn die deutschen Männer kommen« berichtete sie im Oktober 2003, »kriecht in Antonin eine Mischung aus Angst, Wut und Verzweiflung hoch. Der 15-jährige tschechische Junge sieht dann die schicken Autos mit den bayerischen oder sächsischen Kennzeichen. Er weiß, was die Männer aus dem anderen Land von ihm wollen: Sex. Er weiß auch, was er dafür bekommt – 25 Euro, manchmal Süßigkeiten. Und häufiger hört er die Frage, ob er nicht ›was Kleines‹ beschaffen könnte. Dann holt er seinen Bruder, der ist sechs. Ein Kind, wie auch Antonin es einmal war, als er hier anfing, auf dem Straßenstrich in einer tschechischen Kleinstadt, nahe an der deutschen Grenze. Fast alle wissen hier, was mit den Kindern aus armen Familien läuft, seit der Eiserne Vorhang fiel. Zuerst waren es Frauen, dann junge Mädchen, dann Kinder, die an den Europastraßen warteten, an Tankstellen, Raststätten oder Supermärkten. Aus böhmischen oder slowakischen Dörfern kommen sie, wo es nichts als Armut gibt. Doch die Alteingesessenen hier in den Grenzorten, sie schweigen, sehen weg oder nehmen es hin.«

Das ganze Ausmaß können Szenekenner wie der Kriminalpsychologe Adolf Gallwitz beschreiben: »Da gibt es deutsche Männer, die mit ihrer Freundin über die Grenze fahren. Sie lässt sich eine Dauerwelle legen, er hat Sex mit einem Kind, und anschließend gehen beide schön billig essen.« Gallwitz, Professor an der Polizei-Fachhochschule Villingen-Schwenningen, beobachtet in ganz Deutschland eine Zunahme des Interesses an Prostitution: »Die Lust am Kind hat dabei unheimlich zugenommen«, sagt er. Warum? »Vielleicht, weil tschechische Kinder nicht um Preise pokern«, meint Gallwitz.

In Prag hält man die Vorwürfe für übertrieben. Die Deutsche Presse-Agentur (dpa) berichtete am 28. Oktober 2003: »Ein UNICEF-Bericht über angeblich umfangreiche Kinderprostitution an der deutsch-tschechischen Grenze ist von dem tschechischen Ministerpräsidenten Vladimir Spidla als unrealistisch bezeichnet worden.« Tschechien betrachte Kinderprostitution und Kinderpornografie als Verbrechen und wolle auf der Grundlage einer realistisch erstellten Untersuchung dagegen vorgehen. Die Aussagen von UNICEF entsprächen aber nicht der Situation, sagte der Sozialdemokrat der Prager Nachrichtenagentur CTK. Die tschechische Polizeisprecherin Blanka Kosinova behauptete, die tschechischen Behörden besäßen keine Informationen über die Kinder-Straßenprostitution. *Spiegel-Online* recherchierte nach und berichtete: »Die Freier aus Deutschland kaufen sich Jungen und Mädchen im Kindergartenalter, Achtjährige verhandeln wie altgediente Huren über Sexualpraktiken.« Das deutsche Bundesinnenministerium hatte schon im Jahr 2000 eine Kampagne gegen den Sextourismus an der Grenze gestartet. Doch die Aufklärungspostkarten, die damals an den Grenzübergängen verteilt wurden, haben den Kindern nicht viel geholfen. Denn das Geschäft mit ihnen läuft offenbar weiterhin glänzend.

Im November 2003 äußerte sich auch der tschechische Innenminister Stanislav Gross zur Kinderprostitution und Kinderpornografie. Er hob hervor, die Angaben über die Verbreitung des Missbrauchs von Kindern im böhmischen Grenzland entsprächen nicht der Wirklichkeit. Es gebe keine Hinweise darauf, dass sich die Kinderprostitution im Grenzland zu einem Massenphänomen entwickelt habe. Parlamentspräsident Lubomír Zaoralek forderte UNICEF-Deutschland dazu auf, den kritisierten Bericht mit überprüfbaren Daten zu belegen. Oberstaatsanwältin Marie Benesová sagte, es gebe keine organisierte Kinderprostitution, und die Dimensionen des Phänomens würden überschätzt. Ihr seien allerdings Fälle bekannt, in denen Kinder reiche Ausländer in Wohnungen lockten, wo diese dann ausgeraubt wurden.

Wem sollte man nun Glauben schenken?

Hans-Jürgen Mertha war in den Jahren 1967 bis 1997 Polizist. Er leitete die Kriminalpolizei Bautzen und Görlitz. Auch im Landeskriminalamt in Dresden war er tätig. Mertha, der früher im Landeskriminalamt die Abteilung »Vorbeugende Verbrechensbekämpfung« leitete, verteilt heute Gleitcreme und Kondome an acht- bis zehnjährige Kinder. Und zwar im Grenzgebiet an der deutsch-tschechischen Grenze. Am 10. Oktober 2003 berichtete er der Zeitung *Dresdner Neueste Nachrichten*: »Letztens erst hat mir eine Frau ein dreijähriges Kind angeboten.« Da sei ihm schlecht geworden. Mertha unterstützt heute das Sozialprojekt »Karo« an der deutsch-tschechischen Grenze. Und das, was er dort sieht, führt häufig dazu, dass ihm schlecht wird. Der 55 Jahre alte frühere Polizist hat lernen müssen, dass Kinder anschaffen gehen, um ihre Familien zu ernähren. Kinder, die eigentlich in der Schule sein sollten. Er sieht fette mittelalte Deutsche mit ihren teuren Autos vorfahren und weiß, dass sie Verbrechen an den Kindern begehen werden. Er weiß aber ebenso, dass die Polizei wegschauen wird.

Nach seinem Ausscheiden aus dem Polizeidienst wollte Mertha eigentlich parlamentarischer Berater im sächsischen Landtag werden. Dann bekam er zufällig einen Brief vom Sozialprojekt »Karo« in Plauen und ließ sich von den Mitgliedern des Vereins eine Nacht auf die Straßen jenseits der Grenze mitnehmen. Da hat er die Gesichter der Kinder zum ersten Mal gesehen. Und das, was er gesehen hat, wird er nie vergessen, denn es hat sein Leben verändert.

Mertha schreibt heute die Kfz-Nummern der Freier in der Tschechei auf und weist darauf hin, dass Deutsche auch für im Ausland an Kindern begangenen Sexualtaten in Deutschland belangt werden können. Eigentlich war das Gesetz geschaffen worden, um ein Mittel zu haben, deutsche Sextouristen nach ihrer Rückkehr aus Thailand zu bestrafen. Heute finden wir die gleiche Situation vor unserer eigenen Haustür vor. Und viele, sehr viele, schauen weg oder versuchen die Bedeutung des Themas herunterzuspielen.

Inzwischen gibt es mehr als ein Dutzend Vereine, die den betroffenen Kindern helfen. Sie tragen Namen wie »Sance« (ein Projekt für Stricherjungen am Prager Hauptbahnhof) oder »Über Grenzen e. V.«. Und wie es aussieht, werden sie auch weiterhin reichlich zu tun haben.

Die Verlockungen des Westens

Das Polizeipräsidium Mittelfranken veröffentlicht täglich im Internet Pressemeldungen (http://www.polizei.bayern.de/ppmfr/aktuell/presse.htm), aus denen man auch die Tatbeteiligung von Tschechen in Bayern ablesen kann. Mittelfranken liegt nun einmal näher als das Saarland an der Tschechischen Republik. Und deshalb sollte es nicht verwundern, dass tschechische Staatsangehörige hier öfter auffällig werden als im Saarland. Ein Raubüberfall auf einen Getränkemarkt in Nürnberg konnte zum Beispiel im März 2003 schnell geklärt werden. Die Polizei berichtete: »Am 03. 03. 2003, gegen 08.00 Uhr, betraten zwei Männer einen Getränkemarkt in der Breitscheidstraße in der Nürnberger Südstadt. Einer der beiden blieb neben der Eingangstüre stehen, während der zweite mit einer Flasche Limonade und einer Zeitschrift an die Kasse trat. Nachdem er die Waren bezahlt hatte, sprühte er der 63 Jahre alten Ladeninhaberin plötzlich Reizgas ins Gesicht und griff nach 17 Euro, die neben der Registrierkasse abgelegt waren. Anschließend flüchteten die beiden Männer aus dem Geschäft. Durch die gerufene Polizeistreife wurde sofort ein Fahndungsrundspruch nach den beiden Flüchtigen abgesetzt. Bereits zehn Minuten danach konnte eine aufmerksame Zivilstreife im Bereich Harsdörfferstraße zwei Männer vorläufig festnehmen, auf die die Beschreibung zutraf. Bei den beiden handelt es sich um einen 30 Jahre und einen 43 Jahre alten tschechischen Staatsangehörigen. Beide sind nicht geständig. Bei einer Gegenüberstellung wurden sie jedoch von der Geschädigten eindeutig identifiziert. Alle zwei werden auf Antrag der Staatsanwaltschaft wegen schweren Raubes an den Ermittlungsrichter zur Prüfung der Haftfrage überstellt.«

Vor dem Amtsgericht Bayreuth mussten sich am 3. Mai 2001 die drei Tschechen Tomas B., Tomas G. und der 1976 geborene Pavel B. verantworten. Tomas B. war als jüngstes von drei Kindern seiner Eltern aufgewachsen. Pavel B. ist sein älterer Bruder. Tomas B. lebte allein bei seinen Eltern und hatte »eine unauffällige körperliche und geistige Entwicklung durchlaufen und in seiner Heimat acht Schulklassen besucht«. Er lernte den Beruf des Automechanikers, half in den Lebensmittelgeschäften seines Vaters und verdiente damals netto im Monat etwa siebenhundert D-Mark, von denen er seinen Eltern nichts abgeben musste. Nach dem Urteil der Richter war dies in Tschechien zu jener Zeit ein gutes Einkommen. Dennoch saß er schon in seiner Heimat wegen Autoaufbrüchen insgesamt 16 Monate im Gefängnis. Seinem Bruder Pavel ging es ebenfalls für tschechische Verhältnisse gut. Immerhin studierte und arbeitete er zum Tatzeitpunkt in den Vereinigten Staaten von Amerika, erzielte dort monatlich ein Nettoeinkommen von zweitausend Dollar und strebte einen Abschluss als Dolmetscher an. Auch Tomas G. verdiente als Maschinist gut und bekam noch Erziehungsgeld. Hunger und Not musste seine Familie ebenfalls nicht leiden.

Doch die Verlockungen des »reichen Westens« erschienen offenkundig groß: Allein am 23. Januar 2001 brach das Trio in Bayern vier Fahrzeuge auf und entwendete daraus Autoradios, CD-Player und Wertsachen. In der Urteilsbegründung erfährt man auch, wie sie dabei vorgingen: Während der Angeklagte Tomas B. »mittels Schlosstechens die PKWs öffnete und die Autoradios herausnahm, standen die beiden anderen Mitangeklagten Schmiere«.

Warum aber haben junge und eigentlich in sicheren Verhältnissen lebende Tschechen das gemacht? In der Urteilsbegründung heißt es dazu, die Angeklagten »hätten sich jeweils angesichts der interessanten Autoradios zu den Diebstählen entschlossen. Ziel der Fahrt sei es gewesen, sich nach Kinderwägen in Deutschland umzusehen, weil der Angeklagte G. beabsichtigte, evtl. einen Kinderwagen zu kaufen.«

Die Fahrt nach Deutschland sollten die drei noch lange in Erinnerung behalten, wurden sie doch zu Haftstrafen von bis zu 18 Monaten verurteilt, die »natürlich« zur Bewährung ausgesetzt wurden.

»Goworime poruski« – wir sprechen Russisch

Das Problem der grenzüberschreitenden wie der Organisierten Kriminalität in der Tschechischen Republik ist nicht neu. Neben ukrainischen, russischen und tschetschenischen Gruppen haben vor allem Vietnamesen OK-Gruppen in Tschechien gegründet. Obwohl auch Tschechen darin verwickelt sind, ist die Organisierte Kriminalität in der Tschechischen Republik vor allem ein importiertes Problem. Im Jahr 1975 waren die ersten vietnamesischen »Gastarbeiter« aus Ho-Tschi-Minh-Stadt (Saigon) in die damals kommunistische Tschechoslowakei geschickt worden und sollten dort einen Teil der hohen vietnamesischen Schulden (vornehmlich aus Waffenkäufen) an Prag abarbeiten. In den Jahren 1977 und 1979 bis 1982 folgten zwei weitere vietnamesische Einwanderungswellen, in deren Gefolge auch die Organisierte Kriminalität ins Land kam. Heute gibt es dort allein vierzehn verschiedene vietnamesische OK-Gruppen. In Karlóvý Vary (Karlsbad) etwa hat die Vuong Van Vu ihren Sitz: eine Gruppe, die sich mit Schmuggel und Prostitution befasst. Auch die Händler der zahlreichen »Vietnamesenmärkte« in der Tschechei müssen »Schutzgelder« an die vietnamesischen Banden zahlen. Von den 70 000 hier lebenden Vietnamesen werden etwa zehn Prozent dem Umfeld der OK zugerechnet. Und seit dem Zerfall der Sowjetunion sind es vor allem die bei vielen Tschechen verhassten Russen, die sich auf dem

Gebiet der OK betätigen. Der tschechische Ministerpräsident Milos Zeman bestätigte im Sommer 2001, dass die Russenmafia auch in Tschechien aktiv sei, und gab dem Internationalen Währungsfonds die Schuld, der Russland große finanzielle Mittel in die Hand gegeben habe. Ein bedeutender Teil davon sei nicht wie versprochen in die russische Wirtschaft gesteckt worden, sondern in die Hände dieser »neuen Russen« geraten. Der Ministerpräsident forderte dazu auf, vor allem die Gesetze gegen die Geldwäsche zu verschärfen, und meinte, es reiche nicht, diese Leute nur ins Gefängnis zu stecken. Man müsse auch ihr Vermögen konfiszieren. Unter seiner Regierung werde die Wirtschaftskriminalität viel konsequenter verfolgt, behauptete er, und heute fragt man sich: Was ist daraus geworden?

In Karlsbad schmücken sich die Hotels gern mit dem Hinweis »Hier wohnte Goethe«. Drei Jahre kam der Dichter ins westböhmische Karlsbad, weil dort die Quellen besonders heilsam sein sollen. Goethes Vorliebe teilen auch viele Deutsche, durchschnittlich kommen 12 000 Touristen hierher und stellen damit das zweitgrößte ausländische Kontingent in Tschechiens bekanntestem Kurort. Das größte stellen die Russen: Schon zu Zeiten des Kommunismus schickten russische Fabriken ganze Belegschaften nach Karlsbad. Eines ihrer damals wie heute bevorzugten Häuser ist das Hotel »Imperial«. Seit dem Jahr 2002 sank zwar die Zahl der Gäste aus der ehemaligen Sowjetunion, denn in Vorbereitung des EU-Beitritts führten die Tschechen die Visumspflicht ein. Aber im »Imperial« sind immer noch etwa 75 Prozent der Gäste Russen.

Drei Wochen bleiben die russischen Gäste im Schnitt, länger als alle anderen. Und das Geld sitzt bei ihnen besonders locker. Schmuck, Parfüm oder Kleider – in Karlsbad sind alle großen und teuren Markennamen vertreten. Der Rubel rollt. Besser nicht fragen, woher das Geld kommt. Allein in der Kurstadt wie in ihrer Umgebung haben Russen nach Erkenntnissen des Geheimdienstes Grundstücke für 30 Millionen Dollar gekauft. Genaue Informationen sind kaum zu bekommen. Auch die Besitzverhältnisse vieler Hotels und der zahlreichen überteuerten Eigentumswohnungen bleiben im Dunkeln. Ein Immobilienmakler schätzt den Anteil der russischen Eigentümer an der Bettenkapazität in Karlsbad auf 60 Prozent.

Dass dabei auch Gelder der Mafia im Spiel sind, ist offenkundig.

Darüber zu reden aber trauen sich nur wenige. Die Stadt fürchtet um ihr Image.

»Das Problem der russischen Mafia kann nicht verschwiegen werden«, gab der stellvertretende Bürgermeister im Mai 2002 immerhin zu, aber in der Auslandssendung »Windrose« des MDR meinte er, »es überwiegen die russischen Kurgäste, die sich nur erholen wollen in Karlsbad«.

Einer der täglich mit den russischen Gästen zu tun hat, der Manager des Imperial, wurde dem MDR gegenüber konkreter: »Es gibt natürlich ab und zu ein Treffen von gewissen Gangs und so, die halt Absprachen machen […]. Aber die Polizei sagt […], dass das sehr kontrolliert ist […], die Waffen lassen die auf dem Flughafen, und dann kuren die hier zwei Wochen halt und unterhalten sich über die Geschäfte und so.«

In der Regel halten sich die russischen Hintermänner also exakt an die Spielregeln. Ohne ihr Kapital aber wäre die Stadt in den Jahren seit der politischen Wende kaum vorangekommen.

»Goworime poruski« (wir sprechen Russisch) steht in großen Lettern an mancher Geschäftstür. Eigentlich ist der Hinweis überflüssig, denn überall in Karlsbad spricht man Russisch. Inzwischen gibt es mehrmals in der Woche eine Flugverbindung von Karlsbad nach Moskau. Und die Passagiere aus dem Osten werden von einer vertrauten Gestalt in Empfang genommen: vom ersten sowjetischen Kosmonauten Gagarin. Dessen vier Meter hohe Statue verschandelte nach dem russischen Einmarsch im Jahr 1968 die berühmte Karlsbader Kolonnade, Anfang der Neunzigerjahre wurde sie dann vor die Abfertigungshalle des Flughafens verfrachtet.

Wenn die Russen aus dem Flughafengebäude treten, mischen sich in Karlsbad Geheimdienstler, Geldwäscher und Neureiche. In seinem im Jahr 1997 für die Regierung erstellten Geheimbericht stellte der tschechische Verfassungsschutz BIS jedenfalls fest, dass die russischen Nachrichtendienste dabei sind, im Westen und Süden der Tschechischen Republik ihre Positionen auszubauen, um aus diesen Basen ihre Operationen gegen Drittländer zu leiten: »Laut Informationen des BIS wurden dafür beispielsweise 30 Millionen US-Dollar für den Einkauf der Immobilien im westböhmischen Grenzland, insbesondere in der Region von Karlsbad, bereitgestellt. Die Immobilien werden offiziell für das russische Außenministerium, aber auch für andere russische Zentralorgane und Institutionen eingekauft«, schrieben die tschechischen Verfassungsschützer. Man müsse voraussetzen, fügten sie in dem zitierten Geheimbericht hinzu, dass Tschechien »als ein künftiges Nato-Mitglied mit einer erst allmählich auszubauenden Standard-Struktur in den Beziehungen zu anderen Nato-Ländern im Bereich der Sicherheit, der Nachrichtendienste und der militärischen Kooperation ein relativ einfaches Objekt des Interesses von russischen Geheimdiensten ist, die sich auf diesem Wege den Zutritt zu vertraulichen und in den alten Nato-Ländern erheblich schwerer zugänglichen Informationen verschaffen wollen«.

Hierarchisch gegliederte »Brigaden«

Im Jahr 1995 gründete die Tschechische Republik eine Sonderpolizeieinheit, die sich ausschließlich mit dem Organisierten Verbrechen befasst. Ihr Hauptaugenmerk galt vor allem jener importierten Kriminalität, die mit dem Niedergang der früheren Sowjetunion in das Land kam: Mitte der Neunzigerjahre hatten rund zehn aus der ehemaligen GUS stammende kriminelle Gruppen die Tschechische Republik gleichmäßig unter sich aufgeteilt. Diese Gruppen wurden in der Prager Regierung »Brigaden« genannt und waren einheitlich aufgebaut: An der Spitze jeder Gruppe steht ein »Papka« (Vater«), dessen Vertreter »Starschina« (»der Ältere«) genannt wird. Jede Gruppe (»Kommanda«) wird von einem Brigadier geleitet, der sich ganz nach den Fähigkeiten der Mitglieder eigenen kriminellen Aktivitäten widmet – jeweils im Einklang mit den Interessen und Bedürfnissen des »Papka«. Zu diesen »Interessen« zählt häufig die Schutzgelderpressung. Unter Androhung von Gewaltanwendung gegenüber seiner Person, der Familie oder Angestellten wird jemand gezwungen, einmal im Monat Geld an das so genannte »Kryscha-Dach« (die Verbrechergruppe) zu zahlen. Auch die Prostituierten aus der früheren Sowjetunion, die entlang der tschechisch-deutschen Grenze in Sexclubs arbeiten, werden häufig von diesen Gruppen dazu gezwungen, regelmäßig an das »Kryscha-Dach« Geld zu zahlen. Bekannt wurden auch Raubüberfälle der Gruppen auf Mobiltelefongeschäfte, Spielhallen, Kasinos, Restaurants und Geldinstitute. Dabei gingen die Täter äußerst brutal vor.

Nach dem Tod des »Papka« Lawrentij Wassilijewitsch Schadko, genannt »Larik«, im Jahr 1999, haben die Verbrechergruppen Solnzewskaja, die Jekaterinburger Gruppe und andere ihre Einflusssphären in der Tschechischen Republik neu aufgeteilt. Heute nehmen Russen in der Tschechischen Republik die Spitzenstellung auf allen Ebenen der Schwerstkriminalität ein. Zu den kriminellen Gruppen, die hier tätig sind, zählen vor allem die Luhanska-Brigade (Hauptsitz in Brno; einer ihrer Führer ist bekannt unter dem Namen »Pascha«; in Prag hört ihr Führer auf die Spitznamen »Krava« und »Großer Andrey«), die Kiew-Brigade (fast nur in Ostböhmen tätig), die Mukatchew-Brigade (Nord- und Westböhmen), die Lvow-Brigade (ganze Tschechische Republik), die Uzhorod-Brigade (Prag, Nord- und Westböhmen), die Irschava-Brigade (Zentral- und Nordböhmen) sowie die Solnzewskaja-Brigade (vorwiegend Westböhmen). Auftragsmorde dieser Gruppen – allen voran der Solnzewskaja – sollen inzwischen weniger als 2500 Euro kosten.

Das alles berührt aber seit langem nicht mehr nur die Tschechische Republik, auch Österreich ist davon betroffen. Im stenografischen Protokoll der 121. Sitzung des Nationalrates der Republik Österreich hieß es am 14. Mai 1998 in einem Antrag des Abgeordneten Johann Ewald Stadler: »9. Mai 1998: Am Graben in Wien wird der 43-jährige Geschäftsführer des Innenstadt-Juweliers Haban, Siegfried Goluch, von mehreren Profikillern überfallen und in Gegenwart mehrerer Kunden durch einen Kopfschuss getötet. Der mutmaßliche Täter Vladimir Alexandrovitch G. soll der auf Wirtschaftsverbrechen spezialisierten Russenmafiabande ›Solnzewskaja‹ angehören. Es ist daher seit langem evident, dass der Import von Kriminalität aus den osteuropäischen Reformstaaten und insbesondere aus den Nachfolgestaaten der ehemaligen Sowjetunion eine eminente Gefahr für die Sicherheit der Österreicherinnen und Österreicher darstellt, wie insbesondere der letzte oben aufgezeigte Fall beweist. Dabei wird der Anteil der Organisierten Kriminalität, die durch den Zuzug aus dem Osten besonders begünstigt wird, an der Gesamtkriminalität in Österreich derzeit schon auf zirka 30 bis 35 Prozent geschätzt und wird in Zukunft durch die absehbaren Folgen des Schengener Abkommens noch wesentlicher unterstützt und erleichtert werden (Menschen-, insbesondere Frauenhandel, Schlepperei, Prostitution, Waffen- und Drogenhandel, Schutzgelderpressungen, Geldwäsche etcetera). Nach der Einschätzung von EU-Experten droht mit der Osterweiterung der EU ein weiteres Sicherheitsproblem erster Ordnung, da die meisten osteuropäischen Staaten ihren Grenzschutz bisher vernachlässigt haben und sich deshalb die großkriminellen Organisationen ungehindert und grenzüberschreitend ausweiten konnten.«

Bei den Danziger Sicherheitsgesprächen, die seit vielen Jahren schon in Zusammenarbeit mit dem Landeskriminalamt Mecklenburg-Vorpommern veranstaltet werden, sprach im September 2000 Vladimír Zimmel, Hauptmann der tschechischen Polizei, über die Zukunft der Organisierten Kriminalität in der Tschechischen Republik und meinte, trotz der Einführung der Visumpflicht für die Länder der ehemaligen UdSSR könne man einen Rückgang in der Aktivität der Verbrecherstrukturen nicht erwarten, »eher das Gegenteil«. Die unzureichende materielle Ausstattung der tschechischen Polizei »und ihr langsames Reagieren auf die Problematik der Russisch sprechenden Verbrecherstrukturen« machten deren illegale Aktivitäten in der Tschechei »nur leichter«. Deshalb werde »in Anbetracht der internationalen politischen Lage und der Integrierung der Tschechischen Republik in die europäischen Strukturen« die Tschechische Republik für die OK »immer interessanter werden«.

Am 29. Mai 2003 beschäftigte sich Radio Prag mit der Frage, wie sich die Aufnahme Tschechiens in die EU auf dem Gebiet der Kriminalität auswirken werde. In dieser Sendung sagte Petra Vitousova, eine Mitarbeiterin der Organisation »Weißer Ring«, auf die Frage nach der zunehmenden Zahl von Raubüberfällen in der Tschechischen Republik: »Es sind vor allem Flüchtlinge, die unter falschen Versprechungen hierher kamen, doch den besseren Job und das bessere Leben haben sie nicht bekommen. Sie leben also von der Hand in den Mund. [...] Das ist auch der Grund, warum die Übergriffe immer aggressiver werden. Sie müssen unbedingt etwas von den Opfern bekommen, sei es nun Geld oder Ware, die sie verkaufen können.«

Die Unternehmensberatung PricewaterhouseCoopers veröffentlichte zugleich eine Studie über Kriminalität in Tschechien und berichtete am 9. Juli 2003, in den letzten zwei Jahren seien 27 Prozent der tschechischen Unternehmen Opfer von Kriminalität geworden.

Mafiakapitalismus

An der deutsch-tschechischen Grenze gingen im Februar 2003 erstmals Grenzbeamte beider Länder gemeinsam auf Streife. Bundesinnenminister Schily (SPD) und der tschechische Innenminister Gross gaben am 18. Februar im sächsischen Seifhennersdorf das Startsignal für den ersten Kontrollgang. Polizei- und Sicherheitsfachleute forderten angesichts der EU-Osterweiterung eine gemeinsame EU-Grenzpolizei. Neben den Streifengängen ist zwischen deutschen und tschechischen Grenzbeamten ein engerer Informationsaustausch geplant. Besonders die illegale Einwanderung über die Tschechische Republik und die Organisierte Kriminalität an der Außengrenze sollen wirksamer bekämpft werden. Grundlage ist der Vertrag über die deutsch-tschechische Zusammenarbeit von Polizei und Grenzschutz, der im September 2002 von Berlin und Prag ratifiziert wurde.

Tatsächlich war Tschechien im Gegensatz zu Polen für die EU ein pflegeleichter Kandidat: Während Polen die EU-Kommission mit Sonderwünschen und Ausnahmeregelungen nervte, hatte Prag lediglich eine Übergangsfrist gefordert: Immobilien in der Tschechischen Republik sollten nicht gleich mit dem Beitritt zu erwerben sein, damit das Land vor dem Ausverkauf geschützt wird.

Einen Wermutstropfen gab es aber dennoch: Die EU warf Prag immer wieder vor, zu wenig gegen grenzüberschreitende und Organisierte Kriminalität zu tun: Ob Menschenhandel oder Geldwäsche in großem Stil – immer wieder führten und führen bis heute die Spuren nach Tschechien. Auch Korruption steht auf der Tagesordnung, und die tschechischen Politiker tun – trotz aller Sonntagsreden – wenig dagegen. Eine Erklärung dafür ist, dass viele Politiker in Prag mit der Mafia unter einer Decke stecken. Das klingt zwar wie eine Verschwörungstheorie, aber kein Geringerer als der frühere Staatspräsident Vaclav Havel sprach sogar selbst vom »Mafiakapitalismus« in Tschechien. So überraschte es wenig, dass im Jahr 2000 der oberste Korruptionsbekämpfer abgesetzt wurde, weil er womöglich zu viel über das Zusammenspiel von Politik und mafiösen Vereinigungen wusste.

Kein Wunder, dass Gerhard Keller, Landesvorsitzender der Gewerkschaft der Polizei in Bayern, im Juni 2001 bei einer Veranstaltung der Europäischen Akademie Berlin zum Thema »Die Aufnahme neuer EU-Mitglieder – ein Problem für die Innere Sicherheit?« meinte, mit dem Fall der Grenzen werde vor allem in Bayern zunächst das Sicherheitsgefühl der Bürger leiden, weil mit der Auflösung der stationären Kontrollen und dem Wegfall der damit verbundenen Filterfunktion eine weitere schützende Barriere entfalle. Gerhard Keller: »Der Wegfall der Grenzkontrollen wird zu einer erheblichen Verunsicherung der Bewohner im grenznahen Raum führen.« Konkret prognostizierte er: »Der bisherige Sextourismus wird sich verlagern, Prostituierte aus der Tschechischen Republik werden ihre Aktivitäten in den grenznahen Raum innerhalb Bayerns verlegen.« Durch das Lohngefälle würden Schwarzarbeiter aus den osteuropäischen Ländern die Arbeitswirtschaft im ostbayerischen Raum beeinflussen. Eigentumsdelikte würden zunehmen, Straftätern werde der schnelle und für die Verfolgungsbehörden problematische Rückzug nach Tschechien möglich sein, weshalb die Zunahme von Straftaten vor allem im Bereich der Eigentumsdelikte im grenznahen Raum zu befürchten sei. Straftäter aus dem östlichen Europa, so fügte er hinzu, seien bekanntermaßen bei ihren Taten und auch beim »Rückzug« äußerst brutal, die körperliche Unversehrtheit beziehungsweise das Leben anderer spiele für sie dabei eine untergeordnete Rolle. Durch den späteren Wegfall der Grenzkontrollen könnten alle bisher an der Grenze wegen versuchter illegaler Einreise zurückgewiesenen Personen ungehindert in die Bundesrepublik Deutschland gelangen. (Im Jahr 2000 wurden an den Grenzübergängen zur Tschechischen Republik 9800 Personen wegen versuchter illegaler Einreise und weiterer fehlender Einreisevoraussetzungen zurückgewiesen.) Es sei zu erwarten, fügte Keller hinzu, dass wegen des ungehinderten Verkehrs zwischen den Ländern vor allem die Deliktfelder »Illegale Ein- und Ausfuhr von Waffen und Sprengstoff, Ausfuhr von Diebesgut, Schmuggel von Rauschgift, Illegale Einreise und Schleusungen, Menschelhandel und Prostitution« erheblich steigen würden.

Im Oktober 2003 präsentierte man in Prag den mehr als zwanzig Seiten umfassenden Jahresbericht der tschechischen Antidrogenzentrale. Darin heißt es, der illegale Heroinhandel in Tschechien werde vor allem von Albanern kontrolliert. Der Kokainhandel sei in der Hand nigerianischer Verbrecherorganisationen, die in Tschechien mit einheimischen Kurieren kooperieren. Und der Handel mit Cannabis werde vorwiegend von arabischen Gangs beherrscht. Im Jahr 1990 hätten die Drogenhändler begonnen, einen der wichtigsten europäischen Drogenwege, auf dem Heroin geschmuggelt wurde – die so genannte »Balkanroute« –, über tschechisches Gebiet zu führen. Dieser Weg beginnt in Europa in der Türkei, überquert den Balkan und verzweigt sich auf tschechischem Gebiet in mehrere Richtungen – so auch nach Deutschland als einem der Zielländer. Zu ihnen zählt auch die Tschechische Republik selbst: Nach Angaben von Jiri Komorous, dem Leiter der tschechischen Antidrogenzentrale, waren das Drogenbusiness und die Verbrechergruppen, die vor allem aus ethnischen Albanern bestanden, auf tschechischem Gebiet so stark verwurzelt, »dass sie einen Zweig der Balkanroute auch auf unser Gebiet richteten. Das bedeutet, dass die Tschechische Republik heute, was das Drogengeschäft anbelangt, […] für die Drogengangs nicht nur ein Transit-, sondern auch ein Zielland ist.«

In den letzten Jahren erfreut sich eine Droge namens »Crystal« einer zweifelhaften Beliebtheit. Die Droge – eigentlich Methamphetamin, ein ursprünglich schon in der Nazizeit in Deutschland entwickeltes Medikament – wird in Tschechien unter dem Namen »Pervitin« illegal produziert. Dazu Komorous: »Vor circa zwei Jahren begannen sich russischsprachige Verbrechergruppen an der illegalen Produktion und an allen mit dieser Droge zusammenhängenden Aktivitäten zu beteiligen – in Kooperation mit tschechischen Gangs. Diese knüpften Kontakte zu deutschen Verbrecherorganisationen, und es entstand ein neuer Drogenweg, der aus Tschechien nach Deutschland führte. […] Gegen die Verbreitung dieser Droge begannen wir mit unseren deutschen Kollegen im Rahmen einer internationalen Arbeitsgruppe, die eben ›Crystal‹ genannt wurde, zu kämpfen. Es gelang uns bislang, sowohl einige tschechische Labors für die ›Crystal‹-Produktion als auch Abnehmer der Droge und einen Teil des Vertriebsnetzes in der BRD auszuschalten.«

Im Juni 2003 ließen die Fahnder der tschechischen Antidrogenzentrale einen Ring von Rauschgiftschmugglern auffliegen, die international mit Ecstasy-Tabletten gehandelt hatten. Der Kopf der Bande war aber nicht etwa ein Russe oder Tscheche, vielmehr handelte es sich um einen 40 Jahre alten US-Amerikaner, der am bayerisch-böhmischen Grenzübergang Rozvadov/Waidhaus mit 14 300 Ecstasy-Pillen festgenommen wurde. Dieser Erfolg war auch der guten Zusammenarbeit von tschechischen Polizisten mit ihren Kollegen in Belgien, den Niederlanden und in Deutschland zu verdanken, die immerhin ein Jahr an der Aufklärung des Falles gearbeitet hatten.

Bereits am 7. März 2003 konnten Angehörige der Gemeinsamen Ermittlungsgruppe Rauschgift von Polizei und Zoll in München insgesamt 264 Kilo Haschisch sicherstellen, das in einem angemieteten Wohnmobil mit tschechischer Zulassung versteckt war. Zuvor hatten tschechische Zollfahnder im Rahmen eines umfangreichen Ermittlungsverfahrens gegen eine Rauschgiftschmugglerbande in Tschechien von dem Schmugglertransport erfahren und die deutschen Kollegen um Amtshilfe gebeten. Denn dem tschechischen Zoll lagen Erkenntnisse vor, dass die illegale Fracht von Syrien durch Deutschland in die Niederlande gehen sollte. Zeitgleich nahmen die tschechischen Fahnder den mutmaßlichen Hintermann der Schmugglerbande und Auftraggeber des Rauschgifttransports ins Visier, ebenfalls ein tschechischer Staatsangehöriger. Er wurde mittlerweile in Tschechien verhaftet.

In dem getarnten Rauschgifttransporter, einem Fiat-Ducato, befanden sich vier Erwachsene und ein Kleinkind, alles tschechische Staatsangehörige. Der Zugriff erfolgte, nachdem Angehörige eines Sondertrupps des Zollkommissariats Freyung das verdächtige Fahrzeug auf einem Parkplatz der A3 kurz hinter dem deutsch-österreichischen Grenzübergang Passau-Suben angehalten hatten. Das Wohnmobil wurde in die so genannte Überholungshalle des Zollamts Philippsreut gebracht und dort von Spezialisten durchsucht, die insgesamt 458 Platten mit jeweils rund 500 Gramm und 117 Platten mit jeweils rund 220 Gramm Haschisch fanden. Alle Platten waren in

Leinensäckchen gepackt, mit Plastikfolie und teilweise noch zusätzlich mit Klebefolie umwickelt.

Der 22 Jahre alte Hauptverdächtige, seine gleichaltrige Ehefrau mit einem zweieinhalbjährigen Kind sowie der 47 Jahre alte Vater und der 51 Jahre alte Onkel des Mannes waren nach eigenen Angaben auf dem Weg zurück von einer Urlaubsreise in ihre Heimat. Begonnen hatte die Reise laut den Passeinträgen am 22. Februar in Tschechien, wo sie via Ungarn, Bulgarien und die Türkei nach Syrien und Jordanien gefahren waren. Am 5. März fuhren sie dann ohne größeren Aufenthalt von Syrien über die Türkei, Bulgarien, Kroatien, Slowenien und Österreich bis nach Deutschland. Der tschechische Zoll war auf die Schmugglerbande aufmerksam geworden, als sich in einem mittlerweile abgeschlossenen Ermittlungsverfahren des Zollfahndungsamtes Essen im Oktober 2002, bei dem insgesamt 13 Kilogramm Haschisch sichergestellt werden konnten, Anhaltspunkte auf beteiligte Tschechen ergeben hatten. Nachdem die deutschen Zollfahnder ihre Erkenntnisse dorthin weitergegeben hatten, regte die tschechische Generalzolldirektion in Prag ein Ermittlungsverfahren an. In der Mitteilung des bayerischen Zolls heißt es denn auch: »Der jetzige Erfolg steht exemplarisch für die intensive und hervorragend funktionierende Zusammenarbeit der deutschen und tschechischen Zollverwaltungen.« Anders wäre eine wirkliche Bekämpfung der Organisierten Kriminalität wie der international agierenden Rauschgiftschmuggler »nicht möglich«.

Gut geschmiert

Dass die Korruption im Lande ein »groteskes Niveau« erreicht habe, musste im Jahr 2003 wohl sogar die tschechische Regierung eingestehen. Im selben Jahr meldete Radio Prag, dass die Immunität von Senator Alexander Novak aufgehoben werden solle, weil er bei der Privatisierung eines Energiekonzerns in seinem Heimatort Chomutov Schmiergelder in Höhe von knapp 1,3 Millionen Euro eingestrichen haben soll. Ebenfalls in diesem Jahr verurteilte man den ehemaligen Generalsekretär im Außenministerium, Karel Srba, zu acht Jahren Gefängnis, weil er einen Killer angeheuert hatte, um die Journalistin Sabina Slonkova aus dem Weg zu räumen: Sie war illegalen Geschäften des Politikers auf die Spur gekommen.

Im Frühjahr 2003 kam eine Studie in Prag zu dem Ergebnis, dass sich fast 40 Prozent der Tschechen offen zur Korruption bekennen. Demnach werden zwei Prozent des tschechischen Bruttoinlandsproduktes illegal bewegt. Das entspricht rund 1,3 Milliarden Euro. Weil die Mitarbeiter der öffentlichen Verwaltung am bestechlichsten sind, verwundert es kaum, dass trotz offizieller Antikorruptionskampagnen nur wenige Tschechen wegen Bestechung oder Bestechlichkeit verurteilt werden (im Jahr 2001 kam es in nur 83 Fällen zu einem Urteil). Gleich hinter der öffentlichen Verwaltung landeten Ärzte und Krankenschwestern, gefolgt von Gerichten und der Polizei, auf der Korruptionsliste.

In diesem Zusammenhang berichtete im August 2002 die Zeitung *Das Parlament* über Korruption bei der Prager Polizei: »Jeder weiß: Verlangt man eine Quittung, muss der Polizist das Geld auf der Dienststelle abliefern. Schlägt der Hüter des Gesetzes ein Bußgeld ohne Quittung vor, kommt es deutlich billiger – den Profit teilen sich Polizist und Autofahrer brüderlich, der Staat geht leer aus.« Jeder – und jede – hat eben anscheinend seinen Preis. Die Tageszeitung *Mlada fronta Dnes* veröffentlichte sogar einen Katalog der Schmiergeldzahlungen, nach dem etwa eine Änderung im Handelsregister 5000 Kronen kostet – zahlt man, bekommt man den gewünschten Eintrag schon nach einem Tag; bezahlt man nicht, wartet man bis zu einem halben Jahr darauf. Wer den Führerschein bestanden hat, bekommt ihn nach der abschließenden Prüfungsfahrt schneller, wenn er 1000 Kronen bereithält; das Umschreiben eines Autos auf einen anderen Besitzer kostet 300 Kronen, und für 40 000 Kronen gibt es eine Wehrunfähigkeitsbescheinigung. Das erkläre, so die Zeitung, warum die Hälfte aller jungen Tschechen von so schweren Gebrechen befallen sei, dass sie ihrer Wehrpflicht nicht nachkommen könnten.

Im Antikorruptionsindex von »Transparency International« stand Tschechien dann auch im Jahr 2001 zusammen mit Kroatien und Bulgarien an 47. Stelle – also nicht nur hinter allen EU-Ländern, sondern auch hinter Staaten wie Botswana, Tunesien, Jordanien, Costa Rica, Mauritius, Peru und Brasilien. Vor diesem Hintergrund entschloss sich die britische Regierung zum Handeln: Im Jahr 2002 schickte sie zwei der erfahrensten britischen OK-Fachleute nach Prag, die dort das Zusammenspiel von Korruption und Organisierter Kriminalität aufdecken und Vorschläge zur Bekämpfung unterbreiten sollten. John Mottram, einer der beiden Briten, sagte dazu: »Da gab es einfach ein Vakuum, nachdem die alte Ordnung zusammengebrochen war. Und das haben kriminelle Gangs gefüllt.«

Heute sorgen neun britische Verbindungsoffiziere des Auslandsgeheimdienstes SIS (MI-6) dafür, dass zumindest die Sicherheitsinteressen britischer Unternehmen gegenüber Korruption und OK in Prag gewahrt werden. Deutschland sorgt sich unterdessen eher um den Schutz der Landesgrenzen. Im September 2002 wurde ein deutsch-tschechischer Vertrag ratifiziert, auf dessen Grundlage die illegale Einwanderung und die OK aus der Tschechischen Republik wirksamer bekämpft werden sollen.

Bestechlich sind in Tschechien auch Zollbeamte. Nachdem die tschechische Polizei Anfang Oktober 2003 zehn Zollbeamte am Grenzübergang Vojtanov festgenommen hatte, weil diese sich an der Fälschung von Zollpapieren beteiligt hatten, mussten ihre Kollegen, die an demselben Grenzübergang im Bezirk Cheb arbeiteten, natürlich ihre Loyalität unter Beweis stellen. Vier Tage nach den Festnahmen fanden sie Imitationen von Zigarettenpackungen, die mit Watte und Nägeln gefüllt waren. Durch diese Präparierung hätten sie am Ende das gleiche Gewicht wie richtige Zigarettenkartons gehabt. Die betrügerischen tschechischen Verkäufer rechneten offenbar damit, dass die mehrheitlich deutschen Kunden nicht eigens nach Tschechien zurückkehren würden, um die gefälschte Ware zu reklamieren, berichtete Radio Prag am 10. Oktober 2003.

In jenen Tagen wollte Prag der Außenwelt um jeden Preis seinen guten Willen auch beim Kampf gegen die OK demonstrieren. Am 10./11. Oktober 2003 durchsuchten fast 5000 tschechische Polizisten und Feuerwehrleute bei einer Großrazzia gegen illegale Prostitution mehr als 400 Nachtclubs. Bei dieser größten Razzia ihrer Art in der Geschichte des Landes wurden zwölf Verdächtige wegen Menschenhandels festgenommen, gegen 33 weitere erstattete man Anzeige. Insgesamt kontrollierte man in dieser Nacht 4000 Menschen, sagte Innenminister Stanislav Gross in Prag. Außerdem seien auch viele Waffen und gefälschte Dokumente gefunden worden.

Tod im Sattelschlepper

Immer öfter stoßen Ermittler auf kriminelle osteuropäische Gruppierungen, die man nicht mehr einem bestimmten Land zuordnen kann. Während polnische Hammerbanden ursprünglich fast ausschließlich aus Koszalin kamen, schließen sich manchmal auch osteuropäische Kriminelle aus verschiedenen Ländern gezielt zu Banden zusammen, um Straftaten zu begehen. So war es etwa im Falle einer tschechisch-slowakisch-serbischen Gruppe, die seit Anfang Januar 1999 gezielt Lastwagen ausraubte und nicht einmal davor zurückschreckte, die Fahrer zu ermorden.

Der 32 Jahre alte Abschleppunternehmer Miroslav Urbanec hatte am 23. Januar 1999 eigentlich auf einen gemütlichen Tag gehofft. Dann kam gegen 17 Uhr ein Anruf. Ein Unbekannter behauptete, er habe nahe der Stadt Hof eine Panne im niederösterreichischen Leithagebirge und müsse abgeschleppt werden. Zwei Stunden später war Miroslav Urbanec tot. Spaziergänger fanden am nächsten Tag seine Leiche. Urbanec wurde mit einem Genickschuss ermordet. Sein Abschleppwagen war verschwunden.

Es dauerte lange, bis die Polizei herausfand, dass eine slowakische Gruppe slowakische Lkw-Fahrer unter Vorspiegelung von Pannen nach Serbien, Kroatien, Österreich und Italien gelockt hatte, um die Lastwagen zu rauben. Über lange Zeit konnten die einzelnen Polizeidienststellen die Taten einander nicht zuordnen. Zwei Opfer wurden nach Italien beordert, eines nach Österreich, zwei nach Kroatien und fünf nach Serbien. Zwei Mordopfer waren vermutlich in Zupanja an der kroatisch-bosnisch-serbischen Grenze vergraben, zwei Leichen sollen die Täter in Pontebba in Italien in ein Flussbett geworfen und mit Treibgut zugedeckt haben; die fünfte Leiche soll nahe Subotica in Jugoslawien vergraben sein.

Im November 1999 plante die osteuropäische Bande einen neuen Coup. Da aber standen die Täter schon unter Beobachtung, da sie als Verdächtige identifiziert worden waren. Beamte der Mordgruppe der niederösterreichischen Kriminalabteilung übernahmen die Koordination der österreichischen, slowakischen, ungarischen und jugoslawischen Fahnder. Am Landesgericht Korneuburg waren Staatsanwalt und Untersuchungsrichter in Bereitschaft; die österreichischen Ermittler standen in dauerndem telefonischem Kontakt mit ihren Kollegen in der Slowakei, Ungarn und Jugoslawien. Der Zugriff erfolgte mustergültig: Am 12. November 1999 verhafteten serbische Polizeieinheiten einen Serben, einen Slowaken und einen Tschechen in einem Rasthaus in Jugoslawien. Zur gleichen Zeit nahmen slowakische Polizisten zwei weitere Slowaken in Trencin fest. Eine Mittäterin wurde am Tag darauf in einem Budapester Hotel verhaftet, am 17. November inhaftierte man zwei Slowaken in der Slowakei. Verhört wurden die Verdächtigen schließlich von gemischten Teams aus Österreich, Jugoslawien und der Slowakei. Die 25 Jahre alte Slowakin und ihr 33 Jahr alter serbischer Ehemann hatten die Verbindungen nach Serbien. Sie nahmen »Lkw-Bestellungen« entgegen und gaben sie an das aus verschiedenen osteuropäischen Ländern stammende »Vollstreckerteam« weiter. In Kleingruppen von zwei oder höchstens drei Tätern traten die Mörder dann am Zielort auf. Einer der Täter hatte schon 1994 in Prag einen Mord verübt. Und auch bei seinen Kumpanen sank die Hemmschwelle mit jeder Tat. Zu Beginn der Raubserie am 10. August 1998 überlebten die Überfallenen noch in drei Fällen. Sie wurden gefesselt am Tatort zurückgelassen. Später kannten die Täter dann keine Gnade mit den arglosen LKW-Fahrern mehr. Zynismus pur: Mit der Ermordung der Fahrer wollten sie sich einfach einen großen zeitlichen Vorsprung vor der Polizei verschaffen. Denn die wurde meist erst viel später von den Ehefrauen der Opfer informiert.

Zypern

Paradies für Geldwäscher

Als die Gesellschaft für Zypernstudien am 6. Januar 2003 über Geldwäsche auf der beliebten Urlaubsinsel berichtete, da interessierte sich kaum jemand für das Thema. Immerhin betraf die Meldung ja »nur« den früheren jugoslawischen Präsidenten. Zuvor teilte die Wochenzeitung *Kipros Simera* mit, den Vereinten Nationen sollten Dokumente übergeben werden, die Geldwäschegeschäfte von Slobodan Miloševiç im Süden der Insel belegten. Die vertraulichen Dokumente enthielten detaillierte Informationen über die Geldwäschepraxis zypriotischer Offshore-Unternehmen und bezögen sich auf die zwei Firmen »Anteksol« und »Brawnskor«, meldete das Blatt. Nach dessen Angaben vertrat man beim UN-Tribunal für das ehemalige Jugoslawien die Auffassung, dass die genannten Unternehmen auch in die Abwicklung dubioser Waffengeschäfte über Südzypern und Israel verwickelt waren. Es lohnt sich also, die Rolle des neuen EU-Mitglieds Zypern bei der Geldwäsche genauer zu betrachten. Denn längst nicht nur Expräsident Miloševiç wusste sein Geld hier in »guten« Händen.

Im November 2002 verklagten die EU-Kommission und zehn Mitgliedsstaaten den amerikanischen Tabakkonzern R J Reynolds vor einem New Yorker Gericht wegen Verdachts auf Geldwäsche. Immerhin glaubten die europäischen Ermittler belegen zu können, dass der zweitgrößte amerikanische Tabakkonzern an Geldwäsche beteiligt ist und bei einem organisierten Ring mitarbeitete, der aus Zigarettenschmuggel, Drogen und Waffenhandel illegal Gelder bezieht. Reynolds, so die EU-Ermittler, liefere Zigaretten an Zwischenhändler in der Schweiz, Zypern und Montenegro, die dann zum Teil auf dem Schwarzmarkt in der EU verkauft würden. Auch hier tauchte somit die beliebte Urlaubsinsel in einem unschönen Zusammenhang auf: Zypern ist heute ein Ort, an dem sich vorwiegend russische Mafiosi bei der Geldwäsche auch noch bräunen können. Der Dollar-Zufluss aus Moskau nach Zypern wird von Fachleuten pro Jahr auf immerhin rund eine Milliarde geschätzt. Seit dem November 2003 ermittelt die Schweizerische Bundesanwaltschaft gegen eine graue Eminenz des ehemaligen russischen Präsidenten Boris Jelzin. Der russische Milliardär Boris Beresowski wird verdächtigt, Geldwäsche betrieben zu haben und Mitglied einer kriminellen Organisation zu sein. In dem Verfahren soll abgeklärt werden, welche von Beresowskis Aktivitäten in der Schweiz legal und welche möglicherweise illegal waren, sagte Bundesanwalt Valentin Roschacher. Neben Geldwäscherei geht es um den Verdacht der Organisierten Kriminalität. In diesem Zusammenhang eröffnete die Schweizerische Bundesanwaltschaft auch ein Verfahren gegen einen auf Zypern lebenden Schweizer Treuhänder. In diesem Fall ging es um den Verdacht der Geldwäsche und der Beteiligung an einer kriminellen Organisation. Beresowski stieg unter Präsident Jelzin zu einem der einflussreichsten Unternehmer und Kreml-Funktionäre auf. Unter Wladimir Putin wurde er wegen Finanzdelikten angeklagt. Im September 2003 erhielt er in Großbritannien Asyl.

Über die Jahre siedelten sich Tausende so genannter Offshore-Firmen auf Zypern an. Sie haben zwar ihren Sitz auf dieser Insel, treiben aber mit ihr keinen Handel. Unter den rund 50 000 Gesellschaften gab es zahlreiche Briefkastenfirmen, die lediglich der Geldwäsche dienten. Angelockt wurden die Unternehmen in den Siebziger- und Achtzigerjahren durch viele Vergünstigungen. So mussten Offshore-Firmen ihre Nettogewinne nur mit 4,25 Prozent versteuern. Mit dem Eintritt in die EU soll sich das ändern. Doch die meisten ehemaligen Offshore-Firmen wollen trotz der steuerlichen Verschlechterung auf Zypern bleiben. Denn im Vergleich zu den anderen Mitgliedern der Europäischen Union hat Zypern dann immer noch attraktive Steuersätze. Die Gewinnsteuer liegt nun bei zehn, der Spitzenlohnsteuersatz bei 30 Prozent. Und das dürfte auch weiterhin Geldwäscher aus dem Bereich der grenzüberschreitenden Organisierten Kriminalität anziehen.

Teil III

Fahnder

Juristischer Kompetenzstreit

Während der Horizont der Kriminellen in der EU längst international ist, endet die scheinbar grenzenlose Freiheit europäischer Juristen und Strafverfolger meist schnell. Zwar ist auch die Wirtschaft schon lange grenzüberschreitend strukturiert, doch hört strafrechtliches Denken nicht selten an den Grenzen auf. Mitte der 1990er-Jahre deckte die interne Finanzkontrolle der Europäischen Kommission einen schweren Fall von Korruption in der Tourismusabteilung der Brüsseler Behörde auf. Über viele Jahre hatten ein Grieche und ein Franzose EU-Gelder aus der Tourismusförderung einem Unternehmen in Griechenland zukommen lassen und dabei kräftig Schmiergelder kassiert. Der Fall war klar, die Schuldigen waren dingfest gemacht, und die Beweise lagen vor. Wer aber sollte nun die Anklage erheben und das kriminelle Duo vor Gericht bringen? Und vor welchem Gericht sollten sie sich verantworten? Sollte der belgische Staatsanwalt das Verfahren an sich ziehen, weil die Schreibtische der beiden EU-Beamten in Brüssel standen? Die französische Justizbehörde wähnte sich zuständig, weil einer der Kriminellen inzwischen wieder nach Frankreich gezogen war. Eine Auslieferung lehnte Paris ab. Weil das erschlichene Geld nach Griechenland geflossen war, hielt sich aber auch Athen für zuständig. Die Folge des Kompetenzstreites: Straffreiheit für die Kriminellen.

Bei der grenzüberschreitenden Kriminalität ist die Zuständigkeit zwar klar geregelt – angeklagt wird jeweils am Tatort –, was geschieht aber, wenn, wie im geschilderten Fall, Korruption im Spiel ist und es eine große Zahl von Tatorten gibt?

Korruption ist, wie in den vorangegangenen Fallstudien belegt, vor allem in den neuen EU-Staaten des Ostens ein verbreitetes Übel. Vor diesem Hintergrund forderte das Europäische Parlament schon vor

Jahren die Errichtung einer europäischen Staatsanwaltschaft. Sie soll auch für jene Fälle zuständig sein, in denen EU-Beamte oder EU-Behörden »gegen die finanziellen Interessen der EU« verstoßen haben.

Mit anderen Worten: Wenn das unabhängige EU-Amt zur Betrugsbekämpfung (OLAF) einem Betrugsfall in der EU auf die Spur gekommen ist, soll ein eigener, unabhängiger EU-Staatsanwalt die Ermittlungen gegen die Verdächtigen führen. In einem zweiten Schritt sollen in jedem EU-Mitgliedsland nationale Strafverfolgungsbehörden geschaffen werden, die nur EU-Strafsachen aufgreifen. Und in einem dritten Schritt soll eine gemeinsame europäische Strafverfolgungsbehörde aufgebaut werden, die nicht nur für EU-interne Fälle, sondern auch »für alle Straftaten zum Nachteil der finanziellen Interessen der EU« zuständig ist.

Nun werden aber die tatsächlichen Milliardenlöcher in der EU-Kasse durch Subventionsbetrug in den Mitgliedsstaaten, Zollvergehen wie Zigarettenschmuggel und die Fälschung von Transitpapieren verursacht. Dennoch haben einige EU-Mitgliedsstaaten noch nicht einmal das schon im Jahr 1995 unterzeichnete Übereinkommen über die gemeinsame Betrugsbekämpfung ratifiziert. Immer noch gibt es in den Mitgliedsstaaten rechtliche Grauzonen: In den 25 nationalen Rechtssystemen wird der Straftatbestand »Betrug zu Lasten der EU«, der eigentlich klar geregelt sein sollte, unterschiedlich definiert und unterschiedlich bestraft. So ist es denn nicht verwunderlich, dass selbst der erste Schritt, eine europäische Staatsanwaltschaft, bislang noch nicht Wirklichkeit wurde: Seit mehr als einem Jahrzehnt arbeitet eine Expertengruppe der EU im Auftrag von Kommission und Europaparlament an diesem Projekt. Die EU-Staatsanwaltschaft soll »unter Beachtung der rechtlichen Systeme und Traditionen in den Mitgliedsstaaten« in der ganzen Europäischen Union Ermittlungen führen und Anklage vor den zuständigen nationalen Gerichten erheben können. Das neue Amt soll nach dem Willen der Kommission eines der größten Hindernisse auf dem Weg zu einer effektiven Strafverfolgung in Europa abbauen: die »Zersplitterung« des europäischen Rechtsraums in 25 verschiedene Strafrechtsordnungen. Die üblichen Rechtshilfeverfahren und die grenzüberschreitende Zusammenarbeit der Polizei reichen nach Auffassung der Kommission nicht aus, um grenzüberschreitenden Betrug wirksam zu bekämpfen. Warum man für die

Realisierung dieses erstrebenswerten Ziels so lange braucht, wird man den EU-Bürgern kaum noch erklären können: Während Deutschland, Frankreich, die Niederlande und Schweden die Idee gut finden, sperrt man sich in London gegen das, was einmal Kern eines europäischen föderalen Justizwesens werden könnte. Weil es in der EU und bei den Beratungen über deren Verfassung ohnehin schon genug Probleme gibt, schiebt man dieses eigentlich vordringliche Thema also lieber vorerst wieder einmal zur Seite. Und jene Vereinigungskriminellen aus den neuen EU-Staaten, die die Fördertöpfe in Brüssel als Selbstbedienungsladen ansehen mögen, können deshalb derzeit noch frohlocken. Erst das neue Grundgesetz der EU wird wohl die Voraussetzungen für den EU-Staatsanwalt schaffen.

Nicht anders sieht es mit ähnlich heiklen Themen aus: dem EU-Stafregister und der EU-Grenzpolizei. Letztere ist ein für viele noch kaum vorstellbarer Gedanke – und trotzdem wird hinter den Kulissen bereits an dieser Organisation gearbeitet: Deutschland hat das »Zentrum Landgrenzen« übernommen, das gemeinsame Einsätze europäischer Grenzschützer an den Außengrenzen vorbereitet und im Raum Frankfurt/Oder mit Briten, Griechen und Italienern schon operative Einsätze startete. Italien ist für die Zusammenarbeit der Grenzpolizeien auf internationalen Flughäfen zuständig, Österreich und Schweden arbeiten an gemeinsamen Ausbildungsplänen, Finnland erstellt eine europaweite Bedrohungsanalyse. Europas Juristen üben sich derweil weiterhin im nationalstaatlichen Denken in engen Grenzen, in juristischer Kleinstaaterei.

Manchmal fangen bedeutende Erfolge aber auch im Kleinen an. Zu den großen Erfolgen der spanischen Ratspräsidentschaft zählt jedenfalls die baldige Einführung des Europäischen Haftbefehls – zumindest in den sechs Ländern Spanien, Frankreich, Luxemburg, Portugal, Großbritannien und Belgien. Der Haftbefehl soll die langwierigen bürokratischen Prozesse vereinfachen, die bislang vor der Auslieferung von Straftätern von einem EU-Staat in einen anderen standen. Die Justizminister einigten sich auf eine Liste von 32 Delikten, zu denen etwa Korruption, Drogenhandel und Pädophilie gehören. Sofern wegen eines solchen Deliktes in einem EU-Staat ein Haftbefehl vorliegt, muss die Person auch in einem anderen EU-Staat dem Richter vorgeführt werden.

Die Einführung des EU-Haftbefehls war nicht einfach. Auch hier gab es in jedem Land unterschiedliche Rechtsauffassungen. So fürchteten niederländische Kritiker, andere EU-Staaten könnten die Auslieferung von Ärzten fordern, die die – in den Niederlanden legale – Euthanasie praktizieren. Und vor allem Italien blockierte die Einigung, weil man Korruption, Betrug und Geldwäsche aus dem Straftatenkatalog streichen wollte. (Nicht wenige behaupteten, dies hänge mit den Ermittlungen des spanischen Richters Baltasar Garzón gegen Ministerpräsident Silvio Berlusconi zusammen. Denn mit dem EU-Haftbefehl könnte jeder europäische Richter den italienischen Regierungschef im Lauf von Ermittlungen festsetzen lassen.) Erst nach den Terroranschlägen des 11. September 2001 gab Italien dann seinen Widerstand gegen den EU-Haftbefehl auf, der nach einer Meldung der Deutschen Presse-Agentur (dpa) vom 6. Januar 2004 frühestens im März dieses Jahres wirksam werden kann. Der Verzug einiger Länder bei der Umsetzung hat nach Kommissionsangaben zur Folge, dass die Regeln des EU-Haftbefehls seit Jahresbeginn 2004 nur zwischen einigen EU-Staaten gelten. Nach Kenntnis der Kommission haben bisher Belgien, Dänemark, Irland, Finnland, Spanien, Schweden, Portugal und Großbritannien die Richtlinie in nationales Recht übertragen. Laut dem Bundesjustizministerium soll das Gesetz Ende Februar verkündet werden.

Artikel 2 Abs. 2 des Rahmenbeschlusses über den Europäischen Haftbefehl (RbEuHb) vom 13. Juni 2002 sieht vor, die beiderseitige Strafbarkeit nicht zu prüfen, wenn die dem Ersuchen zugrunde liegende Tat nach dem Recht des ersuchenden Staates mit einer Höchststrafe ab drei Jahren bedroht ist und als eine der folgenden Straftaten qualifiziert wird: Beteiligung an einer kriminellen Vereinigung, Terrorismus, Menschenhandel, sexuelle Ausbeutung von Kindern und Kinderpornografie, illegaler Handel mit Drogen und psychotropen Stoffen, illegaler Handel mit Waffen, Munition und Sprengstoffen, Korruption, Betrugsdelikte einschließlich Betrug zum Nachteil der finanziellen Interessen der Europäischen Gemeinschaften, Wäsche von Erträgen aus Straftaten, Geldfälschung einschließlich der Euro-Fälschung, Cyberkriminalität, Umweltkriminalität einschließlich des illegalen Handels mit bedrohten Tierarten oder mit bedrohten Pflanzen- oder Baumarten, Beihilfe zur illegalen Einreise und zum illegalen Aufenthalt, vorsätzliche Tötung, schwere Körperverletzung, illegaler Handel mit Organen und menschlichem Gewebe, Entführung, Freiheitsberaubung und Geiselnahme, Rassismus und Fremdenfeindlichkeit, Diebstahl in organisierter Form oder mit Waffen, illegaler Handel mit Kulturgütern einschließlich Antiquitäten und Kunstgegenständen, Betrug, Erpressung und Schutzgelderpressung, Nachahmung und Produktpiraterie, Fälschung von Zahlungsmitteln, illegaler Handel mit Hormonen und anderen Wachstumsförderern, illegaler Handel mit nuklearen und radioaktiven Substanzen, Handel mit gestohlenen Fahrzeugen, Vergewaltigung, Brandstiftung; Verbrechen, die in die Zuständigkeit des Internationalen Strafgerichtshofs fallen, Flugzeug- und Schiffsentführung, Sabotage.

Das ist ein langer Katalog. Doch wenige Tage vor der offiziellen Einführung des neuen EU-Haftbefehls zum 1. Januar 2004 war noch immer unklar, ob und wann er letztlich in Kraft treten kann. Zuletzt bremste wieder einmal Italien. Berlusconis persönlicher Anwalt Gaetano Pecorella, zugleich Vorsitzender im Rechtsausschuss des italienischen Parlaments, schlug für die Umsetzung des EU-Haftbefehls eine neue Behörde vor. Nach Meinung des EU-Haushaltsausschusses gab es für dieses neue Amt jedoch kein Geld in den Kassen. Und dann forderte Italien auf einmal noch, der EU-Haftbefehl solle nur 120 Tage lang gelten …

Europol: Schwerverbrechern auf der Spur

Im Maastrichter Vertrag über die Europäische Union vom 7. Februar 1992 wurde die Einrichtung des Europäischen Polizeiamtes (Europol) beschlossen. Europol kommt heute eine wichtige Rolle bei der Bekämpfung grenzüberschreitender Kriminalität zu. Denn die europäische Polizeibehörde hat als zentrale Stelle der Verbrechensbekämpfung in Europa die Aufgabe, den Informationsaustausch zwischen den Mitgliedsstaaten zu erleichtern, Informationen sowie Erkenntnisse zu sammeln und zu analysieren mit dem Ziel, die Ermittlungen in den Mitgliedsstaaten zu unterstützen. Nach der Europol-Konvention werden zu diesem Zweck automatisierte Informationssammlungen unterhalten. Dieses Informationssystem enthält

Daten über Straftäter oder straftatverdächtige Personen. Der bloße Verdacht genügt somit, um in die Informationsgewinnung von Europol zu gelangen. Auch Kontakt- und Begleitpersonen mutmaßlicher Täter dürfen gespeichert werden. Europol ist somit vornehmlich eine Datenverarbeitungszentrale, eine Serviceeinrichtung für die Strafverfolgungsbehörden der EU-Mitgliedsstaaten.

Aufgrund dieses Informations- und Analysesystems ist Europol seit Juli 1999 in der Lage, in dem von der Europol-Konvention vorgegebenen Rahmen personenbezogene Daten zu verarbeiten und die Strafverfolgungsbehörden der Mitgliedsstaaten durch strategische oder auch operative Analysen zu unterstützen. Gegenwärtig umfasst das Mandat von Europol die folgenden Deliktsbereiche: illegaler Drogenhandel, illegaler Handel mit radioaktiven und nuklearen Substanzen, Schleuserkriminalität, Kfz-Verschiebung, Menschenhandel einschließlich Kinderpornografie, Terrorismus, Geldfälschung und Fälschung anderer Zahlungsmittel sowie Geldwäsche. Im Haushaltsjahr 2003 standen Europol 55,5 Millionen Euro zur Verfügung – ein Bruchteil dessen, was zur gleichen Zeit eine durchschnittliche Gruppierung der Organisierten Kriminalität an Gewinnen einstreicht.

Am 19. Dezember 2003 stellte Europol den schon mehrfach zitierten Jahresbericht über die Organisierte Kriminalität vor. In diesem heißt es, die Osterweiterung der Europäischen Union (EU) werde auch einen größeren gemeinsamen Raum für Kriminalität schaffen. Hatte man europaweit im Europol-Jahresbericht 2002 noch 3000 verschiedene Gruppen der Organisierten Kriminalität mit insgesamt rund 30 000 Mitgliedern ausgemacht, so waren es für 2003 schon 4000 Gruppen mit fast 40 000 Mitgliedern. Wenn die Grenzkontrollen im Mai 2004 mit der Erweiterung auf 25 Staaten gelockert werden, würden mafiaähnliche Organisationen die neuen EU-Mitgliedsstaaten als Basis für den Drogen- und Menschenhandel nutzen, heißt es in dem Bericht. Internationale OK-Gruppen hätten in den Beitrittsländern längst Fuß gefasst und würden von der EU-Erweiterung profitieren. Insgesamt werde das organisierte Verbrechen Auftrieb erhalten. Europol-Direktor Jürgen Storbeck sagte dazu: »Der EU-Raum wird erweitert, und wir werden einen gemeinsamen Raum der Kriminalität bekommen, wie wir einen gemeinsamen Wirtschafts- oder Tourismusraum oder ein gemeinsames soziales Leben haben. […] Die Erweiterung ist profitabel für uns und unsere rechtlichen Aktivitäten, aber sie ist auch profitabel für Kriminelle«. Es gebe Anzeichen dafür, dass internationale kriminelle Gruppen ihre Aktivitäten in die neu hinzukommenden EU-Mitgliedsländer verlegen.

In einem Gespräch mit dem Autor vertrat Europol-Chef Jürgen Storbeck am 15. Oktober 2003 die Auffassung, dass es mit der Grenzöffnung nach Osten hin »nicht zu einer Destabilisierung in den alten EU-Staaten kommen« werde. Dennoch sei vor allem die Organisierte Kriminalität ein Wachstumsmarkt, auch innerhalb der EU. Die meisten OK-Gruppen zeigten aber nicht länger den klassischen, hierarchischen Aufbau, sondern »zellenmäßige Strukturen« und arbeiteten bis in die legalen Bereiche hinein. Während OK-Gruppen früher zumeist ethnische Profile vorgewiesen hätten, Russen nur mit Russen und Albaner nur mit Albanern zusammengearbeitet hätten, würden diese Strukturen inzwischen überwunden. Storbeck: »Heute arbeiten Gruppen zusammen, die früher getrennt gearbeitet haben.« Während die einen Menschen schmuggelten, stellten andere Hotels oder Bauernhöfe als Unterkünfte zur Verfügung. In den neuen EU-Staaten seien es zumeist Banden – nicht jedoch Kartelle –, die dort ihr Unwesen trieben.

Die Kommunikation zwischen Europol und den Behörden der EU-Mitgliedsstaaten erfolgt vor allem über die Verbindungsbeamten (»Europol Liaison Officers«), die von den Mitgliedsstaaten entsandt werden. Die Nationale Stelle von Europol für die Bundesrepublik Deutschland ist beim Bundeskriminalamt ansässig. Sie ist die Verbindungsstelle zwischen Europol und den Zentralstellen der übrigen Mitgliedsstaaten.

Deutschland hat derzeit sechs Verbindungsbeamte in Den Haag stationiert. Diese nehmen einerseits von den Polizeistellen ihres jeweiligen Landes Informationen entgegen und leiten sie an Europol weiter; andererseits übermitteln sie auch Daten von Europol an ihre Heimatbehörden.

Europol hat heute – inklusive der Verbindungsbeamten aus den einzelnen EU-Staaten – rund 450 Mitarbeiter, unter ihnen hundert Fachleute für verschiedene Felder der Organisierten Kriminalität und 60 Analysten, die 26 Sprachen abdecken. Die Arbeit von Europol stößt jedoch schnell an Grenzen: Wenn auch nur ein in Russland sichergestellter und Europol übergebener Computer mit einem Datenbestand von 60 Gigabytes ausgewertet werden soll, dann sind die Übersetzer eigentlich für Jahre hinaus beschäftigt. Immerhin entsprechen zwei Gigabytes mehr als 400 000 Seiten Text. Einige wenige Rechner, voll gestopft mit interessanten Daten und Dokumenten in einer Nicht-EU-Sprache, können so in Den Haag schon besorgte Gesichter hervorrufen.

Bundeskriminalamt: V-Leute, Richtmikrofone und Wanzen

Beim Bundeskriminalamt ist das Thema »osteuropäische Straftäter« ein heißes Eisen. Denn in den Monten vor der EU-Erweiterung musste man den Spagat zwischen wahrheitsgemäßer Berichterstattung und Rücksichtnahmen auf die EU-Aspiranten bewerkstelligen. Dennoch hat die Behörde im Mai 2003 eine internationale Tagung zur Thematik der Eigentumskriminalität durch osteuropäische Straftäter ausgerichtet. Dabei widmeten sich die vom BKA eingeladenen Fachleute von Bund und Ländern sowie aus Dänemark, den Niederlanden, Belgien, der Schweiz, Österreich und Polen vor allem dem Phänomen »Blitzeinbrüche und Raubüberfälle durch osteuropäische Tätergruppierungen«. Hintergrund war der auffällige Anstieg von Blitzeinbrüchen in Juwelier- und Fotogeschäfte seit Anfang 1999, die vielfach von polnischen Straftätern begangen wurden.

In der vom BKA zu der Tagung veröffentlichten Pressemitteilung heißt es: »So registrierte das BKA seit August 2001 (einschließlich der Versuche) 115 Blitzeinbrüche und 104 Raubüberfälle, bei denen Uhren und Schmuck im Gesamtwert von mindestens 25 Millionen Euro entwendet wurden. Insgesamt konnten 106 dieser Taten geklärt und zusammen 203 Tatverdächtige ermittelt werden. Die Vorgehensweise der Tätergruppen ist dabei immer ähnlich: Beim Blitzeinbruch fahren die Täter mit einem gestohlenen Kraftfahrzeug in die Schaufenster oder Türen der Geschäfte und entwenden die Auslagen bzw. Uhren und Schmuck aus den Vitrinen. Bei den Raubüberfällen werden die potenziellen Straftäter in der Regel im Herkunftsland ›angeworben‹ und mit Tatkleidung, Werkzeug und Gas- oder Schreckschusswaffen ausgestattet. Zur Tatausführung dringen die Täter dann in das jeweilige Juweliergeschäft ein, bedrohen die Anwesenden und entwenden hochwertige Uhren und Schmuck aus den Vitrinen. Die Tat dauert meist nicht länger als wenige Minuten. Anschließend flüchten die Täter meist zu Fuß oder mit Fahrrädern. Im polizeilichen Bereich wird das beschriebene Phänomen der Blitzeinbrüche und Raubüberfälle durch spezielle Ermittlungsgruppen in den Bundesländern bekämpft. Das BKA führt sämtliche Informationen zu den Delikten zusammen, um Tatzusammenhänge oder Täterstrukturen zu erhellen, Ermittlungsverfahren zu initiieren und laufende Ermittlungsverfahren zu koordinieren. Von zentraler Bedeutung für das Bundeskriminalamt ist dabei die intensive Zusammenarbeit mit den zuständigen polnischen Polizeibehörden. Ohne die Koordinierung durch das BKA in Deutschland und die enge Kooperation mit einer zentralen Ermittlungsdienststelle in Polen wäre die wirkungsvolle Bekämpfung dieses Phänomens sowie die Ermittlung möglicher Hintermänner in Polen in der derzeitigen Form nahezu unmöglich.«

Im Jahr 2002 ermittelte die deutsche Polizei gegen 13 825 mutmaßliche Mitglieder krimineller Organisationen. Schwerpunkte waren der Rauschgifthandel und -schmuggel mit 36,8 Prozent, Eigentumskriminalität 13,2 Prozent, Wirtschaftskriminalität 11,6 Prozent, Rotlichtkriminalität 9,4 Prozent, Steuer- und Zolldelikte 8,7 Prozent und Schleusungskriminalität 8,6 Prozent. Der von den Fahndern ermittelte Schaden durch Organisierte Kriminalität hat sich nach BKA-Angaben mit 3,1 Milliarden Euro gegenüber dem Vorjahr (1,2 Milliarden) mehr als verdoppelt. Der geschätzte Gewinn der kriminellen Organisationen liege bei 1,5 Milliarden Euro (2001: 760 Millionen).

Viele der gegen die Organisierte Kriminalität kämpfenden Fahnder arbeiten im Auftrag des Bundeskriminalamtes, das heute 4975 Mitarbeiter hat. Etwa die Hälfte aller Beschäftigten sind Kriminalbeamtinnen und -beamte. Mehr als ein Drittel sind Angestellte. Knapp 600 Personen werden als Verwaltungs- oder »sonstige« Beamtinnen und Beamte sowie etwa 300 als Lohnempfängerinnen und -empfänger beschäftigt. Der Anteil der Frauen im BKA liegt bei etwa 35,8 Prozent. Das BKA unterhält derzeit ein Netz von 58 Verbindungsbeamten in 43 Staaten der Welt.

In der früheren Bundeshauptstadt Bonn wurde mit dem im Jahr 1951 in Kraft getretenen »Gesetz über die Einrichtung eines Bundeskriminalpolizeiamtes« die Grundlage für die in Wiesbaden auf dem Geisberg angesiedelte Bundesbehörde gelegt. Zu Beginn waren es zunächst einige Dutzend Mitarbeiter, die Nachrichten sammelten, auswerteten und weiterleiteten. Die ihnen zur Verfügung stehende Technik war aus heutiger Sicht mehr als ungenügend. Mehr als fünf Jahrzehnte später befassen sich die Mitarbeiter in Wiesbaden, Berlin und Meckenheim (bei Bonn) mit einem Aufgabenspektrum, das den Vergleich mit einem international tätigen Großkonzern nicht zu scheuen braucht. Als Zentralstelle der deutschen Polizei unterstützt das BKA die tägliche Polizeiarbeit, indem es Informationen zu Straftaten und Straftätern zusammenführt, bewertet und die Ergebnisse der örtlichen Polizei zur Verfügung stellt. Unabhängig davon, ob das BKA auswertet oder ermittelt, stellt es seinen Partnern – den Polizeien von Bund und Ländern sowie anderen Sicherheitsbehörden – ein umfangreiches Serviceangebot zur Verfügung. Dazu zählen die Tatortgruppe, die Zielfahndung, der Erkennungsdienst, die DNA-Analysedatei oder eine an internationalen Maßstäben gemessene hervorragende Kriminaltechnik. Um die Verbrechensbekämpfung nicht nur auf nationaler, sondern auch auf internationaler Ebene zu optimieren, ist das Bundeskriminalamt *die* Stelle der deutschen Polizei, die für die internationalen polizeilichen Kontakte zuständig ist.

In den Kriminalakten des BKA sind mehr als 3 954 000 Personalien von Tätern registriert, die schwere Straftaten begangen haben. Allein im Jahr 2000 wurden nach Angaben des BKA mehr als 437 000 Kriminalakten neu angelegt. Mithilfe solcher Täterakten kann der kriminelle Werdegang eines Straftäters nachvollzogen werden. Hieraus können sich wichtige Anhaltspunkte für polizeiliche Maßnahmen ergeben, wenn der Betreffende abermals als Tatverdächtiger in Erscheinung tritt oder Straftaten mit vorerst noch unbekannten Tätern auf die mögliche Beteiligung bereits bekannter Verdächtiger zu überprüfen sind. Die Feststellung, ob von einer Person Akten, Fingerabdrücke oder sonstige Unterlagen vorliegen, kann im BKA mithilfe der elektronischen Datenverarbeitung in Sekunden getroffen werden.

Das Bundeskriminalamt unterhält auch zentrale erkennungsdienstliche Sammlungen. Diese benötigt man etwa zur Identifizierung von Personen, unbekannten Toten oder der Feststellung von Tatzusammenhängen. Dabei werden nach BKA-Angaben beispielsweise Fingerabdrücke, Lichtbilder, Stimm- oder DNA-Analysen miteinander verglichen. Der Fingerabdruck ist als unveränderliches, einmaliges individuelles Merkmal jedes Menschen für die kriminalistische Arbeit von besonderem Interesse. Wenn das BKA von den – bei erkennungsdienstlichen Maßnahmen angefertigten – Fingerabdruckblättern eine Ausfertigung erhält, werden diese über Scanner in das Automatisierte Fingerabdruckidentifizierungssystem (AFIS) eingelesen und können dann jederzeit mit Fingerspuren abgeglichen werden, die etwa von Unbekannten an Tatorten hinterlassen wurden. So können Tatverdächtige schnell identifiziert, Unschuldige entlastet oder unbekannte Tatzusammenhänge aufgedeckt werden, wenn die Täter keine Handschuhe tragen.

Heute sind im BKA die Fingerabdrücke von rund 3 050 000 Menschen erfasst. Mithilfe dieser Maßnahme konnte das BKA beispielsweise im Jahr 2001 in fast 40 Prozent aller Fälle Fingerabdrücke bestimmten Personen zuordnen. Jeden Monat muss das BKA mehr als 41 000 Fingerabdruckblätter auswerten. Natürlich werden die Daten nicht dauerhaft gespeichert. Der Datenschutzbeauftragte sorgt nach Angaben des BKA vielmehr dafür, dass die gesetzlich vorgegebenen Bestimmungen eingehalten und die Daten auch wieder gelöscht werden. So wurden im Jahr 2000 fast 160 000 Fingerabdruckblätter aus den Beständen des BKA wieder aussortiert und vernichtet.

Im November 2002 verbesserte das BKA die Möglichkeit, Straftäter zu identifizieren: Mit dem neuen, bundesweit betriebenen Verfahren »MetaMorpho« wurde das seit fast zehn Jahren erfolgreich betriebene AFIS auf eine neuere Software umgestellt. Neben den Fingerabdrücken und Fingerspuren können nun auch Handflächenabdrücke und Handflächenspuren die Ermittler zum Täter führen. Die Auswertung der Handflächen durch die neue »MetaMorpho«-Software ist für die kriminalistische Arbeit ein entscheidender Fortschritt, weil eine nicht unerhebliche Zahl der an Tatorten hinterlassenen Spuren von Handflächen stammt.

Schon das seit dem Jahr 1992 eingesetzte AFIS hatte die kriminalistische Arbeit entscheidend vorangebracht: Pro Jahr werden damit mehr als 13 000 Spurenverursacher vom Bundeskriminalamt und von den Landeskriminalämtern identifiziert – zu Zeiten des manuellen Vergleichs wären dafür mehr als 20 Jahre benötigt worden. Und mit der neuen »MetaMorpho«-Software können jetzt auch Handflächenspuren verglichen werden, die in der Vergangenheit an Tatorten gesichert, aber damals noch nicht automatisiert ausgewertet werden konnten: Zu diesem Zweck wird ein Kontingent von etwa 500 000 vorliegenden Handflächenabdrücken rückwirkend erfasst.

Zu einer »erkennungsdienstlichen Behandlung« gehören neben den Fingerabdrücken auch Lichtbilder. Sie werden in der Zentralen Lichtbildsammlung aufbewahrt. Dort finden sich derzeit nach Angaben des BKA etwa sechs Millionen Fotos von mehr als 2,7 Millionen Menschen. Diese Aufnahmen können von in- und ausländischen Polizeidienststellen für polizeiliche Zwecke angefordert werden. Daneben gibt es beim BKA seit dem Jahr 1998 auch eine zentrale DNA-Analysedatei. Sie soll beim Identifizieren von Wiederholungstätern helfen, die schwere Straftaten begangen haben. Bei Tatortspuren unbekannter Täter können nach der Analyse von hierbei gesicherten Körperzellen mithilfe dieser Datei Tatzusammenhänge hergestellt werden. In dieser DNA-Analysedatei finden sich heute nach Angaben des BKA mehr 163 000 Datensätze.

Im BKA steht zudem der zentrale Fahndungscomputer der deutschen Polizei. Rund um die Uhr gibt er binnen weniger Sekunden Auskunft: Wer wird gesucht? Wonach wird gefahndet? Ob Funkstreife vor Ort oder Grenzkontrolle an einem deutschen Flughafen: Eine Anfrage an INPOL, das Fahndungssystem der deutschen Polizei, gibt verlässliche Antwort. Besteht ein Haftbefehl? Fahndet das Ausland? Liegt der Verdacht der Zugehörigkeit zu einer kriminellen Organisation vor? Ist der Wagen gestohlen?

Auch eines der weltweit besten Stereo-Rastermikroskope steht in den Wiesbadener BKA-Labors. Hier können selbst kleinste Tatspuren beweissicher ermittelt werden.

Im BKA werden somit zentrale Einrichtungen für die deutsche Polizei betrieben. Hier laufen die wichtigsten Nachrichten der Polizeien zusammen, hier liegen an zentraler Stelle die Informationen über Straftaten und Straftäter. Zudem läuft über das BKA der gesamte Dienstverkehr der deutschen Polizei mit dem Ausland. Für die europäische Polizeibehörde Europol etwa ist das BKA in Deutschland der Ansprechpartner. So wird der Informationsfluss gebündelt und eine einheitliche rechtliche Handhabung gewährleistet.

Fahndung per SMS?

In Japan nutzt die Polizei längst schon die hohe Verbreitungsdichte von Kamera-Handys zur Fahndung: Dort werden die Bürger dazu aufgefordert, Fotos und Videosequenzen von Verbrechen an die Polizei zu senden, um die Identifizierung und Verfolgung von Straftätern zu unterstützen.

Im Bundeskriminalamt geht man seit November 2002 den umgekehrten Weg: Per SMS (Short Message Service) werden bestimmte Personengruppen in die Fahndung nach flüchtigen Bankräubern, entwichenen Häftlingen und anderen Straftätern einbezogen. Taxi- und Busfahrern, der städtischen Hilfspolizei, Müllwerkern, Straßenbahnfahrern, Feuerwehr und Notärzten werden Kurznachrichten mit den Fahrzeugkennzeichen flüchtiger Straftäter oder Personenbeschreibungen überspielt.

In mehreren Bundesländern (so von Mai 2003 an in Thüringen) startete das BKA Pilotprojekte: »Die schnelle und direkte Einbeziehung ausgewählter Berufsgruppen eröffnet der Zusammenarbeit von Polizei und Bevölkerung neue Perspektiven und erhöht die Wahrscheinlichkeit, eine Straftat unmittelbar nach ihrer Begehung aufzuklären«, erklärte der am 5. Februar 2004 seines Amtes enthobene BKA-Präsident Ulrich Kersten die SMS-Offensive des BKA. Nach Paragraph 131 der Strafprozessordnung können Richter und Staatsanwaltschaft bei »Straftaten von erheblicher Bedeutung« eine Öffentlichkeitsfahndung veranlassen. Ist »Gefahr im Verzug«, darf dies auch die Polizei direkt. Die SMS-Fahndung ist also nichts anderes als das gute alte Fahndungsplakat – nur erheblich schneller.

In Bochum, Karlsruhe, Potsdam, Traunstein, Rostock, Hannover, Saarbrücken, Rendsburg und Jena hat man das neue Fahndungssystem schon erprobt – mit Erfolg, wie es aus dem BKA heißt. Verbrecherfotos, soeben noch von einer Kamera bei einem Bankraub aufgenommen, könnten in naher Zukunft schon per Multimedia Messaging Service (MMS) ebenfalls auf die Displays überspielt werden. Denn in mehr als 80 Prozent aller Fälle geben Bürger die Hinweise zur Aufklärung von Straftaten. Der Bürger ist der fleißigste Helfer der Polizei. Mit den neuen Fahndungsmethoden könnte sich diese Zahl noch erhöhen.

Im Jahr 2002 haben rund 300 V-Leute aus dem kriminellen Milieu verdeckt auch für das Bundeskriminalamt (BKA), die einzelnen Landeskriminalämter und die Polizeipräsidien gearbeitet. Dabei handelt sich auch um Kleinkriminelle, die zugleich als »freie Mitarbeiter« für die Sicherheitsbehörden tätig sind. Im genannten Jahr lieferten sie wertvolle Informationen in 160 Verfahren gegen die Organisierte Kriminalität.

Neben diesen V-Leuten schleusten BKA und Landeskriminalämter im Zusammenhang mit 48 Strafverfahren gegen das Organisierte Verbrechen 72 Mal verdeckte eigene Ermittler in die kriminelle Szene ein. Verdeckte Ermittler sind Beamte, die mit erfundenen Namen und Lebensläufen anderen eine fremde Identität vortäuschen. Im Frankfurter Polizeipräsidium kann man den Erfolg solcher Fachmänner aus den eigenen Reihen schon an ihren Spitznamen ablesen: Der verdeckte Ermittler V. etwa wird von den Kollegen respektvoll schlicht »die Made« genannt. Und im Berliner Unterweltmilieu tritt der verdeckte Fahnder Rudi M. stets als »Harry« auf, während man ihn in seiner Behörde nur als »Zinker« kennt. Der sich »Harry« nennende Rudi M. soll Kriminellen beim Pokern schon so manches Geheimnis entlockt haben.

Neben V-Leuten und verdeckten Ermittlern setzt das Bundeskriminalamt bei seinen Fahndungen vor allem auch auf Telefonüberwachungen. Bei der Hälfte der im Jahr 2002 vom BKA bearbeiteten Fälle gegen kriminelle Gruppierungen war die Überwachung von Telefon, Handy-, Fax- und E-Mailverkehr nach BKA-Angaben die am häufigsten angewandte verdeckte Maßnahme. In insgesamt 388 Verfahren wurden 3332 Abhörmaßnahmen mit einer Dauer von bis zu drei Monaten geschaltet. Und in 1346 Fällen hörten die Fahnder länger als drei Monate mit. Was auf den ersten Blick unruhige Gemüter an einen Überwachungsstaat erinnern könnte, wird bei näherer Betrachtung leicht erklärbar: Weil immer mehr Tatverdächtige ihre Anschlüsse häufig wechseln oder zugleich mit mehreren Telefonanschlüssen arbeiten, kann es vorkommen, dass allein bei der

Überwachung einer verdächtigen Person gleich zehn oder mehr Anschlüsse überprüft werden müssen.

In 146 Fällen setzte das BKA im Jahr 2002 bei Lauschangriffen auch Richtmikrofone außerhalb von Wohnungen ein. Und in nur drei Fällen bauten die Abhörfachleute der Behörde Wanzen in Wohnungen ein.

Zum alltäglichen Geschäft des BKA gehören außerdem das Schießen und die Begutachtung von Waffen und Projektilen. Rund 7000 Waffen lagern im BKA, von der Pistole über das Maschinengewehr bis zur Armbrust. Das sind Waffen, mit denen Verbrechen begangen wurden, aber auch solche, die von den Herstellern als »Pflichtexemplar« abgeliefert wurden. Möglicherweise ist das die größte Waffensammlung der Welt.

Jede einzelne Waffe hat individuelle Merkmale, fast wie beim Fingerabdruck des Menschen, die auf das abgefeuerte Projektil übergehen und ausgewertet werden können. Um solche Spuren festzustellen, nutzen die Fachleute im BKA das Vergleichsraster-Elektronenmikroskop. In anderen Abteilungen arbeiten Physiker, Chemiker und Biologen, daneben Fachleute für Schrift, Sprache und Stimme.

Für den Vorsitzenden des Bundes Deutscher Kriminalbeamter, Klaus Jansen, liefern die Analysenabteilungen des BKA allerdings kein konkurrenzfähiges Material. Der BDK (http://www.bdk-bund.de) ist mit circa 14 000 Mitgliedern der gewerkschaftliche Berufsverband der deutschen Kriminalpolizei. Neben der Beschäftigung mit gewerkschaftlichen Fragen sieht er sich in seiner Selbsteinschätzung insbesondere als der kriminalistische Fachverband in der Bundesrepublik Deutschland. Klaus Jansen, der auf eine mehr als 30-jährige Polizeilaufbahn zurückblickt, die ihn von der Hamburger Landespolizei zum BKA führte, wo er unter anderem in der Rauschgiftbekämpfung, als BKA-Verbindungsbeamter in den USA sowie bei der Bekämpfung politisch motivierter Ausländerkriminalität Erfahrungen sammelte, gilt aufgrund seiner mehrjährigen Tätigkeit in der Extremismus- und Terrorbekämpfung als ausgewiesener Terrorismusexperte. Mit seiner Äußerung, bei den Analysen werde die deutsche Polizei regelmäßig von den Analytikern der europäischen Polizeibehörde Europol überholt, die wesentlich fundiertere Untersuchungen vorlegten, hat sich Jansen beim BKA viel Ärger eingefangen. Dem Autor sagte der

48 Jahre alte Kriminalhauptkommissar: »Die rein intellektuelle Überlegenheit des BKA hat noch keinen Täter zur Aufgabe gezwungen.«

Dass es selbst bei den intelligenten Systemen des BKA auch Pannen gibt, zeigte die Einführung des – zunächst fehlerhaften – Computersystems »Inpol-neu«. Mit ihm sollen die Recherchen per Mausklick bei der Verbrecherjagd schneller und einfacher werden. Vorbild dabei waren die Computersysteme der Hamburger und der hessischen Polizei, »Polas«. »Inpol-neu« erlaubt den Länderpolizeien einen direkten Zugriff auf und eine direkte Verknüpfung mit den BKA-Daten. Das Bundeskriminalamt ist bei seinen vielfältigen Auswertungen vor allem von den Meldungen der Polizeien der Länder abhängig. Der langjährige BKA-Präsident Ulrich Kersten vermerkte dazu bei einer Arbeitstagung im Jahr 1999: »Hier klaffen allerdings zwischen Soll und Ist zum Teil beträchtliche Lücken. Kenner der Materie wissen, dass die Informationsversorgung und damit die Informationslage des Bundeskriminalamtes – abgesehen vom Staatsschutz – immer defizitär war und ist.« Kein Beamter möchte doppelt oder gar dreifach die gleiche Arbeit verrichten. Dazu Kersten: »Die Ursachen hierfür sind vor allem in fehlenden Vorgangsbearbeitungssystemen bei den Tatortdienststellen [...] zu sehen. Der daraus resultierende Zwang zur Doppelerfassung beziehungsweise Mehrfachberichterstattung bedeutet eine zusätzliche Belastung der Sachbearbeiter, die ohnehin über Gebühr beansprucht sind. Wenn aufgrund fehlender Rückmeldung der Zentralstellen auch noch der Nutzen des zusätzlichen Aufwandes nicht erkennbar ist, nimmt die Bereitschaft, Meldedienste zu bedienen, weiter ab. Eine entscheidende Verbesserung dieses Zustandes ist allerdings mit der Realisierung von ›Inpol-neu‹ zu erwarten.« Dieses System erwies sich aber bei der Einführung zunächst einmal als Rohrkrepierer: Schon im Probebetrieb Mitte April 2001 war »Inpol-neu« zusammengebrochen. Eine mit der Überprüfung beauftragte Unternehmensberatung bezeichnete es als »erheblich sanierungsbedürftig« und »nicht lauffähig in der bisherigen Fassung«. Die Kosten sollen schon vor der kompletten Überarbeitung von den ursprünglich geplanten 17,4 Millionen auf 115 Millionen D-Mark (58,8 Millionen Euro) hochgeschnellt sein.

Seit dem Jahr 1991 legt das Bundeskriminalamt jährlich den Bericht »Lagebild Organisierte Kriminalität« für die Bundesrepublik

Deutschland vor. Nach der Definition des BKA ist Organisierte Kriminalität »die von Gewinn- oder Machtstreben bestimmte planmäßige Begehung von Straftaten, die einzeln oder in ihrer Gesamtheit von erheblicher Bedeutung sind, wenn mehr als zwei Beteiligte auf längere oder unbestimmte Dauer arbeitsteilig a) unter Verwendung gewerblicher oder geschäftsähnlicher Strukturen, b) unter Anwendung von Gewalt oder anderer zur Einschüchterung geeigneter Mittel oder c) unter Einflussnahme auf Politik, Medien, öffentliche Verwaltung, Justiz oder Wirtschaft zusammenwirken«. Im zwölften Lagebericht (betreffend das Jahr 2002), der im Juni 2003 veröffentlicht wurde, wurden 44 Prozent der in OK-Straftaten verwickelten Täter als deutsche Staatsangehörige (insgesamt 3048 Personen) identifiziert. An zweiter Stelle standen türkische Tatverdächtige (642 Personen), gefolgt von Polen (382), Litauern (222), Italienern (203), Russen (184), Bulgaren (170), Jugoslawen (162), Vietnamesen (156), Ukrainern (154) und sonstigen Nationalitäten (insgesamt 1540). Allein an dieser Statistik kann man ablesen, dass aus den neuen EU-Staaten Polen und Litauen erheblich mehr Tatverdächtige in Zusammenhang mit grenzüberschreitender Organisierter Kriminalität in Deutschland vom BKA ermittelt wurden als etwa Russen, die in der Bevölkerung gemeinhin fast schon als Inbegriff der Organisierten Kriminalität in Europa gelten.

Auch der Anteil der Aussiedler aus der ehemaligen Sowjetunion an den OK-Tatverdächtigen in Deutschland wird offenkundig weithin überschätzt. Er betrug im Lagebild 2002 gerade einmal 3,6 Prozent. In dem BKA-Bericht heißt es dazu: »Die 492 Aussiedler verteilten sich auf 80 OK-Verfahren. Die von Aussiedlern dominierten OK-Gruppierungen weisen ein geringes OK-Potenzial auf, dem jedoch ein hohes Gewaltpotenzial gegenübersteht. Diese OK-Gruppierungen betrieben in der Hauptsache Rauschgifthandel bzw. -schmuggel von Heroin und Haschisch sowie Zigarettenschmuggel und Schleusungsdelikte.«

In den Medien sieht das über die Aussiedler gezeichnete Bild jedoch völlig anders aus. »Gewalt, Drogen, Mord – und immer wieder Russlanddeutsche. In vielen Kommunen fragt man sich: Misslingt die Integration der jungen Aussiedler?«: So überschrieb die *Welt* am 20. August 2003 einen Bericht über Aussiedler im badischen

Lahr und in Berlin. Von den 43 000 Bewohnern der Stadt Lahr sind 9000 Spätaussiedler, die dort zumeist in den Wohnungen der früher dort stationierten kanadischen Soldaten leben. »Wurden 2001 im Ortenaukreis noch 23 743 Delikte registriert, stieg deren Zahl 2002 auf 25 966 Fälle, die Morde stiegen gar von einem Fall auf sechs. Und werden sonst in der Gegend höchstens 4500 Straftaten pro 100 000 Einwohner begangen, liegt Lahr bei krassen 8300 Delikten. Doch über ein entscheidendes Detail schweige die Statistik vornehm«, hieß es in der *Welt*: Anders als Asylbewerber würden Russlanddeutsche in dieser Statistik nicht besonders registriert. Die vermeintliche oder wirkliche Kriminalität der Spätaussiedler ist somit auch in Lahr schwer nachzuvollziehen. Eines aber deckte die *Welt* auf. Eine große deutsche Wochenzeitschrift hatte einem Schüler der Theodor-Heuss-Hauptschule am Lahrer Kanadaring für Fotoaufnahmen über gewaltbereite Russen ein Messer in die Hand gedrückt. Der Junge aber war – ein Deutscher.

BND: Geheimdienstliche Aufklärung

Der deutsche Auslandsgeheimdienst Bundesnachrichtendienst (BND) ist in die Bekämpfung der Organisierten Kriminalität mit einbezogen. Grundlagen sind das Verbrechensbekämpfungsgesetz vom 28. Oktober 1994 und das BND-Gesetz. Demnach darf der für die geheimdienstliche Auslandsaufklärung zuständige Nachrichtendienst immer dann Erkenntnisse etwa über geplante Rauschgiftgeschäfte, Geldwäsche oder Geldfälschung beibringen, wenn die Taten keinen Inlandsbezug aufweisen.

In der neu gegründeten Abteilung V. wird auch die Organisierte Kriminalität aufgeklärt und ausgewertet. Neben der Aufklärung des Terrorismus und internationaler Rüstungsanstrengungen zählt somit auch die Bekämpfung der grenzüberschreitenden Organisierten Kriminalität zu den nach dem Fall der Mauer und dem Zusammenbruch der Sowjetunion neu definierten Aufgaben des BND. Die politischen Entwicklungen der vergangenen Jahre haben dazu geführt, dass sich neben den bislang bekannten traditionellen OK-Gruppen – so der italienischen Mafia und asiatischen wie lateinamerikanischen Kartelle – neue international arbeitende Gruppen herausgebildet haben. Dazu zählen nach Erkenntnissen des Bundesnachrichtendienstes »insbesondere das organisierte Verbrechen in den Nachfolgestaaten der früheren Sowjetunion, jedoch auch OK-Gruppen aus Südosteuropa und Afrika«. Vor allem die »Entwurzelung« vieler Funktionäre der ehemaligen Sowjetunion habe der in Ansätzen auch schon früher vorhandenen Organisierten Kriminalität in den Nachfolgestaaten der Sowjetunion »einen Wachstumsimpuls« gegeben. Scheinbar unaufhaltsam unterwandert die Organisierte Kriminalität nun auch europäische Staaten, macht sich Justiz und Ordnungskräfte durch Korruption oder Erpressung gefügig und höhlt die Obrigkeit von innen aus.

Es sind aber nicht nur die traditionellen Betätigungsfelder der Organisierten Kriminalität, die von Ermittlern in Europa aufmerksam beobachtet werden. Ernst nimmt man auch Warnungen mancher Zukunftsforscher, die sich mit den Betätigungsmöglichkeiten für Kriminelle im Internet befassen. Der russische Sicherheitsexperte Jewgeni Kaspersky etwa warnte im Dezember 2003 vor organisierten Kriminellen im Internet und forderte strengere Gesetze. Er vertrat die Auffassung, dass sich künftig immer mehr grenzüberschreitende Organisierte Kriminalität auch über das Internet abspielen werde, zum Beispiel im Bereich der unerwünschten Werbemails (Spam). Dafür würden sich auch Verbrecherorganisationen wie die Mafia interessieren. In der Vergangenheit seien alle lukrativen Geschäfte, die verboten wurden, vom organisierten Verbrechen übernommen worden, so etwa im Falle der Prohibition in den USA oder gegenwärtig beim Rauschgifthandel. Nun scheine aber das Versenden des Werbemülls lukrativ zu sein, sonst würde es nicht große Zuwachsraten verzeichnen, hob Kaspersky hervor. Wenn immer mehr Staaten durch gesetzliche Vorschriften Spams verböten, liege es nahe, dass sich Massenpostversender und kriminelle Hacker zusammenschlössen, um weiterhin Profit zu machen, indem sie beispielsweise die Massenmails mit einem Spionageprogramm, so genannten Trojanischen Pferden, bestückten und Kreditkarten- oder Zugangsinformationen von Online-Bankkonten stehlen würden.

Auch das Bundeskriminalamt hatte seine Herbsttagung 2003 den kriminellen Möglichkeiten des Internets gewidmet. Ob sich die grenzüberschreitende Organisierte Kriminalität tatsächlich diesem Medium widmen wird, das wird die Zukunft zeigen. Meist aber hinken Polizei und Nachrichtendienste den raschen Veränderungen auf den vielen »Arbeitsgebieten« der kriminellen Vereinigungen hinterher. Chancenlos sind sie deshalb noch lange nicht: Zwar ist die Verbrechensbekämpfung in Europa durch die Abschaffung vieler Grenzkontrollen schwieriger geworden, doch das eigentliche Problem bei der Bekämpfung der grenzüberschreitenden Kriminalität ist wohl immer noch die Langsamkeit nationalstaatlichen und polizeilichen Handelns gegenüber der Wendigkeit international operierender Verbrecherbanden. Polizei und Staatsanwaltschaften stehen heute in Deutschland anderen Gangstergruppen gegenüber als in der Nachkriegszeit. So arbeiten Gruppen des organisierten Verbrechens heute mit Guerilleros, Terroristen, Geheimdienstlern und sogar mit Militäreinheiten zusammen.

Dem Bundesnachrichtendienst jedenfalls wird auf dem Gebiet der Beobachtung des organisierten Verbrechens im Ausland von Jahr zu Jahr größere Bedeutung zukommen: Nach Angaben der Vereinten Nationen steigt die Zahl der Straftaten weltweit jährlich um etwa fünf Prozent. Das internationale organisierte Verbrechen streicht dabei weltweit Jahr für Jahr rund 700 Milliarden Euro Profite ein. Das entspricht dem Bruttosozialprodukt all derjenigen Staaten zusammen, die von der Weltbank als einkommensschwach eingestuft werden. Und die Profite wachsen. Ungehört scheinen die Appelle der UN-Konferenzen zur Verbrechensbekämpfung verhallt zu sein. Während individuell verübte Verbrechen in deutschen Medien immer wieder groß herausgestellt werden, erfährt man als Durchschnittsbürger so gut wie nichts über die Rolle und den Einfluss von internationalen Verbrecherorganisationen in Politik und Wirtschaft. Dabei ist die Bundesrepublik als reiches Land ein vorrangiges Zielobjekt für kriminelle Aktivitäten internationaler Verbrecherbanden. Die grenzüberschreitende Oganisierte Kriminalität hat in Deutschland – von der Öffentlichkeit noch immer fast unbemerkt – inzwischen ganze Wirtschaftszweige unterwandert. Schon in einem im Jahr 1997 erstellten Bericht des Bundeskriminalamtes hieß es dazu: »Beispielsweise zeigen die Gründung und Nutzung von Scheinfirmen oder die aufgedeckten Geldwäsche-Aktivitäten, dass einzelne Wirtschaftsbereiche von OK-Gruppierungen in zunehmendem Maße planmäßig genutzt werden.« Nach Erkenntnissen des Bundesnachrichtendienstes wird in Deutschland nicht nur Geld dieser Verbrechergruppen investiert; Täter aus dem Bereich der Organisierten Kriminalität nutzen Deutschland auch als Rückzugs- und Ruheraum.

Weil der oben erwähnte allgemeine Auftrag des Bundesnachrichtendienstes lautet, Erkenntnisse über das Ausland, die von außen- und sicherheitspolitischer Bedeutung für die Bundesrepublik Deutschland sind, zu gewinnen, beobachtet er auch Teilbereiche der Organisierten Kriminalität: Dabei hat der BND vor allem internationale Drogenhändler und Geldwäscher im Visier. Neben den klassischen Methoden der Geldwäsche versucht das organisierte Verbrechen zunehmend auch Banken zu erwerben oder unter seinen Einfluss zu bringen, um die Geldwäsche zu erleichtern. Der Auftrag des BND lautet in diesem Zusammenhang: »Aufklärung und Feststellung beteiligter Kreise sowie ihre Einflussnahme auf bzw. Verknüpfung mit Politik und Administration«. Dabei geht es dem BND nicht um die Aufdeckung von Einzelfällen, sondern um die langfristige Beobachtung krimineller Strukturen: Ein Beispiel dafür ist der Rauschgifthandel. Die notwendigen Informationen sind nur zum Teil offen erhältlich: Anbaugebiete, Produktionsstätten, Transportwege sowie Hintergründe des Handels werden von den Beteiligten möglichst verborgen gehalten. Zudem verfolgen vor allem staatliche Veröffentlichungen eigene politische oder wirtschaftliche Zwecke; Ausarbeitungen der Vereinten Nationen müssen politische Rücksichten nehmen, denn einige Länder, in denen Drogenrohstoffe erzeugt werden, dulden diesen Wirtschaftszweig mehr oder weniger offen, können aber nicht offiziell bloßgestellt werden. Wenn die Bundesregierung ein möglichst präzises Bild über die aktuellen Entwicklungen des Rauschgifthandels benötigt, muss sie auch auf die mit nachrichtendienstlichen Mitteln gewonnenen Erkenntnisse zurückgreifen. Dabei hält die Bedrohung Westeuropas durch den internationalen Rauschgifthandel unvermindert an. Drogenkartelle verfügen in zahlreichen Ländern der Welt mithilfe von korrupten Politikern und Komplizen in Polizei und Justiz über einen nahezu unbegrenzten Aktionsradius.

Was kann der Bundesnachrichtendienst auf dem Gebiet der Rauschgiftbekämpfung leisten, was »zivile« Institutionen nicht könnten? Ein Blick in die BND-Studie »Internationale Rauschgiftlage – Entwicklung und Tendenzen« zeigt, dass manche Informationen nur mit nachrichtendienstlichen Mitteln gewonnen werden können. Möchte beispielsweise der persönliche Referent eines deutschen Ministers wissen, welche bulgarischen Transitrouten für den Rauschgiftschmuggel nach Deutschland genutzt werden, wird man ihm vor dem Hintergrund dieser Studie aus dem BND antworten: »Während des Bürgerkrieges im ehemaligen Jugoslawien wurden unter teilweiser Umgehung des Kriegsgebietes neben der klassischen Balkanroute Alternativrouten für den Rauschgiftschmuggel von der Türkei nach Europa eingerichtet: Neben den stark frequentierten Landwegen nutzen die Drogenhändler auch Seewege von der Türkei direkt über Griechenland oder Italien nach Westeuropa. Mehr als 60 Prozent des für den westeuropäischen Markt bestimmten Heroins werden nach wie vor über bulgarisches Territorium geschmuggelt. Dies geschieht auf dem Landweg vor allem mittels der zahlreichen LKW-Transporte aus der Türkei, auf dem Seeweg über die Häfen Varna und Burgas sowie auf dem Luftweg über den Flughafen von Sofia. In den Städten Sofia, Malko Tarnovo, Kalotina und Kapitan Andreevo werden die Drogen teilweise umgepackt bzw. umgeladen. Auch die Donauschifffahrt soll verstärkt für den Drogenschmuggel genutzt werden. Die meisten der in den Rauschgifthandel in Bulgarien verwickelten Personen sind Türken. Die übrigen Drogenschmuggler sind vor allem Serben, Kroaten, Bulgaren, Iraner und Araber. Es gibt Hinweise, dass zunehmend auch Tschechen, Slowaken, Polen, Russen und Rumänen in das Transitgeschäft in Bulgarien einsteigen.«

Das sind alles eher allgemein gehaltene Informationen. Nur in begründeten Fällen wird man ihm auch jene Erkenntnisse aus Pullach mitteilen, nach denen die Familie der früheren türkischen Ministerpräsidentin und Außenministerin Ciller nicht nur in den türkischen, sondern auch in den bulgarischen Rauschgifthandel verwickelt sein soll. Wie gefährlich es ist, öffentlich über diese Verwicklungen der Familie Ciller zu berichten, erfuhr im Mai 1997 auch der private türkische Fernsehsender »Flash-TV«: Er hatte ein Interview mit dem polizeilich gesuchten Mafia-Boss Alaattin Cakici ausgestrahlt, in dem dieser Cillers Ehemann Özer stark belastet hatte. Daraufhin drangen 50 »gut gekleidete Herren« in die Redaktionsräume des Fernsehsenders ein und schossen um sich. Der Fernsehsender wurde geschlossen.

In Rumänien ist es kaum anders: Der Bonner Referent eines Ministeriums erhielt aus Pullach auf eine Anfrage zur Rauschgiftroute durch Rumänien ähnliche Auskünfte: »Über rumänisches Territorium werden nach wie vor große Mengen an Heroin – das für den westeuropäischen Markt bestimmt ist – geschmuggelt, und zwar auf dem Landweg per LKW aus der Türkei und Bulgarien, auf dem Seeweg über die Schwarzmeerhäfen Constanza und Eforie sowie auf dem Luftweg über den Flughafen Bukarest. In den vergangenen Jahren hat der private Reiseverkehr rumänischer Touristen in die Türkei stark zugenommen, sodass Rauschgiftkuriere, die Heroin und Kokain nach Rumänien bringen, sich unter den zahlreichen Reisenden relativ ungestört bewegen können. Über den Hafen Constanza wird vermehrt auch Kokain aus Südamerika geschmuggelt. Aus der Kaukasusregion sollen Drogen nach Sewastopol (Krim) geschmuggelt werden, um dort auf hoher See von russischen Schiffen auf rumänische Fischerboote zum Weitertransport über den rumänischen Hafen Mamaia nach Westeuropa verladen zu werden.«

Man merkt auch diesen eher allgemein gehaltenen Berichten die Bemühungen an, vor den Empfängern um jeden Preis zu verschleiern, ob und wo der BND eine Informationsquelle platziert hat: Zu groß wäre die Gefahr, dass ein Maulwurf im BND diese zumeist in mehreren Dutzend Kopien existierenden Berichte nach außen weitertragen könnte. Falls es aus Sicht der Regierenden einmal wirklich erforderlich erscheint, Namen zu nennen, werden auch zum Thema Rauschgiftlage geheime Berichte ausgeliefert, die dann aber nur einem sehr kleinen Kreis zur Einsicht vorgelegt werden.

Wenig Erbauliches berichtet der BND zum Beispiel über den Rauschgifthandel in Albanien: »Die albanische Mafia steuert den Heroinhandel, den sie auch als Tauschgeschäft gegen Waffen abwickelt, von ihren Stützpunkten in Albanien, Mazedonien und vor allem vom Kosovo aus. Sie arbeitet im Adriaküstenbereich besonders mit der italienischen und montenegrinischen Mafia zusammen und hat auch in Kroatien und Slowenien gute Verbindungen. Kosovo-Albaner, die einer multikulturellen Bande in Polen (Gruppe Jugoslawien) angehören, sollen über enge Kontakte zu kolumbianischen

Rauschgiftorganisationen verfügen. In der Tschechischen Republik sollen sie den Drogenmarkt dominieren. Offizielle Stellen rechnen dort mit einem Machtkampf zwischen der russischen Mafia und den Kosovo-Albanern. Die albanische Mafia hat auch in Bulgarien Fuß gefasst; sie kooperiert mit der georgischen und armenischen Mafia und verfügt über Kontakte zur russischen Mafia. Die albanische Mafia hat in zahlreichen westeuropäischen Ländern die notwendige Vertriebsstruktur; so vor allem in Italien, der Schweiz, den Niederlanden und in Deutschland. Die muslimischen Albaner im Kosovo nutzen ihre weltweiten Verbindungen, um mit illegalen Geschäften ihren Lebensunterhalt [...] oder eine Flucht zu finanzieren. Dabei ist der Heroinschmuggel nach Westeuropa zu einer ihrer Einnahmequellen geworden. Die Drogen werden über Kroatien, Slowenien und/oder mit Schnellbooten über Italien geschmuggelt; Albaner, die in der Schweiz, in Deutschland oder in den USA leben, sorgen für die Verteilung des Rauschgifts auf den Abnehmermärkten der westlichen Industrienationen.«

Dass die Regierung, das Parlament und der Geheimdienst in Zukunft noch enger zusammenarbeiten sollen, ist der Grund für den geplanten vollständigen Umzug des BND von Pullach nach Berlin. Was die einen wegen der dabei entstehenden Kosten für eine gigantische Verschwendung von Steuergeldern halten oder als Zeichen des Berliner Zentralisierungswahns diffamieren, ist für die anderen nichts Besonderes: International ist es längst üblich, dass der nationale Nachrichtendienst seinen Sitz zumindest in der Nähe der Landeshauptstadt (Washington, London, Moskau) hat.

Teil IV

Grenzenlos kriminell

Wachstumsmarkt Kriminalität

In der Öffentlichkeit wird über die grenzüberschreitende Organisierte Kriminalität nur selten gesprochen. Aufmerksamkeit erfährt sie etwa, wenn plötzlich bekannte Personen in ihren Dunstkreis geraten. Das war etwa am 10. September 2000 so. An jenem Tag verteidigte der australische Premierminister John Howard unmittelbar vor dem Beginn der Olympischen Sommerspiele in Sydney das Einreiseverbot für zwei Sportfunktionäre. Das sorgte für weltweite Aufmerksamkeit und für Verstimmungen zwischen dem Internationalen Olympischen Komitee (IOC) und der australischen Regierung. Dem Usbeken Gafur Rachimow und dem Chinesen Carl Ching wurde die Einreise nach Australien verweigert. Der australische Einwanderungsminister Phillip Ruddock sagte, die Entscheidung sei »zum Schutz und zur Sicherheit der australischen Gesellschaft« gefallen. Kriminelle hätten in Australien nichts zu suchen.

In der »olympischen Familie« waren sie anscheinend gleichwohl willkommen. Dem IOC soll jedenfalls bekannt gewesen sein, dass der Boxfunktionär Rachimow Verbindungen zur russischen Mafia hat. Nach Angaben des britischen Enthüllungsjournalisten Andrew Jennings hatte das IOC von den kriminellen Aktivitäten Rachimows schon lange gewusst, aber nichts unternommen. Die Verstrickungen des usbekischen Boxfunktionärs in die Organisierte Kriminalität wurden auch durch Akten der russischen Geheimdienste belegt. Demnach soll Rachimow zu den Schlüsselfiguren der Organisierten Kriminalität in Russland und Zentralasien gehören. Ihm wurde vorgeworfen, in Geldwäsche und Drogenschmuggel verwickelt zu sein.

Ähnlich düster sah es im Falle des Herrn Ching aus. Dem Vizepräsident des Internationalen Basketball-Verbandes wurden enge Verbindungen zu den Triaden in Hongkong nachgesagt. Das IOC mochte offenbar dennoch nicht verstehen, warum Australien den beiden die Einreise verweigerte. IOC-Exekutivmitglied Dick Pound behauptete, nach den Regeln des IOC seien die Gastgeberstädte verpflichtet, alle akkreditierten Offiziellen einreisen zu lassen. Solcherlei Kritik wies Premierminister Howard entschieden zurück. »Ich bin sicher, dass mein Einwanderungsminister die richtige Entscheidung getroffen hat«, meinte er.

Eigentlich hatte sich das IOC nach dem Korruptionsskandal bei der Vergabe der Winterspiele 2002 in Salt Lake City ändern wollen. Die Realität und die Verstrickungen der Funktionäre in die Organisierte Kriminalität warfen jedoch auch weiterhin einen düsteren Schatten auf die Organisation.

Wenige Tage vor der Verhängung des australischen Einreiseverbots hatte die Polizei am 6. September 2000 in Polen einen Schlag gegen die Organisierte Kriminalität geführt. Sie zerschlug die größte kriminelle Organisation des Landes. Die Polizei nahm drei Bandenchefs der »Pruszkow-Bande« fest. Bei dem Großeinsatz mit 500 Beamten wurden zahlreiche Kunstwerke, Luxuslimousinen, Rauschgift sowie umfangreiches Beweismaterial über die kriminellen Aktivitäten der Organisation sichergestellt. Und wieder einmal zeigte sich, dass die Organisierte Kriminalität keine Grenzen kennt. Nachfolgend werden einzelne international tätige OK-Organisationen und ihr Umfeld vorgestellt.

Die Russenmafia

Auch der Bundesnachrichtendienst beobachtet die Organisierte »russische« Kriminalität, die sich seit dem Zusammenbruch des kommunistischen Systems krakenhaft ausbreitet. In einem vertraulichen Arbeitspapier des Bundesinnenministeriums kamen die Autoren schon im Jahr 1997 zu dem Ergebnis, dass deutsche Ermittlungsbehörden eigentlich auch nicht mit russischen oder ukrainischen Kollegen zusammenarbeiten dürften, denn: »Trotz der staatlicherseits bestehenden Bemühungen um Verbesserung muss davon ausgegangen werden, dass die Sicherheitsbehörden dieser Länder teilweise bis in höchste Ebenen seitens der OK infiltriert sind.«

In einem BND-Bericht heißt es: »Die entsprechenden kriminellen Vereinigungen sind i. d. R. hierarchisch strukturiert und werden diszipliniert geführt. Sie dominieren die – in Russland weit ausgedehnte – Schattenwirtschaft und korrumpieren die öffentliche Verwaltung. In nicht wenigen Fällen bestehen enge Verbindungen der Mafiagruppen zu Funktionsträgern in Politik und Verwaltung; auch einzelnen Politikern werden immer wieder Kontakte zur OK nachgesagt.«

Dabei ist die russische OK kein neues Phänomen. Schon in der Zarenzeit waren Diebe (Wory) in einer Welt der Diebe (Worowskoi Mir) organisiert, die ihre eigenen Gesetze und Moralvorstellungen hatten. Der Dieb, der diesen Kodex befolgte, nannte sich »Dieb im Gesetz« (Wor w Sakonje).

Noch immer ist in Russland Worowski Mir, kurz »Wor«, der Oberbegriff für das Verbrechermilieu. Von den Gefängnissen der Zaren bis heute haben sich die Strukturen erhalten und verfestigt. Nur die Betätigungsfelder wurden »modernisiert« – und die Zusammenarbeit globalisiert: Weltweit, auch in vielen europäischen Staaten, hat die Russenmafia inzwischen Fuß gefasst. In Lateinamerika arbeitet sie mit kolumbianischen Drogenkartellen zusammen, in den USA mit La Cosa Nostra (»Unsere Sache«), im Nahen Osten mit israelischen und arabischen OK-Gruppen und in Vorderasien mit türkischen Gruppen. Auch viele der in diesem Buch beschriebenen osteuropäischen Banden haben enge Kontakte zur Russenmafia.

Nach Angaben des BND zählen zu den Betätigungsfeldern international tätiger russischer Verbrecherbanden vor allem Schutzgelderpressung, der Drogen- und Waffenhandel sowie Geldfälschungsdelikte. Zudem verschiebt die Russenmafia vor allem Rohstoffe wie Erdöl, Erdgas, Zinn, Bronze, Magnesium und Titan, die unter Weltmarktpreisen im Ausland abgesetzt werden. Korrumpierte Beamte stellen dabei die erforderlichen Ausfuhrdokumente bereit. Zunehmend stehlen russische Banden auch Kraftfahrzeuge in Westeuropa, wobei Berlin ein Drehplatz dieser Aktivitäten zu sein scheint. Autodiebstahl zählt zu den klassischen Betätigungsfeldern der russischen Mafia.

Einer der wichtigsten Geschäftszweige der Russenmafia aber ist der Rauschgifthandel. Fachleute schätzen, dass nur fünf Prozent der tatsächlich geschmuggelten Menge beschlagnahmt werden. Russische Beobachter berichteten dem BND schon vor Jahren, dass an manchen russischen Grenzstationen nicht mehr als 0,1 Prozent des tatsächlich geschmuggelten Rauschgiftes konfisziert werden. Für den BND ist die Beobachtung des Rauschgifthandels in Russland wichtig, weil der größte Teil der Drogen das Land nur im Transit passiert und letztlich für den europäischen Markt bestimmt ist.

Immer wieder fällt Russland auch im Zusammenhang mit der Geldwäsche auf. Die Schwachstellen des russischen Finanz- und Bankensystems werden nach Erkenntnissen des BND auch von westlichen OK-Gruppierungen zur Geldwäsche genutzt. Von den rund 8000 verschiedenen größeren russischen Verbrecherbanden sind viele ethnisch organisiert. So gibt es neben rein russischen Gruppierungen auch Armenier, Aserbaidschaner, Dagestaner, Georgier, Inguschen, Tatarstaner und Tschetschenen, die eigene kriminelle Banden führen.

Zu den tschetschenischen Gruppen hieß es Ende der 1990er-Jahre in einem »Sonderformen der internationalen Organisierten Kriminalität« überschriebenen BND-Bericht: »Die tschetschenische Gruppe gehört zu den ersten der ethnischen Gruppierungen in Moskau, die sich zur Ausübung krimineller Tätigkeiten organisierten und hierarchisch strukturierten. Derzeit gehören ihr etwa 3000 Mitglieder an. Etwa seit dem Jahr 1993 zeichnen sich verstärkte Aktivitäten in der Wirtschafts- und Finanzkriminalität ab. Sonstige Betätigungsfelder bestehen in Schutzgelderpressung, Diebstahl und Verschieben von Fahrzeugen, Raub, Drogenhandel und Zuhälterei. Die Tschetschenen-Mafia hat mittlerweile ihre Aktivitäten auch nach Westeuropa ausgedehnt.«

Über die russischen OK-Gruppen heißt es in dem Papier: »Die folgenden acht russischen Gruppierungen sind in Moskau bekannt: die Balashikhskaya, Dolgoprudnenskaya, Izmajlovskaya, Lyuberetskaya, Podolskaya, Pushkino-Ivanteevs, Solntsevskaya und die Tanganskaya.« Bedeutsam sind wegen ihrer internationalen Kontakte vor allem die folgenden Gruppen:

- Die Balashikhskaya-Gruppe mit etwa 200 Aktiven beschäftigt sich hauptsächlich mit Kfz-, Drogen- und Waffenhandel, Raubüberfällen, Schutzgelderpressung und Diebstahl von Staatseigentum; hinzu kommt die Korrumpierung von Amtspersonen der Verwaltung und der Rechtsorgane. Sie unterhält internationale Verbindungen zu Mafiagruppen in Thailand, Deutschland, Frankreich und den USA.

- Die Aktivitäten der Dolgoprudnenskaya-Gruppe, die durch auffällige Brutalität gekennzeichnet sind, konzentrieren sich auf Schutzgelderpressung, Raubüberfälle und Auftragsmorde. Weitere Haupteinnahmequellen sind der Drogenhandel und die Prostitution. Auf internationaler Ebene werden Kontakte nach Deutschland, Österreich und Hongkong gepflegt. Zu ihrem wichtigsten Standort in Deutschland ist die Hauptstadt Berlin geworden. Hier leben mittlerweile mehr als 60 000 Russisch sprechende Menschen, von denen zehn Prozent Kontakte zur Dolgoprudnenskaya-Gruppe haben sollen.
- Die Izmajlovskaya bildeten sich aus Jugendbanden der Achtzigerjahre die mit Diebstählen und Raubüberfällen begannen und allmählich in die Wirtschaftskriminalität einstiegen. Internationale Verbindungen bestehen nach Deutschland, Holland und in die USA.
- Die Lyuberetskaya-Gruppe mit mehr als 150 aktiven Mitgliedern ist spezialisiert auf Diebstahl, Raub, Betrug, Erpressung, Drogen- und Waffenhandel sowie Schutzgelderpressung von Taxiunternehmen, Casinos, Restaurants und Verkaufsständen in »ihren« Moskauer Stadtteilen. Internationale Verbindungen bestehen insbesondere in die USA, nach Ungarn, Deutschland und Israel. In Israel wurde zum Beispiel im Jahr 2001 die Privatisierung der Telefongesellschaft Bezing gestoppt, nachdem sich herausgestellt hatte, dass zu den neuen Eigentümern anscheinend auch einer der einflussreichsten russischen Mafiabosse zählt.
- Bereits seit Mitte der Achtzigerjahre ist die Podolskaya-Gruppe – mittlerweile eine der größten und reichsten Gruppierungen mit etwa 500 Mitgliedern und über 20 bekannten Autoritäten – in der Region Moskau aktiv. Die Gruppe hat sich auf Schutzgelderpressung spezialisiert, auf Kidnapping, Raubüberfälle und Auftragsmorde; letztere insbesondere in den USA. Sie sind gut ausgerüstet mit automatischen Waffen, Granaten und Fahrzeugen. Verbindungen wurden aufgebaut mit Mafiabossen in den USA und in Europa (hier insbesondere in Belgien).

- Eine der mächtigsten Banden ist die Pushkino-Ivanteevs-Gruppe. Sie verfügt über gut entwickelte Verbindungen in die USA, nach Deutschland und Thailand und kontrolliert Spielhallen, Casinos, Autosalons mit gestohlenen ausländischen Fahrzeugen, zum Teil den Flughafen Sheremetevo, den Import von Massenbedarfsartikeln sowie die Herstellung und den Vertrieb von verfälschten alkoholischen Getränken und kunsthandwerklichen Erzeugnissen.
- Die russische Gruppierung Solntsevskaya (»die Sonnigen«) entwickelte sich zu einer der einflussreichsten Organisationen im internationalen Rauschgifthandel. Sie bezieht Kokain vom kolumbianischen Cali-Kartell und liefert im Gegenzug Heroin aus den zentralasiatischen Staaten. Mittlerweile hat die Gruppierung nahezu die Monopolstellung über die Einfuhr und Verteilung von südamerikanischem Kokain in Moskau erlangt und ist damit von ihrer Bedeutung her mit kolumbianischen Drogenkartellen vergleichbar.

War zunächst nur die frühere Sowjetunion selbst von den Verbrecherbanden betroffen, so ist deren »Arbeitsgebiet« heute nach Auffassung des BND immer mehr grenzüberschreitender Natur. Im westeuropäischen Raum werden besonders Deutschland und Österreich zu Brückenköpfen der russischen OK. Der Aufbau von Infrastrukturen russischer Mafiagruppen wurde jedoch auch in Luxemburg und Großbritannien erkannt.

Einen weiteren regionalen Schwerpunkt bildet Israel. Vor allem im Zug der Einwanderung russischer Juden nutzte die russische OK die sich hier bietenden Möglichkeiten. Nicht unbeträchtlich sind auch die Aktivitäten der russischen OK in den Vereinigten Staaten von Amerika. Die Zahl der in den USA aktiven Mitglieder der Russenmafia beläuft sich nach Angaben des FBI auf rund 4000.

Italienische Gruppen der Organisierten Kriminalität

Eigentlich wollten die 154 Staaten bei der UN-Konferenz in Palermo wenige Tage vor Weihnachten des Jahres 2000 ihren Kampf gegen das organisierte Verbrechen koordinieren. Dann aber diskutierten sie vorwiegend darüber, ob sie die Mafia schon besiegt hatten oder nicht. Der stellvertretende UN-Generalsekretär Pino Arlacchi behauptete damals, man habe »das Ende der Mafia so gut wie erreicht«. Dagegen sträubten sich führende italienische Fahnder und brachten vor, die »Bosse der Mafia« seien lediglich dabei, sich neu zu formieren. Der italienische Innenminister Enzo Bianco vertrat die Auffassung, die verschiedenen Mafiaclans seien »nach wie vor stark«, wenn sie auch ihre Strategie geändert hätten. »Wir haben einige Schlachten gewonnen, aber noch lange nicht den Krieg«, so der oberste Staatsanwalt in Palermo, Piero Grasso.

Nach inoffiziellen Zahlen macht die Mafia allein in Italien nach wie vor einen Umsatz von 15 Milliarden Euro. Und zwar im Jahr. Und es ist immerhin auch ein fester Bestandteil des italienischen Bruttosozialprodukts. Eine UN-Konvention, die Menschenhandel oder Geldwäsche weltweit unter Strafe stellte, wurde bald von vielen unterschrieben. Doch völkerrechtlich wirksam wird das Abkommen nur, wenn es auch mindestens 40 Staaten ratifizieren. Und schon damals wussten nicht nur Fachleute, dass dieses noch viele Jahre dauern kann.

Bis zum 15. Dezember 2000 hatten dann mehr als 120 Staaten zum Abschluss der UN-Konferenz in Palermo die Konvention gegen Organisierte Kriminalität unterzeichnet. Die Länder wollen damit den Kampf gegen weltweit tätige Verbrecherbanden verstärken. Am Rand der Konferenz gab es aber auch besorgte Stimmen, weil lediglich etwa 80 Staaten zwei Zusatzprotokolle gegen Menschenhandel und das Unwesen von Schleuserbanden anerkennen. Dritte-Welt-Staaten hoben hervor, zum entschlossenen Vorgehen gegen grenzübrschreitende Organisierte Kriminalität bräuchten sie beträchtliche Finanzhilfen. Italien versprach, konfiszierte Gelder der Mafia zur Verfügung zu stellen. Deutschland unterschrieb die Konvention und die Zusatzprotokolle. »Wir sind jetzt auf dem Wege, einen juristischen Rahmen im Kampf gegen cine der größten Herausforderungen zu schaffen«, sagte Pino Arlacchi. Mit Blick auf die Themen Menschenhandel und Menschenschmuggel gestand er aber auch ein, dass es noch zahlreiche Schwierigkeiten gebe. Viele arme Länder des Südens seien in der Realität einfach nicht in der Lage, wirkungsvoll gegen Schlepperbanden vorzugehen, hieß es dazu in Konferenzkreisen. UN-Fachleute schätzten auf der vier Tage dauernden Konferenz, dass weltweit etwa 200 Millionen Menschen praktisch wie Sklaven ausgebeutet würden; ein Großteil davon seien Kinder, die zur Arbeit gezwungen würden. Allein in Südostasien seien in den vergangenen zehn Jahren rund 30 Millionen Frauen und Mädchen zur Prostitution gezwungen geworden. Von deutscher Seite wurde betont, der Kampf gegen den Menschenhandel mache besondere Zeugenschutzprogramme notwendig: Wenn etwa Prostituierte aus der Dritten Welt in Deutschland aussagen, dürften sie nicht einfach in ihre Heimat zurückgeschickt werden. Dort würden Schmugglerbanden mitunter ihr Leben bedrohen. Der jährliche Profit der weltweit operierenden Banden wird auf sieben Milliarden US-Dollar veranschlagt.

In der »Konvention von Palermo« verpflichten sich die Länder, ihr Strafrecht zu harmonisieren. Überall sollen gleiche Vorschriften gegen Organisierte Kriminalität gelten. Unter anderem sollen Verdächtigte schneller ausgeliefert und das Bankgeheimnis beim Verdacht von Geldwäsche rasch aufgehoben werden.

Die Mafia, deren baldiges Ende der stellvertretende UN-Generalsekretär prognostiziert hatte, entstand um die Mitte des neunzehnten Jahrhunderts auf Sizilien. Die in Teilen der Fachliteratur anzutreffende Behauptung, das Wort stehe für den Schlachtruf »Morte alla Francia Italia amela!« (Tod den Franzosen ist Italiens Ruf!) und stamme aus dem zwölften Jahrhundert, als sich die italienischen Staaten gegen französische Angreifer zur Wehr setzten, ist frei erfunden. Vielmehr wurde der Begriff dem sizilianischen Wort »mafia« entlehnt, das einen strengen Moralkodex kennzeichnet: Freunden selbst dann beizustehen, wenn sie im Unrecht sind, und die Würde um jeden Preis zu verteidigen. Als die Bourbonen-Herrscher im Sommer 1860 vor Garibaldis »Zug der Tausend« aus Neapel flüchten mussten und Viktor Emanuel II. sich am 17. März des darauffolgenden Jahres zum Herrscher über ein Vereinigtes Königreich Italien krönen ließ, da war das frühere Königreich Neapel-Sizilien gesetzlos, und die »mafiosi« waren nicht länger in den unwirtsamen Bergen lebende, kriminell gesinnte Freiheitskämpfer, sondern zukünftig geachtete Anführer ihrer Gesellschaftsordnung. Mit der ersten Welle der italienischen Auswanderer kamen einige von ihnen bereits um das Jahr 1880 über den Atlantik in die Vereinigten Staaten von Amerika.

Das erste Opfer der Mafia in den USA gab es am 24. Januar 1889 in New Orleans: Vincenzo Ottumvo wurde anlässlich eines Gebietsstreits um die Kontrolle der Docks am Mississippi mit einer Axt erschlagen. Als dann auch noch der Polizeichef David Hennessy aus einem Hinterhalt erschossen wurde und man 19 Sizilianer festnahm, befand das Gericht, dass auf amerikanischem Boden ein Geheimbund gegründet worden sei, den man »Mafia« nenne. Dennoch wurde die Existenz der Mafia über Jahrzehnte hin bestritten – bis zum Jahr 1963 der verurteilte Mafiosi Joe Valachi das Schweigegebot (»Omerta«) der Mafia brach und über das Syndikat auspackte.

Rund 150 000 Italiener sollen heute nach Auffassung der römischen Regierung allein in Italien für Organisationen der Mafia arbeiten und jährlich etwa 15 Milliarden Euro umsetzen. Das organisierte Verbrechen besitzt dort nach Schätzungen des Handelsverbandes »Confcommercio« ein Vermögen von etwa 200 Milliarden Euro. Dreißig Prozent des italienischen Handels hätten geschäftliche Beziehungen zur Mafia, heißt es. Der Bundesnachrichtendienst unterrichtet das Kanzleramt und die Ministerien regelmäßig über jene italienischen Politiker, deren Kontakte zur Mafia Anlass zur Vorsicht sein sollten. Der frühere italienische Ministerpräsident Giulio Andreotti etwa wurde angeklagt, mit der Mafia kollaboriert zu haben und Auftraggeber politischer Morde gewesen zu sein.

Der Kampf demokratischer Staaten gegen das Krebsgeschwür der Organisierten Kriminalität wie der untrennbar damit verwobenen Ghetto- und Parallelgesellschaften ist ein Kampf auf Leben und Tod. Giovanni Falcone, der am 23. Mai 1992 von der Mafia ermordete Richter, formulierte es folgendermaßen: »Die Mafia muss also zunächst aus sozialen und wirtschaftlichen, nationalen und internationalen Gründen bekämpft werden; aber auch, weil sie ein Machtsystem außerhalb des Staates darstellt; ein Machtsystem, das bestrebt ist, trotz oder gerade wegen des Staates zu überleben. Weil sie bar jeder gesetzlichen Grundlage in der Gesellschaft Regeln aufstellt und Sanktionen verhängt. Um es noch einmal zu sagen, die Mafia muss nicht um ihrer Werte willen, die in einer im Zerfall befindlichen Gesellschaft durchaus nützlich erscheinen mögen, bekämpft werden, sondern wegen ihres Wesens an sich: Es kann in einer Gesellschaft keine zwei Rechtsstaaten geben.«

Der an anderer Stelle bereits erwähnte langjährige Vorsitzende der Vereinigung Berliner Staatsanwälte, Hans-Jürgen Fätkinhäuer, kritisierte die deutschen Politiker dafür, dass sie zur Ermordung Falcones meist schwiegen, und meinte: »Angst macht uns ganz etwas anderes. [...] In Palermo wurde dieser Mafiajäger in die Luft gesprengt. In Bonn wurde zeitgleich über ein Gesetz beraten – das Gesetz zur Bekämpfung internationalen Rauschgifthandels und anderer Erscheinungsformen der Organisierten Kriminalität. Wir haben aus Bonn 14 Tage lang auch nicht eine Stellungnahme zur Frage gehört, ob das, was in Italien passiert ist, nicht auch uns etwas angeht. Dabei ist die europäische Dimension eigentlich jedem Bürger einsichtig. Denn wenn einerseits die Politik uns pausenlos eintrichtert, Europa muss zusammenwachsen, Europa muss ein Haus werden, dann ist es jedenfalls nach meinem Geschmack nicht nachvollziehbar, wenn die deutsche Politik auf ein solches schändliches Ereignis nicht reagiert. Schließlich ist in dem italienischen Zimmer eines gemeinsamen europäischen Hauses ein Brand ausgebrochen ...«

Berichte des Bundeskriminalamtes belegen, dass bestimmte Mafiafamilien in Deutschland direkt oder indirekt im Rauschgifthandel sowie bei organisierter Schwarzarbeit, Glücksspiel, Prostitution und Waffenhandel tätig sind. Und aus einer vom National Criminal Intelligence Service der englischen Polizei veröffentlichten Übersicht der Organisierten Kriminalität im Vereinigten Königreich geht hervor, dass die italienische Mafia auch dort in den genannten Bereichen aktiv ist.

Warnungen vor dem Ausbreiten der Mafiaaktivitäten in anderen EU-Staaten gab es schon seit Mitte der 1980er-Jahre. So war bekannt, dass die italienische Mafia ihren internationalen Rauschgifthandel zum Teil über Frankreich (»French Connection«) abwickelte. Es ist ein Verdienst Giovanni Falcones, die anschließenden Wege der Mafia-Geldwäsche quer durch Europa herausgearbeitet und auf diese aufmerksam gemacht zu haben. Während italienische Mafiosi Deutschland zunächst nur als Unterschlupf vor der Verfolgung durch die italienische Polizei benutzten, zogen dann Teile italienischer Mafiagruppen später nach Deutschland, gründeten Scheinfirmen für den Rauschgifthandel und betätigten sich etwa Pizzerien gegenüber als Schutzgelderpresser. Um das Jahr 1990 herum kam das BKA zu dem

Schluss, dass die italienische Mafia neben dem Rauschgifthandel längst auch andere Betätigungsfelder in Deutschland für sich entdeckt hatte: Falschmünzerei, Waffenhandel, Betrug, Prostitution, Glücksspiel und Autodiebstahl. Allein im Jahr 1992 wurden 60 strafrechtliche Ermittlungsverfahren gegen mehrheitlich zur Mafia gehörende italienische Gruppen in Deutschland geführt. In den Bibliotheken der Kriminalisten wird oftmals die mangelnde Vorbereitung von Polizei, Verwaltung und Justiz auf die Bekämpfung solcher Praktiken in Deutschland als ein wesentlicher Grund dafür angeführt, dass die Mafia sich auch in Deutschland wohl fühlte. Das hat sich inzwischen geändert. Gefährliche Mafiagruppen, die sich der grenzüberschreitenden Organisierten Kriminalität widmen, gibt es aber auch hierzulande weiterhin.

Fünf unterschiedliche Organisationen der Mafia teilen sich den »Markt« auf:

- Die sizilianische Mafia (Cosa Nostra, »Unsere Sache«) mit 186 Clans und insgesamt rund 5000 Mitgliedern. Sie hat nach den Polizeierfolgen der vergangenen Jahre damit begonnen, sich neu zu organisieren.
- Die ebenfalls auf Sizilien (vorwiegend in der Provinz Agrigento) beheimatete neue Konkurrenzorganisation STIDDE. Sie verfügt nicht über die vertikale Führungsstruktur der Cosa Nostra, versucht aber, deren strenge Führungsgrundsätze nachzuahmen. Die Zahl der Mitglieder ist nicht bekannt.
- Die neapolitanische Camorra (Region Kampanien) mit 126 Clans und insgesamt rund 6200 Mitgliedern. Die Camorra war ursprünglich eine Schutzorganisation krimineller Elemente in den italienischen Gefängnissen, die erst durch die Entlassung von Häftlingen auch außerhalb der Gefängnisse als Organisation im Untergrund gegründet wurde. Die Camorra entwickelte sich dann von einer Häftlingsorganisation zum Staat im Staate. Im Großraum Neapel verlor sie an Einfluss, denn im Gegensatz zu der in ländlichen Regionen entstandenen Ndrangheta hat die Camorra ihre Wurzeln in den Städten. In den Sechziger- und Siebzigerjahren des zwanzigsten Jahrhunderts erwarben ihre Mitglieder Reichtum durch den aus der Region um Neapel gesteuerten Ziga-

rettenschmuggel. Dabei arbeiteten die Camorra-Familien Michele Z., Lorenzo N. und Antonio B. auch mit der sizilianischen Mafia zusammen. Als am 5. April 1981 der neapolitanische Christdemokrat Ciro Cirillo vom neapolitanischen Flügel der Terrorgruppe Rote Brigaden (Brigate Rossi) entführt wurde, vermittelte die Camorra seine Freilassung. Seither unterhält diese Gruppe auch Kontakte zur italienischen Politik. Ihre Mitglieder (camorrista), die ihre kriminellen Aktivitäten in allen profitabel erscheinenden Bereichen entfalten, finden sich in der Region Kampanien heute in sämtlichen Bereichen von Politik, Wirtschaft und Gesellschaft. Mit der sizilianischen Mafia hat man sich über die Aufteilung der Rauschgiftmärkte geeinigt. Wöchentlich kontrolliert die Camorra heute nach US-amerikanischen Angaben die Ankunft einer Tonne Kokain aus Kolumbien. Sie unterhält Stützpunkte in Spanien und anderen europäischen Ländern, um dort die Verteilung des Rauschgiftes sicherzustellen.
- Die kalabrische Ndrangheta mit 160 Clans und insgesamt 5700 Mitgliedern. Die ehemals hohe Zahl der Morde in Kalabrien war aus der Sicht italienischer Ermittler lange Zeit ein Beleg dafür, dass zwischen den verschiedenen kalabrischen Clans der Ndrangheta ein permanenter Kriegszustand herrscht. Seit dem Jahr 1991 sind solcherlei Tötungsdelikte zwischen den Clans jedoch eher selten geworden. Das ist ein möglicher Hinweis darauf, dass nunmehr nur noch eine Familiensippe innerhalb dieser Syndikate in Kalabrien das Sagen hat. Genau weiß das aber angeblich nicht einmal die italienische Polizei. Wie auch die sizilianische Mafia hat die Ndrangheta ihr Territorium völlig unter Kontrolle. Von Kalabrien aus kontrolliert sie die Heroinroute vom Mittleren Osten in die Vereinigten Staaten von Amerika, aber auch nach Australien. Seit etwa einem Jahrzehnt arbeitet sie zudem mit kolumbianischen Rauschgiftkartellen zusammen. Heute ist sie darum bemüht, ihren Einfluss auch auf legale unternehmerische Aktivitäten auszuweiten.
- Die apulische Mafia mit rund 30 Clans und insgesamt 1600 Mitgliedern.

Neben den eigentlichen Mitgliedern gehört zu jeder vorgenannten Gruppe ein Heer von Informanten und Zuträgern, auch in Politik und Wirtschaft. Während die Cosa Nostra mit einer streng zentralistischen Organisationsstruktur arbeitet, begnügt sich die Ndrangheta mit einer »losen Föderation ansonsten selbstständiger Clans«. Die neapolitanische Camorra unterscheidet sich von den anderen süditalienischen Gruppen vor allem durch ihre unternehmerische Ausrichtung. In einem BND-Bericht heißt es dazu: »Ihre Geschäftspolitik ist auf Profitmaximierung ausgerichtet, und sie zeigt im Vergleich zu anderen kriminellen Strukturen weniger Interesse an spektakulären Aktivitäten, obwohl auch sie sich – neben Erpressung, Rauschgift- und Waffenhandel, Kreditvergabe zu Wucherzinsen und illegalem Glücksspiel – mit Morden und Entführungen beschäftigt. Die Camorra unterhält ständige Beziehungen zur sizilianischen Mafia, verfügt jedoch auch über logistische Stützpunkte auf der ganzen Welt.« So haben Cosa Nostra, Camorra und Ndrangheta zum Beispiel in Rumänien Industriebeteiligungen (Textilindustrie) und Immobilien (vorwiegend im Tourismusbereich) erworben, sind im Mediensektor und in Spielkasinos aktiv und gründeten Banken sowie Wechselstuben.

Die chinesischen Triaden

In dem bereits mehrfach zitierten Jahresbericht von Europol zur Organisierten Kriminalität 2003 werden auch die chinesischen OK-Gruppen ausdrücklich als Gefahr für Europa hervorgehoben. Während sie in Italien überwiegend in Schleusungen illegaler Immigranten verwickelt und in der Tschechischen Republik im Waffenhandel aktiv sind, treten sie in Deutschland wie in den Niederlanden häufig als Zigarettenschmuggler auf. Und in Österreich organisieren sie einen Teil der Prostitution. Ihre Betätigungsfelder sind somit weit gefasst.

Im bayerischen Verfassungsschutzbericht für das Jahr 2002 heißt es zu den Triaden: »Operativ gewonnene Informationen belegen, dass speziell Chinesen aus den Provinzen Fujian und Zhejiang verstärkt versuchen, kriminelle Organisationen nach dem Vorbild der Hongkong-Triaden aufzubauen. Die Platzierung der Mitglieder erfolgt im Bereich der gesamten Europäischen Union und auch in Bayern. Diese

Organisationen unterstützen gegen Zahlung hoher Beträge logistisch bevorzugt Landsleute aus Regionen, deren Infrastruktur und Lebensverhältnisse im Vergleich mit anderen chinesischen Regionen als eher rückständig einzustufen sind. Die Migranten kommen aus rein wirtschaftlichen Erwägungen nach Europa.«

Das Emblem der Triaden ist ein Dreieck, in dem symbolisch die Basiskräfte des chinesischen Kosmos (Mensch, Himmel und Erde) zusammengefasst sind. Der Betriff Triade geht zurück auf die Briten, die die chinesische Geheimgesellschaft »Drei-in-Einem« schlicht »triad« nannten. Ihre Ursprünge sind mehr als zweitausend Jahre alt. Weil gegen die konfuzianische Oberschicht kein Chinese Widerspruch erheben durfte und jede Abweichung als kriminell eingestuft wurde, gründeten sich Geheimgesellschaften im Untergrund, die vor allem gegen Korruption, Willkür und für soziale Gerechtigkeit kämpften. Wie bei den deutschen Geheimbünden des Mittelalters müssen auch die Mitglieder der chinesischen Triaden »Blutschwüre« auf ihre Führer ablegen. Spätestens mit der Abdankung des letzten Kaisers im Jahr 1912 wurden aus diesen Geheimgesellschaften rein kriminelle Gangster, die jedoch weiterhin den Mythos des sozialen Vorkämpfers pflegen. Der Bundesnachrichtendienst kennt Fälle, in denen chinesische Geheimdienste mit den Triaden zusammengearbeitet haben.

In Asien zählen die Triaden zu den mächtigsten kriminellen Organisationen. Doch auch außerhalb Asiens wächst der Einfluss jener asiatischen Gruppen, die im Einzelfalle bis zu 40 000 Mitglieder zählen können. Westliche Geheimdienste vertreten die Auffassung, dass bis zu 300 000 Menschen für die Triaden arbeiten. Schwerpunkte ihrer Tätigkeiten sind Hongkong mit der »Sun Yee On« und der »14 K«, Taiwan mit der »United Bamboo Gang« und China mit der »Big Circle Gang«. Auch in den USA und in Europa gibt es Ableger der Triaden, die sich dort in erster Linie auf den Drogenhandel, das Glücksspiel und den Menschenhandel konzentrieren. Als Zentrum der Geldwäsche nutzen die Triaden vor allem Hongkong, Singapur, Taipeh und Manila.

Ursprünglich waren die Triaden vorwiegend im Nachtleben verwurzelt, vor allem in Hongkong und in Macao. Doch in den Neunzigerjahren haben diese Geheimbünde – auch in Deutschland – vielfältige Versuche unternommen, Schutzgelder von asiatischen Restaurantbetreibern zu erpressen und im Waffenhandel Fuß zu fassen. Während die Triaden zunächst von Hongkong aus auch im Mutterland der britischen Kronkolonie Fuß fassten, sind sie heute weltweit tätig. Im Jahr 1983 etwa gab es Bandenkriege zwischen Triaden aus Hongkong und Singapur um die Kontrolle von Teilbereichen des europäischen Drogenhandels, die sich vorwiegend auf niederländischem Boden abspielten. Auch gibt es Belege dafür, dass die Hongkonger Triaden mit der japanischen Yakuza und der US-amerikanischen Mafia zusammenarbeiten. Seitdem im Jahr 1984 der Vertrag über die Rückgabe der Kronkolonie Hongkong an China unterzeichnet wurde, beobachteten Geheimdienste in Hongkong den Exodus von Mitgliedern der Triaden. Viele von ihnen zogen in die Chinatowns der großen Städte des Westens. In allen Chinesenvierteln amerikanischer Großstädte üben die Triaden heute beherrschenden Einfluss aus.

Die japanische Yakuza

»Mord, Raub, Entführungen, Rauschgiftschmuggel, Menschenhandel, illegales Glücksspiel, Geldwäsche: Schier endlos scheint die Liste jener Delikte, auf die sich Asiens geheime Gesellschaften spezialisiert haben«, meldete der *Spiegel* am 19. Januar 2004. »Ihr Organisationsgrad reicht von locker sortierten Stadtteilgangs bis zu straffen, international tätigen Verbänden, deren langer Arm sich bis Australien und Amerika streckt. Ehemalige US-Verbrechensbekämpfer schätzen, dass allein die Yakuza Gelder in Höhe von 50 Milliarden Dollar in US-Finanzmärkte gepumpt hat, zum Beispiel in Golfplätze und Hotels.«

Die hierarchisch organisierte Yakuza zählt zu den größten und ältesten Verbrecherorganisationen der Welt. Sie besteht aus 3300 zum Teil rivalisierenden Gruppen mit rund 91 000 Mitgliedern. Rund vierzig Prozent von ihnen gehören zur »Yamaguchi-gumi«, der größten und gewalttätigsten Verbrechergruppe Japans, mit Hauptsitz in Kobe.

Japan hat zum Gangstertum traditionell eine andere Haltung als etwa die Europäer. In der Erkenntnis, Verbrechen lasse sich nicht aus der Welt schaffen, versuchten die Herrschenden im Lande es stets zu kanalisieren. Verbotene Glücksspiele, Geldverleih zu Wucherzinsen und Prostitution waren die üblichen Ventile, die den Figuren am Rand der Gesellschaft als Tätigkeitsfelder zugestanden wurden.

Die drei größten Yakuza-Familien, »Yamaguchi-gumi«, »Inagawa-kai« und »Sumiyoshi-rengo«, setzen jährlich mehr als 13 Milliarden US-Dollar um. Im September 1992 fand in Tokio die Hauptverhandlung gegen Hiroyasu W., den früheren Präsidenten des Paketzustelldienstes »Tokio-Sagawa-Express« statt. Schockiert erfuhr die Öffentlichkeit dabei, wie weit sich die Yakuza schon ausgebreitet hatte: Susumu I., Oberhaupt des »Inagawa-kai«-Syndikats, soll selbst bei der Zusammenstellung der Regierung von Ministerpräsident Takeshita seine Hände im Spiel gehabt haben, hieß es. Ein japanischer Ministerpräsident unter dem Einfluss des organisierten Verbrechens?

Nach einem dem Autor vorliegenden BND-Bericht kennen japanische Behörden Namen und Adressen der zu den einzelnen Syndikaten gehörenden Japaner. Doch sie unternehmen so lange nichts, wie diese ihre kriminellen Aktivitäten nur auf bestimmte – geduldete – Felder beschränken: Schutzgelderpressung, Prostitution und illegale Spielhallen. Das hat einen einfach zu erklärenden Grund: Lange hielten sich die Yakuza vom Waffen- und Rauschgiftgeschäft fern. Wegen ihrer straffen Organisation und Disziplin sahen nicht wenige japanische Polizisten in den traditionell gewachsenen Gruppen sogar Sympathieträger. So ist es nicht verwunderlich, dass es hin und wieder auch offizielle Kontakte zwischen Polizei und Syndikatsführern gibt. Zu Neujahr etwa erhält die Polizei formale Glückwunschkarten der Yakuza.

Ihren historischen Ursprung haben die Yakuza im »edlen Banditentum« während der Shogun-Zeit (Edo-Periode) im 17. Jahrhundert. So wie die Western-Legenden zum Selbstverständnis der Vereinigten Staaten von Amerika gehören, zählen auch die Geschichten über edle Kämpfer und Helfer der Unterdrückten zum Selbstverständnis Japans. Weil die Yakuza als Nachfolger der »edlen Banditen« weiterhin Sympathie in der japanischen Öffentlichkeit genießen, ist ihre Zerschlagung mit polizeilichen Mitteln unmöglich. Ein Beispiel für die Hilfe, die die Yakuza Bewohnern Japans zuteil werden lässt und ihren »edlen« Ruf festigte, war das schwere Erdbeben vom Januar

1995. Damals kam die erste Hilfe für die Verschütteten nicht etwa von den Behörden, sondern von der Yakuza. Deren Mitglieder lieferten auch die ersten Medikamente und Lebensmittel. Als Frankreich und die Schweiz wegen der Quarantänevorschriften noch Probleme mit der Einreisegenehmigung für die Suchhunde hatten, hatten die Yakuza längst eigene Suchtrupps engagiert und die behördlichen Vorschriften umgangen.

Vor allem auf dem Gebiet des Menschenschmuggels und der Prostitution arbeiten sie auch mit chinesischen Triaden zusammen. Traditionell gute Kontakte der japanischen Syndikate zu Spitzenpolitikern erleichtern ihnen überdies das Eindringen in legale Wirtschaftsbereiche. Die Geschäftsbeziehungen der größten japanischen Unternehmen zur Unterwelt sind bekannt. Immer wieder gibt es Auftragsmorde auch in den Vorstandsetagen bekannter japanischer Weltkonzerne. Bis zum Jahr 1992 konnte man noch die Telefonnummern der großen Yakuza-Syndikate im Branchenverzeichnis der japanischen Telefonbücher finden. Ein Sondergesetz gegen organisierte Banden, das am 1. März 1992 in Kraft trat, hatte ihr ungeniertes Auftreten in der Öffentlichkeit zunächst kaum gestört. Die Gangster geizten weiterhin nicht mit Visitenkarten, auf denen ihr Rang innerhalb der Hierarchie angegeben wurde. Doch mit dem Anti-Mafia-Gesetz kam es zu psychologischen Veränderungen. Der Druck auf japanische Unternehmen, die Beziehungen zur Yakuza zu lösen, wuchs. Und die japanische Mafia fand sich darin bestärkt, eigene Unternehmen zu gründen. Illegale Einkünfte wurden nach den Prinzipien der Geldwäsche in legale Unternehmungen wie Baufirmen, Hafenanlagen, Konzertagenturen, Restaurants und private Geldinstitute investiert. Heute können sich die Yakuza-Familien in der Öffentlichkeit nicht mehr so frei bewegen wie früher. Dennoch werden sie von den großen Unternehmen weiterhin als diejenigen »geschätzt«, die zwar über Leichen gehen, dann aber auch »das Aas wegschaffen«.

Auch die Yakuza arbeitet mit anderen großen internationalen Verbrecherorganisationen zusammen. Es gibt Querverbindungen zu kolumbianischen Drogenkartellen sowie zu US-amerikanischen und chinesischen Gruppen: Seit den frühen Siebzigerjahren bezogen die Syndikate der Yakuza ihre Waffen – von denen sie ohne Zögern Gebrauch machen – aus den Vereinigten Staaten von Amerika, da in Japan seit dem Zweiten Weltkrieg der Schusswaffenbesitz für Privatpersonen unter Strafe steht. Als Gegenleistung liefern sie das Rauschgift »Ice« in die USA und importieren Kokain aus Kolumbien.

Wie alle Verbrecherorganisationen gedeiht auch die Yakuza nur inmitten eines problematischen sozialen Umfeldes, aus dem sie neue Mitglieder rekrutieren kann. In Japan nennt man die Bewohner eines Ghettos sozial Ausgestoßener »Burakumin«. Und genau aus dieser Gruppe rekrutiert die Yakuza Jugendliche. Weil sich vor allem in Westjapan viele Unternehmen weigern, »Burakumin« anzustellen, ist den Jugendlichen dieser Diskriminierungsgruppe der Zugang zur »normalen« Gesellschaft versperrt. Stattdessen finden sie in den Reihen der verschiedenen Yakuza-Syndikate Aufnahme und patrouillieren in deren Auftrag im jeweiligen Territorium, etwa um Schutzgelder einzutreiben. Die Parallelen zur Cosa Nostra in den USA oder der Mafia in Italien sind hier unverkennbar. In Deutschland registrieren BKA und BND seit Jahren schon die Aktivitäten der Yakuza mit Auslandsbezug vor allem in den Großräumen Düsseldorf und Berlin.

Der König der Schleuser

Bei der Schleuserkriminalität arbeiten deutsche Behörden oftmals wie Don Quichotte gegen Windmühlenflügel. Einer der Paten dieses Geschäfts, heißt es, sei der Syrer Majed Berki. Er brachte schon tausende Kurden an die Küsten Südeuropas – ihr Ziel ist Deutschland. Auf Druck der Bundesregierung nahmen die Libanesen den Mann zwar am 23. April 2003 fest, ließen ihn aber bald wieder laufen. Der 29 Jahre alte Berki hatte von 1999 bis 2002 große Schiffe voller Flüchtlinge aus dem Orient nach Europa geschickt. Bis zu tausend Armutsflüchtlinge kamen so auf einen Schlag mit Schiffen, die »Monica«, »East Sea« oder »Sam« hießen, an die französische oder italienische Küste, von wo aus die Menschenfracht dann weiter nach Deutschland geschleust wurde. Nach der Festnahme des »Königs der Schleuser« formulierten deutsche Staatsanwälte Rechtshilfeersuchen an den Libanon und hofften, einen wirklich Mächtigen aus dem Schattenreich der Organisierten Kriminalität fassen zu können. *Spiegel-Online* berichtete jedoch am 29. Dezember 2003, welch trauriges Ende die Geschichte für die deutschen Ermittler nahm: Die Euphorie der deutschen Ermittler endete nämlich hochamtlich am 13. November des genannten Jahres mit einem Brief von Bundesinnenminister Otto Schily, adressiert an seinen libanesischen Kollegen Elias Murr: »Mit großer Bestürzung habe ich zur Kenntnis nehmen müssen, dass der Organisator mehrerer großer Schiffsschleusungen, Majed Bin Ahmad Muhammad (alias Majed Berki), Anfang Oktober dieses Jahres aufgrund der nicht nachvollziehbaren Entscheidung eines Militärrichters aus der Untersuchungshaft entlassen wurde.«

Berki ist also weg. Der Mann, den die Deutschen mit allen Kräften gejagt hatten: Bundesnachrichtendienst, Bundeskriminalamt, Bundesgrenzschutz, zwei Staatsanwaltschaften. Der Mann, dem Frankreichs Staatspräsident Jacques Chirac nach der Landung der »East Sea« einen »kompletten Verlust von Moral« bescheinigte, der die EU-Regierungschefs mit seinen spektakulären Massenschleusungen zur Aufrüstung der Festung Europa trieb, mit Gesetzen und Richtlinien, mit Radar, Nachtsichtgeräten und Infrarotkameras. Dieser Mann wurde im Libanon einfach so entlassen. Ein Militärrichter, der für den Fall überhaupt nicht zuständig war, holte ihn aus dem Gefängnis Rumija bei Beirut heraus – obwohl Berki ein ausführliches Geständnis abgelegt hatte.

Eine halbe Million Armutsflüchtlinge kommen Jahr für Jahr in die Europäische Union. Und wenn man einmal einen der kriminellen Hintermänner zum Greifen nahe hat, dann endet die Macht der europäischen Ermittler und Diplomaten an den Außengrenzen der EU. Das ist mehr als demütigend. Denn es gibt keinen Zweifel, dass Berki in aller Ruhe weitermachen und im Verborgenen weitere Schleusungen vorbereiten wird. Denn im Hintergrund scheinen die Syrer die Fäden zu ziehen und bei den Schleusungen vor allem von Kurden mitzumachen. *Spiegel-Online* berichtete weiter: »Bereits im Mai 2002 schrieb der Bundesnachrichtendienst (BND) in einem Dossier, die Syrer stellten den Kurden Durchreisedokumente für die Fahrt nach Damaskus aus. ›Angeblich unter den Augen des syrischen militärischen Geheimdienstes‹ würden sie dann ›in den Libanon verlegt‹. Warum die Schnüfflertruppe mitmacht? Zwei Theorien nennt der BND. ›Einzelne leitende Mitarbeiter des syrischen militärischen Geheimdienstes profitieren auch finanziell von den Schleusungen‹ – vulgo: Sie würden geschmiert. Außerdem sollen sie von den Schleppern Tipps bekommen, welcher Flüchtling bereit wäre, die syrische Exilgemeinde in Europa auszuhorchen, mutmaßt der BND. Gegenleistung für den Spitzel: Die Syrer zahlen seine Schleusung. Auch der Bundesverfassungsschutz kennt die Masche: Schon seit März 1992, so heißt es in einem Papier, gebe es Hinweise, dass der syrische Geheimdienst in den Menschenschmuggel verwickelt sei. Dass es die Syrer waren, die nun Berki aus der Zelle geholt haben, gilt bei den Deutschen deshalb als wahrscheinlichste Erklärung.«

Was also sollen europäische Regierungen machen, wenn vor ihrer Haustüre andere Regierungen so dreist die Organisierte Kriminalität unterstützen?

Organisierte Kriminalität in Berlin: Libanesen, Kurden, Türken

Obwohl wir in den vergangenen Kapiteln verschiedene kriminelle Gruppen aus unterschiedlichen Weltregionen mit ihren auch auf Europa gerichteten Aktivitäten geschildert haben, soll hier keinesfalls der Eindruck erweckt oder gefördert werden, dass nur die Bewohner der neuen EU-Staaten besonders kriminell seien. Das mag in Teilbereichen bestimmter Deliktgruppen zutreffen. Doch die Sorgen und Nöte deutscher Polizeidienststellen sind regional sehr unterschiedlich. In Berlin zum Beispiel hat das Landeskriminalamt bei Bandenkriegen, Rauschgifthandel, Schutzgelderpressung und Schießereien auch eine Gruppe ausländischer Mitbürger im Visier, die sich als derart kriminell erweist, dass ihr die außergewöhnliche Ehre eines immerhin fünfzig Seiten umfassenden Sonderberichtes zuteil wurde: Libanesen, Kurden, Türken. Deren Heimatland hat zunehmend gute Aussicht, mittelfristig ebenfalls EU-Mitglied zu werden.

»Importierte Kriminalität und deren Etablierung« nannte sich der im Januar 2003 erstellte Bericht des LKA Berlin. Er analysiert nicht nur eine über Jahrzehnte hin inmitten Deutschlands gewachsene Tätergruppe, sondern zeigt vielmehr auch sehr anschaulich die Verflechtungen mit der grenzüberschreitenden Organisierten Kriminalität, die allmählich gewachsen sind, nicht energisch bekämpft wurden und die Stadt Berlin, immerhin die deutsche Hauptstadt, für die Zukunft vor ein gewaltiges Problem stellen werden.

Der vom Berliner Kriminaloberrat Markus Henninger verfasste LKA-Bericht (im Internet unter: http://www.berlin.de/polizei/Download/impkrim_oeff11.pdf) erregte weithin Aufsehen und musste mehrfach verändert werden. Einen entscheidenden Hinweis aber konnte er noch nicht enthalten: Einige der in dem Bericht erwähnten Schwerstkriminellen reisten über den Osten in die Bundesrepublik Deutschland ein. Und vor dem Hintergrund der EU-Osterweiterung bereiten sich dieselben Personen auf die neuen Zustände vor. Manche von ihnen haben sich inzwischen polnische Freundinnen zugelegt, die sie im Bedarfsfall formal heiraten können, wenn Polen erst einmal EU-Mitglied ist. Dann können sie nämlich die Staatsbürgerschaft des EU-Landes Polen annehmen – und brauchen Abschiebung in ihre Heimatländer kaum noch zu fürchten.

Das Beispiel zeigt deutlich, wie sich die mit allen Wassern gewaschenen Kriminellen aus dem Bereich der grenzüberschreitenden Organisierten Kriminalität längst auf die neuen Zustände eingestellt haben. Die nachfolgenden längeren Zitate erfolgen mit freundlicher Genehmigung des Autors der Studie, Markus Henninger.

Der LKA-Bericht beginnt mit einer fast schon alltäglich erscheinende alarmierenden Schilderung: »Koloniestraße, Soldiner Kiez im Berliner Stadtteil Wedding am 25. Januar 2002: Gegen 17.20 Uhr stürmen der Syrer Ayman S. und der Staatenlose Ahmed E., bewaffnet mit einer Maschinenpistole, einer Faustfeuerwaffe und einem Säbel, den Pizza-Lieferservice der deutschen Staatsangehörigen Ahmed und Bilal A. Begleitet von einer Schimpfkanonade, feuert Ayman S. aus der Maschinenpistole mehrere Schüsse in Richtung der anwesenden Brüder ab, ohne jedoch jemanden zu verletzen. Vor dem Tatort in dem als Problembereich bekannten Soldiner Kiez, der einen Ausländeranteil von über 35 Prozent aufweist, sammelt sich binnen kürzester Zeit eine größere Menschenmenge von schließlich ca. 150 Personen, die im Wesentlichen den beiden verfeindeten Lagern anzugehören scheint. Zumindest kommt es zu verbalen Auseinandersetzungen und Handgreiflichkeiten, die von der anrückenden Polizei geschlichtet werden müssen, wobei sich nun der Zorn gegen die eingesetzten Beamten richtet. So wird den Beamten von zahlreichen Personen klar gemacht, dass dies unser Kiez ist und ihr hier nichts verloren habt! Dass zumindest der erste Teil dieser Aussage nicht von der Hand zu weisen ist, wird u. a. durch die Tatsache belegt, dass an den Schulen, insbesondere den Grundschulen und Kindertagesstätten, im Bezirk Wedding durchschnittlich knapp 70 Prozent der Kinder nichtdeutscher Herkunft sind. In den besonderen ›Problem-Kiezen‹, wie z. B. im ›Kiez Soldiner- und Koloniestraße‹ beläuft sich dieser Prozentsatz z. T. bereits auf über 90 Prozent. Welche Konsequenzen dieser Umstand auf die demografische Entwicklung des Bezirks für die nächsten Jahre zeitigt, kann erahnt werden. Die aktuelle Situation an den Schulen gehört bereits jetzt zu den Top-Diskussionsthemen in den Berliner Medien. Wie üblich bei derartig gewalttätigen Auseinandersetzungen, hatte sich der Schütze unmittelbar nach der Tat ins Ausland abgesetzt. […] So enden derartige Auseinandersetzungen zumindest für die Ermittlungsbehörden meist wie das ›Hornberger Schießen‹.«

Rolf Stolz, Mitbegründer der »Grünen«, ist einer von wenigen nicht aus dem rechtsgerichteten Umfeld stammenden Fachleute, die der dahinter liegenden Problematik ein öffentliches Forum geben. In seinem im Jahr 2002 erschienenen Buch *»Deutschland, deine Zuwanderer«* beschreibt er Fälle wie den oben vom LKA Berlin geschilderten. Und er warnt vor dem Wegschauen, weil so Ghettos und Slums entstehen – die idealen Nährböden für Kriminalität. Folgen wir also seiner Aufforderung und schauen wir einmal genauer hin. Dann sehen wir am Beispiel Berlins, wie sehr das Wegschauen in den vergangenen Jahren den dortigen Aufstieg auch der Kriminalität begünstigt hat. Die Hintermänner: Libanesen, Türken, Kurden. Gegen keine andere Gruppe wird in Berlin jedenfalls häufiger ermittelt. Und keine ist potenziell so gewalttätig wie die libanesisch-kurdische. Die kurdischen Familienclans sind nach den Prinzipien der Organisierten Kriminalität strukturiert – Fehden werden untereinander ausgetragen, Blutgelder bis zu 250 000 Euro sind keine Seltenheit. Seit den Achtzigerjahren versucht die Berliner Polizei, in die Unterwelt vorzudringen.

Viele der kurdischen Familienclans kamen in den Siebziger- und Achtzigerjahren als angeblich staatenlose Bürgerkriegsflüchtlinge aus dem Libanon nach Deutschland. In dem LKA-Bericht von Markus

Henninger zur importierten Kriminalität heißt es in diesem Zusammenhang: »Dass hierzu ganz gezielt Verhaltensanweisungen – insbesondere zur Vortäuschung angeblicher Staatenlosigkeit – von Schleuserorganisationen erteilt wurden, hat z. B. die ›EK Babylon‹ der BGS-Inspektion Münster in einem Ermittlungsverfahren gegen eine ›libanesisch-kurdische‹ Schleuserorganisation eindrucksvoll belegt.«

Ein großer Teil dieser Zuwanderer kam nicht aus dem Libanon – sondern tatsächlich aus der Türkei. Ohne Arbeit, so heißt es in dem Berliner Bericht weiter, habe diese Gruppe über den Weg der Sozialhilfe materiellen Wohlstand erlangt: »Durch die Berliner Altfallregelung von 1987 kamen die Betroffenen in den Genuss einer Steigerung der Sozialsätze um 22 Prozent, und damit [zu] gleichen Sozialhilfesätzen wie deutsche Staatsangehörige. Damit lagen sie bereits über dem Verdienst eines Professors an der Amerikanischen Universität Beirut.«

Trotz einer Arbeitslosenquote von mehr als 75 Prozent habe aus der Sicht der Betroffenen keine Notwendigkeit bestanden zu arbeiten (obwohl sie eine Arbeitsgenehmigung hatten), da sie dann weniger als den üppigen Sozialhilfesatz verdient hätten. Erziehungs- und Familiengeld, so das Berliner Landeskriminalamt in ungewohnt deutlichen Worten, hätten vielmehr dazu geführt, dass ihre Frauen auf Verhütungsmittel verzichteten, da weitere Kinder als zusätzliche Einnahmequelle gesehen wurden. Besuche bei den Familien zeigten dann auch, dass sie keinesfalls in Armut lebten. Bald schon vermutete man, dass die Familienclans sowohl durch Schwarzarbeit als auch durch Teilhabe an der Organisierten Kriminalität weitere Einnahmequellen hatten. In dem Bericht heißt es dazu: »Die Deliktsbereiche, in denen sich die arabische, insbesondere ›libanesisch-kurdische‹ Kriminellenszene bewegt, lassen sich nicht eingrenzen. Betroffen sind alle Deliktsbereiche quer durch das Strafgesetzbuch und die Strafnebengesetze.« Schwerpunkte seien aber eindeutig Delikte aus dem Bereich der Organisierten Kriminalität.

Viele der Delikte haben mit Rauschgiftkriminalität zu tun. Und die Gewalt, die dabei im Spiel ist, hat in Berlin in den letzten Jahren traurige Rekorde erreicht. Das zeigen einige Beispiele dieser brutalen Gewalt, die ebenfalls dem Berliner LKA-Bericht entnommen wurden, hier in chronologischer Reihenfolge für die Jahre 2001 und 2002:

- Am 3. Februar 2001 rammt der deutsche Staatsangehörige Rommel A. auf einer Tankstelle in Neukölln beim Wegfahren mit seinem BMW den PKW eines niederländischen Staatsangehörigen. Zur Rede gestellt, bestreitet A. die Unfallverursachung und entfernt sich vom Unfallort. Kurze Zeit später erscheint er mit Verstärkung erneut auf der Tankstelle. A. und ein Begleiter treten nun an den Geschädigten heran und fordern mit eindeutigen Gesten (»Halsaufschneiden«) beziehungsweise dem Vorzeigen eines Baseball-Schlägers die Herausgabe des Notizzettels, auf dem dieser das Kennzeichen des Unfallfahrzeuges notiert hat. Der Geschädigte flüchtet in den Verkaufsraum der Tankstelle, gefolgt von A. und dessen Begleitern, die mit Fäusten, Füßen und Flaschen aus den Auslagen auf ihn einzuschlagen beginnen, sodass der Geschädigte erhebliche Verletzungen erleidet. Die Auseinandersetzung wird durch die Videoüberwachungskamera der Tankstelle dokumentiert, es entsteht Sachschaden in Höhe von circa 500 D-Mark. Noch in der Rettungsstation sucht A. den Geschädigten auf, um ihn zur Rücknahme der erstatteten Anzeige zu bewegen. Im Nachgang zur Tat erscheinen sowohl A. als auch weitere Personen in der Tankstelle, fordern die Herausgabe des Überwachungsvideos vom Tattag und bieten als Gegenleistung diverse Vergünstigungen in Form von Reisen. Im Rahmen seiner versuchten Festnahme fährt A. im Rückwärtsgang auf einen eingesetzten Polizeibeamten zu, der sich nur durch einen Sprung zur Seite retten kann. A. wird wegen gefährlicher Körperverletzung, Widerstand und Verkehrsunfall-Flucht zu einer Freiheitsstrafe von drei Jahren verurteilt, die unter Berücksichtigung der Untersuchungshaft zur Bewährung ausgesetzt wird.
- Am 6. Mai 2001 trifft sich der wie sein Halbbruder als »Friedensrichter« tätige Libanese Bassam A. auf einem Parkplatz in der Drontheimer Straße in Berlin-Wedding mit dem deutschen Staatsangehörigen Bahaeddine O. und dem »ungeklärten« Staatsangehörigen Faisal S., angeblich um eine Schuldenfrage zu regeln. Nach beendetem Gespräch fallen mehrere Schüsse, von denen einer A. in die Schulter trifft. Einen Schützen hat angeblich niemand bemerkt. Der Vorfall wird vom Geschädigten jedoch unmissverständlich in die Auseinandersetzung zwischen den Familien M. und C. eingeordnet.

- Am 31. Oktober 2001 verhandeln zwei Familienoberhäupter der Familien R. und O. in der Sonnenallee in Berlin-Neukölln zunächst über die Scheidung von zwei nach islamischem Recht verheirateten Töchtern der Familie R. mit zwei Söhnen der Familie O. und über die Rückgabe von Mitgift. Nachdem die Söhne O. zu dem Gespräch hinzustoßen, eskaliert die Lage. Im Verlauf der dann stattfindenden Auseinandersetzung wird der libanesische Staatsangehörige Fawzi Ali R. durch eine Stichverletzung lebensgefährlich verletzt. Des Weiteren sollen Schüsse abgegeben worden sein. Eine Schusswaffe wird am Tatort sichergestellt, Schussverletzungen weist allerdings keine der angetroffenen Personen auf. Der deutsche Staatsangehörige Zouhair O. wird schließlich am 6. März 2002 zu einer vierjährigen Freiheitsstrafe verurteilt.
- Nur mittels Schusswaffengebrauch auf die Reifen kann am 14. Januar 2002 auf der Berliner Stadtautobahn ein Audi A 6 mit dem führerscheinlosen Libanesen Abbas A. am Steuer, des Weiteren besetzt mit den deutschen Staatsangehörigen Fadie A. und Aymen A., nach vorangegangenen Straftaten und Durchbruch von vier polizeilichen Kontrollstellen, bei denen sich in einem Fall eine Polizeibeamtin nur durch einen Sprung zur Seite retten kann, gestoppt werden. Ein halbes Jahr später wird Abbas A. nach einem versuchten Handtaschenraub und aggressivem Verhalten in der Öffentlichkeit in offenbar geistesgestörtem Zustand unter erheblichem Widerstand festgenommen. Hierbei verstirbt er. Bei der Obduktion wird festgestellt, dass er den Folgen einer Kokainintoxikation erlag. Seine Angehörigen verbreiten allerdings, dass A. »von der Polizei totgeschlagen« worden sei.
- Im Rahmen eines großen Ermittlungskomplexes gegen die so genannte »Mittenwalder Gang« dringen am 22. Februar 2002 die deutschen Staatsangehörigen Mohamed C., Ahmad K., Mustafa H. sowie der Libanese Walid W. gewaltsam in die Wohnung einer Zeugin ein in dem Wissen, dass dort gerade eine Vernehmung durch Polizeibeamte durchgeführt wird. In deren Anwesenheit wird die Zeugin massiv bedroht und gegen die einschreitenden Beamten erheblicher Widerstand geleistet.
- Nachdem es durch den »ungeklärten Staatsangehörigen« Nidal R. und weitere Mittäter in den Monaten zuvor zu mehreren Bedro-

hungs- und Körperverletzungshandlungen, darunter auch einem Messerangriff auf Sicherheitsdienstmitarbeiter und Türsteher an Diskotheken gekommen war, sucht Nidal R. am 7. April 2002 in Begleitung weiterer Personen, Türken und Araber, den von ihm der Kollaboration mit der Polizei verdächtigten Türsteher vor der Diskothek Havanna in der Hauptstraße in Berlin-Schöneberg auf, um ihn zur Rede zu stellen. Als das »Gespräch« nach kurzer Zeit eskaliert, zieht Nidal R. nach Aussage der Geschädigten eine Pistole und gibt zwei Schüsse ab, die jedoch niemanden verletzen. Von der Konfrontation lassen sich die Beteiligten auch dadurch nicht abhalten, dass zeitgleich zwei Polizeibeamte einige Meter weiter mit der Beseitigung einer Verkehrsbehinderung beschäftigt sind. Im Getümmel erhält eine der Begleitpersonen des Angreifers einen Messerstich. Im Fahrzeug der Angreiferseite werden später 19 9-mm-Patronen sichergestellt. Das Verfahren wird nach Paragraf 154 II StPO eingestellt.

- Als der amtsbekannte türkische Straftäter Erdal K. am 11. April 2002 gegen 22.15 Uhr sein Daimler-Cabrio am Ku'damm parkt, wird er von mehreren Personen verfolgt, die mit einem Baseball-Schläger auf ihn einschlagen. K. gelingt es zunächst, mit seinem Fahrzeug zu flüchten; er wird jedoch von den Tätern verfolgt. Während der Verfolgungsfahrt kommt es zu einem Schusswechsel, durch den ein seit gerade sechs Wochen im Dienst befindlicher und zufällig am Straßenrand stehender Kommissaranwärter verletzt wird. Wie sich später herausstellt, geschieht dies wahrscheinlich aus der Waffe des »Geschädigten«. Ein weiteres Projektil durchschlägt eine Schaufensterscheibe. Angaben zu den Tathintergründen macht der »Geschädigte« nicht, ein Wiedererkennen der Täter ist ihm nicht möglich, und zu einer anberaumten Gegenüberstellung erscheint er erst gar nicht. Die Ermittlungen zur Angreiferseite betreffen mehrere Mitglieder »libanesisch-kurdischer« Großfamilien.

Viele der gewaltbereiten Angehörigen der genannten kriminellen Familienclans leben offenkundig auch vom organisierten Rauschgifthandel. Im Jahr 2000 kam es beispielsweise in Berlin zur Sicherstellung von zehn Kilogramm Kokain, das aus Paris eingeführt worden war. Organisiert wurde der Schmuggel durch Angehörige einer »libanesisch-kurdischen« Großfamilie. Die Beschuldigten arbeiteten zugleich bei einem Sicherheitsunternehmen, das kurz zuvor noch den palästinensischen Ministerpräsidenten Jassir Arafat bei einem Berlin-Besuch geschützt hatte. Im Rahmen von Durchsuchungsmaßnahmen wurden bei dem Sozialhilfe empfangenden Organisator allein 415 000 D-Mark Bargeld im Bankschließfach sowie eine hochwertige Karosse beschlagnahmt.

Ein wesentlicher Grund für die Präsenz der libanesisch-kurdischen Kriminellenszene im Kokainhandel sind deren hervorragende Kontakte nach Südamerika, insbesondere Brasilien, zu dort lebenden Landsleuten und Familienangehörigen. Wie die Täter aus dem Bereich der Organisierten Kriminalität – nicht nur in Berlin – arbeiten, zeigte das Ermittlungsverfahren gegen den in Berlin von Sozialhilfe lebenden Mahmoud A. In dem Berliner LKA-Bericht zur importierten Kriminalität werden die Einzelheiten des Falles offenbart: Mahmoud A. reist im Jahr 1982 mit seiner Ehefrau unter Vorlage eines libanesischen Fremdenpasses nach Deutschland ein. In den Folgejahren stellte er mehrere Asylanträge, die alle abschlägig beschieden wurden. Wegen diverser Straftaten wurde er zur Ausreise aufgefordert. Abschiebungsversuche scheiterten daran, dass er keinen gültigen Pass mehr hatte – seine Staatsangehörigkeit ist ungeklärt. Seine Ehefrau, die wie auch die übrigen Familienmitglieder die deutsche Staatsangehörigkeit besitzt, erhält Sozialhilfe. Obwohl erwerbslos, verfügte Mahmoud A. ständig über schwere Limousinen von Autovermietungen, die ihm unter anderen von einem deutschen Finanz- und Immobilienmakler zur Verfügung gestellt wurden. Von seinen Mobilfunkanschlüssen aus führte er täglich bis zu 250 Telefonate. Im Lauf der Ermittlungen ergaben sich Überschneidungen zu zahlreichen weiteren Verfahren, in denen von rund einem Dutzend OK-Dienststellen in der gesamten Bundesrepublik gegen Libanesen und »libanesische Kurden« ermittelt wurde, und Kontakte in weitere europäische Staaten. Allen Ermittlungsverfahren gemein war, dass das Kokain zentral aus einer Quelle – einem in den Niederlanden ansässigen Cousin von Mahmoud A. – bezogen wurde. Die Kokaintransporte wurden von Kurieren unter Einschaltung von ein bis zwei weiteren Zwischenhändlerebenen durchgeführt. Zum Teil im Wochenrhythmus wurden Kokaintransporte von Holland nach

Deutschland organisiert. Dabei fuhr man mit mehreren Fahrzeugen und setzte Frauen als unauffällige Begleiter und Gegenobservation ein, was die polizeilichen Maßnahmen äußerst schwierig gestaltete oder teilweise unmöglich machte. Als ein Kurier »aussteigen« wollte, wurde er unter Waffenvorhalt nachts in ein Waldstück verschleppt, zusammengeschlagen und »scheinhingerichtet«. Mahmoud A.s Bezug zu den Schmuggeltouren wurde über TÜ-Maßnahmen nur bei unerwarteten Schwierigkeiten deutlicher: Als der beauftragte Kurier bei einem Kokaingeschäft in Amsterdam längere Zeit »hingehalten« worden war, musste sich Mahmoud A. letztlich doch selbst telefonisch einschalten, um die Übergabe des Kokains zu regeln. In Berlin warteten unterdessen die dortigen und zum Teil auch aus Dänemark angereisten Abnehmer vergeblich auf die Rückkehr des Kuriers, der sich nach Erhalt der Lieferung vorübergehend zu einem Bekannten in den Niederlanden abgesetzt hatte. Nachdem die potenziellen Abnehmer schließlich seinen Aufenthaltsort lokalisiert hatten, wurden spontan zwei Fahrzeuge mit »Soldaten« in Bewegung gesetzt. Aus den abgehörten Telefonaten, der Vorgeschichte und dem Zusammenhang war zu entnehmen, dass das Ziel dieser Reise die Bestrafung beziehungsweise Liquidation des Kuriers und die Übernahme der Lieferung war, weshalb die niederländische Polizei daraufhin den ahnungslosen Drogenkurier »retten« musste, das Kokain sicherstellte und die »Neuankömmlinge« in Empfang nahm.

Im Gerichtsverfahren wurde Mahmoud A. von renommiertesten Anwaltskanzleien vertreten. Wenn die Angehörigen des Inhaftierten – dessen Familie, um noch einmal daran zu erinnern, Sozialhilfe empfängt – einen sechsstelligen D-Mark-Betrag zur Bezahlung der Wahlverteidiger auftreiben konnten, dann war dies zumindest ein Indiz dafür, dass auch die »außergerichtliche Gewinnabschöpfung« zu funktionieren scheint.

Angeklagt waren in dem Berliner Prozess schließlich elf Personen, vom Kurier über den Organisator bis zum »Präsidenten«, wobei naturgemäß dem Organisator die meisten und handfestesten Tatvorwürfe gemacht werden konnten (58-facher Einfuhrschmuggel). Der »Präsident« wurde letztlich nur in drei Fällen wegen Beihilfe zum Einfuhrschmuggel und wegen illegalen Handels mit Betäubungsmitteln angeklagt, da die Aussagebereitschaft des Kronzeugen beim Organisator geendet hatte – gegen Mahmoud A. auszusagen, war er aus Angst nicht bereit. Bereits nach dem ersten Verhandlungstag wurde der Prozess erstinstanzlich beendet. Die Angeklagten erklärten sich über ihre Verteidiger sämtlich schuldig im Sinne der Anklage. Die ausgesprochenen kurzen Freiheitsstrafen standen in keinem Verhältnis zu den bei derartigen Straftaten sonst üblichen Bestrafungen aller Kammern des LG Berlin. Die Zuschauerränge waren mit über 60 libanesischen und »libanesisch-kurdischen« Besuchern, zum Teil aus dem Ausland angereist, gefüllt, die mit ihren lautstarken Liebesbekundungen an ihre Führungsperson die Verhandlung teilweise wie eine Szene aus einem Mafiafilm erscheinen ließen. Da Mahmoud A. selbst von der Haft verschont wurde, verließ unter dem frenetischen Beifall seiner Anhänger das Gerichtsgebäude als freier Mann.

Der Prozessverlauf mag ein Musterbeispiel für Verfahrensökonomie gewesen sein, dürfte aber nur bedingt geeignet sein, kriminelle Energie dieses Ausmaßes wirkungsvoll zu bekämpfen. In ihrer Revisionsbegründung bezeichnete die Staatsanwaltschaft den Prozess dann auch als »Scheinverhandlung« und rügte die Verletzung des Grundsatzes eines fairen Verfahrens durch eine Absprache des Gerichtes und der Verteidiger ohne Beteiligung der Staatsanwaltschaft.

Einige Wochen später war der wieder auf freiem Fuß befindliche »Präsident« bei einem Prozess gegen einen seiner Cousins wegen gefährlicher Körperverletzung als Zuschauer anwesend. Bei dieser Gelegenheit bedrohte er trotz Anwesenheit von Polizeibeamten – allerdings in arabischer Sprache – einen Dolmetscher, der im Ermittlungsverfahren gegen ihn maßgebliche Übersetzungsarbeit geleistet hatte, mit dem Tode und bot ihm alternativ Geld an, um auf sein Aussageverhalten Einfluss zu nehmen. Dieser Vorfall brachte ihm dann letztlich den Widerruf seiner Haftverschonung ein und wurde mit zehn Monaten Freiheitsstrafe geahndet.

Teil V

Was tun?

Wohin führt der Weg?

Die EU ist ein vorläufiges Ergebnis der europäischen Integration, die in den 1950er-Jahren mit der Bildung der Europäischen Gemeinschaft für Kohle und Stahl ihren Anfang nahm. Heute ist sie eine supranationale Organisation, die am 7. September 1992 mit dem Vertrag von Maastricht ins Leben gerufen wurde. Ihr gehören die zwölf Unterzeichnerstaaten der EG sowie seit dem Jahr 1995 auch Österreich, Finnland und Schweden – also insgesamt 15 Staaten – an. Mit den zehn neuen Staaten Polen, Ungarn, Tschechische Republik, Slowakei, Slowenien, Estland, Lettland, Litauen, Malta und Zypern wird die EU abermals – auf 25 Mitgliedsstaaten – erweitert. Dabei haben alle Mitgliedsstaaten der EU in begrenztem Rahmen ihre Souveränitätsrechte eingeschränkt und diese an die Gemeinschaft abgetreten.

Wie schwer es innerhalb der EU sein kann, sich gemeinsam auf wichtige Grundsätze zu einigen, zeigte zuletzt der Streit um die EU-Verfassung. Denn ein vereintes Europa benötigt natürlich auch ein Grundgesetz, eine Verfassung. Am 11. Dezember 2000 beschlossen die Staats- und Regierungschefs in Nizza einen Vertrag, der die Handlungsfähigkeit der EU nach ihrer Erweiterung erhalten soll. Er wurde allgemein als unzureichend empfunden. Deshalb soll die Reformarbeit fortgesetzt und im Jahr 2004 eine neue Regierungskonferenz einberufen werden. Am 15. Dezember 2001 verabschiedete man dann beim Brüsseler Gipfel die »Erklärung von Laeken« (benannt nach dem Ortsteil und Königsschloss): Das erweiterte Europa müsse demokratischer, bürgernäher und arbeitsfähiger werden, hieß es. Ein Konvent aus Parlamentariern, Vertretern der Regierungen und der EU-Kommission solle Vorschläge unterbreiten. Die Möglichkeit einer EU-Verfassung wurde unterdessen nur in Frageform angesprochen. Am 19. Juni 2003 präsentierte der frühere französische Staatschef Giscard d'Estaing dann dem EU-Gipfel in Thessaloniki einen weitgehend fertiggestellten Verfassungsentwurf, und am 13. Dezember 2003 sollte die Verfassung verabschiedet werden. Doch die für das Gipfeltreffen in Brüssel geplante Verabschiedung der Verfassung scheiterte. Grund dafür war der Streit um die Gewichtung der Stimmen jedes Landes bei Abstimmungen im Ministerrat. Polen und Spanien wollten an dem Abstimmungssystem festhalten, das vor drei Jahren auf dem Gipfel von Nizza vereinbart worden war: Nach dem Nizza-System haben diese beiden Länder fast genauso viele Stimmen wie Deutschland, obwohl dessen Bevölkerung doppelt so groß ist. Deutschland und Frankreich haben sich dagegen für eine veränderte Stimmgewichtung ausgesprochen, in der auch die Bevölkerungsgröße Berücksichtigung findet. Nach dem Scheitern des Brüsseler Gipfels vom Dezember 2003 muss die auf 25 Mitgliedsstaaten erweiterte EU nun also mit einem ähnlichen Mechanismus Entscheidungen finden, die bereits die EU der 15 Staaten in vielen Fällen handlungsunfähig gemacht haben. Nach dem Muster der Euro-Zone und der Schengen-Staaten sieht der französische Präsident Jacques Chirac inzwischen »Pioniergruppen« einzelner EU-Länder vor, die etwa in den Bereichen Verteidigung, Justiz und Wirtschaftspolitik stärker zusammenarbeiten. Mit der Osterweiterung droht somit die abermalige Teilung Europas in ein »Europa der zwei Geschwindigkeiten«. Ohnehin findet der britische Premierminister Tony Blair, dass die Idee eines europäischen Superstaates inzwischen überholt sei. Die nächsten wirklichen Verhandlungen über die EU-Verfassung werden wohl erst unter Luxemburgs Präsidentschaft im ersten Halbjahr 2005 zu erwarten sein.

Der polnische Ministerpräsident Leszek Miller ist in seinem Heimatland für seine Unnachgiebigkeit im Streit um die EU-Verfassung ebenso nachdrücklich gelobt worden, wie er in großen Teilen Europas dafür gerügt wurde. Die *Neue Zürcher Zeitung (NZZ)* schrieb dazu am 16. Dezember 2003 unter der Überschrift »Polen – ein neues Enfant terrible?«: »Entscheidend bei dieser Haltung ist, wie sich immer klarer herausstellt, die Befürchtung, von Deutschland einmal mehr über den Tisch gezogen zu werden. Auch wenn es auf Westeuropäer überzogen wirkt: Tatsache ist, dass in Polen in den letzten Wochen und Monaten unzählige Male Parallelen gezogen worden sind zwischen der Aggression Hitlerdeutschlands und der Verhandlungstaktik der Vertreter Deutschlands und dass es beileibe nicht nur rechtsextreme und katholisch-patriotische Gruppen waren, die sich für solche Argumente empfänglich gezeigt haben. Das Trauma des Zweiten Weltkriegs sitzt wohl tiefer, als man es in Berlin wahrhaben will, und immer deutlicher schält sich auch heraus, dass Polen seine eben erst erworbene Souveränität nicht leichtfertig aufs Spiel setzen will.«

»Nizza oder Tod« – so lautete der martialische Schlachtruf der polnischen Opposition, die der Minderheitsregierung Millers im Nacken saß. Ein Nachgeben in Brüssel hätte das Regieren der ohnehin nicht sonderlich populären Postkommunisten in Warschau erschwert. Die polnische Bevölkerung ist gegenüber der EU eher skeptisch eingestellt. Bei einer Umfrage unterstützte fast ein Drittel der Polen die unnachgiebige Haltung der Regierung; 26 Prozent meinten sogar, Miller und der Staatspräsident Aleksander Kwasniewski sollten ruhig noch härter verhandeln.

Am 23. Dezember 2003 konnte man einem Interview der *NZZ* mit dem tschechischen Präsidenten Vaclav Klaus entnehmen, was man in Prag von der EU und deren angestrebter Verfassung hält. Auf die Frage, ob die EU *überhaupt* eine Verfassung brauche, sagte Klaus: »Bestimmt nicht. Die Europäische Verfassung ist nur eine Methode: eine Methode, mit der einige Politiker die Beschleunigung des Integrationsprozesses durchsetzen möchten. Ich bin ganz klar gegen eine solche Beschleunigung.« Klaus befand, die EU habe ein »Brüsseler Integrationsfieber« befallen.

Mit dem Scheitern des Brüsseler Gipfels vom Dezember 2003 zeigte sich also deutlich, dass die Union am Vorabend ihrer Erweiterung in eine – weitere – Krise geschlittert war. In der Vergangenheit konnten solche Krisen stets überwunden werden, und die EU vermochte daraus stets gestärkt hervorzugehen. Noch darf gehofft werden, dass dies auch weiterhin zutrifft. Es wird jedoch nicht zuletzt von den neuen EU-Staaten abhängen, ob die gegenwärtige Krise nicht zum Zerfall Europas führt.

Zumindest als Wirtschaftsgemeinschaft wird auch die erweiterte Union aber auf absehbare Zeit Bestand haben. Da die EG ursprünglich eine reine Wirtschaftsgemeinschaft war, hatte sie zunächst einen Binnenmarkt hergestellt, in dem die Binnenzölle sowie die Ein- und Ausfuhrbeschränkungen langsam abgeschafft wurden. Mit dieser »Vollendung des Binnenmarktes« ging dann auch die Aufhebung nationaler Vorschriften einher, etwa wenn es um Aufenthaltsbeschränkungen ging, befristete Arbeitserlaubnisse, Beschränkungen im Immobilienerwerb oder im Kapitalverkehr. Heute ist der »EG-Ausländer« grundsätzlich innerhalb der EU überall so zu behandeln wie der eigene Staatsangehörige. Nach Artikel 12 des EG-Vertrages ist eine Diskriminierung »aus Gründen der Staatszugehörigkeit« ausdrücklich untersagt. Mit dem Maastrichter Vertrag wurde auch die so genannte Unionsbürgerschaft eingeführt. Danach besitzt jeder Staatsangehörige eines Mitgliedsstaates das Recht, sich in anderen EU-Staaten frei zu bewegen und aufzuhalten (Art. 17ff. EGV).

Die Prognosen der Behörden

Landeskriminalämter und Polizeidirektionen beurteilen die zukünftigen möglichen Entwicklungen vor dem Hintergrund der »vier Grundfreiheiten« in der EU: freier Warenverkehr, freier Personenverkehr und Niederlassungsfreiheit, freier Dienstleistungsverkehr, freier Kapital- und Zahlungsverkehr. Infolge der Zollunion und damit auch der Abschaffung der Zollschranken zwischen der EU und den neuen EU-Staaten wird die grenzbezogene Kriminalität eines illegalen Warentransfers in absehbarer Zeit wohl zum größten Teil verschwinden. Da es aber weiterhin Unterschiede bei den Verbrauchs- und Umsatzsteuern geben wird, werden nicht mehr individuelle Rechtsgüter, sondern staatlich-fiskalische Interessen zu schützen sein. Demnach dürfte es schon bald ernst zu nehmende Probleme bei Waren mit hohem Betrugsrisiko (Zigaretten und Alkohol) geben. Sie werden nach übereinstimmenden Einschätzungen vieler Fachleute vor allem über östliche Grenzen unter Umgehung der Abgaben eingeschleust werden. Und je höher die Preise für Zigaretten und Alkohol steigen werden, desto mehr wird die Nachfrage nach diesem illegalen »freien Warenverkehr« anwachsen.

Bis zum 31. Dezember 2002 wurde die Freiheit des Personenverkehrs innerhalb der EU eingeschränkt durch Kontrollen an den Binnengrenzen. In einem dem Autor vorliegenden internen Papier des Landeskriminalamtes Brandenburg zur EU-Osterweiterung heißt es zu diesem Punkt: »Zum Beispiel ist mit dem Beitritt Polens der Wegfall der einschlägigen Kriminalität [im Zusammenhang] mit der illegalen Arbeitsaufnahme und der illegalen Beschäftigung von Ausländern (hier Polen) antizipiert. Der freie Personenverkehr der polnischen Staatsangehörigen innerhalb der EU wird mit hoher Wahrscheinlichkeit zu einer Zunahme von Verfälschungen und des Missbrauchs von polnischen Ausweispapieren durch Ausländer aus Drittländern führen (Menschenhandel, illegale Arbeitsaufnahme).«

Bei der Betrachtung der Kriminalitätsentwicklung in Deutschland nach der Erweiterung der EU werden die potenziellen Täter schon jetzt behördenintern in zwei Gruppen eingeteilt:

- in Personen, die nur bei der Gelegenheit eines Aufenthaltes im Bundesgebiet Straftaten begehen (z. B. Ladendiebstahl) – weil im Zusammenhang mit dem Wegfall der Zollgrenzen und bedingt durch die Freizügigkeit des Personenverkehrs der Reiseverkehr zunehmen wird, erwartet man allgemein auch einen Anstieg dieser Art der Kriminalität;
- in Personen, die zielgerichtet mit der Absicht nach Deutschland kommen, um Straftaten zu begehen. Für diese Gruppe spielt es aus polizeilicher Sicht keine Rolle, ob sie eine Grenzkontrolle überwinden müssen oder nicht. Bei Defiziten in der Strafverfolgung ist nach Auffassung der Behörden auch hier ein Anstieg dieser Art der Kriminalität »wahrscheinlich«.

Freier Dienstleistungsverkehr und Niederlassungsfreiheit können vor allem zum Zwecke der Steuerverkürzung missbraucht werden, indem Rechnungen für fiktive Leistungen ausgestellt werden. Solche Praktiken gibt es vornehmlich beim Handel mit Polen schon heute. Dabei werden vornehmlich »Korrespondenzdienstleistungen« angeführt, bei denen angeblich die Dienstleistung etwa in Polen erbracht werden soll, der Dienstleistungsempfänger aber in Deutschland ansässig ist.

Solange der grenzüberschreitende Waren- und Personenverkehr ebenso wie der Dienstleistungsverkehr leichter funktioniert als die grenzüberschreitende Strafverfolgung der Justiz und Polizei, wird von den deutschen Behörden ein rasantes Wachstum der grenzüberschreitenden Kriminalität erwartet. Gegenmaßnahmen müssen somit in jedem Fall das Ziel haben, die grenzüberschreitende Strafverfolgung zu verbessern.

Schon im Oktober 1996 hatten sich die Staatsanwaltschaften Brandenburgs, Sachsens und Mecklenburg-Vorpommerns bei einem Treffen polnischer und deutscher Staatsanwaltschaften sowie Polizeibehörden der Grenzgebiete in einer gemeinsamen Erklärung darauf geeinigt, bei Rechtshilfeersuchen beider Staaten Unterstützung zu leisten und die Rechtshilfegesetze auf die Möglichkeit einer besseren Zusammenarbeit hin zu überprüfen. Seither hat es viele gemeinsame Vereinbarungen und Protokolle gegeben. Wichtiger als diese ist jedoch die konkrete Zusammenarbeit bei der Aufklärung von Fällen. Auch auf diesem Gebiet haben Polen und das grenznahe Bundesland Brandenburg seither Fortschritte gemacht.

Ein praktisches Beispiel des erfolgreichen Zusammenwirkens der Strafverfolgungsbehörden Brandenburgs und Polens ist etwa ein Ermittlungsverfahren der brandenburgischen Arbeitsgruppe »Schleuser« gegen eine polnische Schleusergruppe. Der von Polen aus arbeitenden Gruppe konnte man von deutscher Seite zwölf Schleusungen mit insgesamt 100 Geschleusten unterschiedlicher Nationalitäten (meist Iraker und Afghanen) nachweisen. In dem Verfahren wurden insgesamt elf polnische Schleuser festgenommen. Den Drahtzieher verhaftete man in enger Zusammenarbeit mit den polnischen Behörden, die zur Zufriedenheit der Deutschen nicht nur die Hierarchie der Gruppe, sondern auch deren Arbeitsweise umfassend aufklärten: Nachdem die Iraker und Afghanen Polen erreicht hatten, wurden sie bei Warschau in einer Unterkunft gesammelt. Waren genügend schleusungswillige Personen mit demselben Ziel beisammen, wurden Fahrer angeworben, und die Route wurde festgelegt. Die Fahrzeuglenker rekrutierte man durch Anzeigen in polnischen Zeitungen, mit denen Fahrer mit »westlichen« Autos für »eine Nebentätigkeit« gesucht wurden. Aber auch auf den Fluren polnischer Sozialämter rekrutierte man gezielt arme Personen, die sich gern ein Zubrot verdienen wollten. Für den erfolgreichen Grenzübertritt einer Person bekamen sie dann etwa 200 Euro.

Die Zusammenarbeit mit östlichen Polizeien trägt aber zumeist erst dann Früchte, wenn zugleich auch politischer Druck ausgeübt wird. Das war etwa im Falle Rumäniens Mitte der Neunzigerjahre so: 1995 gilt als ein wahres »Rekordjahr« für rumänische Kriminelle in Deutschland. In diesem Zeitraum richteten rumänische Banden in Deutschland einen Gesamtschaden von mehr als 100 Millionen D-Mark an, davon allein in Brandenburg 30 Millionen D-Mark. Hessen zählte 768 Straftaten von Rumänen, Sachsen machte die Rumänen-Clans für 790 Tresoreinbrüche, 80 Blitzeinbrüche in Supermärkte und Tankstellen sowie für 75 Wohnungseinbrüche verantwortlich. In Bayern erbeuteten die Rumänen bei 209 Tresoraufbrüchen 1,5 Millionen D-Mark. Nach Angaben des BKA verübten allein in den ersten neun Monaten des Jahres 1995 rund tausend rumänische Täter mehr als fünftausend Einbruchsdiebstähle in Deutschland. In den Jahren 1995 bis 1999 begingen rumänische Einbrecher in Deutschland immerhin 27 000 Straftaten. Erst nachdem auch Politiker Druck auf Bukarest ausgeübt hatten, sanken die Zahlen: 1999 zählte man dann »nur« noch 1700 Straftaten von Rumänen.

Lobend über die Zusammenarbeit mit den östlichen Nachbarn äußert man sich heute auch in Bayern. Der bayerische Landespolizeichef Waldemar Kindler hat sich in den vergangenen Jahren sehr für die Kooperation mit der tschechischen Polizei eingesetzt. Und dieses Engagement trägt heute Früchte. Spätestens seit dem schon erwähnten »Fall Kunder« haben beide Seiten die Notwendigkeit gemeinsamer Ermittlungen eingesehen.

Trotz vielfältiger Vorbereitungen auf den EU-Beitritt sieht Kindler eine »Riesenbedrohung« in der Häufung einzelner spektakulärer Fälle, bei denen die Täter ohne Hemmschwelle vorgehen. In ihrer Brutalität und Grobschlächtigkeit, hebt Kindler im Gespräch hervor, stellen die Ostbanden Straftätertypen dar, die den deutschen Strafverfolgungsbehörden lange noch unbekannt waren.

Die sich sorgsam auf die EU-Osterweiterung vorbereitenden Bayern sind inzwischen für viele deutsche Unternehmen ein begehrter Ansprechpartner, die sich von der Politik mit ihren Sorgen vor einer steigenden Kriminalität nicht ernst genommen wähnen. Als sich im Herbst 2003 die Serie der von polnischen Tätern verübten

Raubüberfälle auf Juweliere überall in Deutschland häuften, wandten sich die Verbände an den bayerischen Innenminister Günther Beckstein. Diesem trauten sie zu, die Lage in den Griff zu bekommen. In der Tat sieht man in Bayern vieles realistischer als in anderen Bundesländern. Der mit der Bekämpfung der grenzüberschreitenden Organisierten Kriminalität im bayerischen LKA beauftragte Kriminaldirektor Josef Geißdörfer etwa weiß, dass Täter aus östlichen Staaten die deutsche Polizei als »schwach« empfinden – schwach, weil sie nicht mit der von östlichen Polizeien gewohnten harten Hand (bis hin zur Gewalt) gegen die Kriminellen vorgeht. Geißdörfer vertritt die Auffassung, dass die Polizeien in den alten EU-Staaten der äußerst gewalttätigen, militärisch gedrillten östlichen OK nichts entgegenzusetzen hätten, und betont im Gespräch: »Die Vorstellung, dass die EU-Osterweiterung so glatt laufen wird wie etwa beim Beitritt Österreichs, ist illusorisch.«

Bayern hat sich auf diese Situation wohl am besten von allen Bundesländern vorbereitet. Als Dagobert Lindlau im Jahr 1987 sein Buch »*Der Mob – Recherchen zum organisierten Verbrechen*« auf den Markt brachte, las dieses auch der damalige bayerische Innenminister Peter Gauweiler. Während man Lindlau in anderen Bundesländern »Panikmache« vorhielt, verfügte Gauweiler, im Münchner LKA »binnen sechs Wochen eine Dienststelle zur Bekämpfung der OK aufzubauen«.

Lindlau wird im bayerischen Innenministerium heute noch als »Geburtshelfer der Münchner OK-Dienststelle« gewürdigt, und es vergingen viele Jahre, bis andere Bundesländer nachzogen. Denn die Einsicht, dass Organisierte Kriminalität und Terrorismus eng zusammenhängen und zum Teil gemeinsam arbeiten, wurde von vielen erst spät erkannt.

Mit Wiener Schmäh: Häftlingsexport

Nicht in allen EU-Staaten befasst man sich mit den Risiken der EU-Erweiterung so intensiv wie in Österreich: Eine »Dynamisierung« der Organisierten Kriminalität sei nach der Osterweiterung zu erwarten, erklärte der mittlerweile pensionierte Chef der Innsbrucker

Kripo, Heinz Dorn, nach einer Meldung des *Kurier* am 16. Dezember 2003. Die Umsätze aus einer der »lukrativsten Branchen« Organisierter Kriminalität, dem Suchtgifthandel, würden schon jetzt rund neun Prozent des Welthandels entsprechen. Und im Wesentlichen liege die Organisierte Kriminalität in Österreich zurzeit in osteuropäischer – beispielsweise bulgarischer, rumänischer oder polnischer – Hand, erklärte Dorn.

Über eine bislang noch wenig bekannte Form der Ostkriminalität berichetete die *Kleine Zeitung* am 14. Januar 2004: So werden Pfarrein zunehmend Ziel und Opfer von Kirchendieben. Der Diözesankonservator Heimo Kaindl verzeichnete insbesondere in den letzten drei Jahren eine markante Zunahme von Kunstdiebstählen. Allein seit September 2003 wurden dem Leiter des Grazer Diözesanmuseums acht Entwendungen von Plastiken, Skulpturen und liturgischem Gerät gemeldet. Besonders betroffen sei der oststeirische Raum. Die EU-Erweiterung dürfte die Klärung der Fälle noch erschweren, fürchtet Kaindl, der für die Denkmalpflege in den rund 400 steirischen Pfarreien zuständig ist.

Wenige Monate vor der EU-Osterweiterung schlug Justizminister Dieter Böhmdorfer etwas Ungeheuerliches vor: Wien solle auf Kosten der österreichischen Steuerzahler in Rumänien ein Gefängnis bauen. In Österreich waren zu diesem Zeitpunkt 370 Rumänen inhaftiert. Und Böhmdorfer rechnete vor: Um in Rumänien ein Gefängnis zu bauen, seien zwischen drei und fünf Millionen Euro aufzuwenden. Nun kostet die österreichische Regierung aber allein die Unterbringung rumänischer Häftlinge in den Gefängnissen des Landes 13,5 Millionen Euro – Jahr für Jahr. Und vor dem Hintergrund der EU-Erweiterung erwartete man in Wien steigende Zahlen rumänischer Häftlinge. Mit dem neuen Modell des Häftlingsexports könnte also Geld gespart werden.

Natürlich war das Angebot an Bedingungen geknüpft: So müsse ein Staatsvertrag sicherstellen, dass die Verurteilten ihre Strafe in der Heimat auch wirklich absitzen müssten. Nach Angaben des Justizministers hatte man in Wien schon Kontakt mit den Rumänen aufgenommen. Für seinen Vorschlag erhielt der Justizminister zunächst jedoch nicht die erforderliche Unterstützung des Koalitionspartners. ÖVP-Justizsprecherin Maria Fekter lehnte am 29. Dezember 2003 den Gefängnisbau in Rumänien, den auch die SPÖ befürwortet, ab. Internationale Zusammenarbeit zur Rückführung straffälliger Ausländer sei zwar zu begrüßen, sagte Fekter, mit »Kopfprämien« für Heimkehrer habe sie aber »größere Probleme«. Man darf also gespannt sein, ob und wann der Vorschlag abermals aufgegriffen werden wird. Wenn die Zahl der Inhaftierungen und mit ihnen auch die Kosten steigen, dann stehen die Chancen dafür wohl nicht schlecht. Vielleicht wird das »Geschäft« ja auch zu einem Modellfall der künftigen Zusammenarbeit bei der Bekämpfung Krimineller über die alten europäischen Grenzen hinweg. Das aber wird erst die Geschichte zeigen.

Weil man auch im ostdeutschen Bundesland Sachsen in Zusammenhang mit der EU-Erweiterung einen Anstieg der grenzüberschreitenden Kriminalität befürchtet, lernen die Gefängniswärter dort schon heute verstärkt Tschechisch und Polnisch. Die *Sächsische Zeitung* berichtete am 28. Oktober 2003, im Freistaat Sachsen seien die meisten inhaftierten Ausländer Tschechen und Polen. Bereits seit zwei Jahren müssten die Auszubildenden im Justizvollzug deshalb auch die Sprachen dieser Länder lernen, könnten aber zwischen Polnisch und Tschechisch wählen. Die gewählte Sprache sollen sie dann in jeweils 210 Unterrichtsstunden lernen und dabei auch mehr über die Herkunftsländer der jeweiligen Häftlinge erfahren. In sächsischen Gefängnissen waren zum Erscheinungsdatum des Artikels 390 ausländische Strafgefangene untergebracht.

Das Versagen der EU-Neulinge

Anfang November 2003 stellte die EU-Kommission vor dem Europaparlament ihre »Fortschrittsberichte« zu den EU-Neulingen vor (im Internet unter http://europa.eu.int/comm/enlargement/report_2003/index.htm), in denen die Mängel der Beitrittsländer bei der Umsetzung von EU-Recht genau aufgelistet sind. Das war eine letzte Warnung der EU an jene zehn Länder, die genau ein halbes Jahr später der Europäischen Union beitreten wollten, denn dabei wurde allen zehn EU-Neulingen bescheinigt, dass sie noch gewaltige Rückstände bis zum EU-Beitritt am 1. Mai 2004 aufzuholen hätten. Das

Land mit der größten Bevölkerung unter den neuen EU-Staaten, Polen, hatte gemäß dem EU-Bericht den größten Nachholbedarf. Brüssel forderte die Regierung in Warschau auf, »unverzügliche und entschlossene Maßnahmen« zu ergreifen, wenn das Land zum vorgesehenen Zeitpunkt der EU beitreten wolle. Fast alle Beitrittsländer rief die EU-Kommission zu einem stärkeren Kampf gegen die Korruption und zu Schritten gegen die um sich greifende Organisierte Kriminalität, vor allem Geldwäsche, auf. Weitere Probleme sah man in Brüssel bei der Visapolitik und dem Schutz der Außengrenzen, der im Fall Ungarns, Polens und der Slowakei als unzureichend kritisiert wurde.

Der Bericht der EU-Kommission liest sich wie ein Forderungskatalog, der einerseits die vorhandenen Missstände aufdeckt, andererseits aber auch klar benennt, was von den EU-Neulingen konkret noch zu tun ist:

- Estland wird zu einem effizienteren Kampf gegen die Korruption aufgerufen. »Unmittelbare und entschlossene« Maßnahmen werden in drei Bereichen gefordert: Anerkennung beruflicher Zeugnisse von Ausländern, das Arbeitsrecht und die Gleichberechtigung von Männern und Frauen. Nur mangelhaft hat Estland EU-Recht bei der Lebensmittelsicherheit, im Kampf gegen BSE, im Umweltschutz, bei der nuklearen Sicherheit und bei der Bekämpfung von Geldwäsche umgesetzt.
- Von Lettland verlangt man stärkere Anstrengungen bei der Korruptionsbekämpfung. Die gesetzliche Basis dafür ist nach Ansicht der Kommission unzureichend. »Unverzügliches und entschlossenes Handeln« fordert Brüssel in fünf Bereichen: die internationale Anerkennung von Qualifikationen und Berufsausbildungen, Maßnahmen gegen BSE sowie die Verwaltung und Datenerfassung von Steuern und Zöllen. »Verstärkte Anstrengungen« werden beim Datenschutz, bei der Lebensmittelsicherheit, bei der Drogenbekämpfung, der Asylpolitik und beim Wettbewerbsrecht sowie bei der Liberalisierung des Energie-, Telekom- und Postmarktes gefordert.
- In Litauen muss nach Auffassung der EU-Kommission die Korruption systematischer und wirksamer bekämpft werden. »Ernste Besorgnis« äußert Brüssel in zwei Bereichen: bei der Anerkennung be-

ruflicher Qualifikationen und bei Inspektionen und Kontrollen in der Fischerei. Nur teilweise erfüllt Litauen die Voraussetzungen bei der Gesetzgebung für Versicherungen und Investitionsdienste, beim Kampf gegen Geldwäsche, beim Schutz von Eigentumsrechten, bei der BSE-Bekämpfung sowie beim Kampf gegen die Organisierte Kriminalität und im Asylrecht.

- Malta empfahl die Kommission eine umfassende Anti-Korruptionsstrategie. »Unverzügliches und entschlossenes Handeln« wird von dem kleinsten Beitrittsland im Wettbewerbsrecht verlangt, vor allem bei der Restrukturierung der Schiffswerften, sowie in der Landwirtschaft beim Aufbau eines Verwaltungs- und Kontrollsystems – inklusive jener Behörden, die für die Auszahlung der Agrarsubventionen zuständig sind. Ein weiterer Kritikpunkt sind unzureichende Vorsichtsmaßnahmen gegen BSE. Schließlich wird auch die maritime Sicherheit als ungenügend bewertet.
- Polen ruft die Kommission zu weiteren Anstrengungen auf, sein Justizsystem transparenter und effizienter zu machen. Die Korruptionsbekämpfung müsse auch weiterhin »hohe Priorität« haben. Mit insgesamt neun Punkten, in denen die Kommission »ernsthafte Besorgnis« äußert, ist Polen das am meisten aus Brüssel kritisierte Beitrittsland. Die Einwände betreffen vor allem die Agrarpolitik, die Vorbereitung auf ein System zur Auszahlung der landwirtschaftlichen Beihilfen samt entsprechender Kontrollen, die Lebensmittelsicherheit, Maßnahmen gegen BSE, Tiertransporte sowie Inspektionen und Kontrollen im Fischereisektor. Auch die Anerkennung beruflicher Qualifikationen von Ausländern, vor allem im Gesundheitswesen, wird als unzureichend bewertet. Nur teilweise erfüllt hat Polen den EU-Rechtsbestand beim Binnenmarkt, beim Kampf gegen Geldwäsche sowie beim Schutz der Außengrenzen, bei der Visapolitik und Drogenbekämpfung und im Umweltschutz.
- Die Slowakei soll im Kampf gegen die Korruption die bestehenden Gesetze auch anwenden, rügt die EU-Kommission. Weitere gesetzliche Regeln sollten hinsichtlich Interessenskonflikten, der Finanzierung politischer Parteien und im Lobbying geschaffen werden. »Unverzügliches und entschlossenes Handeln« fordert die EU-Kommission bei der Umsetzung der Übergangsregeln im Stahlsek-

tor und in der Agrarpolitik, vor allem bei der Auszahlung, Verwaltung und Kontrolle der Subventionen sowie bei Maßnahmen für die Lebensmittelsicherheit. Als nur teilweise dem EU-Recht genügend werden die Regeln in der Visapolitik, beim Grenzschutz und im Asylrecht kritisiert. Weitere Einwände betreffen den Patentschutz, bestimmte Bereiche der Handels- und Steuerpolitik sowie Maßnahmen gegen BSE. Vertrauensbildende Maßnahmen scheinen zudem auch gegenüber der eigenen Bevölkerung notwendig zu sein. Umfragen zufolge herrscht jedenfalls nach einem Bericht des *International Herald Tribune* vom 14. Januar 2004 noch Konfusion: Während zwei Drittel der Bevölkerung sich von dem EU-Beitritt eine Verbesserung ihrer Lebensumstände erwarten, haben 80 Prozent das Gefühl, dass sich das Land in die falsche Richtung bewegt.

- Slowenien ist mit nur einem Punkt, in dem die Kommission »ernsthafte Besorgnis« äußert, der Musterschüler unter den Beitrittsländern. Die Kritik betrifft die internationale Anerkennung von Berufsqualifikationen, vor allem im Gesundheitsbereich. Zu »verstärkten Anstrengungen« wird die Regierung in Laibach beim Datenschutz, beim Patentschutz, bei wettbewerbsrechtlichen Beschränkungen und in Teilbereichen der Agrarpolitik aufgerufen. Außerdem mahnt die EU-Kommission zu einer Reform des Justizwesens, um Verzögerungen bei zahlreichen Prozessen zu vermeiden.
- In Tschechien kritisiert die EU-Kommission die außergewöhnlich lange Dauer von Gerichtsprozessen und fordert Schritte zur Bekämpfung der um sich greifenden Korruption. Als vier Bereiche von »besonderer Besorgnis« werden die fehlende Anerkennung beruflicher Qualifikationen von Ausländern genannt, die Gesundheitsstandards in der landwirtschaftlichen Produktion, das öffentliche Vergabewesen und die fehlende Rechtsangleichung beim Straßentransport. »Verstärkte Anstrengungen« fordert die Kommission beim Kampf gegen die Geldwäsche, beim Patentschutz und bei der Reform des staatlichen Beihilfensystems.
- Ungarn gibt der EU-Kommission in vier Bereichen zu ernsthafter Besorgnis Anlass: Beim Landwirtschaftskapitel sei Ungarn säumig hinsichtlich der Einrichtung von Behörden zur Auszahlung der

EU-Agrarbeihilfen, beim Aufbau eines Kontrollsystems, bei der Vorbereitung von Maßnahmen in der ländlichen Entwicklung und bei Gesundheitsstandards von Agrarprodukten. Nur teilweise hat Ungarn die Vorgaben beim Kampf gegen BSE, in der Visapolitik, beim Schutz der Außengrenzen sowie bei dem Asylrecht und im Umweltschutz erfüllt.

Gegenmaßnahmen

Wie man eine Kompassnadel nicht dazu zwingen kann, künftig nicht mehr nach Norden zu zeigen, kann man Kriminelle auch nicht durch mahnende Worte allein von Straftaten abhalten. Man kann aber die wichtigsten Ursachen und Möglichkeiten zur Abhilfe aufzeigen: Am Wiener Institut für Strafrecht und Kriminologie hielt Professor Christian Grafl im Wintersemester 2003/2004 eine Vorlesungsreihe zum Thema »Grenzüberschreitende Kriminalität«. In dieser ging er auch auf die Grenzöffnung in Richtung Osten ein. Als Ursachen der Kriminalität nannte Grafl den Studenten das Wohlstandsgefälle (»Sogwirkung« der reicheren Länder), die vor allem in den Grenzregionen oft schlechte soziale Lage, die nicht mehr lückenlos zu überwachenden Grenzen und die unzureichende Zusammenarbeit der Strafverfolgungsbehörden.

So muss die Bekämpfung dieser Kriminalität bei den Ursachen beginnen: Beseitigung sozialstruktureller Benachteiligungen, grenzüberschreitende Zusammenarbeit von Polizei und Justiz und die koordinierte Wahrnehmung von Straftaten. Wer nicht in der Lage ist, Sachzusammenhänge aufzuzeigen, der wird den Tätern nur mit viel Mühe Straftaten an anderen Orten nachweisen können.

Was das Aufzeigen der Sachzusammenhänge angeht, so hat man in Österreich im September 2003 das so genannte »Sicherheitsmonitoring« eingeführt: Das in Zusammenarbeit von der Polizei und dem Wiener Bundeskriminalamt entwickelte System speichert und verarbeitet jede Strafanzeige in Österreich und stellt die Daten Ermittlern sofort zur Auswertung online zur Verfügung. Dadurch können österreichische Ermittler sofort jederzeit Tatzusammenhänge innerhalb Österreichs erkennen. Allein am Gendarmerieposten Pasching in

Oberösterreich konnten mithilfe des Systems binnen kurzem mehrere östliche Banden festgenommen werden, die insgesamt 189 PKW-Einbruchsdiebstähle in Wien, Niederösterreich und Oberösterreich verübt hatten. So wurden die Beamten des Postens etwa am 10. Dezember 2003 über verdächtige ausländische Personen in einem Einkaufszentrum in Pasching informiert. Am Parkdeck sahen die Ermittler dann einen slowakischen PKW, der gegen die Fahrtrichtung fuhr und über Sperrlinien flüchtete. Bald nach der sofort eingeleiteten Fahndung wurden die Fahrer gestellt. Im Fahrzeug der zwei Slowaken wurde Diebesgut sichergestellt. Mithilfe des Online-Sicherheitsmonitorings konnten die österreichischen Beamten dann den Slowaken schnell 59 PKW -Einbruchsdiebstähle in Oberösterreich, 77 in Wien und mindestens 18 Delikte in Niederösterreich zuordnen. Diese Autoeinbrüche hatten die beiden Slowaken allein seit September 2003 verübt. Der Schaden betrug mindestens 80 000 Euro. Diebesgut waren teure Autoradios, Verstärker, Lautsprecher und Gegenstände, die in den Fahrzeugen zurückgelassen wurden.

Verbesserte Fahndungsmethoden allein werden Kriminalität kaum verhindern können. Sie können einzelne Täter jedoch präventiv abschrecken. Wer um das Risiko, erwischt zu werden, weiß, der wird sich überlegen, ob er Straftaten begeht. Kein Kriminologe hat ein Patentrezept, um Kriminalität wirksam und dauerhaft zu bekämpfen. Bei der Beschäftigung der mit besonders niedrigen Hemmschwellen zum Gewalteinsatz neigenden Täter aus den neuen EU-Staaten zeigt sich jedoch, dass nur eine konsequente Strafverfolgung geeignet ist, kriminelle Strukturen zu zerschlagen und eine Verfestigung bestimmter Szenen erst gar nicht zuzulassen. Aber nur dann, wenn konsequentes polizeiliches Handeln, verbunden mit klaren Ermittlungsergebnissen, von den Gerichten auch unterstützt wird, können daraus sowohl spezial- als auch generalpräventive Effekte erwachsen; andernfalls werden gegenteilige Wirkungen ausgelöst. Die Tatsache, dass etwa die Mitglieder der polnischen Koszaliner Hammerbande in Deutschland – wenn sie denn gefasst wurden – meist wegen fehlender Vorstrafen freigesprochen beziehungsweise zu Bewährungsstrafen verurteilt wurden, hat ihre Hintermänner in Polen von weiteren Planungen ganz sicher nicht abgeschreckt, sondern eher noch ermuntert.

Ein Zwölf-Punkte-Programm

Dieses Buch wäre unvollständig, würde es nicht auch Hinweise darauf geben, wie die möglicherweise zu erwartende Situation zumindest entschärft werden könnte. Der Autor hat seine Vorschläge zu dem folgenden Zwölf-Punkte-Programm zusammengefasst, die ebenso wie die zwanzig Thesen zu Beginn dieses Buches als Anregung zur konstruktiven Diskussion gedacht sind.

1. Ohne Angleichung der Lebensverhältnisse werden die Kriminalitätsraten in den alten EU-Staaten steigen, da die großen sozialen Unterschiede auch Menschen mit krimineller Energie anziehen. Konkret heißt das: Die Bürger der alten EU-Staaten werden über die Steuerlast Teile ihres bisherigen Wohlstandes transferieren müssen.
2. Richter und Staatsanwälte müssen lernen, dass östliche Banden gezielt nicht Vorbestrafte zur Verübung von Straftaten in die alten EU-Staaten schicken. Diese haben eine »günstige Sozialprognose« und werden bislang regelmäßig nur zu Bewährungsstrafen verurteilt, mithin nach der Untersuchungshaft gleich wieder auf freien Fuß gesetzt. Wer die Taktik der Verbrecherbanden nicht berücksichtigt, schreckt potenzielle Tätergruppen nicht ab, sondern bestärkt sie in ihrer Auffassung, dass sich Verbrechen in den alten EU-Staaten lohnt. Wenn es – wie etwa bei den Tätern der polnischen »Hammerbanden« – Hinweise darauf gibt, dass die Täter gezielt nach dieser Taktik vorgehen, sollten Richter und Staatsanwälte wissen, dass ihre Milde vorsätzlich missbraucht wird, und dieses in die Urteilsfindung mit einbeziehen.
3. Kriminalität beginnt im Kopf. Fehlendes Unrechtsbewusstsein ist ein Nährboden für Kriminalität. Auch bei »normalen« EU-Bürgern schwindet das Unrechtsbewusstsein. Wer seine Versicherung betrügt und nach einem Autoaufbruch Reisegepäck oder ein Autoradio als gestohlen meldet, obwohl es noch vorhanden ist, verhält sich nicht besser als jene neuen EU-Bürger, denen wir kriminelle Veranlagungen vorwerfen. Diesem Werteverfall darf man aber nicht tatenlos zusehen. Moralische Werte müssen auch

von unserer Führungsschicht vorgelebt werden. Die Kokain- und Prostituierten-»Affäre« des Michel Friedman war ein deutliches Beispiel dafür, wie weit dieser Werteverfall auch in den Führungskreisen unserer Gesellschaft inzwischen fortgeschritten ist.

4. Kriminalität bewirkt nicht nur bei den direkten Opfern und ihren Versicherungen Kosten, sie schafft auch gesamtgesellschaftliche. Je mehr Haftstrafen verhängt werden, desto größer wird der Bedarf an Gefängniszellen. Weil viele der aus östlichen Staaten stammenden Straftäter in Ermangelung von Verwandten in den alten EU-Staaten Besuche in hiesigen Gefängnissen nicht zu erwarten haben, somit ihrer sozialen Bindungen und damit der Chance auf Resozialisierung verlustig gehen, muss überlegt werden, in den neuen EU-Staaten Gefängnisse zu bauen, in die die Verurteilten abgeschoben oder rückgeführt werden können. Solche Überlegungen, wie sie in Österreich bereits konkret erwogen wurden, mögen unkonventionell sein; unter den Gesichtspunkten der Kostenersparnis, präventiver Abschreckung wie auch der Resozialisierung zeigen sie jedoch Vorteile.
5. Es reicht nicht aus, über neue Bekämpfungsmaßnahmen gegen die Organisierte Kriminalität nur zu sprechen, ohne den Worten auch Taten folgen zu lassen. Der Jahre währende Streit innerhalb der EU etwa über das Für und Wider eines EU-Haftbefehls, der EU-Grenzpolizei und die Möglichkeiten der Kompetenzerweiterungen für Europol zeigt, dass die potenziellen Gefahren zwar bekannt sind, die geistige Kleinstaaterei aber weiterhin das Denken der uns in den großen europäischen Staatenbund führenden Politiker bestimmt. Wer Konventionen zur Kriminalitätsbekämpfung unterzeichnet, dann aber über Jahre mit der Umsetzung wartet, disqualifiziert sich selbst als Nichteuropäer.
6. Kfz-Schieber können mit Wegfahrsperren nicht abgeschreckt werden. Ihre Arbeit würde jedoch wesentlich erschwert, wenn es EU-weite einheitliche Kfz-Zulassungs- wie auch Fahndungssysteme gäbe.
7. Hinzu kommen müssten in der EU einheitlich die Abschaffung der Papierzulassung, die Abmeldepflicht für wirtschaftliche Totalschäden und fälschungssichere Kfz-Papiere.
8. Die Organisierte Kriminalität arbeitet verdeckt, konspirativ und

unter völliger Abschottung nach außen. Sie tarnt ihre kriminellen Praktiken durch Scheinfirmen und scheinbar normale Geschäftsbeziehungen. Ihre Arbeitsmethoden und Verhaltensweisen ähneln denen, die man bei der Spionage auswärtiger Staaten antrifft. Mit solchen Praktiken hat der Verfassungsschutz Erfahrung. Es ist deshalb nahe liegend, den Verfassungsschutz bundesweit auch auf die Organisierte Kriminalität anzusetzen. Das bayerische Landesamt für Verfassungsschutz war das erste in Deutschland, das den gesetzlichen Auftrag erhielt, die Organisierte Kriminalität zu beobachten. Nach Bayern folgten Hessen, das Saarland, Thüringen, Sachsen und Hamburg mit entsprechenden Gesetzentwürfen. Ziel muss es jedoch sein, bundeseinheitlich alle Landesämter auch mit dieser Aufgabe zu betrauen. Denn um der massiven Bedrohung durch die Organisierte Kriminalität begegnen zu können, müssen alle Observierungs- und Bekämpfungsmöglichkeiten ausgeschöpft werden.

9. Bundesinnenminister Otto Schily hat im Jahr 1999 ein Abkommen zur Bekämpfung der Kriminalität in Russland unterzeichnet. Auf der Grundlage dieses Abkommens werden seit Ende 2002 zahlreiche personenbezogene Ermittlungsdaten des Bundeskriminalamtes an Moskau geliefert. Es besteht jedoch die Gefahr, dass bei diesem Informationsaustausch die Informationen unmittelbar auch an die Falschen fließen. Denn die russischen Behörden – das haben viele Fälle der jüngsten Vergangenheit gezeigt – sind korrupt und arbeiten oftmals mit der Russenmafia zusammen. Damit Erkenntnisse über die operative Arbeit deutscher Sicherheitsbehörden nicht östlichen Kriminellen zugute kommen und diese regelmäßig vorwarnen, sollte dieser Teil des Abkommens überdacht und neu geregelt werden – bis sich Moskau auf diesem Gebiet als verlässlicher Partner erweist.

Klaus Jansen, Vorsitzender des Bundes Deutscher Kriminalbeamter, hob deshalb nicht zu Unrecht hervor: »Wir haben natürlich das Problem, dass wir die Vita des Gegenübers nicht kennen. Wir wissen nicht, wer die Daten in Empfang nimmt, ob diese Daten nicht gegebenenfalls vagabundieren. Das ist ein fachlich höchst kritisch zu sehender Ansatz. Ich glaube auch, dass Deutschland in Gefahr geht, sich damit internationalein wenig kriminalistisch in die Ecke zu manövrieren, denn es ist nicht üblich, dass man Daten unkontrolliert rausgibt.«

10. Durch eine wachsende Kooperation der Sicherheitsbehörden muss der Fahndungsdruck in allen EU-Staaten stetig erhöht werden. Wenn Täter sich diesem über die nach wie vor bestehenden Grenzen entziehen und ihre Beute in einem anderen Land gewinnbringend veräußern können, nutzt alle Prävention nichts. Eines der wichtigsten Instrumente, um Kriminalitätsimport zu bekämpfen, ist die ständige Kooperation mit den Sicherheitsbehörden jener Staaten, aus denen Kriminalität über die Grenzen exportiert wird. Kooperationsverträge, die aber nicht praktiziert werden, sind das Papier nicht wert, auf dem sie niedergeschrieben wurden. Fahndungskontrollen auf den zu den Grenzen führenden Straßen sind keine Schikane, sondern notwendig.
11. Wichtig ist jedoch auch die Harmonisierung der Mindeststraftaten des Strafrechts innerhalb der EU. Solange beispielsweise die Herstellung und der Besitz von Falschgeld in Bulgarien straffrei sind und jeder dort ohne Folgen behaupten kann, die in seinem Besitz befindlichen Blüten nur »zum Tapezieren der heimischen Wände nutzen« zu wollen, muss man sich nicht wundern, wenn etwa Euro-Fälscher sich in Bulgarien wohl fühlen.
12. Erforderlich ist auch eine Verbesserung des Zeugen- und Informantenschutzes. Noch immer sind die europäischen Rechtssysteme stark tat- und täterorientiert. Ungleich weniger Aufmerksamkeit erfahren Opfer und Zeugen. Jene, die unter großen Gefahren der Justiz Informationen oder Beweismaterial zur Verfügung stellen, müssen mit allen zur Verfügung stehenden Mitteln geschützt werden. Während Deutschland, Frankreich und Italien auf diesem Gebiet vorbildliche Arbeit geleistet haben, besteht (nicht nur) in vielen der neuen EU-Staaten noch ein enormer Nachholbedarf.

Ausblick

Es ist noch gar nicht lange her, da sah Europas Zukunft wirklich glänzend aus. Die mit den neuen Ländern auch nach Osten hin erweiterte EU werde größer als das Römische Reich und mächtiger als die katholische Kirche, schwärmte Außenminister Joschka Fischer, dessen Vorfahren aus dem neuen EU-Land Ungarn stammen. Die Erweiterung bedeute eine friedliche Revolution, freute sich EU-Kommissionschef Romano Prodi. Mit dem 1. Mai 2004 beginne die »Wiedervereinigung« des Alten Kontinents, dozierte Erweiterungskommissar Günter Verheugen, der noch im Januar desselben Jahres dem *Focus* gegenüber schwadronierte: »Die Einbindung in die EU wird die Bekämpfung der Kriminalität [...] erleichtern.« Doch während die deutsche Wiedervereinigung im Sauseschritt über die Bühne ging, haben die EU-Politiker ihr Rendezvous mit der Geschichte verpasst: Zu Beginn des Jahres 2004 steht die EU auch beim Thema innere Sicherheit vor einem Scherbenhaufen.

Die Gewährleistung der inneren Sicherheit zählt zu den wichtigsten Aufgaben des Staates und ist eine seiner Urfunktionen. Sicherheit für die einzelnen Bürger ist also eine Grundpflicht des Staates. Dem Staat ist die Pflicht zum Schutze des Einzelnen vor dem Einzelnen aufgegeben. In einer Zeit, in der nationalstaatliche Rechte verstärkt an den neuen Souverän EU abgetreten werden, muss dieser sich somit auch um die innere Sicherheit seiner Bürger sorgen. Der Schutz der Bürger beginnt aber spätestens an den Grenzen, und schon Cicero stellte fest: »Omne malum nascens facile opprimatur« (»Alles Übel ist im Entstehen leicht zu unterdrücken). Und Ovid kennzeichnete die erfolgreiche Bekämpfung eines Übels zum frühestmöglichen Zeitpunkt mit den Worten: »Principiis obsta, sero mediciana parata« (»Im Anfang musst du widerstehen. Wenn du erst Heilmittel suchst, ist es zu spät«). Von daher sollten sich die Verantwortlichen in Europa damit beeilen, das Übel der importierten Kriminalität endlich ernst zu nehmen und wirksam – auch mit unpopulären Maßnahmen – zu bekämpfen.

Der an der Polizeiakademie im slowenischen Ljubljana lehrende Professor für Kriminologie, Darko Maver, der auch den slowenischen Premierminister in Sicherheitsfragen berät, kommt jedenfalls zu einem vernichtenden Ergebnis: »Trotz zahlreicher Konferenzen und Kongresse, Deklarationen und Konventionen, trotz bilateraler und multilateraler Abkommen sind gemeinsame Aktivitäten und eine tatsächliche Zusammenarbeit noch immer unzulänglich, [...] und Staatsgrenzen stellen noch immer Hindernisse dar für eine wirkungsvolle Ermittlung oder Strafverfolgung. Es gibt Länder, in denen schmutziges Geld sogar willkommen ist – ganz nach dem Motto, dass Geld nicht stinkt.«

Wenn der Geist erst aus der Flasche entwischt, kann man ihn nur schwer wieder in diese zurückbekommen. Deshalb versprechen uns die Führer der EU regelmäßig, die anstehenden Probleme schnell in den Griff zu bekommen. Am 1. Januar 2004 hat Irland nun zum sechsten Mal die EU-Präsidentschaft der EU übernommen. Vermutlich freut sich die irische Regierung schon darauf, sämtliche Probleme in Europa – auch hinsichtlich der inneren Sicherheit – lösen zu dürfen. Denn in den wenigen Monaten bis zur EU-Osterweiterung wollen die Iren eine breite Palette von Themen angehen – vom europaweiten Krankenschein bis zur Bekämpfung des organisierten Verbrechens: »Wir machen das mit einem Lächeln«, sagte der irische Außenminister Brian Cowen stolz.

Zum 1. Mai 2004 richtet Irland in Dublin eine »Willkommensparty« mit Straßenfesten und einem riesigen Feuerwerk für die EU-Neulinge aus, zu der aber nicht nur die Regierungschefs der 25 Mitgliedsländer, sondern auch der beitrittswilligen Länder Bulgarien, Rumänien und der Türkei eingeladen sind.

»Dass die Erweiterung funktioniert, ist nur der erste Schritt«, meinte der irische Premierminister Bertie Ahern, der seit immerhin fast zwanzig Jahren an EU-Gipfeln teilnimmt. »Es muss uns auch gelingen, dass das erweiterte Europa für alle Bürger funktioniert.« Jedenfalls für die Ehrlichen: Bertie Ahern drängt auf eine engere Zusammenarbeit der Einwanderungsbehörden, der Polizei und Justiz, um die im Amsterdamer Vertrag gesetzte Frist bis zum Jahr 2004 zur Bekämpfung des organisierten Verbrechens, des Drogenhandels und des Menschenschmuggels einzuhalten. Dummerweise sind die Voraussetzungen für die Problemlösung aber eher schlecht. Denn EU-Erweiterung und Kriminalitätsbekämpfung funktionieren nur, wenn die Wirtschaft brummt und Geld für die armen Oststaaten in die leeren Kassen geschwemmt wird. Pünktlich zur EU-Erweiterung stufte das Institut für Wirtschaftsforschung in Halle (IWH) jedoch den Frühwarnindikator hoch: In Mittel- und Osteuropa steigt das Risiko für Finanzkrisen. Hauptgrund sei die Entwicklung der Geld- und Währungspolitik. Länder wie Polen und Ungarn kämpften mit hohen Staatsdefiziten und sinkenden Wechselkursen. Beim IWH sah man vor diesem Hintergrund wachsende Gefahren für Finanzturbulenzen in den östlichen Beitrittsländern. Die *Financial Times* überschrieb ihren am 10. Dezember 2003 veröffentlichten Bericht denn auch mit der wenig optimistisch anmutenden Schlagzeile »In Osteuropa steigt das Krisenpotenzial«.

Falls es also mit dem von den Iren angestrebten schnellen Problemlösen aus unerfindlichen Gründen wieder einmal nicht klappen sollte: Am 1. Juli 2004 übernehmen die Niederlande. Diese haben sich ebenso viel vorgenommen wie die Iren. Die unschönen Begleiterscheinungen der EU-Erweiterung werden aber wohl auch sie nicht so schnell in den Griff bekommen.

Vielleicht fragt uns die kommende Generation ja eines Tages, warum wir so blauäugig den Versprechungen der Politiker vertraut haben – Politikern, die von Wachdiensten und Personenschützern abgeschirmt und beschützt vor unangenehmen Rückfragen aus dem Wahlvolk die Realität vielleicht nur noch am Rande von Cocktailempfängen, Gipfeltreffen und diplomatischen Gesprächsrunden wahrnehmen. Vielleicht sollten sie ihr nächstes Gipfeltreffen einfach einmal in eine der vielen Geschäftsstellen des Opferschutzbundes »Weißer Ring« verlegen und sich dort mit jenen Menschen unterhalten, die nah an der Wirklichkeit ihre bitteren Erfahrungen mit der inneren (Un-)Sicherheit gesammelt haben.

Das Wohl der EU als Ganzes und ihrer Bürger dauerhaft im Auge zu behalten – das ist das Mindeste, was sich von den Führern der EU verlangen lässt. Andernfalls bricht das Gebilde EU unweigerlich auseinander. Ansonsten behält aber auch die deprimierende Feststellung aus der Einleitung dieses Buches weiterhin ihre Gültigkeit: Verbrechen lohnt sich.

Anhang

Beitrittsländer in Zahlen

Daten und Zahlen zu neuen und künftigen EU-Vollmitgliedern von EUROSTAT, dem Statistischen Amt der Europäischen Union

	Bulgarien (geplanter Beitritt 2007)	Estland
Fläche in km²:	110 994	45 227
Einwohnerzahl:	8 167 000	1 435 000
Bevölkerungsdichte je km²:	74	32
ethnische Zusammensetzung:	Bulgaren 85,7 % Türken 9,4 % Roma 3,7 % Russen, Armenier, Walachen, Griechen 1,2 %	Esten 65,3 % Russen 28,1 % Ukrainer 2,5 % Weißrussen 1,5 % Finnen 0,9 %
Sprachen:	Bulgarisch (Amtssprache), Türkisch, Romani	62 % Estnisch (Amtspr.). 35% Russisch (in Regionen, in denen Russen dominieren, besonders im Nordosten) Sprachen d. Minderh.
Bruttosozialprodukt (BSP) pro Kopf in € (Jahr):	1850 (2001)	4009 (2000)
monatl. Bruttoeinkommen pro Kopf in € (Jahr):	140,50 (2002)	146 (2001)
Bruttoinlandsprodukt (BIP) in Mio. € (Jahr):	12 660 (2001)	5565 (2000)
Staatsausgaben (Jahr):	Militär 3,94 Mrd. US-Dollar Gesundheit 3,9 % des BIP (2001)	Militär 1,5 % des BSP Gesundheit 5,1 % Bildung und Erziehung 6,8 % (2000)
Import in Mio. € (Jahr):	7475 (2001)	4800 (2001)
Export in Mio. € (Jahr):	5719 (2001)	3700 (2001)
Beschäftigungsverteilung (Jahr):	Industrie 27,2 % Land-/Forstwirtschaft 26,7 % Dienstleistungen 46,1 % (2000)	Land-/Forstwirtschaft, Jagd, Fischfang 6,7 % Industrie 25,9 % Bauwirtschaft 6,6 % Dienstleistungen 54,5%, Andere 6,2 % (2002)
Arbeitslosenrate in % (Jahr):	18,1 (2002)	9,1 (2002)
Lebenserwartung in Jahren:	68 m / 75 w	65 m / 76 w
Geburtenrate pro Frau:	1,3	1,34
Säuglingssterblichkeit in %:	1,5	1,7
Schulpflicht in Jahren:	9	9
Alphabetisierungsgrad in %:	99	99
TV-Besitz pro 100 Einwohner (Jahr):	35,9	41,1 (2001)
Internetverbreitung pro 100 Einwohner (Jahr):	17 (2001)	46,7 (2001)

Lettland	Litauen	Malta	Polen
64 589	65 301	315	312 685
2 417 000	3 698 000	397 500	38 650 000
37	57	1219	124
Letten 57,6 % Russen 29,6 % Weißrussen 4,1 % Ukrainer 2,7 % Polen 2,5 % Litauer 1,4 %	Litauer 81,4 % Russen 8,3 % Polen 6,9 % Weißrussen 1,5 % Ukrainer 1,0 %	überwieg. Malteser (Nachkommen von Arabern, Italienern und u. a. Angehörigen anderer Mittelmeervölker), Ausländer 7200 (zu 49 % Briten)	Polen 97 % Deutsche 1,3 % Ukrainer 0,6 % Weißrussen 0,5 %
62 % Lettisch (Amtssprache), 36,1 % Russisch, Sprachen der Minderheiten	85,3 % Litauisch (Amtssprache), 47,3 % Russisch, Polnisch, Belorussisch	Amtssprachen Maltesisch (Landes- und Gerichtssprache; punisch-arabisches Idiom) und Englisch, ebenfalls verbreitet ist Italienisch	Polnisch (Amtssprache), Sprachen der Minderheiten (Deutsch, Ukrainisch, Weißrussisch)
3270 (2000)	3281 (2000)	10 214 (2000)	4693 (2000)
198 (2002)	203 (2001)	858 (2001)	540 (2001)
8008 (2000)	12 671 (2000)	3993 (2000)	176 668 (2000)
Militär 0,9 % des BSP Gesundheit 4 % Bildung und Erziehung 6,8 % (2001)	Militär 1,3 % am BSP Gesundheit 4,8 % Bildung und Erziehung 6,4 % (2001)	Gesundheit 10 % des BSP Bildung 12 % Militär 2 % (2001)	Gesundheit 1 % Bildung 5 % Verteidigung 4 % (2000)
3993	7051 (2001)	3569 (2000)	56 314 (2001)
2481	5087 (2001)	2567 (2000)	40 423 (2001)
Land-/Forstwirtschaft 15,1 % Industrie 18,6 % Baugewerbe 6,7 % Dienstleistungen 59,6 % (2001)	Land-/Forstwirtschaft, Jagd, Fischfang 17,1 % Industrie 20,7 % Bauwirtschaft 6,5 % Dienstleistungen 55,7 % (2001)	Industrie 28,8 % Dienstleistungen 66,0 % Land-/Forstwirtschaft 2,2% (2001)	Land-/Forstwirtschaft 19,2 % Industrie 24,0 % Baugewerbe 6,7 % Dienstleistungen 50,1 % (2001)
12,8 (2002)	13,1 (2002)	7,4 (2002)	19,9 (2002)
65 m / 76 w	68 m / 78 w	75 m / 81 w	70,2 m / 78,4 w
1,2	1,3	1,91	1,4
1,7	1,7	0,5	0,9
9	9	9	8
99	99	92	99
45,2 (2001)	36,4 (2001)	71(2001)	41,3 (2001)
15 (2001)	68 (2001)	13,7 (2001)	7,7 (2001

Beitrittsländer in Zahlen

Daten und Zahlen zu neuen und künftigen EU-Vollmitgliedern von EUROSTAT, dem Statistischen Amt der Europäischen Union

	Rumänien (geplanter Beitritt 2007)	**Slowakei**
Fläche in km²:	238 391	49 034
Einwohnerzahl:	22 435 000	5 402 000
Bevölkerungsdichte je km²:	97	110
ethnische Zusammensetzung:	Rumänen 89,5 % Ungarn 7,1 % Roma 1,8 % Deutsche 0,5 %	Slowaken 85,8 % Ungarn 9,7 % Roma 1,7 % Tschechen 0,8 % Ruthenen 0,4 % Ukrainer 0,2 % Deutsche u. Polen 0,1 %
Sprachen:	Rumänisch (Amtssprache), regional Ungarisch und Deutsch	Amtssprachen Slowakisch, Ungarisch (regional); Tschechisch
Bruttosozialprodukt (BSP) pro Kopf in € (Jahr):	1870 (2002)	4270 (2001)
monatl. Bruttoeinkommen pro Kopf in € (Jahr):	189 (2002)	364 (2001)
Bruttoinlandsprodukt (BIP) in Mio. € (Jahr):	43 800 (2002)	22 960 (2001)
Staatsausgaben (Jahr):	Gesundheit 7 % Bildung 9 % Verteidigung 7 % (2001)	Gesundheit 19 % Bildung 11 % Verteidigung 5 % (2000)
Import in Mio. € (Jahr):	17 360 (2001)	16 113 (2001)
Export in Mio. € (Jahr):	12 544 (2001)	13 783 (2002)
Beschäftigungsverteilung (Jahr):	Industrie 25,8 % Land-/Forstwirtschaft 44,4 % Dienstleistungen 29,7 % (2001)	Land-/Forstwirtschaft 6,3 % Industrie 29,1 % Baugewerbe 7,9 % Dienstleistungen 56,7 % (2001)
Arbeitslosenrate in % (Jahr):	7,0 (2002)	19,4 (2002)
Lebenserwartung in Jahren:	68 m / 75 w	69 m / 77 w
Geburtenrate pro Frau:	1,3	1,3
Säuglingssterblichkeit in %:	1,9	0,8
Schulpflicht in Jahren:	10	9
Alphabetisierungsgrad in %:	98	99
TV-Besitz pro 100 Einwohner (Jahr):	20,1 (2001)	21,6 (2001)
Internetverbreitung pro 100 Einwohner (Jahr):	0,7	12,4 (2001)

Slowenien	**Tschechien**	**Ungarn**	**Zypern** (nur der griechische Teil tritt bei)
20 253	78 866	93 030	9250
1 988 000	10 273 000	10 152 000	767 300
99	130	109	82
Slowenen 87,8 % Kroaten 2,8 % Serben 2,4 %	Tschechen 90,3 % Mähren 3,7 % Slowaken 1,9 % Polen 0,5 % Deutsche 0,4 % Ukrainer 0,2 % Roma 0,1 %	Ungarn 96,6 % Minderheiten: Kroaten, Deutsche, Roma, Rumänen, Serben, Slowaken, Slowenen	Griechen 85,2 % Türken 11,6 % andere 3,2 %
Slowenisch (Amtssprache: 91 %), Kroatisch, Ungarisch, Italienisch	Tschechisch (Amtssprache), Slowakisch, Polnisch, Deutsch u. a.	Ungarisch (Amtssprache), Romani, Deutsch, Kroatisch, Slowakisch, Rumänisch	Amtssprachen Griechisch, Türkisch
10 267 (2002)	5880 (2000)	5690 (2001)	13 854 (2000)
990 (2001)	491 (2002)	510 (2001)	1215 (2001)
22 861 (2002)	56 870 (2000)	57 700 (2001)	9741 (2000)
2029,8 Mrd. SIT (2001)	Militär 1,4 Mrd. € Gesundheit 1,3 Mrd. € Soziales 9,03 Mrd. €, Bildung 2,5 Mrd. € 2001)	Militär 1,7 % (Nato-Norm sind 2) Gesundheit 9,7 % Bildung 5,2 % Renten 4,6 % (2001)	Gesundheit 6 % Bildung 12 % Verteidigung 4 % (2000)
11 649 (2003)	43 500 (2002)	35 760 (2001)	4172 (2000)
11 662 (2003)	40 100 (2002)	33 550 (2001)	1030 (2000)
Industrie 38,6 % Land-/Forstwirtschaft 9,9 % Dienstleistungen 51,4 % 2001)	Land-/Forstwirtschaft 4,6 % Industrie 40,5 % Dienstleistungen 54,6 % 2001)	Industrie 34,1 % Land-/Forstwirtschaft 6,2 % Dienstleistungen 59,7 % Selbstständigenrate 13,8 % (2001)	Griechischer Teil: Industrie 22 % Dienstleistungen 73 % Landwirtschaft 5 % (2001)
6,0 (2002)	7,3 (2002)	5,6 (2002)	
72 m / 79 w	72 m / 78 w	68 m / 76,4 w	
1,2	1,2	1,3	
0,5	0,41	0,73	
8	9	10	
99	99	99	
38 (2001)	44,6 (2001)	43,8 (2001)	
23,0 (2001)	12,2	29 (2001)	

Die wichtigsten Veränderungen

Mit der Aufnahme der zehn Beitrittsländer zum 1. Mai 2004 in die EU gilt auch in diesen neuen EU-Staaten prinzipiell das EU-Recht. Nun werden aber nicht alle Regelungen sofort übernommen, für einige Bereiche gibt es Übergangsfristen. Eine Reihe von Details wurde noch nicht geregelt. Nachfolgend die wichtigsten Veränderungen in alphabetischer Reihenfolge:

- Arbeitsmarkt: EU-Bürger haben in der EU die freie Ortswahl des Arbeitsplatzes. Die bisherigen EU-Mitgliedsstaaten haben aber die Möglichkeit, die Zuwanderung von Arbeitskräften aus den neuen Mitgliedsstaaten für bis zu sieben Jahre durch die Vergabe/Nichtvergabe von Arbeitserlaubnissen zu begrenzen. Nur die Bürger Maltas und Zyperns werden sofort wie EU-Bürger behandelt.
- Autovermietungen: Die Beschränkungen, die es beim Mieten eines Autos für das osteuropäische Ausland heute gibt, bleiben bestehen. Die Autovermieter werden weiterhin bestimmte Fabrikate nicht für Fahrten ins osteuropäische Ausland verleihen.
- Erwerb von Grundeigentum: Mit dem EU-Beitritt der Bewerberländer gilt auch der freie Kapitalerwerb. Beschränkungen gibt es beim Erwerb von Agrar- oder Forstland. Hier haben die neuen Länder mit Ausnahme Maltas, Zyperns und Sloweniens eine Schutzfrist von sieben Jahren, Polen von zwölf Jahren.
- Grenzkontrollen: EU-Bürger können sich frei in der Union bewegen. Sie brauchen aber für die Grenzen zu den neuen Mitgliedsstaaten einen gültigen Personalausweis oder Reisepass, da die neuen EU-Länder nicht im Schengener Abkommen sind. Die Personenkontrollen werden weiterhin vom Bundesgrenzschutz durchgeführt. Der BGS hat im Verdachtsfall das Recht, diese so intensiv

wie nötig, also auch bis in den Laderaum eines LKWs hinein, durchzuführen. Die EU entscheidet später, wann die Personenkontrollen an den Grenzen ganz abgeschafft werden. Dies hängt von der Sicherheit der EU-Außengrenzen ab. Erst wenn diese dem EU-Standard entsprechen, können die neuen Mitgliedsstaaten dem Schengener Abkommen beitreten, und erst dann entfallen die Personenkontrollen.

- Währung: Der Euro wird in den neuen Ländern nicht sofort Zahlungsmittel. Es gelten bis auf weiteres die nationalen Währungen. Die Beitrittsländer müssen erst die Maastricht-Kriterien erfüllen, unter anderem müssen sie mindestens zwei Jahre einen festen Wechselkurs zum Euro einhalten.
- Zoll: Nach der EU-Erweiterung sollen Zollverfahren wegfallen, denn die neuen Mitgliedsländer gehören nun zum EU-Binnenmarkt. Somit entfallen Warenkontrollen an der deutschen Grenze. In Berlin wird nun diskutiert, ob der Bundesgrenzschutz neben den Personenkontrollen Zollaufgaben an den Grenzen zu den neuen EU-Staaten übernehmen wird.

Literatur

Baier, Stefan: Osterweiterung – Europas größte Herausforderung, Graz 1998;

Bendit, René/Erler, Wolfgang/Niborg, Sima/Schäfer, Heiner (Hrsg.): Kinder- und Jugendkriminalität. Strategien der Prävention und Intervention in Deutschland und den Niederlanden, Opladen 2000;

Besozzi, Claudio: Organisierte Kriminalität und empirische Forschung, Chur 1997;

Bresler, Fenton: Interpol – Der Kampf gegen das internationale Verbrechen von den Anfängen bis heute, München 1995;

Buggisch, Walter: Zeugenbedrohung und Zeugenschutz in Deutschland und den USA, Berlin 2001;

Bundesakademie für Sicherheitspolitik: Sicherheitspolitik in neuen Dimensionen – Kompendium zum erweiterten Sicherheitsbegriff, Hamburg 2001;

Bundesamt für Verfassungsschutz (Hrsg.): 50 Jahre im Dienst der inneren Sicherheit, Köln 2000;

Bundeskriminalamt (Hrsg.): Kriminalitätsbekämpfung im zusammenwachsenden Europa, BKA-Arbeitstagung 1999, Neuwied 2000;

Dauses, Manfred: Rechtstransformation in Mittel- und Osteuropa, Berlin 2002;

Deutscher Industrie- und Handelstag: Organisierte Kriminalität – Angriff auf die Wirtschaft, Bonn 1996;

Edelbacher, Maximilian (Hrsg.): Organisierte Kriminalität in Europa – Die Bekämpfung der Korruption und der Organisierten Kriminalität, Wien 1998;

Flormann, Willi/Krevert, Peter: In den Fängen der Mafia-Kraken – Organisiertes Verbrechen in Deutschland, Hamburg 2001;

Forum Politische Bildung (Hrsg.): EU 25 / Die Erweiterung der Europäischen Union, Wien 2003;
Franzen, Wolfgang: Osteuropa auf dem Weg in die Europäische Union, Berlin 2003;
Freemantle, Brian: Importeure des Verbrechens – Europa im Griff der Organisierten Kriminalität, München 1998;
Frehsee, Detlev: Verschwindet der Rechtsstaat? In: Neue Kriminalpolitik 1 (1999);
Freta-Bachnack, Katja (Hrsg.): Erweiterung der EU und die baltischen Staaten, Wiesbaden 2001;
Hamacher, Hans-Werner: Deutschland im Visier – Organisiertes Verbrechen, Leipzig 2000;
Haupt, Holger/Weber, Ulrich: Handbuch Opferschutz und Opferhilfe, Baden-Baden 1999;
Huppertz, Martina/Theobald, Volkmar (Hrsg.): Kriminalitätsimport, Bundesakademie für Sicherheitspolitik – Schriftenreihe zur Neuen Sicherheitspolitik Band 17, Berlin 1998;
Igel, Regine: Andreotti – Politik zwischen Geheimdienst und Mafia, München 1997;
Jacobs, Andreas/Masala, Carlo: Der Mittelmeerraum als Herausforderung für die deutsche Sicherheitspolitik (Interne Studien der Konrad-Adenauer-Stiftung N. 158);
Kaiser, Günther/Albrecht, Hans-Jörg (Hrsg.): Crime and Criminal Policy in Europe, Freiburg 1990;
Kaiser, Günther: Kriminologie, 3. Auflage Heidelberg 1996;
Kerner, Hans-Jürgen: Organisierte Kriminalität: Realitäten und Konstruktionen, in: Neue Kriminalpolitik, 1995;
Lallemand, Alin: Russische Mafia – Der Griff zur Macht. Das Netzwerk zwischen Moskau, Berlin und New York, München 1997;
Lampe, Klaus von: Organized Crime. Begriff und Theorie Organisierter Kriminalität in den USA, Frankfurt/Main 1999;
Lesnik, Renata/Blanc, Helene: Die neue Mafia – Gefahr aus dem Osten, München 1997;
Leuthardt, Beat: Festung Europa. Asyl, Drogen, Organisierte Kriminalität, Zürich 1994;
Leyendecker, Hans (u.a.): Mafia im Staat – Deutschland fällt unter die Räuber, Göttingen 1992;

Lindlau, Dagobert: Der Mob – Recherchen zum organisierten Verbrechen, München 1998;

Lupo, Salvatore: Die Geschichte der Mafia, Düsseldorf 2002;

Lüdemann, Christian: Soziologie der Kriminalität, Berlin 2002;

Mansel, Jürgen: Die Selektion innerhalb der Organe der Strafrechtspflege am Beispiel von jungen Deutschen, Türken und Italienern, Frankfurt/Main 1989;

Milbrandt, Beate: Die Finanzierung der Europäischen Union, Perspektiven für eine Osterweiterung, Baden-Baden 2001;

Miegel, Meinhard: Die deformierte Gesellschaft, München 2002;

Niemetz, Alexander: Die Kokain-Mafia, München 1990;

Petri, Thomas: Europol – Grenzüberschreitende polizeiliche Tätigkeit in Europa, Frankfurter Studien zum Datenschutz, Baden-Baden 2001;

Porth, Wolfgang: Brothers in Crime. Die Menschen im Zeitalter ihrer Überflüssigkeit. Über die Herkunft von Gruppen, Cliquen, Banden, Rackets und Gangs, Berlin 1997;

Podolsky, Johann: Wahrnehmung, Ermittlung und Verfolgung neuerer Kriminalitätsformen in Deutschland, Tübingen 1995;

Pütter, Norbert: Der OK-Komplex, Organisierte Kriminalität und ihre Folgen für die Polizei in Deutschland, Münster 1998;

Raith, Werner: Das neue Mafia-Kartell. Wie die Syndikate den Osten erobern, Reinbek 1996;

Robinson, Jerry: The Merger – The conglomeration of international organized crime, New York 2000;

Roth, Jürgen: Die Gangster aus dem Osten – Neue Wege der Kriminalität, Hamburg 2003;

Roth, Jürgen: Ganz reale Verbrecher – Millionen, Macht und Auftragsmord, Hamburg 2002;

Roth, Jürgen: Netzwerke des Terrors, Hamburg 2001;

Roth, Jürgen: Der Oligarch Vadim Rabinovich bricht das Schweigen, 3. Auflage Wien 2001;

Roth, Jürgen: Die roten Bosse – Russlands Tycoons übernehmen die Macht, München 1998;

Roth, Jürgen: Die Graue Eminenz – Das Netzwerk von Diplomaten, Gangstern und Politikern, Hamburg 1999;

Roth, Jürgen: Die Russen-Mafia, Berlin 1997;

Sajdik, Martin: EU-Erweiterung – Hintergrund, Entwicklung, Fakten, Wien 1999;

Schauer, Cathrin: Kinder auf dem Strich – Bericht von der deutsch-tschechischen Grenze, Bad Honnef 2003;

Schirm, Magda: Die neuen Gesichter Europas, Berlin 2002;

Schmid, Ulrich: Gnadenlose Bruderschaften. Aufstieg der russischen Mafia, Zürich 1996;

Schneider, Hans Joachim: Das Organisierte Verbrechen: Eine Studie der Vergleichenden Kriminologie, in: The Institute of Comparative Law in Japan, Toward Comparative Law in the 21st Century, Tokyo 1998;

Scholl-Latour, Peter: Das Schlachtfeld der Zukunft, München 1998;

Sieber, Ulrich/Bögel, Marion: Logistik der Organisierten Kriminalität, Wiesbaden 1993;

Southwell, David: Dirty Cash – Organized Crime in the 21st Century, London 2002;

Stolz, Rolf: Deutschland, deine Zuwanderer. Fakten – Analysen – Chancen, München 2002;

Timtschenko, Viktor: Russland nach Jelzin, Die Entwicklung einer kriminellen Supermacht, Hamburg 1998;

Thamm, Berndt Georg/Freiberg, Konrad: Mafia Global – Organisiertes Verbrechen auf dem Sprung in das 21. Jahrhundert, Hilden 1998;

Topan, Angelika: Transformationsprozess in Osteuropa und Organisierte Kriminalität am Beispiel des Frauen- und Mädchenhandels – Lösungsvorschläge der ökonomischen Theorie der Kriminalität und praktische Lösungsvorschläge der EU, Hamburg 2000;

Ulfkotte, Udo: Der Krieg in unseren Städten – Wie radikale Islamisten Deutschland unterwandern, Frankfurt/Main 2003;

Waksberg, Arkadi: Die sowjetische Mafia. Organisiertes Verbrechen in der Sowjetunion, München 1991;

Walter, Michael Kubink, Michael: Ausländerkriminalität – Phänomen oder Phantom der (Kriminal-)Politik?, in: Monatsschrift für Kriminologie und Strafrechtsreform (MSchrKrim) 76. Jg., 1993, H. 5, S. 306–317;

Walz, Karlheinz: Falschgeld, Regenstauf 1999;

Warasin, Markus: Die Osterweiterung der Europäischen Union, Bozen 2000;

Wehowsky, Stephan: Schattengesellschaft – Kriminelle Mentalitäten in Europa, München 1994;

Wessel, Jan: Organisierte Kriminalität und soziale Kontrolle, Wiesbaden 2001;

Wittkämper, Gerhard W. (Hrsg.): Europa und die innere Sicherheit – Auswirkungen des EG-Binnenmarktes auf die Kriminalitätsentwicklung und Schlussfolgerungen für die polizeiliche Kriminalitätsbekämpfung, Wiesbaden 1996;

Yang, Yun-Hua: Schutz gefährdeter Zeugen im deutschen und taiwanesischen Strafprozess, Tübingen 2001;

Zacharias, Klaus: Der gefährdete Zeuge im Strafverfahren, Berlin 1997

Hilfreiche Links im Internet

Geschichte der EU-Beitrittsländer:
http://www.ewis.de/

EU-Erweiterung aus der Sicht der EU-Kommission:
http://europa.eu.int/comm/enlargement/faq/index_de.htm 7

Sonderseiten des Wirtschaftsministeriums Stuttgart:
http://www.europa-waechst-zusammen.de/

Die Sicht der österreichischen Regierung:
http://www.chancen-erweitern.gv.at/

Europäisches Parlament zur EU-Erweiterung:
http://www.europarl.eu.int/enlargement/default_en.htm

Bundesinnenministerium:
http://www.bmi.bund.de/

Bund Deutscher Kriminalbeamter:
http://www.bdk.de/

Bundesgrenzschutz:
http://www.bundesgrenzschutz.de/

Bundeskriminalamt:
http://www.bka.de/

Bundesnachrichtendienst:
http://www.bundesnachrichtendienst.de/

Deutsches Forum für Kriminalprävention:
http://www.kriminalpraevention.de/

Die europäische Polizeibehörde Europol:
http://www.Europol.eu.int/

Datenbank der Polizeipresse:
http://www.polizeipresse.de/

Europäische Union online:
http://europa.eu.int/

Europäischer Gerichtshof:
http://europa.eu.int/cj/de/index.htm

Europäisches Parlament:
http://www.europarl.eu.int/home/default_de.htm

Europäisches Amt für Betrugsbekämpfung – OLAF:
http://europa.eu.int/comm/dgs/olaf/

EU-Zusammenarbeit im Bereich der Justiz:
http://ue.eu.int/jai/home.asp?lang=de

Berliner LKA-Bericht »Importierte Kriminalität«:
http://www.berlin.de/polizei/download/impkrim_oeff11.pdf

LKA Baden-Württemberg:
http://www.lka-bw.de/

LKA Bayern:
http://www.polizei.bayern.de/blka/welcome.htm

LKA Brandenburg:
http://www.polizei.brandenburg.de/fahndung/index.htm

LKA Hessen:
http://www.polizei.hessen.de/hlka/index.htm

LKA Mecklenburg-Vorpommern:
http://www.mvnet.de/cgi-bin/polizei-mv/frame_st.pl?lka

LKA Niedersachsen:
http://www.polizei.niedersachsen.de/dst/lka/index.php

LKA Nordrhein-Westfalen:
http://www.lka.nrw.de/

LKA Rheinland-Pfalz:
http://www.polizei.rlp.de/index2.htm?/060dienststellen/070landes-kriminalamt/top.htm

LKA Sachsen:
http://www.polizei.sachsen.de/lka/index.htm

LKA Sachsen-Anhalt:
http://www.polizei.sachsen-anhalt.de/index_lka.htm

LKA Schleswig-Holstein:
http://www.polizei.schleswig-holstein.de/wir/wir_amt_lka.html

LKA Thüringen:
http://www.thueringen.de/de/lka/

Polizei Bayern, Bericht »Kriminalität von Aussiedlern«:
http://www.polizei.bayern.de/kriminalistik/forschung/aussiedler.pdf

Gewerkschaft der Polizei:
http://www.gewerkschaftderpolizei-online.de/

Schweizer Bundesamt für Polizei:
http://www.bap.admin.ch/d/

Bundespolizei Österreich:
http://www.polizei.at/

Interpol:
http://www.interpol.int/

Zeitschrift *Die Kriminalpolizei*:
http://www.die-kriminalpolizei.de/

Zeitschrift *Magazin für die Polizei*:
http://www.magazin-fuer-die-polizei.de/

International Police Association:
http://www.ipa-deutschland.de/

Cambridge Institute of Criminology:
http://www.law.cam.ac.uk/about.php

Europäisches Zentrum für Kriminalprävention:
http://www.ezkev.de/

Institut für Kriminologie Heidelberg:
http://www.uni-heidelberg.de/institute/fak2/krimi/index.html

Institut für Kriminologie Tübingen:
http://www.ifk.jura.uni-tuebingen.de/

Institut für Kriminologie Freiburg:
http://www.jura.uni-freiburg.de/institute/wistra/

Institut für Kriminologie Hamburg:
http://www.rrz.uni-hamburg.de/kriminol/welcome.htm

Institut für Kriminologie Wien:
http://www.irks.at/Frameset1.htm

Polizeipsychologie:
http://www.polizei-psychologie.de/

Fachhochschulen der Polizei:
http://www.fh-polizei.de/

Berner Forum für Kriminalwissenschaften:
http://www.bfk.unibe.ch/

Vorstehend genannte Links hält der Autor auch auf seiner Homepage zum Download bereit:
http://www.ulfkotte.de

Danksagung

Der Autor dankt jenen Mitarbeitern des Bundeskriminalamtes und seiner Außenstelle in Meckenheim, die sich für die Sicherheit der Bundesbürger unermüdlich einsetzen und dennoch von Bürgern und Politikern in ihrem Engagement oftmals nicht sonderlich gewürdigt werden, dem Bundesnachrichtendienst für die üblichen Unterlagen, dem langjährigen und im Jahr 2004 aus dem Dienst scheidenden Chef der europäischen Polizeibehörde Europol in Den Haag, Jürgen Storbeck, dem Europol-Pressesprecher Rainer Wenning und dem Europol-Fachmann für Organisierte Kriminalität Uwe Kranz, dem brandenburgischen Innenminister Jörg Schönbohm, dem bayerischen Innenminister Günther Beckstein, dem OK-Fachmann des bayerischen Landeskriminalamtes Josef Geißdörfer, dem Leiter der bayerischen Polizeiabteilung Waldemar Kindler, Herrn Dr. Weber und Herrn Peintinger vom Bayerischen Landesamt für Verfassungsschutz, dem hessischen Innenminister Volker Bouffier, Holger Bernsee und Klaus Jansen vom Bund Deutscher Kriminalbeamter, Kai Hirschmann von der Bundesakademie für Sicherheitspolitik, dann Rolf Tophoven und Bernd Georg Thamm, dem OK-Abteilungsleiter beim BKA Max-Peter Ratzl, Rainer Volz vom sächsischen LKA, Markus Henninger vom Berliner LKA, der Polizeischule Hahn, der Fachhochschule der Polizei in Villingen-Schwenningen, dem Berliner Oberstaatsanwalt Hans-Jürgen Fätkinhäuer, dem Nürnberger Staatsanwalt Wolfgang Gallasch, den Staatsanwaltschaften Bayreuth, Fulda, Schweinfurt, Essen, Stuttgart, Hannover, Berlin, Bielefeld und Nürnberg, der Essener Polizeisprecherin Gabriele Limpert, dem Polizeifortbildungsinstitut Neuss, dem Frankfurter Sicherheitsunternehmen »BSG Wüst«, Martina Link vom BKA, dem BKA-Zielfahnder Schmid, dem Sicherheitsfachmann Helmut Brückmann in

Rodenbach, dem Freiburger Wirtschaftsprüfer Uli Dobler, Alexander Kluge für wiederholt anregende Gespräche, Jürgen Roth und David Schiller, Michael Sitte-Zöllner von der Dresdner Agentur Wort-Reich, nicht zu vergessen dem stets gut informierten Arnim von Schwedler von der Bundesdruckerei für die Hinweise zu den Geldfälschern, Rolf Zabel von der Zollfahndung, Joachim Horn vom MDR Leipzig für seinen freundschaftlichen Rat, Stefan Kühnrich von der ARD, Stefan Meining vom ARD-Magazin »Report«, meinem polnischen Freund Tadek R., Johannes Jacob vom Verlag C. Bertelsmann, dem Lektor Robert Fischer in München (www.vrb-muenchen.de), Thomas Montasser von Montasser-Media in München, den beiden »Schnüfflern« Susi & Strolch und all ihren Freunden und vor allem meiner Frau Doris für ihre Geduld und ihren Rat bei der Niederschrift des Manuskriptes – und natürlich meinen Lesern, die mir immer wieder Mut machen, brisante Themen aufzugreifen.

Mein Dank gilt vor allem auch der Annette-Barthelt-Stiftung, die sich mit ihrer Arbeit gegen Terrorismus und Kriminalität engagiert (www.annette-barthelt-stiftung.de).

Wenn Sie Fragen oder Anregungen haben, wenden Sie sich bitte an info@ulfkotte.de oder besuchen Sie die Webseite www.ulfkotte.de

Personenverzeichnis

Sachwortverzeichnis

Nicht aufgenommen wurden die Begriffe »Deutschland« und »Europäische Union«, da sie als Thema des Buches auf fast jeder Seite vertreten sind.
Titel von Zeitungen / Zeitschriften, Fernsehsendungen u. Ä. sind *kursiv* gesetzt.